Hering u.a.
Taschenbuch für Wirtschaftsingenieure

Autoren:

Mathematik, Statistik, Operations Research:
   Prof. Dr. Dr. Ekbert Hering, FH Aalen
Physik:
   Prof. Dr. Dr. Ekbert Hering, FH Aalen
Technische Mechanik:
   Prof. Dr. Günther Hachtel, FH Aalen
Werkstofftechnik:
   Prof. Dr. Dieter Hedrich, FH Esslingen
Konstruktionselemente:
   Prof. Dr. Horst Haberhauer, FH Esslingen
Fertigungstechnik:
   Prof. Dr. Günther Hachtel, FH Aalen
Elektrotechnik/Elektronik:
   Dipl.-Wirt.-Ing. (FH) Claus Franzmann
Meß- und Regelungstechnik:
   Prof. Dr. Bernhard Kurz, FH München
Kraft- und Arbeitsmaschinen:
   Prof. Dipl.-Ing. Wolfgang Schnabel, FH Esslingen
Produktionsplanung und Logistik:
   Prof. Dr. Reinhard Koether, FH München
Umweltschutz:
   Dipl.-Wirt.-Ing. (FH) Wolfgang Schulz und Prof. Dr. Dr. Ekbert Hering, FH Aalen
Qualitätsmanagement:
   Prof. Dr. Dr. Ekbert Hering, FH Aalen
Projektmanagement:
   Dipl.-Wirt.-Ing. (FH) Paul Dirr
Wirtschaftsinformatik:
   Prof. Dr. Georg Disterer und Prof. Dr. Friedrich Fels, beide FH Hannover
Volkswirtschaftslehre:
   Prof. Dr. Klaus Wollenberg, FH München
Betriebswirtschaftslehre:
      Prof. Dr. Hartmut F. Binner, FH Hannover
Rechnungswesen:
   Dipl.-Wirt.-Ing. (FH) Oliver Schnitzer
Kostenrechnung und Controlling:
   Dipl.-Wirt.-Ing. (FH) Claus Franzmann
Investitionsrechnung:
   Dipl.-Wirt.-Ing. (FH) Oliver Schnitzer
Finanzierung:
   Dipl.-Wirt.-Ing. (FH) Oliver Schnitzer
Personalführung:
   Prof. Dr. Hartmut F. Binner, FH Hannover
Marketing:
   Dipl.-Wirt.-Ing. (FH) Paul Dirr
Ergonomie:
   Prof. Dr. Bernhard Kurz, FH München
Recht:
   Prof. Dr. Kurt Haberkorn

Taschenbuch für Wirtschaftsingenieure

Herausgegeben von
Prof. Dr. Dr. Ekbert Hering, FH Aalen

Mit zahlreichen Abbildungen und Tabellen

 **FACHBUCHVERLAG LEIPZIG**
im Carl Hanser Verlag

Die Deutsche Bibliothek – CIP-Einheitsaufnahme

Taschenbuch für Wirtschaftsingenieure : mit zahlreichen Tabellen /
hrsg. von von Ekbert Hering. - München ; Wien : Fachbuchverl. Leipzig
im Carl-Hanser-Verl., 1998
   ISBN 3-446-19167-4

Fachbuchverlag Leipzig im Carl Hanser Verlag
© 1998 Carl Hanser Verlag München Wien
http://www.fachbuch-leipzig.hanser.de

Zeichnungen: Oliver Kraus, Schorndorf
Umbruch und Belichtung: consens, Ina Henkel, Leipzig
Druck und Bindung: Druckhaus „Thomas Müntzer" GmbH, Bad Langensalza
Printed in Germany

Vorwort

Wirtschaftsingenieure sind in der Praxis an den Schnittstellen zwischen Technik und Wirtschaft tätig. Sie müssen ingenieurwissenschaftliches Know-how mit betriebswirtschaftlichem Wissen verbinden, um Produkte und Dienstleistungen erfolgreich vermarkten zu können. Die dazu notwendigen Wissensgebiete werden im vorliegenden Taschenbuch kompakt und kompetent vermittelt.

Es besteht aus einem naturwissenschaftlich-technischen und einem betriebswirtschaftlichen Teil. Der *naturwissenschaftlich-technische Teil* enthält die Gebiete Mathematik, Physik, Technische Mechanik, Werkstofftechnik, Konstruktionselemente, Fertigungstechnik, Elektrotechnik/Elektronik, Meß- und Regelungstechnik, Kraft- und Arbeitsmaschinen, Produktionsplanung und Logistik. Im *betriebswirtschaftlichen Teil* werden die Grundlagen der Volks- und Betriebswirtschaft, Rechnungswesen, Kostenrechnung und Controlling, Investitionsrechnung, Finanzierung, Personalführung, Marketing, Ergonomie und Recht vermittelt. Für beide Teile gleichermaßen wichtig sind die Gebiete Umweltschutz, Wirtschaftsinformatik sowie Qualitäts- und Projektmanagement. Alle Teilgebiete werden in strukturierter und beispielhaft kurzer Form vorgestellt. Für jedes Kapitel werden in einer grafischen Übersicht die Zusammenhänge dargestellt, die wichtigsten Begriffe und Gesetze erläutert und die Methoden und Werkzeuge an Hand von Beispielen erklärt. *Literaturhinweise* am Ende jedes Kapitels und ein umfangreiches *Register* vervollständigen das Werk.

Das „Taschenbuch für Wirtschaftsingenieure" wendet sich an alle Wirtschaftsingenieure im Studium und in der Praxis, an alle Ingenieure, die betriebswirtschaftliches Wissen benötigen und an alle Manager und Führungskräfte in der Industrie.

Das vorliegende Werk konnte deshalb so kompetent geschrieben werden, weil viele Professoren und Wirtschaftsingenieure aus der Praxis ihr Wissen einbrachten. Der Herausgeber möchte sich an dieser Stelle ganz herzlich für ihr Mitwirken bedanken. Besonders danken möchte er dem Fachbuchverlag Leipzig, insbesondere *Herrn Horn*, für den großen persönlichen Einsatz und die professionelle Bearbeitung dieses Werkes.

Wir, der Herausgeber und die Autoren, wünschen den Lesern, daß sie mit diesem Werk ihre Aufgaben effizienter lösen können. Gerne nehmen wir Verbesserungsvorschläge auf und freuen uns auf ihre Mitarbeit.

Aalen, im Herbst 1997   *Prof. Dr. Dr. Ekbert Hering*

Inhaltsverzeichnis

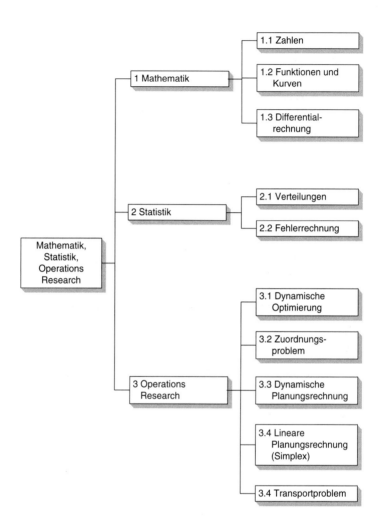

A   Mathematik, Statistik, Operations Research

A 1   Mathematik

A 1.1   Zahlen

Reelle und komplexe Zahlen

- natürliche Zahlen (1, 2, 3, 4 ...)
- ganze Zahlen (0, ± 1, ± 2, ± 3, ...)
- rationale Zahlen (Brüche: z.B. 1/2; periodische Dezimalzahl: z.B. 0,333...)
- irrationale Zahlen (Wurzelausdrücke: z.B. $\sqrt{3}$)
- komplexe Zahlen ($\underline{Z} = a + jb$ bestehen aus einem Realteil a und einem Imaginärteil jb; Bild A-1).

Ausgehend von den **ganzen Zahlen,** erhält man durch **Division** die **rationalen Zahlen.** Durch **Wurzelziehen** gelangt man zu den **irrationalen Zahlen.** Werden die Ausdrücke unter der **Wurzel negativ,** so liegen **imaginäre Zahlen** vor, die in der **Gaußschen Zahlenebene** dargestellt werden.

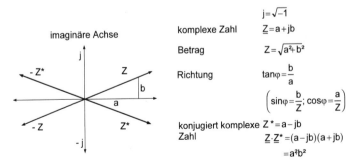

$$j = \sqrt{-1}$$

komplexe Zahl $\quad \underline{Z} = a + jb$

Betrag $\quad Z = \sqrt{a^2 + b^2}$

Richtung $\quad \tan\varphi = \dfrac{b}{a}$

$$\left(\sin\varphi = \frac{b}{Z}; \cos\varphi = \frac{a}{Z} \right)$$

konjugiert komplexe Zahl $\quad Z^* = a - jb$

$$\underline{Z} \cdot \underline{Z}^* = (a - jb)(a + jb)$$
$$= a^2 b^2$$

Bild A-1: Darstellung komplexer Zahlen

A 1.2   Funktionen und Kurven

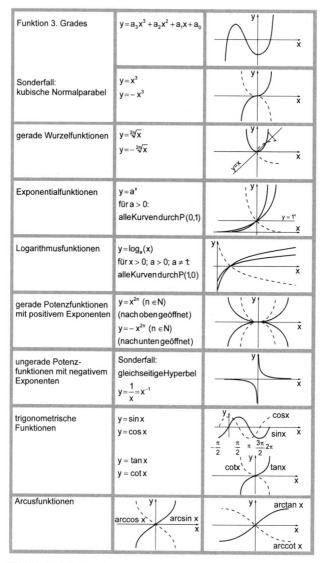

Funktion 3. Grades	$y = a_3 x^3 + a_2 x^2 + a_1 x + a_0$	
Sonderfall: kubische Normalparabel	$y = x^3$ $y = -x^3$	
gerade Wurzelfunktionen	$y = \sqrt[2q]{x}$ $y = -\sqrt[2q]{x}$	
Exponentialfunktionen	$y = a^x$ für $a > 0$: alle Kurven durch $P(0,1)$	
Logarithmusfunktionen	$y = \log_a(x)$ für $x > 0$; $a > 0$; $a \neq 1$: alle Kurven durch $P(1,0)$	
gerade Potenzfunktionen mit positivem Exponenten	$y = x^{2n}$ ($n \in \mathbb{N}$) (nach oben geöffnet) $y = -x^{2n}$ ($n \in \mathbb{N}$) (nach unten geöffnet)	
ungerade Potenz- funktionen mit negativem Exponenten	Sonderfall: gleichseitige Hyperbel $y = \dfrac{1}{x} = x^{-1}$	
trigonometrische Funktionen	$y = \sin x$ $y = \cos x$ $y = \tan x$ $y = \cot x$	
Arcusfunktionen		

Bild A-2: Wichtige Funktionen

Kreisevolvente	Abwicklung eines gespannten Fadens von einem gegebenen Kreis mit Radius a $x = a(\cos t + t \sin t)$ $y = a(\sin t - t \cos t)$	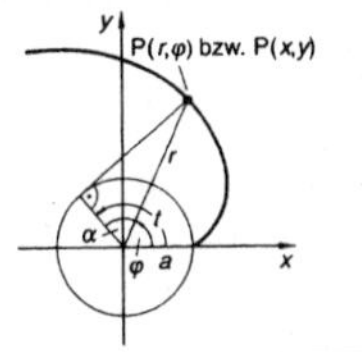
Zykloide (Radkurve)	Punkt eines Kreises mit Radius a, der auf einer Geraden ohne Schlupf abrollt $x = (a-b)\cos\left(\dfrac{b}{a}t\right) + b\cos\left(\dfrac{a-b}{a}t\right)$ $y = (a-b)\sin\left(\dfrac{b}{a}t\right) - b\sin\left(\dfrac{a-b}{a}t\right)$ $OP = 8a\sin^2\left(\dfrac{t}{4}\right)$ voller Zykloidenbogen l = 8a Fläche unter Zykloidenbogen A = $3\pi a^2$	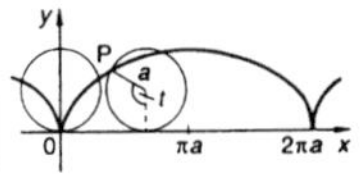
Epizykloide	Kreis mit Radius b rollt auf der Außenseite eines Kreises $x = (a+b)\cos\left(\dfrac{b}{a}t\right) - b\cos\left(\dfrac{a+b}{a}t\right)$ $y = (a+b)\sin\left(\dfrac{b}{a}t\right) - b\sin\left(\dfrac{a+b}{a}t\right)$	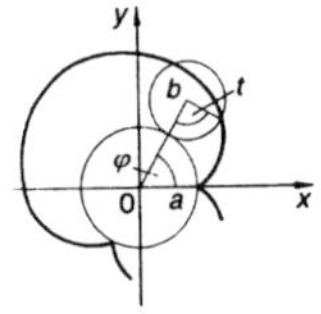
Hypozykloide	Punkt rollt auf der Innenseite eines Kreises $x = (a-b)\cos\left(\dfrac{b}{a}t\right) + b\cos\left(\dfrac{a-b}{a}t\right)$ $y = (a-b)\sin\left(\dfrac{b}{a}t\right) - b\sin\left(\dfrac{a-b}{a}t\right)$	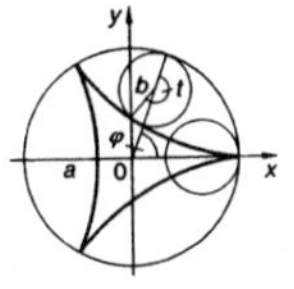
Spirale (logarithm.)	$r = \alpha e^{k\varphi}$ (k < 0) schneidet alle Ursprungsgeraden unter dem gleichen Winkel α $\cot\alpha = k$ Länge des Bogens: $P_1 P_2 = \dfrac{r_2 - r_1}{\cos\alpha}$	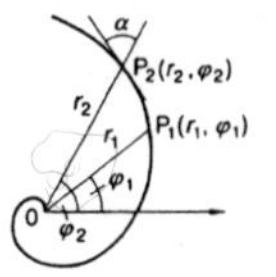
Kettenlinie	eine Kette bzw. Seil an zwei Punkten aufgehängt $y = \dfrac{a}{2}\left(e^{\frac{x}{a}} + e^{-\frac{x}{a}}\right) = a\cosh\left(\dfrac{x}{a}\right)$	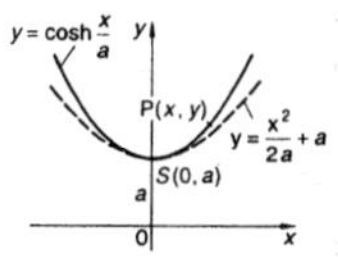

Bild A-3: Wichtige Kurven

A 1.3 Differentialrechnung

Die Differentialrechnung beschreibt die **Änderung** von Funktionen. Eine wichtige Rolle spielen die **Ableitungen**. Die **1. Ableitung** beschreibt die **Steigung der Tangente** einer Kurve in einem Punkt. Die **2. Ableitung** beschreibt die **Änderung** der Steigung (**Krümmung**). Mit der 1. und 2. Ableitung können Maxima, Minima und Wendepunkte von Kurven bestimmt werden.

A 1.3.1 Funktionen mit einer Variablen

Bild A-4 zeigt die Bedingungen für Minimum, Maximum und Wendepunkt.

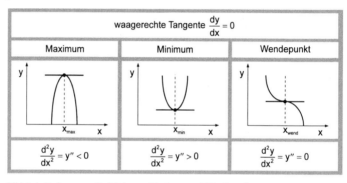

Bild A-4: Bedingungen für Minimum, Maximum und Wendepunkt

Die verschiedenen Funktionen gehorchen unterschiedlichen Ableitungsgesetzen (Tabelle A-1).

Tabelle A-1: Ableitungsregeln

Regel bzw. Funktion	1. Ableitung
Potenzregel: $y = ax^n$	$y' = nax^{(n-1)}$
Produktregel $y = u\,v$	$y' = u'v + v'u$
Quotientenregel $y = u/v$	$y' = (v\,u' - u\,v')/v^2$
Kettenregel $y = f[\varphi(x)]$	$y' = \dfrac{dy}{dx} = \dfrac{df}{d\varphi} \cdot \dfrac{d\varphi}{dx}$ (äußere Ableitung · innere Ableitung)
Logarithmusfunktion $y = \ln(x)$ $y = \log_c(x)$	 $y' = 1/x$ $y' = 1/[x \ln(c)]$
Exponentialfunktion $y = c\,a^{f(x)}$ $y = e^x$	 $y' = y \ln(a)\,f'(x)$ $y' = e^x$

Regel bzw. Funktion	1. Ableitung
Trigonometrische Funktionen: $y = \sin x$ $y = \cos x$ $y = \tan x$ $y = \cot x$	$y' = \cos x$ $y' = -\sin x$ $y' = 1/(\cos^2 x) = 1 + \tan^2 x$ $y' = -1/(\sin^2 x) = -(1 + \cot^2 x)$
Wurzelfunktion $y = \sqrt{x}$	$y' = \dfrac{1}{2\sqrt{x}}$
Hyperbelfunktion $y = 1/x$	$y' = -1/(x^2)$

A 1.3.2 Funktionen mit zwei Variablen

Die Bedingungen für Extremwerte sind im Bild A-5 zusammengestellt.
Die **partiellen Ableitungen** sind:

$$f_x = \partial f/\partial x \quad f_{xx} = \partial^2 f/\partial x^2 \quad f_y = \partial f/\partial y \quad f_{yy} = \partial^2 f/\partial y^2 \quad f_{xy} = \partial^2 f/\partial x \partial y$$

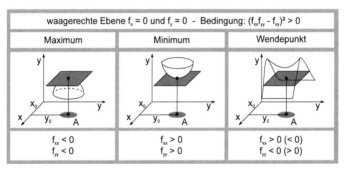

Bild A-5: Bedingungen für Minimum, Maximum und Wendepunkt

A 1.3.3 Optimierung unter Nebenbedingungen (Lagrange)

Aufgabe ist es, Extremwerte von Funktionen mehrerer Variablen zu bestimmen, wobei die Variablen durch **Nebenbedingungen** miteinander verknüpft sind. Für die Extremwertberechnung sind nur die Werte wichtig, die den Nebenbedingungen entsprechen.

Bild A-6 zeigt die Kurve der Nebenbedingung in der x, y-Ebene. Die Höhenlinie dieser Kurve, die die Funktionsgleichung gerade noch berührt, ist der **Extremwert**.

Das **Lagrange-Verfahren** errechnet die Extremwerte unter Nebenbedingungen in folgenden Schritten:

■ **Zielfunktion**

$y = f(x_1, x_2, x_3, ...) \rightarrow$ Maximum

■ **Nebenbedingungen**

$g_i = (x_1, x_2, x_3, ...) = 0$

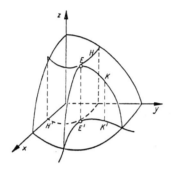

Bild A-6: Extremwerte unter Nebenbedingungen (Lagrange-Verfahren)

■ **Lagrange-Funktion L**

$$L = f(x_1, x_2, x_3, ..., x_n) - \sum_{i=1}^{m} \lambda_i \, g_i \, (x_1, x_2, x_3, ..., x_n)$$

■ **Nullsetzen der partiellen Ableitungen der Lagrange-Funktion**

$\partial L/\partial x_1 = 0; \; \partial L/\partial x_2 = 0; \; \partial L/\partial x_3 = 0; \; ... \; ; \; \partial L/\partial x_n = 0$

■ **Lösen des Gleichungssystems**

Nullsetzen der partiellen Ableitungen und
Gleichungen für die Nebenbedingungen

■ **Lagrange-Multiplikator λ**

gibt an, wie stark der Zielfunktionswert steigt oder fällt, wenn sich
die Absolutglieder der Nebenbedingungen verändern.

A 2   Statistik

A 2.1   Verteilungen

Tabelle A-2: Arten von Verteilungen

Bezeichnung	Häufigkeit h(x)
Gauß-Verteilung	$\dfrac{1}{\sigma\sqrt{2\pi}} e^{-\frac{(x-\mu)}{2\sigma^2}}$
Exponentialverteilung	$a\,e^{-ax}$

Bezeichnung	Häufigkeit h(x)
Weibull-Verteilung	$a\,p\,x^{p-1}\mathrm{e}^{-axp}$
Chi-Quadrat-Verteilung	$\dfrac{1}{2^{n/2}\,\Gamma(n/2)}\,x^{(n/2)-1}\,\mathrm{e}^{-x/2}$
Gamma-Verteilung	$\dfrac{a^{p}}{\Gamma(p)}\,x^{p-1}\,\mathrm{e}^{-ax}$

A 2.2 Fehlerrechnung

Der Fehler ist die Abweichung eines Meßwertes vom wahren Wert.
Systematische Fehler sind systembedingt und weisen immer in dieselbe Richtung.
Zufällige Fehler haben statistischen Charakter und streuen um einen **Mittelwert**. Sie sind Gegenstand der Fehlerrechnung.

A 2.2.1 Kenngrößen der Fehlerrechnung

Tabelle A-3: Kenngrößen der Fehlerrechnung

Bezeichnung	Berechnung
Arithmetischer Mittelwert	$\bar{x}=\dfrac{1}{N}\sum\limits_{i=1}^{N}x_i$
Standardabweichung	$s=\sqrt{\dfrac{\sum\limits_{i=1}^{N}(x_i-\bar{x})^2}{N-1}}$
Relative Standardabweichung des Meßwertes	$s_{\mathrm{rel}}=s/x$
Standardabweichung des arithmetischen Mittelwertes	$\Delta\bar{x}=\dfrac{s}{\sqrt{N}}$
Relative Standardabweichung des arithmetischen Mittelwertes	$\Delta x_{\mathrm{rel}}=\dfrac{\Delta\bar{x}}{\bar{x}}$

A 2.2.2 Fehlerfortpflanzung

Werden mehrere Messungen vorgenommen, so entstehen für jede Meßgröße **Fehler**. Wie aus diesen **Einzelfehlern** ein **Gesamtfehler** errechnet wird, ist durch die Formel bedingt. Die Methode dazu ist die Fehlerfortpflanzung.

Tabelle A-4: Kenngrößen der Fehlerfortpflanzung

Bezeichnung	Berechnung
Arithmetischer Mittelwert der Gesamtfunktion	$f=f(\bar{x},\bar{y},\bar{z},\ldots)$
Standardabweichung der Gesamtfunktion	$s_f=\sqrt{\left(\dfrac{\partial f}{\partial x}\right)^2 s_x^2+\left(\dfrac{\partial f}{\partial y}\right)^2 s_y^2+\left(\dfrac{\partial f}{\partial z}\right)^2 s_z^2+\ldots}$

Bezeichnung	Berechnung
Absoluter Größtfehler	$\Delta f = \left\vert \dfrac{\partial f}{\partial x}\right\vert s_x + \left\vert \dfrac{\partial f}{\partial y}\right\vert s_y + \left\vert \dfrac{\partial f}{\partial z}\right\vert s_z + \dots$
Relativer Größtfehler	$\Delta f_{rel} = \dfrac{\Delta f}{f}$

A 2.2.3 Regression und Korrelation

> Meßpunkte können auf Funktionen zurückgeführt werden (Regression). Dazu wird eine solche mathematische Funktion erzeugt, bei der die Summe aller Fehler **minimal** wird. Mit der **Regressionsanalyse** kann man auch die Richtigkeit von Formeln und Zusammenhängen feststellen. Bei der **Korrelationsanalyse** ermittelt man, ob zwischen N Meßwerten x_i und y_i ein **linearer Zusammenhang** (Korrelation) besteht.

Im Bild A-7 ist zusammengestellt, auf welche Funktionen die Meßwerte zurückzuführen sind.

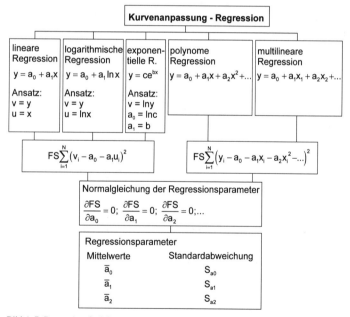

Bild A-7: Regressionsfunktionen

Der Korrelationskoeffizient r zwischen den Messungen x_i und y_i wird folgendermaßen berechnet:

$$r = \frac{\sum\limits_{i=1}^{N}(x_i - \bar{x})(y_i - \bar{y})}{\sqrt{\sum\limits_{i=1}^{N}(x_i - \bar{x})^2 \sum\limits_{i=1}^{N}(y_i - \bar{y})^2}}$$

Liegt der Korrelationskoeffizient zwischen 0,8 und 1, so besteht eine hohe Wahrscheinlichkeit für eine Abhängigkeit der Merkmale x_i und y_i.

A 3   Operations Research

Unter dem Begriff Operations Research versteht man Methoden, mit denen **optimale Entscheidungen** gefällt werden können. Dabei stellt man **mathematische Modelle** auf, die sehr schnell zu einer Lösung führen und deren Datenbasis verläßlich ist.

A 3.1   Dynamische Optimierung

Mit der dynamischen Optimierung werden knappe Güter optimal verwendet. Diese Methode gestattet es deshalb, den **maximalen Nutzen** unter Beachtung von **Obergrenzen** zu ermitteln.

■ **Beispiel**
Ein klassisches Problem ist das **Rucksackproblem** (einen Rucksack mit einem gegebenen Volumen oder Gewicht so zu füllen, daß der Wert der Gegenstände maximal ist).

■ **Lösungsmethode**
Die am häufigsten eingesetzte Methode ist **Branch and Bound**. Man kombiniert so lange, bis die Grenze erreicht ist (bound). Dann geht man wieder zurück und geht in eine andere Kombinationsrichtung (branch). Werden die Gegenstände vorsortiert, so weiß man die geringsten Werte, auf die man am ehesten verzichten kann.

A 3.2   Zuordnungsproblem

Beim Zuordnungsproblem müssen Elemente aus zwei verschiedenen Mengen **paarweise** zugeordnet werden. Die Zuordnungsbeziehung muß **bewertet** werden können (z.B. durch Kosten oder Risiko). Die optimale Zuordnung besitzt den minimalen (Kosten und Risiko) oder maximalen (Gewinn oder Erfolg) Wert.

■ **Beispiele**
Fuhrparkplan: Zuordnung von Fahraufträgen auf Fahrzeuge
Maschineneinsatzplan: Zuordnung von Aufträgen auf Maschinen
Personaleinsatzplan: Zuordnung von Personal auf Aufgaben

■ **Lösungsmethode**
Man kombiniert die Paare so, daß das Gesamtrisiko minimiert wird. Ein heuristischer Ansatz ist, daß zunächst die Paare mit dem höchsten und geringsten Risiko zusammengehen.

■ **Problem des Handlungsreisenden (traveling salesman)**
Dies ist das Problem der **optimalen Rundreise**. Viele Stationen müssen so angefahren werden, daß die Zeit bzw. die Kosten minimal sind. Dabei kehrt man wieder zum Ausgangsort zurück.

■ **Lösungsmethode**
Man kombiniert die Orte so, daß die Gesamtzeit bzw. die Gesamtkosten minimiert werden. Ein heuristischer Ansatz ist, eine Reihenfolge mit dem optimalen Nachfolger (d.h. kürzeste Zeit oder geringste Kosten) aufgestellt wird.

A 3.3   Dynamische Planungsrechnung

> Bei diesen Problemen kann das Optimum nur **schrittweise** ermittelt werden, weil die Einflußgrößen sich von **Zeit zu Zeit ändern**. Das Entscheidungsproblem wird in mehrere **Stufen** zerlegt. Das Optimum kann nur auf dieser Stufe gesucht werden. Das Gesamtoptimum ist dann die zeitliche Folge der Teiloptima.

■ **Beispiele**
– optimale Lagerhaltung (Bestellmenge) bei schwankendem Bedarf
– optimale Losgröße bei wechselnder Fertigungsauslastung
– kostenoptimale Fertigungsverfahren bei wechselnden Fertigungskosten

■ **Lösungsmethode**
Man teilt die Problematik in fixe und variable Anteile (z.B. Kosten bei der optimalen Bestellmenge). In jeder Stufe wird entschieden, welches die geringsten Gesamtkosten sind, die anschließend folgen werden.

A 3.4   Lineare Planungsrechnung (Simplex)

> Eine **lineare Zielfunktion** ist zu optimieren unter Nebenbedingungen, die durch **lineare Gleichungen** beschrieben werden können. Die Nebenbedingungen können dabei größer, kleiner oder gleich einem Grenzwert sein. Alle Variablen müssen positiv sein. Die optimalen Lösungen liegen in den **Eckpunkten** des zulässigen Lösungsbereiches (auf einem **Simplex**).

■ **Beispiele**
– optimale **Aufteilung** (z.B. minimaler Verschnitt beim Sägen)
– optimale **Zusammenstellung** (z.B. optimales Produktionsprogramm: Maximum des Ertrages unter Berücksichtigung von Kapazitätsbeschränkungen der Produktionsfaktoren

■ **Lösungsmethode**
Erstellen der **Zielfunktion**:

$$Z = c_1 x_1 + c_2 x_2 + c_3 x_3 + \dots + c_j x_j$$

Beschreiben der **Nebenbedingungen**:

$$a_{11} x_1 + a_{12} x_2 + a_{13} x_3 + \dots + a_{1n} x_n \geq b_1$$
$$a_{21} x_1 + a_{22} x_2 + a_{23} x_3 + \dots + a_{2n} x_n \geq b_2$$
$$\dots$$
$$a_{m1} x_1 + a_{m2} x_2 + a_{m3} x_3 + \dots + a_{mn} x_n \geq b_m.$$

Nicht-Negativitäts-Bedingung

$$x_j \geq 0 \text{ für } j = 1, 2, 3, \dots n.$$

Schlupfvariable für die Nebenbedingungen:
Die Ungleichungen der Nebenbedingungen werden durch Hinzufügen von Schlupfvariablen zu **Gleichungen**.
Mit dem **Simplex-Algorithmus** wird auf dem schnellsten Wege der Eckpunkt des Lösungspolyeders gesucht, bei dem die Zielfunktion minimal bzw. maximal ist.

Wie die unterschiedlichen Probleme behandelt werden müssen, zeigt Bild A-8.

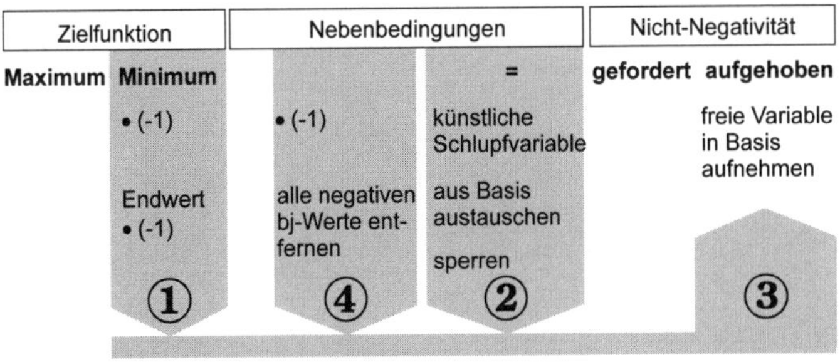

Bild A-8: Behandlung der verschiedenen Probleme für den Simplex-Algorithmus

A 3.5 Transportproblem

Man sucht für ein homogenes Gut optimale **Beförderungszuordnungen** (z.B. minimale Transportkosten) zwischen einer Anzahl von **Angebotsorten** (Lieferorten) und einer Anzahl von **Bedarfsorten** (Empfangsorten). Gegeben sind die angebotenen Mengen pro Angebotsort und die nachgefragten Mengen pro Bedarfsort, ferner die Transportzeiten bzw. die Transportkosten und die Transportkapazitäten. Die Angebots- und Nachfragemengen sind ausgeglichen.

■ **Beispiele**

- **Warenverteilung** von Herstellungsorten (Hersteller) zu Verkaufsorten (Verbraucher)
- **innerbetrieblicher Transport** von Material
- **Disposition von Transporteinrichtungen** vom Standort zum Einsatzort (z. B. Flugzeuge, Schiffe, Lastwagen, Züge)
- zeitliche Verteilung von Fertigungsmengen in bestimmten Perioden auf periodenbezogene Absatzmengen (**Just-in-time-Fertigung**).

■ **Lösungsmethode**

- Erzeugung einer **Basislösung** (z.b. geringste Transportkosten zwischen Lieferant und Empfänger; diese Ausgangslösung ist meist nicht optimal)
- Bestimmung der **Differenzkosten**. Wenn keine negativen Differenzkosten mehr vorhanden sind, dann ist die Lösung optimal.
- Ermittlung des **Umverteilungsweges**, über den die Basislösung verbessert werden kann
- **Umverteilung der Mengen** und erneute Berechnung der Differenzkosten

Bartsch, H.-J.: Taschenbuch mathematischer Formeln. Leipzig: Fachbuchverlag 1997

Eichholz, W., Vilkner E.: Taschenbuch der Wirtschaftsmathematik. Leipzig: Fachbuchverlag 1997

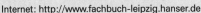

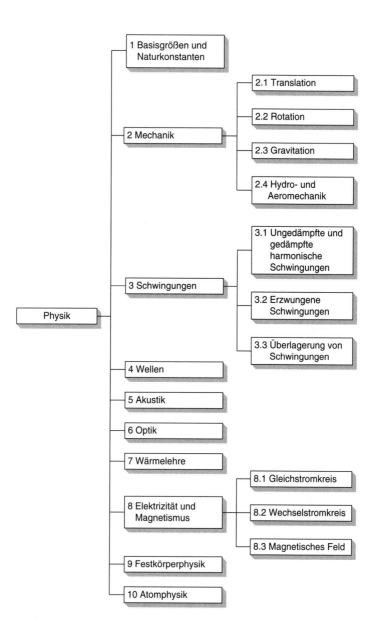

B Physik

B 1 Basisgrößen und Naturkonstanten

Alle Größen der Physik sind aus den in Tabelle B-1 zusammengestellten 7 Basisgrößen ableitbar.

Tabelle B-1: Basisgrößen der Physik

Basisgröße	Basiseinheit	Definition
Zeit	Sekunde (s)	Eine Sekunde ist die Dauer von 9 192 631 770 Perioden der Strahlung, die dem Übergang zwischen den beiden Hyperfeinstrukturniveaus des Grundzustandes des Atoms Caesium 133 entspricht.
Länge	Meter (m)	Ein Meter ist die Strecke, die Licht im Vakuum während der Dauer von (1/299 792 458) Sekunden durchläuft.
Masse	Kilogramm (kg)	Ein Kilogramm ist gleich der Masse des Internationalen Kilogramm-Prototyps.
elektrische Stromstärke	Ampere (A)	Ein Ampere ist die Stärke eines konstanten elektrischen Stromes, der durch zwei geradlinige, parallele, unendlich lange Leiter mit einem Abstand von 1 m fließt und der zwischen diesen Leitern je Meter Länge die Kraft von $2 \cdot 10^{-7}$ N hervorruft.
Temperatur	Kelvin (K)	Ein Kelvin ist der 273,16te Teil der (thermodynamischen) Temperatur des Tripelpunktes von Wasser.
Lichtstärke	Candela (cd)	Eine Candela ist die Lichtstärke in einer bestimmten Richtung einer Strahlungsquelle, die monochromatische Strahlung der Frequenz $540 \cdot 10^{12}$ Hz aussendet und deren Strahlstärke in dieser Richtung (1/683) W/sr beträgt.
Stoffmenge	Mol (mol)	1 Mol ist die Stoffmenge eines Systems, das aus so vielen gleichartigen elementaren Teilchen besteht, wie Atome in 0,012 kg des Kohlenstoffs 12 enthalten sind.

In der Physik gibt es Naturkonstanten, deren Werte unabhängig von Raum, Zeit und anderen Einflüssen immer gleich sind (Tabelle B-2).

Tabelle B-2: Übersicht über die wichtigsten Naturkonstanten

Bezeichnung	Symbol	Wert
Lichtgeschwindigkeit	c	$2{,}997\ 924\ 58 \cdot 10^8$ m/s
Gravitationskonstante	f	$6{,}672\ 59 \cdot 10^{-11}$ N m^2/kg^2
Avogadro-Konstante	N_A	$6{,}022\ 136\ 7 \cdot 10^{23}$ mol^{-1}
Elementarladung	e	$1{,}602\ 177\ 33 \cdot 10^{-19}$ A s
elektrische Feldkonstante	ε_0	$8{,}854\ 187\ 817 \cdot 10^{-12}$ A s/(V m)
magnetische Feldkonstante	μ_0	$4\pi \cdot 10^{-7}$ (V s)/(A m)
universelle Gaskonstante	R_m	$8{,}314\ 510$ J/(mol K)

B 2   Mechanik

Bild B-1 zeigt die Gebiete der Mechanik und die wichtigsten Größen.

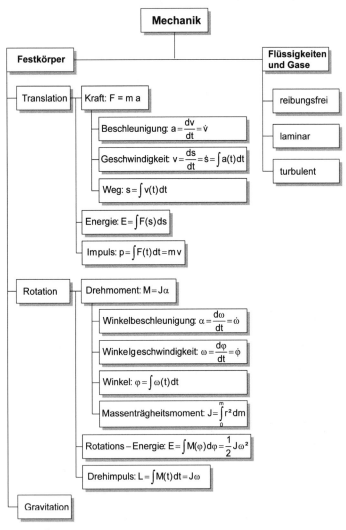

Bild B-1: Überblick über die Mechanik und die wichtigsten Größen

B 2.1   Translation

Die Translation ist eine Bewegung im Raum von einem Punkt zum anderen. Ursache von Translationsbewegungen sind Kräfte F.

B 2.1.1 Newtonsche Axiome

1. Newtonsches Axiom (Trägheitsgesetz)

Ohne äußere Krafteinwirkung verharrt ein Körper im Zustand der Ruhe oder einer geradlinigen Bewegung mit konstanter Geschwindigkeit. Daraus folgt: Kräfte sind die Ursache jeder Änderung eines Bewegungszustandes.

2. Newtonsches Axiom (Grundgesetz der Mechanik)

Die Kraft bewirkt die Änderung eines Impulses: $F = \mathrm{d}(m\,v)/\mathrm{d}t$. Bei konstanter Masse m gilt: $F = m\,a$. Das Verhältnis der wirkenden Kraft F zur erzielten Beschleunigung a ist konstant; es ist die Masse:
m = Kraft F / Beschleunigung a.
Die Masse nimmt bei großen Geschwindigkeiten zu (relativistische Massenzunahme).

3. Newtonsches Axiom (Reaktionsprinzip)

Jede Kraft F besitzt eine Gegenkraft F' (Reaktionskraft) von gleichem Betrag, die aber entgegengesetzt gerichtet ist.

B 2.1.2 Spezielle Bewegungen

- gleichförmige Bewegung mit konstanter Geschwindigkeit
  - Beschleunigung $a = 0$
  - Geschwindigkeit v = konstant; $v = s/t$ (v in m/s)
  - Weg $s = v\,t$ (ohne Anfangsweg)
- Bewegung mit konstanter Beschleunigung (und Anfangsgeschwindigkeit v_0)
  - Beschleunigung a = konstant
  - Geschwindigkeit $v = v_0 + a\,t = \sqrt{v_0^2 + 2as}$
  - Weg $s = v_0 t + \dfrac{at^2}{2}$
- freier Fall (Sonderfall der Bewegung mit konstanter Beschleunigung, der Erdbeschleunigung, und ohne Anfangsgeschwindigkeit v_0)
  - Erdbeschleunigung $g = 9{,}807$ m/s^2

- Geschwindigkeit $v = g\,t = \sqrt{2\,g\,h}$

- Höhe $h = \dfrac{v\,t}{2} = \dfrac{g\,t^2}{2}$

■ senkrechter Wurf nach oben (mit Anfangsgeschwindigkeit v_0)
- Geschwindigkeit $v_y = v_0 - g\,t$

- Weg $y = v_0\,t - \dfrac{g\,t^2}{2}$

- Wurfhöhe $H = \dfrac{v_0^{\,2}}{2\,g}$

- Steigzeit $T_s = \dfrac{v_0}{g}$ (Auftreffzeit $T_A = 2\,T_s$)

■ waagerechter Wurf (mit Anfangsgeschwindigkeit $v_x = v_0$)
- Geschwindigkeit: $v_y = -\,g\,t$
- Wege:

$x = v_0\,t$

$y = \dfrac{g\,t^2}{2}$ Bahngleichung: $y = -\dfrac{g}{2\,v_0^{\,2}}x^2$

- Wurfweite $s = v_0\sqrt{\dfrac{2\,h}{g}}$

■ schiefer Wurf (mit Anfangsgeschwindigkeit v_0 im Winkel φ)
- Geschwindigkeiten: $v_x = v_0\cos\varphi$, $v_y = v_0\sin\varphi - g\,t$

- Wege: $x = v_0\,t\cos\varphi$, $y = v_0\,t\sin\varphi - \dfrac{g\,t^2}{2}$

- Bahngleichung: $y = x\tan\varphi - \dfrac{g}{2\,v_0^{\,2}\cos^2\varphi}x^2$

- Wurfweite $s = \dfrac{v_0^{\,2}}{g}\sin 2\varphi$

B 2.1.3 Impuls und Impulserhaltung

Der Impuls ist als Integral der Kraft über die Zeit definiert:

$p = \int F(t)\,\mathrm{d}t = m\,v$

Wirken auf ein System keine äußeren Kräfte ein, dann bleibt der Gesamtimpuls p erhalten (oder die Impulsänderung ist null). Für zwei am Stoß beteiligten Körper gilt dann:

$p_{\text{vorher}} = p_{\text{nachher}}$
$m_1 v_1 + m_2 v_2 = m_1 v_1' + m_2 v_2'$

Kräfte, Arbeit/Energie

Kräfte		Arbeit/Energie $W = \int F\,ds = \int M\,d\varphi$
mechanisch		
Bewegung, Translation	$F = m \cdot a$	$E_{kin} = \dfrac{1}{2}mv^2$
Bewegung, Rotation	$M = J \cdot \alpha$	$E_{kin} = \dfrac{1}{2}J\omega^2$
Gravitation	$F_{Gr} = G\dfrac{(m_1 m_2)}{r_{12}{}^2}$	$E_{Gr} = Gm_1 m_2\left(\dfrac{1}{r_1} - \dfrac{1}{r_2}\right)$
Gewichtskraft	$F_G = m \cdot g$	$E_{pot} = mgh$
Druckkraft	$F_p = -\mathrm{grad}\,p$	$E_p = p(V_1 - V_2)$
Federkraft	$F_{fed} = -c \cdot x$	$E_{fed} = \dfrac{1}{2}c(x_2{}^2 - x_1{}^2)$
Zentrifugalkraft	$F_z = -m\omega^2 r$	$E_z = \dfrac{1}{2}J\omega^2$
Corioliskraft	$F_c = -2m\omega \times v$	$E_{cor} = -2m\omega v s$
Reibungskraft	$F_R = \mu \cdot F_N$	$E_{reib} = \mu F_N s$
elektrisch	$F_{el} = Q \cdot E$	$E_{el} = \dfrac{1}{2}DEV = \dfrac{1}{2}CU^2$
magnetisch	$F_{magn} = Q(v \times B)$	$E_{magn} = \dfrac{1}{2}BHV = \dfrac{1}{2}LI^2$
elektromagnetisch		
Licht	Solar	$E = hr$
chemisch	Batterien Wasserstoff	Brennstoffzellen $2H_2O = 2H_2 + O_2 + E_{chem}$
thermodynamisch	Wärme	$E_W = mc_w(T_2 - T_1)$
Masse		$E = mc_0{}^2$

(rechter Rand, vertikal:) **Energie-Erhaltungssatz — Summe aller Energieformen ist konstant**

(a) Beschleunigung; (B) magnetische Induktion; (C) elektrische Kapazität; (c) Federkonstante; (c_0) Lichtgeschwindigkeit; (c_w) Wärmekapazität; (D) elektrische Verschiebungsdichte; (E) elektrische Feldstärke; (F_N) Normalkraft; (g) Erdbeschleunigung 9,81 m/s²; (h) Plancksches Wirkungsquantum 6,62 10^{-34} Js; (H) magnetische Feldstärke; (I) Strom; (J) Massenträgheitsmoment; (L) Induktivität; (M) Drehmoment; (m) Masse; (Q) Wärmemenge; (p) Druck; (s) Weg; (T) Temperatur; (U) Spannung; (V) Volumen; (v) Geschwindigkeit; (x) Wegstrecke; (α) Winkelbeschleunigung; (μ) Reibungskoeffizient; (ω) Winkelgeschwindigkeit; (ν) Frequenz; (grad) Änderung entlang den Raumkoordinaten: d/dx + d/dy + d/dz

Bild B-2: Energien in der Physik und Energieerhaltungssatz

B 2.1.4 Arbeit (Energie), Leistung und Wirkungsgrad

Arbeit *W*

Verschiebt eine Kraft F einen Körper auf einem bestimmten Weg s, dann verrichtet sie am Körper Arbeit $W = \int F(s)\,ds$ (in N·m oder J). Dabei müssen Kraft F und Weg s in der gleichen Richtung liegen.

Energie *E*

Jede an einem Körper verrichtete Arbeit vergrößert dessen Energie und versetzt ihn in die Lage, Arbeit zu verrichten.

Der Energieerhaltungssatz besagt, daß die Summe aller Energieformen konstant ist. Im Bild B-2 sind alle Energieformen der Physik zusammengestellt.

Leistung *P*

Leistung ist die in einer bestimmten Zeit dt verrichtete Arbeit dW. Man kann sie messen, wenn man die Kraft F kennt, mit der der Körper eine bestimmte Geschwindigkeit v erreicht hat.

$$P = \frac{dW}{dt} = \frac{F\,ds}{dt} = F\,v \quad \text{(in W, J/s oder kg m}^2\text{)}$$

Wirkungsgrad η

Wegen auftretender Verluste gibt jede Maschine eine geringere Leistung ab (P_{ab}), als sie aufnimmt (P_{zu}). Unter dem Wirkungsgrad η versteht man das Verhältnis der abgegebenen Leistung (bzw. Nutzarbeit) P_{ab} zur zugeführten Leistung (bzw. Gesamtarbeit) P_{zu}:

$$\eta = \frac{P_{ab}}{P_{zu}} = \frac{P_{zu} - P_{Verlust}}{P_{zu}} = 1 - \frac{P_{Verlust}}{P_{zu}} = \frac{\text{Nutzarbeit}}{\text{Gesamtarbeit}}$$

B 2.2   Rotation

> Die Rotation ist eine Drehbewegung um eine feste Achse. Ursache von Rotationsbewegungen sind Drehmomente *M*.

B 2.2.1 Drehmoment *M* als Ursache der Drehbewegung

Das Drehmoment $\vec{M}$ ist das Vektorprodukt aus Radius $\vec{r}$ und Kraft $\vec{F}$ (Bild B-3):

$$\vec{M} = \vec{r} \times \vec{F}$$

Der Betrag ist $M = F\,r \sin \beta$ ($r \sin \beta$ Hebelarm; l senkrechter Abstand zwischen Wirkungslinie der Kraft und Drehpunkt). Deshalb gilt auch für den Betrag des Momentes: M = Kraft mal Hebelarm.

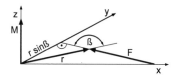

Bild B-3: Definition des Drehmoments M

Das Drehmoment M bewirkt, daß sich das Trägheitsmoment (Drehmasse) J mit der Winkelbeschleunigung α in Rotation versetzt.

$$M = J\,\alpha$$

B 2.2.2 Kreisbewegung

Die Gleichungen der Rotation ergeben sich aus den Gleichungen der Translation, wenn man ersetzt:

- Weg s (in m) $\rightarrow$ Winkel φ (in rad) (immer im Bogenmaß anzugeben)
- Geschwindigkeit v (in m/s) $\rightarrow$ Winkelgeschwindigkeit ω (in 1/s)
- Beschleunigung a (in m/s^2) $\rightarrow$ Winkelbeschleunigung α (in 1/s^2)
  Winkelgeschwindigkeit ω, Drehzahl n (Umlauffrequenz f) und Periodendauer T

$$\omega = 2\pi f = 2\pi n = \frac{2\pi}{T}$$

  Die Drehzahl n in 1/s ist gleich der Drehfrequenz f.

- Gleichförmige Bewegung mit konstanter Winkelgeschwindigkeit ω
  – Winkelbeschleunigung $\alpha = 0$
  – Winkelgeschwindigkeit $\omega = $ konstant, $\omega = \dfrac{\varphi}{t}$ (in rad/s)
  – Winkel $\varphi = \omega\,t$ (ohne Anfangsweg)

- Bewegung mit konstanter Winkelbeschleunigung α (und Anfangs-Winkelgeschwindigkeit ω_0)
  – Winkelbeschleunigung $\alpha = $ konstant
  – Geschwindigkeit $\omega = \omega_0 + \alpha\,t = \sqrt{\omega_0{}^2 + 2\alpha\,\varphi}$
  – Winkel $\varphi = \omega_0\,t + \dfrac{\alpha\,t^2}{2}$

B 2.2.3 Zentripetalkraft

Die Ursache der Kreisbahn eines Körpers ist die **Zentripetalkraft** (eine zum Zentrum strebende Kraft) F_z. Die **Zentrifugalkraft** (Fliehkraft) ist die Trägheitskraft, die vom Zentrum weg gerichtet ist (Bild B-4).

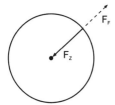

Bild B-4: Zentripetal- und Zentrifugalkraft

$$F_Z = \frac{mv^2}{r} = m\omega^2\, r = p\omega$$

m Masse, v Geschwindigkeit, r Radius der Kreisbahn, ω Winkelgeschwindigkeit, p Impuls

B 2.2.4 Massenträgheitsmoment

> Das Massenträgheitsmoment J ist das Verhältnis von wirkendem Drehmoment M zur erzielten Winkelbeschleunigung α ($J = M/\alpha$). Es entspricht der Masse m bei der Translation.

Trägheitsmoment J eines im Abstand r rotierenden Körpers der Masse m:

$$J = m\, r^2 \quad \text{(in kg·m}^2\text{)}$$

Trägheitsmoment J einer kontinuierlichen Massenverteilung m_{ges} (bzw. eines homogenen Körpers mit der konstanten Dichte ρ ($\rho = m/V$):

$$J = \int\limits_0^{m_{ges}} r^2\, \mathrm{d}m = \rho \int\limits_0^{V_{ges}} r^2\ \mathrm{d}V$$

Die Trägheitsmomente regelmäßig geformter Körper zeigt Bild B-5.

 Das Massenträgheitsmoment zusammengesetzter Körper ist gleich der Summe seiner Teile bezüglich der gleichen Drehachse.

B 2.2.5 Drehimpuls und Drehimpulserhaltung

Der Drehimpuls $\vec{L}$ ist das Vektorprodukt aus dem Ortsvektor $\vec{r}$ und dem Bahnimpuls $\vec{p}$: $\vec{L} = \vec{r} \times \vec{p}$ (Bild B-6) oder $L = J\,\omega$ (in kg·m²/s = N·m·s).

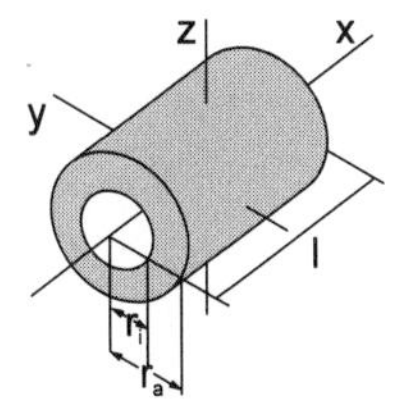

	Hohlzylinder	$J_x = \dfrac{1}{2}m(r_a{}^2 + r_i{}^2)$
		$J_y = J_z = \dfrac{1}{4}m(r_a{}^2 + r_i{}^2 + \dfrac{1}{3}l^2)$
	dünnwandiger Hohlzylinder	$J_x = mr^2$
		$J_y = J_z = \dfrac{1}{4}m(2r^2 + \dfrac{1}{3}l^2)$
	Vollzylinder	$J_x = \dfrac{1}{2}mr^2$
		$J_y = J_z = \dfrac{1}{4}mr^2 + \dfrac{1}{12}ml^2$
	dünne Scheibe (l << r)	$J_x = \dfrac{1}{2}mr^2$
		$J_y = J_z = \dfrac{1}{4}mr^2$
	dünner Stab (l>>r) unabhängig von der Querschnittsform	$J_x = \dfrac{1}{2}mr^2$
		$J_y = J_z = \dfrac{1}{12}ml^2$
	dünner Ring	$J_x = mr^2$
		$J_y = J_z = \dfrac{1}{2}mr^2$
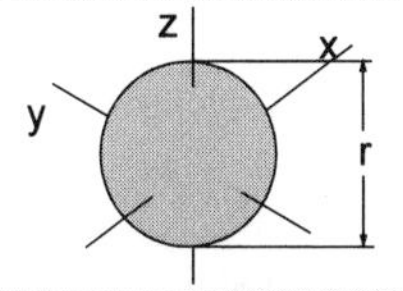	massive Kugel	$J_x = J_y = J_z = \dfrac{2}{5}mr^2$
	dünne Kugelschale	$J_x = J_y = J_z = \dfrac{2}{3}mr^2$
	Quader	$J_x = \dfrac{1}{12}m(b^2 + h^2)$
		$J_y = \dfrac{1}{12}m(l^2 + h^2)$
		$J_z = \dfrac{1}{12}m(l^2 + b^2)$

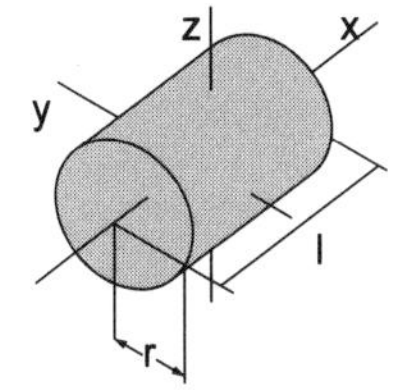

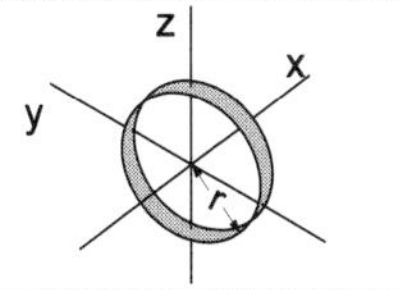

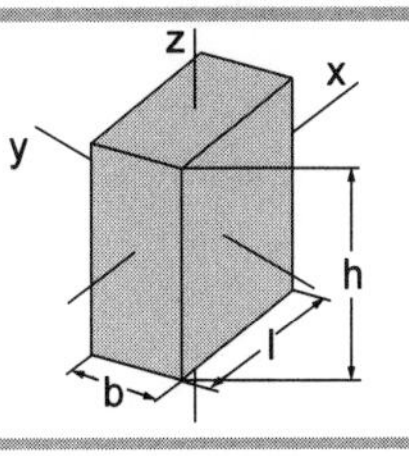

Bild B-5: Massenträgheitsmomente einiger regelmäßig geformter Körper

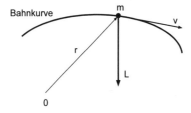

Bild B-6: Definition des Drehimpulses

Das Drehmoment M bewirkt eine Änderung des Drehimpulses L (Newtonsches Gesetz der Rotation):

$$M = \frac{dL}{dt} = \frac{d(J\omega)}{dt}$$

B 2.3   Gravitation

Die Gravitationskraft F_{Gr} ist die Anziehungskraft zwischen zwei Körpern der Masse m_1 und m_2 im Abstand r (Bild B-7).

Bild B-7: Definition der Gravitationskraft

$$F_{Gr} = G \frac{m_1\, m_2}{r^2}$$

G Gravitationskonstante = $6{,}673 \cdot 10^{-11}$ N m^2/kg^2

Die Gravitationskraft ist die Ursache der Planetenbewegung (Keplersche Gesetze).

- ■ 1. Keplersches Gesetz (Bild B-8)
  Planeten bewegen sich auf Ellipsen, in deren Brennpunkt die Sonne steht.

- ■ 2. Keplersches Gesetz (Bild B-9)
  Die Verbindungsgerade Sonne – Planet überstreicht in gleichen Zeiten gleiche Flächen.

- ■ 3. Keplersches Gesetz
  Die Quadrate der Umlaufzeiten der Planeten (T) verhalten sich wie die Kuben der großen Halbachsen (r) ihrer Bahn um die Sonne:

$$\frac{r^3}{T^2} = \text{konstant}$$

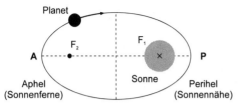

Bild B-8: Erstes Keplersches Gesetz

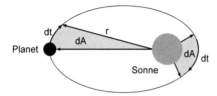

Bild B-9: Zweites Keplersches Gesetz

B 2.4 Hydro- und Aeromechanik

Die Hydrodynamik beschreibt den Transport von Flüssigkeiten und die Aerodynamik die Bewegung von Gasen. In Bild B-10 sind die wichtigsten Zusammenhänge dargestellt. Die Bewegungen können ideal reibungsfrei sein, dann gilt der **Energieerhaltungssatz** (Bernoulli), oder mit Reibung sein. Dann unterscheidet man zwischen **einer laminaren Strömung** (keine Vermischung der Flüssigkeiten oder Gasen) und einer **turbulenten** (Vermischungen der Flüssigkeiten bzw. der Gase).

B 3 Schwingungen

Bei Schwingungen wird Energie periodisch hin- und herbewegt. Bei mechanischen Schwingungen sind dies mechanische, bei elektrischen sind dies elektrische und magnetische Energien. Man unterscheidet folgende Schwingungsformen, die durch unterschiedliche Differentialgleichungen beschrieben werden (Bild B-11):

- freie Schwingung
  Die Schwingung wird nicht von außen beeinflußt.

- erzwungene Schwingung
  Die Schwingung wird von außen periodisch erzwungen.

- ungedämpfte Schwingung
  Die Schwingung erfolgt reibungsfrei.

- gedämpfte Schwingung
  Reibungskräfte behindern die Schwingung.

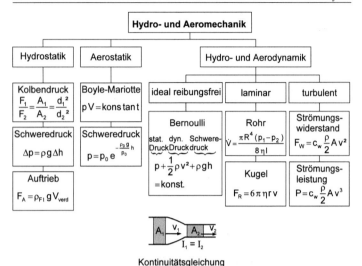

Hydro- und Aeromechanik

Hydrostatik	Aerostatik	Hydro- und Aerodynamik

Hydro- und Aerodynamik:

ideal reibungsfrei	laminar	turbulent

Hydrostatik

Kolbendruck
$$\frac{F_1}{F_2} = \frac{A_1}{A_2} = \frac{d_1{}^2}{d_2{}^2}$$

Schweredruck
$$\Delta p = \rho g \, \Delta h$$

Auftrieb
$$F_A = \rho_{F1} \, g \, V_{verd}$$

Aerostatik

Boyle-Mariotte
$$pV = \text{konstant}$$

Schweredruck
$$p = p_0 \, e^{-\frac{\rho_0 \, g}{p_0} h}$$

ideal reibungsfrei

Bernoulli

stat. dyn. Schwere-
Druck Druck druck
$$p + \frac{1}{2}\rho v^2 + \rho g h = \text{konst.}$$

laminar

Rohr
$$\dot{V} = \frac{\pi R^4 \, (p_1 - p_2)}{8 \, \eta \, l}$$

Kugel
$$F_R = 6 \pi \, \eta \, r \, v$$

turbulent

Strömungs-
widerstand
$$F_W = c_w \frac{\rho}{2} A v^2$$

Strömungs-
leistung
$$P = c_w \frac{\rho}{2} A v^3$$

A_1 v_1 A_2 v_2

$I_1 = I_2$

Kontinuitätsgleichung
A v = konstant

(A) Fläche; (c_w) Widerstandsbeiwert; (d) Durchmesser; (g) = 9,81 m/s²; (h) Höhe;
(p) Druck; (P) Strömungsleistung; (R,r) Radien; (V) Volumen; ($\dot{V}$) Volumenstrom;
(v) Geschwindigkeit; (ρ) spezifische Dichte; (η) dynamische Viskosität

Bild B-10: Physikalische Gesetze in der Hydro- und Aeromechanik

Art der Schwingung	*Differentialgleichung*
freie Schwingung Feder f_0 Masse 0 $\hat{y}$ y	ungedämpft $$\ddot{y} + \frac{c}{m} y = 0$$ gedämpft $$\ddot{y} + \frac{b}{m}\dot{y} + \frac{c}{m} y = 0$$
erzwungene Schwingung Resonator f 2 Erreger 1 ω_E y	ungedämpft $$\ddot{y} + \frac{c}{m} y = \frac{\hat{F}_E}{m}\cos(\omega_E t)$$ gedämpft $$\ddot{y} + \frac{b}{m}\dot{y} + \frac{c}{m} y = \frac{\hat{F}_E}{m}\cos(\omega_E t)$$

Bild B-11: Einteilung der Schwingungen und ihre Differentialgleichung

B 3.1 Ungedämpfte und gedämpfte harmonische Schwingungen

Die wichtigen Kenngrößen sind in Tabelle B-3 zusammengestellt.

Tabelle B-3: Kenngrößen der Schwingungslehre

Symbol	Bezeichnung	Formel	Erklärung
T	Periodendauer	$T = 1/f$ (in s)	Zeitabschnitt zwischen zwei identischen Schwingungszuständen
f	Frequenz	$f = 1/T$ (in 1/s = 1 Hz)	Anzahl der Schwingungen pro Zeiteinheit
ω	Kreisfrequenz	$\omega = 2\pi f = (2\pi)/T$ (in 1/s)	Anzahl der Kreisumläufe pro Zeiteinheit
φ	Phasenwinkel	$\varphi = \omega t + \varphi_0$	Phasenlage eines Punktes
φ_0	Nullphasenwinkel	$\varphi_0 = \arccos \dfrac{y(0)}{\hat{y}}$	Anfangswinkel des schwingenden Systems
y	Auslenkung		momentane Auslenkung zur Zeit t
$\hat{y}$	Amplitude		maximale Auslenkung
ω_0	Kreisfrequenz der ungedämpften Schwingung	$\omega_0 = \sqrt{\dfrac{c}{m}}$	
ω_d	Kreisfrequenz der gedämpften Schwingung	$\omega_d = \sqrt{\dfrac{c}{m} - \left(\dfrac{b}{2m}\right)^2}$	sie ist kleiner als die Kreisfrequenz der ungedämpften Schwingung
b	Reibungskoeffizient	$b = -\dfrac{F_{Reib}}{v}$	Reibung ist proportional zur Geschwindigkeit
δ	Abklingkoeffizient	$\delta = \dfrac{b}{2m}$	exponentielle Abnahme der Amplituden
D	Dämpfungsgrad	$D = \dfrac{\delta}{\omega_0} = \dfrac{b}{2m\omega_0}$	
d	Verlustfaktor	$d = 2D = \dfrac{b}{m\omega_0}$	
Q	Güte	$Q = \dfrac{1}{d} = \dfrac{1}{2D} = \dfrac{m\omega_0}{b}$	

In Bild B-12 sind einige ungedämpfte Schwingungssysteme mit den entsprechenden Kreisfrequenzen zusammengestellt.

B 3.2 Erzwungene Schwingungen

Eine von außen wirkende Erregerkraft F_E wirkt auf das System ein. Nach einer Einschwingzeit schwingt das System dann mit der Erregerfrequenz ω_E. Ist die Erregerfrequenz ω_E gleich der Eigenfrequenz des Systems ω_0, dann tritt Resonanz auf. Beim ungedämpften Fall wird die Amplitude unendlich groß (Resonanzkatastrophe). Im gedämpften Fall ist die Amplitude bei geringer Dämpfung deutlich erhöht; bei hoher Dämpfung ist der Resonanzeffekt nicht mehr erkennbar.

Schwingungssystem	Kraft-Momentenansatz Differentialgleichung	$\omega_0 = 2\pi f_0 = \dfrac{2\pi}{T_0}$
Feder-Masse-System 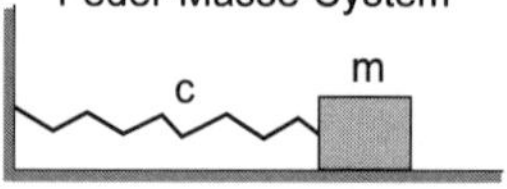	$F = ma$ $-cy = m\ddot{y}$ $\ddot{y} + \dfrac{c}{m}y = 0$	$\sqrt{\dfrac{c}{m}}$
mathematisches Pendel 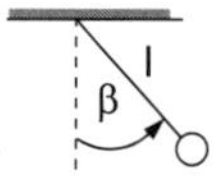	$F = ma$ $-mg\beta = ml\ddot{\beta}$ $\ddot{\beta} + \dfrac{g}{l}\beta = 0$	$\sqrt{\dfrac{g}{l}}$
Torsionspendel 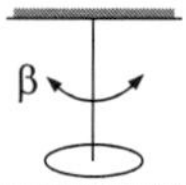	$M = J_A\,\alpha$ $-c^*\beta = J_A\ddot{\beta}$ $\ddot{\beta} + \dfrac{c^*}{J_A}\beta = 0$	$\sqrt{\dfrac{c^*}{J_A}}$
physikalisches Pendel 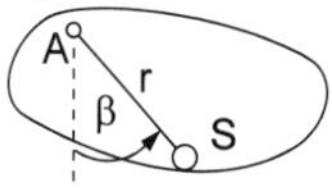	$M = J_A\,\alpha$ $mgr\beta = J_A\ddot{\beta}$ $\ddot{\beta} + \dfrac{mgr}{J_A}\beta = 0$	$\sqrt{\dfrac{mgr}{J_A}}$
Flüssigkeitspendel 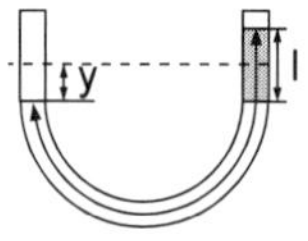	$F = m \cdot a$ $-2Agy = m_{ges}\,\ddot{y}$ $\ddot{y} + \dfrac{2A\rho g}{m_{ges}}y = 0$ $\ddot{y} + \dfrac{2g}{l}y = 0$	$\sqrt{\dfrac{2A\rho g}{m_{ges}}}$ $\sqrt{\dfrac{2g}{l}}$

Bild B-12: Systeme harmonischer Schwingung

B 3.3   Überlagerung von Schwingungen

■   Prinzip der ungestörten Überlagerung (**Superposition**)
Alle Schwingungen überlagern sich ungestört, d.h., ohne sich gegenseitig zu beeinflussen.

Tabelle B-4 zeigt die verschiedenen Möglichkeiten der Überlagerung.

Tabelle B-4: Überlagerung von Schwingungen

Typ	Besonderheiten
gleiche Richtung, gleiche Frequenz	Additionen der Auslenkungen: bei gleichen Amplituden: gleiche Phase: Verdopplung der Amplitude
	Phase π: Auslöschung
gleiche Richtung, ungleiche Frequenz	geringem Frequenzunterschied: **Schwebung** beliebige Kurvenform (Frequenzbestandteile durch Fourier-Analyse bestimmbar)
ungleiche Richtung, ungleiche Frequenz	rationale Frequenzverhältnisse ergeben **Lissajous-Figuren**

B 4   Wellen

Eine Welle ist ein Schwingungsvorgang in einem ausgedehnten Medium, das aus einer Vielzahl gekoppelter Teilchen besteht. Es entstehen **Quer-** und **Längswellen** (Bild B-13).

Typ	Merkmale	Bild
Querwellen Transversalwellen	Schwingungsrichtung steht senkrecht auf der Ausbreitungsrichtung (z.B. elektromagnetische Wellen der Optik, elastische Biegewellen in Festkörpern)	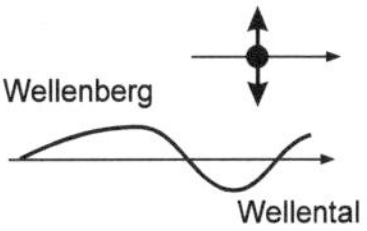 Wellenberg Wellental
Längswellen Longitudinalwellen	Schwingungsrichtung parallel zur Ausbreitungsrichtung z.B. elastische Wellen in Gasen (Akustik), Flüssigkeiten und Festkörpern (Schallwellen)	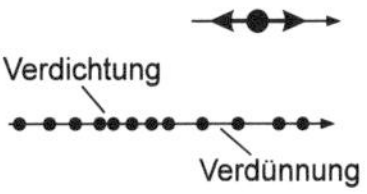 Verdichtung Verdünnung

Bild B-13: Wellenarten und ihre Eigenschaften

■   Wellenlänge λ

Abstand zweier benachbarter Teilchen im gleichen Schwingungszustand (Bild B-14). Die Ausbreitungsgeschwindigkeit c ist das Produkt aus Wellenlänge λ und der Frequenz f, mit der jedes Teilchen der Welle schwingt: $c = \lambda f$.

■   Wellengleichung $\dfrac{\partial^2 y}{\partial x^2} - \dfrac{1}{c}\dfrac{\partial^2 y}{\partial t^2} = 0$

■   Zweite Ableitung der Elongation y nach der Zeit ist proportional zur zweiten Ableitung nach dem Weg.

- c ist die Ausbreitungsgeschwindigkeit (Phasengeschwindigkeit) der Welle. Sie kennzeichnet die Eigenschaft des Mediums (z.B. Elastizität oder Dichte).

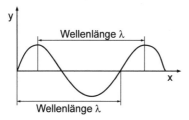

Bild B-14: Definition der Wellenlänge

Trifft eine Welle an der Grenze eines Mediums auf ein anderes, so wird die Welle völlig oder teilweise zurückgeworfen (reflektiert). Dabei gilt: Einfallswinkel = Ausfallswinkel (Strahlen und Lot liegen in einer Ebene).

- Reflexion

- Brechung

Tritt eine Welle an der Grenze eines Mediums in ein anderes über, so ändern sich Ausbreitungsgeschwindigkeit c und Richtung (Bild B-15). Es gilt das Brechungsgesetz:

$$\frac{\sin\alpha}{\sin\beta} = \frac{c_1}{c_2}$$

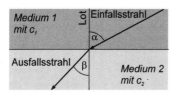

Bild B-15: Brechung

- Beugung

Trifft eine ebene Welle auf eine Wand mit einem schmalen Spalt, dann breitet sich der durch die Öffnung gelangende Strahl fächerartig auf (Bild B-16).

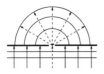

Bild B-16: Beugung

B 5 Akustik

Gegenstand der Akustik sind Druckschwankungen (Druckwellen) in Festkörpern, Flüssigkeiten und Gasen. Der Mensch hört Frequenzen von 16 Hz bis 20 000 Hz. Tiefere Frequenzen sind **Infraschall** und höhere sind **Ultraschall.**

Tabelle B-5: Eigenschaften des Schalls

Eigenschaft/Größe	Bemerkung
Ton	Sinusschwingung
Klang	Überlagerung mehrerer Töne. Der Ton mit der niedrigsten Frequenz bestimmt die Tonhöhe. Die anderen Obertöne bestimmen die Klangfarbe
Geräusch	unregelmäßige Schwingung, bestehend aus einem Frequenzgemisch im ähnlichen Frequenzbereich
Knall	kurzzeitiges und starkes Schallereignis
Amplitude	Lautstärke
Frequenz	Tonhöhe
Schwingungsform	Klangfarbe
Schallgeschwindigkeit c in Festkörpern	$c = \sqrt{\dfrac{E}{\rho}}$ E Elastizitätsmodul (in Pa), ρ Dichte des Stabes (in kg/m^3)
Schallgeschwindigkeit c in Flüssigkeiten	$c = \sqrt{\dfrac{K}{\rho}} = \sqrt{\dfrac{1}{\kappa\,\rho}}$ $K = 1/\kappa$ Kompressionsmodul (in Pa), κ Kompressibilität (in 1/Pa), ρ Dichte der Flüssigkeit (in kg/m^3)
Schallgeschwindigkeit c in Gasen	$c = \sqrt{\dfrac{\kappa\,p}{\rho}}$ p Gasdruck (in Pa), κ Kompressibilität (in 1/Pa), ρ Dichte der Flüssigkeit (in kg/m^3)
Schallgeschwindigkeit c in der Luft	$c = 331{,}6$ m/s (ist leicht temperaturabhängig)

■ Doppler-Effekt

Bewegen sich Schallquelle (Sender S) und Empfänger (E) relativ zueinander, so nimmt der Empfänger E eine andere Frequenz f_E wahr, als der Sender S ausgestrahlt hat.

Es gilt: $f_E = f_S \dfrac{c - v_E}{c - v_S}$ (c Schallgeschwindigkeit, f Frequenz, v Geschwindigkeit)

In der Schallmessung spielen die in Tabelle B-6 zusammengestellten Größen eine wichtige Rolle.

Tabelle B-6: Größen der Schallmessung

Größe	Formel	Bemerkung
Schallschnelle v	$v = \hat{y}\,\omega\,\cos\omega t$	Schwinggeschwindigkeit der Teilchen des Mediums
Schalldruck p	$p = \omega\,\rho\,c\hat{y}\cos 2\pi\left(\dfrac{t}{T} - \dfrac{x}{\lambda}\right)$	in der Schallwelle auftretende Druckabweichungen (Wechseldruck)
Schallintensität J	$J = \dfrac{P}{A}$	Verhältnis der auf eine Fläche A treffenden Schalleistung P zur Größe dieser Fläche
Schallpegel		Vergleich zweier Schallintensitäten oder Schalldrücke. Wird als Logarithmus einer Verhältnisgröße ausgedrückt. Ist dimensionslos. Man fügt zur Kennzeichnung die Bezeichnung Dezibel (dB) hinzu
Schallintensitätspegel L_J	$L_J = 10\,\lg\dfrac{J}{J_0}\ \text{dB}$	J_0 Bezugsschallintensität: $J_0 = 10^{-12}\ \text{W/m}^2$
Schalldruckpegel L_p	$L_p = 20\,\lg\dfrac{p}{p_0}\ \text{dB}$	p_0 Bezugsschalldruck $p_0 = 2\cdot 10^{-5}\ \text{Pa}$

B 6   Optik

Die Optik beschreibt die Phänomene des sich ausbreitenden Lichtes. Die **Lichtgeschwindigkeit** im Vakuum ist immer konstant und beträgt $c_0 = 299\ 792\ 458$ m/s (ungefähr 300 000 km/s). Licht ist eine transversale elektromagnetische Welle. Der sichtbare Bereich liegt zwischen den Wellenlängen 380 nm und 780 nm (Bild B-17).

Reflexionsgesetz

An der Grenzfläche zweier Medien wird das Licht zurückgeworfen (reflektiert). Der Einfallswinkel ist gleich dem Ausfallswinkel. Einfallswinkel, Lot und Ausfallswinkel liegen in einer Ebene.

Brechungsgesetz

An der Grenzfläche zweier Medien tritt Licht mit einem Teil seiner Energie in anderer Richtung in das neue Medium über (es wird gebrochen). Dabei gilt das **Brechungsgesetz** nach Bild B-15:

$$\frac{\sin\alpha}{\sin\beta} = \frac{c_1}{c_2}$$

Totalreflexion

Beim Übergang von einem dichteren in ein dünneres Medium wird ab dem Grenzwinkel der Totalreflexion der Lichtstrahl immer in das dichtere Medium reflektiert (Bild B-18). Mit einem **Refraktometer** kann die

Brechzahl n bestimmt werden. In der Glasfaseroptik wird Licht durch Totalreflexion in den Lichtwellenleitern geleitet.

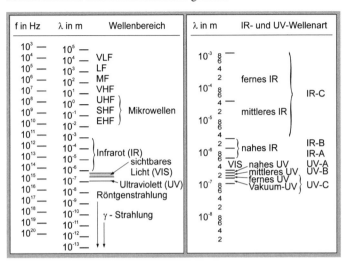

Bild B-17: Bereich der elektromagnetischen Wellen

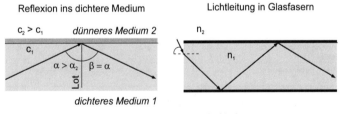

Bild B-18: Totalreflexion und Leitung von Lichtwellen in Glasfasern

Abbildungsgesetz (Bild B-19)

Das Abbildungsgesetz lautet:

$$\frac{1}{f} = \frac{1}{g} + \frac{1}{b} \quad (f \text{ Brennweite}, g \text{ Gegenstandsweite}, b \text{ Brennweite})$$

Der **Abbildungsmaßstab** ist:

$$\beta = \frac{B}{G} = \frac{b}{g} \quad (B \text{ Bildgröße}, G \text{ Gegenstandsgröße})$$

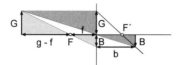

Bild B-19: Abbildungsgesetz und Abbildungsmaßstab

Lichtzerlegung (Bild B-20)

Beim Durchgang durch ein Prisma wird das Licht in seine **Spektralfarben** zerlegt (rot – orange – gelb – grün – blau – violett). Die Spektralfarben sind nicht weiter zerlegbar.

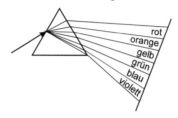

Bild B-20: Zerlegung des Lichts in Spektralfarben

Komplementärfarben

Komplementärfarben sind Misch- oder Spektralfarben, die sich zu Weiß ergänzen (Tabelle B-7).

Tabelle B-7: Komplementärfarben

Ausgeblendete Farbe	rot	orange	gelb	grün	blau	indigo	violett
Mischfarbe des Restes	blau-grün	blau	indigo	purpur	orange	gelb	grün-gelb

Strahlungsgrößen und fotometrische Größen

Die Strahlungsgrößen (Index e) geben die objektiven physikalischen Eigenschaften des Lichtes wieder. Die fotometrischen Größen sind Ausdruck des subjektiven Empfindens (Tabelle B-8). Bis auf den Index e sind die Strahlungsgrößen und die fotometrischen Größen gleich.

Tabelle B-8: Strahlungsgrößen und fotometrische Größen

Strahlungsgrößen	Formel	Fotometrische Größen
Strahlungsenergie W, Q_e (in J)	$Q = \Phi\, t$ $Q = \int \Phi\, dt$	Lichtmenge Q (in lm·s)
Strahlungsfluß Φ_e (in W)	$\Phi_e = W/t$ $\Phi_e = dW/dt$	Lichtstrom Φ (in lm)

Strahlungsgrößen	Formel	Fotometrische Größen
Bestrahlung H_e (in J/m²)	$H_e = W/A_E$ $H_e = dW/dA_E$	Belichtung H (in lx·s)
Bestrahlungsstärke E_e (in W/m²)	$E_e = \Phi_e/A_E$ $E_e = d\Phi_e/dA_E$	Beleuchtungsstärke E (in lx)
Strahlstärke I_e (in W/sr)	$I_e = \Phi_e/\Omega$ $I_e = d\Phi_e/d\Omega$	Lichtstärke I (in cd)
spezifische Ausstrahlung M_e (in W/m²)	$M_e = \Phi_e/A_S$ $M_e = d\Phi_e/dA_S$	spezifische Lichtausstrahlung M (in lm/m²)
Strahldichte L_e [in W/(sr·m²)]	$L_e = \dfrac{\Phi_e}{\Omega\,A_S} = \dfrac{I_e}{A_S}$ $L_e = \dfrac{d^2\Phi_e}{d\Omega\,dA_S} = \dfrac{dI_e}{dA_S}$	Leuchtdichte L (in cd/m²)

B 7 Wärmelehre

Die Wärmelehre (Thermodynamik) befaßt sich mit Wärmeerscheinungen und Energieumwandlungen. Wesentliche Größen sind die Temperatur T, das Volumen V und der Druck p.

Temperatur

Die Temperatur T eines Körpers ist ein Maß für die mittlere Bewegungsenergie je Molekül. Die Einheit von T ist das Kelvin (K). Es ist der 273,16te Teil des Tripelpunktes von Wasser (0 °C; t in °C). Es gilt: $T = t + 273,16$ K. Feste Körper und Flüssigkeiten vergrößern ihre Länge, Fläche und Volumen mit zunehmender Temperatur.

Zustandsgleichung der Gase

Für ideale Gase gilt: Für eine bestimmte Masse Gas ist das Produkt aus Druck p und Volumen V, dividiert durch die Temperatur T konstant:

$$\frac{p_1 V_1}{T_1} = \frac{p_2 V_2}{T_2} \quad \text{oder} \quad \frac{p V}{T} = \text{konstant}$$

Die verschiedenen Zusammenhänge zeigt Bild B-21.

Bei den realen Gasen muß man die Anziehungskräfte zwischen den Gasmolekülen (Binnendruck: a/V_m^2) und das Eigenvolumen der Gasmoleküle (Kovolumen b) beachten. Dann gilt die **van der Waalssche Zustandsgleichung**:

$$\left(p + \frac{a}{V_m^2}\right)(V_m - b) = R_m T$$

R_m allgemeine Gaskonstante, $R_m = 8,314\ 510$ J/(mol kg)

Zustands-änderung	Bedingung	thermische Zustandsgrößen	p, V-Diagramm
isotherm	$dT = 0$ T = konstant	pV = konstant Boyle-Mariotte	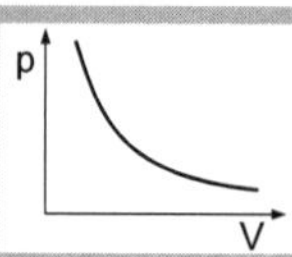
isochor	$dV = 0$ V - konstant	$\dfrac{p}{T}$ = konstant Charles	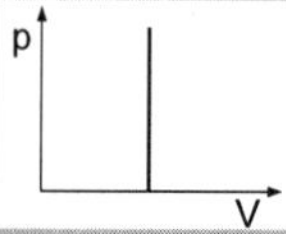
isobar	$dp = 0$ p = konstant	$\dfrac{V}{T}$ = konstant Gay – Lussac	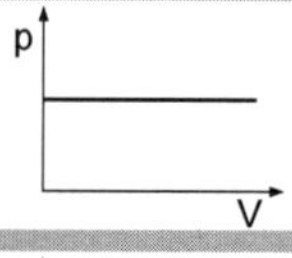
isentrop	$dS = 0$ $\delta Q = 0$ S = konstant	pV^x = konstant TV^{x-1} = konstant $p^{1-x}\,T^x$ = konstant	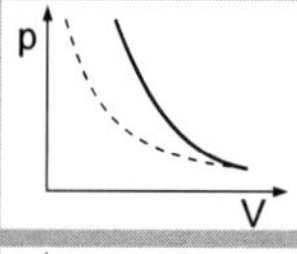
polytrop		pV^n = konstant TV^{n-1} = konstant $p^{1-n}\,T^n$ = konstant	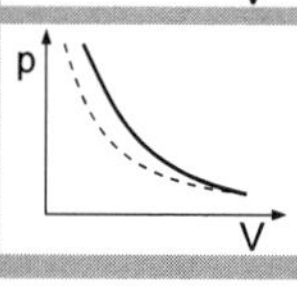

Bild B-21: Spezielle Zustandsänderungen idealer Gase

Wärmemenge Q

Zur Erwärmung eines Körpers ist eine Wärmemenge Q notwendig, die proportional zur Masse m des Körpers und zur erzielten Temperaturdifferenz Δt ist. Der Proportionalitätsfaktor ist die **spezifische Wärmekapazität** c [in J/(kg K)].

$$Q = c\,m\,\Delta t = c\,m\,\Delta T = C\,\Delta T \qquad (c\,m = C, \quad \text{Wärmekapazität})$$

Wärmemischung

Werden zwei oder mehrere Körper unterschiedlicher Temperatur in Berührung gebracht, so erfolgt ein Wärmeaustausch, und die Temperaturdifferenz geht gegen null. Der Körper höherer Temperatur gibt soviel Wärmeenergie ab, wie der Körper tieferer Temperatur aufnimmt. Es stellt sich eine Mischungstemperatur t_m ein:

$$c_1\,m_1\,(t_1 - t_m) = c_2\,m_2\,(t_m - t_2)$$

Erster Hauptsatz

In einem abgeschlossenen System bleibt die innere Energie konstant (Unmöglichkeit eines Perpetuums Mobile erster Art), d. h., die Zufuhr von Wärmeenergie Q und mechanischer Arbeit W vergrößert die innere Energie um ΔU: $Q + W = \Delta U$ oder $dQ + dW = dU$. Die innere Energie U ist die gesamte im System vorhandene Energie ($U = c_V\, m\, T$; c_V: spezifische Wärmekapazität bei konstantem Volumen).

Kreisprozeß

Dies ist ein Prozeß, der nach einer Reihe von Zustandsänderungen den Ausgangszustand wieder erreicht. Im p,V-Diagramm ergibt sich ein geschlossener Kurvenzug. Die Stationen eines Kreisprozesses lassen sich nach Bild B-22 folgendermaßen interpretieren: Die Fläche zwischen dem Kurvenstück 1-2-3 und der Abszisse beschreibt die bei der Expansion verrichtete mechanische Arbeit. Das Kurvenstück des Weges 3-4-1 ist ein Maß für die bei der Kompression zugeführte mechanische Arbeit. Die Differenz beider Kurvenstücke gibt die während eines Kreislaufs insgesamt abgegebene Arbeit an. Diese Diagramme charakterisieren technische Kreisprozesse.

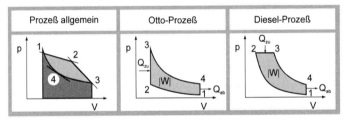

Bild B-22: Stationen im Kreisprozeß: allgemein, Otto-Prozeß, Diesel-Prozeß

Zweiter Hauptsatz

Zustandsänderungen können umkehrbar (reversibel) sein oder nicht (irreversibel). Für reversible Prozesse ist die Entropie $S = 0$, für irreversible ist $S > 0$. Es gilt für die Änderung der Entropie dS:

$$dS = \frac{\partial Q_{\text{rev}}}{T} \geq 0 \text{ (Gleichheitszeichen für reversible Prozesse)}$$

Es gibt keine periodisch arbeitende Maschine, die Wärme aus einem Wärmereservoir bezieht und diese vollständig in mechanische Arbeit umwandelt (Unmöglichkeit eines Perpetuums Mobile zweiter Art). Die Entropie S ist zugleich ein Maß für die Unordnung eines Systems:

$$S = k \ln(P)$$

(k Boltzmann-Konstante, $k = 1{,}380658 \cdot 10^{-23}$ J/K, P Wahrscheinlichkeit eines Zustandes).

Wärmetransport

Die verschiedenen Arten des Wärmetransports sind in Tabelle B-9 zu sehen.

Tabelle B-9: Arten des Wärmetransports

Art	Bild	Bemerkung	Formeln
Wärme-strömung (Konvektion)		Durch freien oder erzwungenen Transport von Materie wird Wärme übertragen.	komplizierte Verhältnisse, die mit umfangreichen Differentialgleichungen beschrieben werden
Wärme-leitung		Wärme wird innerhalb der Körper durch Gitterschwingungen und Elektronen weitergeleitet.	$Q = \dfrac{\lambda\, A t\, \Delta T}{l}$ Wärmewiderstand: $R_{th} = \dfrac{l}{\lambda\, A} = \dfrac{\rho_{th}\, l}{A}$ Ohmsches Gesetz: $\Phi = \dfrac{\Delta T}{R_{th}}$ Q Wärmemenge A Querschnitt des Leiters t Dauer der Wärmeleitung ΔT Temperaturdifferenz l Länge des Leiters λ Wärmeleitfähigkeit
Wärme-übergang		Flüssige oder gasförmige Körper treten mit einem festen Körper anderer Temperatur in Berührung und geben Wärme ab.	$Q = \alpha\, A t\, \Delta T$ α Wärmeübergangskoeffizient [in W/(m^2 K)]
Wärme-durchgang		Zwei flüssige oder gasförmige Körper verschiedener Temperatur sind durch einen festen Körper getrennt.	$\Phi = \dfrac{Q}{t} = \alpha_1 A\, \Delta T_1 = \dfrac{\lambda}{l} A\, \Delta T_2$ $= \alpha_2 A\, \Delta T_3$ Wärmedurchgangskoeffizient k [in W/(m^2 K)]: $\dfrac{1}{k} = \dfrac{1}{\alpha_1} + \dfrac{1}{\alpha_2} + \dfrac{l}{\lambda}$ übertragene Wärmemenge $Q = k\, A t\, \Delta T$
Wärme-strahlung		Wärmeübertragung durch elektromagnetische Strahlung	Stefan-Boltzmann-Gesetz Strahlungsleistung P: $P = \sigma\, \varepsilon\, A\, T^4$ σ Strahlungskonstante $\sigma = 5{,}670\,51 \cdot 10^{-8}$ W/(m^2 K^4) ε Emissionsgrad A strahlende Oberfläche)

B 8 Elektrizität und Magnetismus

Ursache für Elektrizität sind elektrische Ladungen (positive und negative). Diese sind quantisiert (Vielfaches der Elementarladung e = 1,602·10⁻¹⁹ A s) und an Materie gebunden. Ursache für magnetische Erscheinungen sind bewegte elektrische Ladungen.

Eigenschaften der Ladungen

Gleichnamig geladene Körper stoßen sich ab, ungleichnamig geladene Körper ziehen sich an.

Elektrisches Feld

Die Kraftwirkungen des elektrischen Feldes werden durch die Feldlinien beschrieben. Elektrische Feldlinien haben folgende Eigenschaften:

- Tangential zu den Feldlinien verläuft die elektrische Kraft.

- Sie haben einen Anfang und ein Ende und verlaufen von der positiven zur negativen Ladung.

- Sie schneiden sich nicht.

- Bei Leitern stehen sie stets senkrecht zur Oberfläche.

- In Richtung der Feldlinien herrscht „Zug", quer zu ihnen „Druck".

Elektrische Feldstärke E

Sie ist der Quotient aus elektrischer Kraft F_{el} und Ladung Q:

$$E = \frac{F_{el}}{Q} \quad \text{(in V/m)}$$

Im homogenen Feld zwischen zwei Platten (Abstand d, Spannung U) ist:

$$E = \frac{U}{d}$$

Elektrische Kraft F_{el}

$$F_{el} = Q\,E$$

Zwei Punktladungen Q_1 und Q_2 im Abstand r

$$F = \frac{1}{4\pi\varepsilon}\,\frac{Q_1\,Q_2}{r^2}$$

$\varepsilon = \varepsilon_0\varepsilon_r$, $\varepsilon_0 = 8{,}854 \cdot 10^{-12}\ \mathrm{C^2/(N\,m^2)}$, ε_r Permittivitätszahl, werkstoffabhängig

B 8.1 Gleichstromkreis

Elektrischer Strom (elektrische Stromstärke)

Basisgröße der Physik (Tabelle B 1).

Elektrische Ladung Q (in A s bzw. C)

$$Q = \int_{t_1}^{t_2} I(t)\mathrm{d}t \qquad \text{für zeitlich konstanten Strom: } Q = I\,t$$

Die Ladung 1 Coulomb (1 C) entspricht der Ladung von etwa $6{,}24 \cdot 10^{18}$ Elektronen.

Elektrische Spannung U (in V)

Sie ist der Quotient aus der Arbeit W (die zur Ladungsverschiebung notwendig ist) und der elektrischen Ladung Q.

$$U = \frac{W}{Q} = \frac{P}{I} \quad (P \text{ elektrische Leistung})$$

$$U = \int E\,\mathrm{d}s$$

Elektrischer Widerstand R (in Ω) und spezifischer elektrischer Widerstand ρ [in 1/(Ω m)]

Ohmsches Gesetz (für metallische Leiter)

$$R = \frac{U}{I} \qquad \text{Leitwert } G = 1/R = I/U \ (\text{in } 1/\Omega = 1 \text{ S})$$

$$\rho = \frac{R\,A}{l} \quad (\text{in } \Omega \text{ m oder } \Omega \text{ mm}^2/\text{m})$$

A Leiterquerschnitt, l Leiterlänge

elektrische Leitfähigkeit $\kappa = 1/\rho$ [in 1/(Ω m)]

Die Größen sind temperaturabhängig!

Unverzweigter Stromkreis

In einem unverzweigten Stromkreis ist die Stromstärke I überall gleich groß. Es gilt nach Bild B-23:

$$I = \frac{U_0}{R_i + R_a}$$

U_0 Urspannung oder Quellenspannung, U_i Spannungsabfall am inneren Widerstand R_i, U_a Spannungsabfall am äußeren Widerstand R_a (Klemmenspannung)

Knotenregel

In einem verzweigten Stromkreis ist die Summe der Zweigströme gleich dem Gesamtstrom I_{ges}

$$I_{ges} = I_1 + I_2 + I_3 + \dots$$

Maschenregel

Die Summe aller Spannungen eines Stromkreises (Masche) ist null:
$$\sum U_i = 0$$

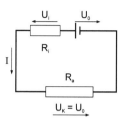

Bild B-23: Spannungen und Widerstände im unverzweigten Stromkreis

Schaltung von Widerständen

Reihenschaltung: $R_{ges} = R_1 + R_2 + R_3 + \dots$

Parallelschaltung: $\dfrac{1}{R_{ges}} = \dfrac{1}{R_1} + \dfrac{1}{R_2} + \dfrac{1}{R_3} + \dots$

Kapazität *C*

Die Kapazität ist der Quotient aus zugeführter Ladung Q und entstandener Spannung U: $C = \dfrac{Q}{U}$ (in F)

Plattenkondensator: $C = \dfrac{\varepsilon_0 \varepsilon_r A}{d}$

(*A* Plattenfläche, *d* Plattenabstand)

Reihenschaltung: $\dfrac{1}{C_{ges}} = \dfrac{1}{C_1} + \dfrac{1}{C_2} + \dfrac{1}{C_3} + \dots$

Parallelschaltung: $C_{ges} = C_1 + C_2 + C_3 + \dots$

Elektrische Energie W_{el} (in J) und elektrische Energiedichte w_{el} (in J/m³)

$$W_{el} = \frac{1}{2}\varepsilon\, A d E^2 = \frac{1}{2}\varepsilon\, E^2 V = \frac{1}{2} D E V$$

D elektrische Verschiebungsdichte (in C/m²), *V* Volumen

- Elektrische Energie eines Kondensators:
$$W_{el} = \frac{Q^2}{2C} = \frac{QU}{2} = \frac{CU^2}{2}$$

- Elektrische Energiedichte
$$w_{el} = \frac{W}{V} = \frac{1}{2}\varepsilon\, E^2 = \frac{1}{2} D E$$

B 8.2   Wechselstromkreis

Im Wechselstromkreis sind Spannungen und Ströme eine Funktion der Zeit. Im folgenden wird ein sinusförmiger (bzw. cosinusförmiger) Verlauf angenommen.

Maximal- und Effektivwert

Der Maximalwert wird Amplitude genannt. Effektivwerte sind die Werte gleichwertiger Gleichstromleistungen. Es gilt:

$$I_{eff}\frac{\hat{\imath}}{\sqrt{2}} = 0{,}707\,\hat{\imath} \qquad U_{eff} = \frac{\hat{u}}{\sqrt{2}} = 0{,}707\,\hat{u}$$

Wechselstromwiderstände

Man unterscheidet **Wirkwiderstände** (ohmsche Widerstände) und **Blindwiderstände** (keine Umwandlung von elektrischer Energie). Die Vektorsumme beider Widerstände ist der **Scheinwiderstand** (Bild B-24).

Bild B-24: Wirk-, Blind- und Scheinwiderstand

Induktiver Widerstand einer Spule *L*

$$X_L = \omega L$$

ω Kreisfrequenz, *L* Induktivität (in V s/A = H)

Der induktive Widerstand wächst mit steigender Frequenz.
Die Spannung eilt dem Strom um π/2 (*T*/4) voraus (Bild B-25).

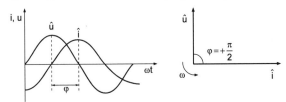

Bild B-25: Spannung und Strom bei der Induktion *L*

Kapazitiver Widerstand eines Kondensators *C*

$$X_C = \frac{1}{\omega C}$$

ω Kreisfrequenz, *C* Kapazität (in F)

Der kapazitive Widerstand sinkt mit steigender Frequenz.
Der Strom eilt der Spannung um $\pi/2$ ($T/4$) voraus (Bild B-26).

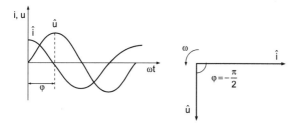

Bild B-26: Strom und Spannung bei der Kapazität C

Wirkleistung P_{wirk} (in W)

$$P_{wirk} = U_{eff} \, I_{eff} \, \cos\varphi$$

φ Phasenwinkel, $\cos\varphi$ Leistungsfaktor

Blindleistung $P_{Blind} = Q$ (in W)

$$P_{Blind} = Q = U_{eff} \, I_{eff} \, \sin\varphi$$

Scheinleistung $P_{Schein} = S$ (in W)

Die Scheinleistung ist die Vektorsumme aus Wirk- und Blindleistung.

$$P_{Schein} = S = \sqrt{P_{wirk}{}^2 + P_{Blind}{}^2} = U_{eff} \, I_{eff}$$

B 8.3   Magnetisches Feld

> Das magnetische Feld wird von elektrischen Strömen (bewegten elektrischen Ladungen) verursacht. Die magnetischen Feldlinien beschreiben die Wirkungslinien der magnetischen Kräfte in Betrag und Richtung.

Eigenschaften der Magnete

Ein Magnet besitzt zwei Pole: einen Nord- und einen Südpol (es gibt keinen magnetischen Monopol). Gleichnamige Pole stoßen sich ab, ungleichnamige ziehen sich an. Die magnetischen Feldlinien sind in sich geschlossen.

Magnetische Feldstärke H (in A/m)

> **Durchflutungsgesetz:** Das Integral der magnetischen Feldstärke H längs einer geschlossenen Umlauflinie s ist gleich dem gesamten, durch diese Fläche hindurchfließenden Strom I, der Durchflutung ϕ (Bild B-27).

$$\Phi = \oint H \mathrm{d}s = \oint j \, \mathrm{d}A = \sum I_i$$

j Stromdichte in A/m^2

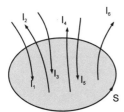

Bild B-27: Durchflutungsgesetz

Magnetische Induktion B (in V s/m^2 = T)

$$B = \frac{F}{I \, l}$$

I elektrische Stromstärke (in A), l Leiterlänge (in m)

$$B = \mu \, H = \mu_0 \, \mu_r \, H$$

μ_0 magnetische Feldkonstante,
$\mu_0 = 4\pi \cdot 10^{-7}$ V·s/(A·m) = 1,256 637 · 10^{-6} V·s/(A·m)
μ_r Permeabilitätszahl eines Werkstoffes
$\mu = \mu_0 \mu_r$, Permeabilität

Magnetische Kraft F_{magn}

$$F_{\text{magn}} = Q(v \times B)$$

Q elektrische Ladung (in C), v Geschwindigkeit der elektrischen Ladung (in m/s), B magnetische Induktion

Kraft auf einen mit der Stromstärke I durchflossenen, geraden Leiter der Länge l:

$$F = l \, (I \times B) = I \, l \, B \sin (l,B)$$

Materie im Magnetfeld

$$B = \mu \, H = \mu_0 \, \mu_r \, H \qquad \mu_r = \frac{B}{B_0}$$

B_0 magnetische Induktion ohne Materie

Magnetische Polarisation J:

$$J = B - B_0 = B - \mu_0 H = (\mu_r - 1) \mu_0 H = \chi_m \mu_0 H$$

$\chi_m = \mu_r - 1$ magnetische Suszeptibilität
ferromagnetische Stoffe: $\mu_r \gg 1$ (Fe, Co, Ni)
paramagnetische Stoffe: $\mu_r > 1$ (Al, Pt, Ta)
diamagnetische Stoffe: $\mu_r < 1$ (Cu, Bi, Pb)

Magnetische Feldenergie W_{magn} (in J) und Feldenergiedichte w_{magn} (in J/m^3)

$$W_{magn} = \int_0^t u_{ind}(t)\,dt = \frac{1}{2}L\,I^2 = \frac{1}{2}\int B\,H\,dV = \frac{1}{2}\mu\int H^2\,dV$$

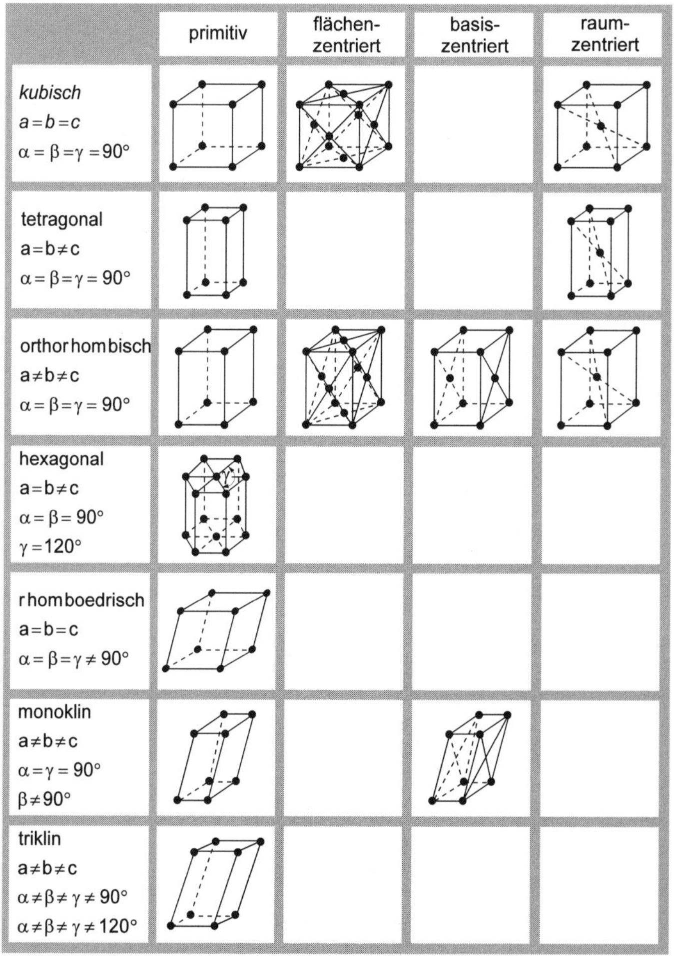

	primitiv	flächen-zentriert	basis-zentriert	raum-zentriert
kubisch $a = b = c$ $\alpha = \beta = \gamma = 90°$				
tetragonal $a = b \neq c$ $\alpha = \beta = \gamma = 90°$				
orthorhombisch $a \neq b \neq c$ $\alpha = \beta = \gamma = 90°$				
hexagonal $a = b \neq c$ $\alpha = \beta = 90°$ $\gamma = 120°$				
rhomboedrisch $a = b = c$ $\alpha = \beta = \gamma \neq 90°$				
monoklin $a \neq b \neq c$ $\alpha = \gamma = 90°$ $\beta \neq 90°$				
triklin $a \neq b \neq c$ $\alpha \neq \beta \neq \gamma \neq 90°$ $\alpha \neq \beta \neq \gamma \neq 120°$				

Bild B-28: Arten der Kristallgitter

Feldenergie einer Spule:

$$W_{\text{magn}} = \frac{1}{2}\,\mu\,H^2\,A\,l = \frac{1}{2}\,L\,I^2 = \frac{1}{2}\,\mu\,H^2\,V = \frac{1}{2}\,B\,H\,V = \frac{1}{2}\,I\,N\,\Phi$$

A Fläche, die das Magnetfeld durchdringt, *l* Länge der Spule

Feldenergiedichte: $w_{\text{magn}} = \dfrac{W_{\text{magn}}}{V} = \dfrac{1}{2}\,B\,H$

B 9   Festkörperphysik

Die Festkörperphysik befaßt sich mit den physikalischen Eigenschaften
fester Körper. Zwischen den Atomen und Molekülen fester Körper wirken
Anziehungs- und Abstoßungskräfte. Dadurch ergeben sich verschiedene
Arten der **Bindung**. In einem Kristall befinden sich Atome in regelmäßiger
Anordnung. Die Typen der **Kristallgitter** zeigt Bild B-28 (Seite 67).

Die Kristallrichtungen und die Richtungen der Kristallebenen sind in
Bild B-29 zu sehen.

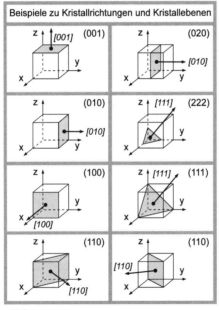

Bild B-29: Richtungen der Kristalle und ihrer Ebenen

Makromolekulare Festkörper sind aus vielen, sehr langen Molekülen aufgebaut (Polymere). Tabelle B-10 zeigt die Einteilung der Polymerwerkstoffe.

Tabelle B-10: Einteilung der Polymerwerkstoffe (Kunststoffe)

Eigenschaften	Thermoplaste	Elastomere	Duromere
Schmelzverhalten	schmelzbar	nicht schmelzbar	nicht schmelzbar
Struktur	Molekülbündel unvernetzt, amorph, teilkristallin	weitmaschig vernetzt, amorph, teilkristallin	engmaschig vernetzt
Löslichkeit	löslich	nicht löslich	nicht löslich
Umweltfreundlichkeit	recyclingfähig	nicht recycelbar	nicht recycelbar

B 10   Atomphysik

Atome sind die Grundbausteine aller Stoffe. Sie bestehen aus den Kernbausteinen (**Nukleonen**) und der Atomhülle (**Elektronen**).

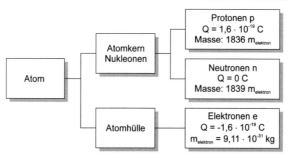

Bild B-30: Bausteine der Atome

Im einfachsten Fall besteht der Atomkern aus Protonen (**Ordnungszahl** Z; entspricht bei elektrisch neutralen Atomen der Anzahl der Elektronen in der Atomhülle) und aus Neutronen (N). Die Summe von Protonen und Neutronen ist die **Massenzahl** A ($A = Z + N$). Die Kennzeichnung der Atome geschieht nach folgendem Muster:

^A_ZElement (z. B. $^{12}_6$C oder $^{238}_{92}$U)

Isotope liegen vor, wenn sich die Atome nur in der Anzahl der Neutronen unterscheiden.

Kuchling, H.: Taschenbuch der Physik. Leipzig : Fachbuchverlag 1996
Hering, E. , Martin, R., Stohrer, M.: Physik für Ingenieure. Berlin: Springer Verlag 1997
Lindner, H.: Physik für Ingenieure. Leipzig: Fachbuchverlag 1996
Leute, U.: Physik und ihre Anwendungen in Technik und Umwelt. München Wien: Carl Hanser Verlag 1995

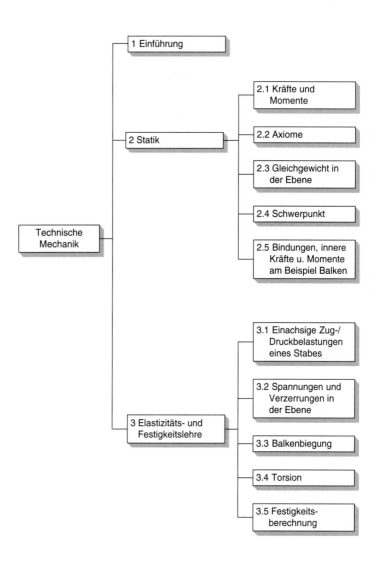

C   Technische Mechanik

C 1   Einführung

In der Mechanik wird die Wirkung von Kräften auf Körper (Bewegungen, Zustände) untersucht. Die Technische Mechanik wendet diese Erkenntnisse auf Gegenstände und Vorgänge in der Technik an. Im folgenden wird die ingenieurmäßige Betrachtung der Statik und Elastizitäts-/Festigkeitslehre bei festen Körpern (nicht flüssig, nicht gasförmig) vorgestellt.

Statik	Elastizitäts- und Festigkeitslehre
Die Statik ist die Lehre vom Gleichgewicht der Körper. Es werden dabei die Bedingungen untersucht, die einen Körper in der Ruhe bzw. gleichförmigen (nicht beschleunigten) Bewegung halten. Wird dabei ein starrer Körper (keine Deformation) betrachtet, spricht man von **Stereo-Statik**.	Elastizitäts-(Elasto-)Statik und Festigkeitslehre beschäftigen sich mit der Berechnung von Beanspruchungen und Verformungen von Bauteilen. Grundlagen sind die Stereo-Statik und Erkenntnisse aus der Werkstoffkunde.

C 2   Statik

C 2.1   Kräfte und Momente

C 2.1.1 Kraft F

Kräfte sind die Ursache von Bewegung ($F = m\,a$) und Formänderungen. Die Kraft als vektorielle Größe ist durch drei Eigenschaften bestimmt:

■ **Betrag:** gibt die Größe der wirkenden Kraft an

■ **Richtung:** wird durch die Wirkungslinie und den Richtungssinn festgelegt

■ **Angriffspunkt:** Punkt eines Körpers, an dem die Kraft angreift

Die Kraft ist ein **gebundener Vektor**, d.h., sie besitzt eine Wirkungslinie und einen Angriffspunkt (Bild C-1).

Die Maßeinheit für den Betrag der Kraft ist das **Newton** (N). Ein Newton (1 N) ist die Kraft, die einer Masse von einem Kilogramm (1 kg) eine Beschleunigung von einem Meter pro Sekunde im Quadrat (1 m/s^2) erteilt (1 N = 1 kg $\cdot$ 1 m/s^2).

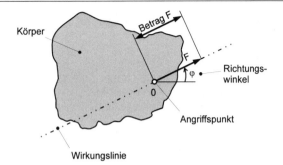

Bild C-1: Geometrische Darstellung eines Kraftvektors

C 2.1.2 Drehmoment *M*

Das Drehmoment ist die Ursache der Drehbewegung und der damit verbundenen Beanspruchungen (z. B. Torsion).

Kräftepaar (Statisches Moment)

> Zwei gleich große, entgegengesetzt gerichtete, auf parallelen Wirkungslinien liegende Kräfte bezeichnet man als **Kräftepaar**. Die Summe der Kräfte ist null. Ein Kräftepaar kann daher einen Körper nicht verschieben, wohl aber verdrehen.

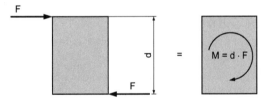

Bild C-2: Kräftepaar

Das Moment eines Kräftepaares ist eine vektorielle Größe. Sie ergibt sich als Produkt aus dem Abstand d der beiden Wirkungslinien und dem Betrag der Kraft F. Für den Betrag des Momentes gilt: $M = d \cdot F$ (in N·m).

- Das Moment eines Kräftepaares ist gleich der Summe der Momente der beiden Einzelkräfte bezüglich eines beliebigen Punktes.

- Ein Kräftepaar darf in seiner Wirkungsebene beliebig verschoben werden (freier Vektor).

- Das Moment mehrerer Kräftepaare (in einer Ebene) ist gleich der algebraischen Summe der einzelnen Kräftepaare.

Moment M_0 einer Einzelkraft

> Das Moment M_0 einer Kraft bezüglich eines Punktes 0 ergibt sich als Produkt aus Hebelarm d und Betrag der Kraft F.

Für den Betrag des Moments gilt: $M_0 = d\,F$. Die Wirkung einer Einzelkraft F bezüglich eines Punktes 0 ist äquivalent der Parallelverschiebung dieser Kraft in den Punkt 0 und einem zusätzlichen Moment mit dem Betrag M_0. Das läßt sich mit dem Hinzufügen zweier gleich großer Kräfte F und $-F$ im Punkt 0 verdeutlichen (Bild C-3). Es ergeben sich im Punkt 0 eine Einzelkraft F und ein Kräftepaar bzw. Moment M (Versetzungsmoment). Das so entstandene Moment kann wiederum beliebig zu sich selbst verschoben werden.

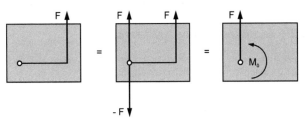

Bild C-3: Moment einer Einzelkraft bezüglich eines Punktes 0

C 2.2 Axiome

Die Statik des starren Körpers ist auf folgenden vier Axiomen aufgebaut:

1. **Trägheitsaxiom:** Jeder Körper beharrt im Zustand der Ruhe oder der gleichförmigen geradlinigen Bewegung, solange er nicht durch einwirkende Kräfte gezwungen wird, diesen Zustand zu ändern.

2. **Verschiebungsaxiom:** Der Angriffspunkt einer Kraft F darf auf der Wirkungslinie beliebig verschoben werden. An der Wirkung der Kraft auf den Körper ändert sich dadurch nichts.

3. **Reaktionsaxiom:** Wird von einem Körper auf einen zweiten Körper eine Kraft ausgeübt (actio), bedingt dies, daß der zweite Körper auf den ersten ebenfalls eine Kraft ausübt (reactio). Kraft und Gegenkraft sind dem Betrag nach gleich groß. Sie haben dieselbe Wirkungslinie, sind aber entgegengesetzt gerichtet.

4. **Parallelogrammaxiom:** Die Wirkung zweier Kräfte F_1 und F_2 mit einem gemeinsamen Angriffspunkt ist äquivalent einer einzelnen Resultierenden F_R (Bild C-4), die sich als Diagonale des von den beiden Kräften F_1 und F_2 aufgespannten Parallelogramms ergibt.

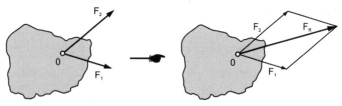

Bild C-4: Resultierende Kraft F_R

C 2.3   Gleichgewicht in der Ebene

Ein Körper befindet sich im Gleichgewicht, wenn er keine oder eine
gleichförmige Translations- und/oder Rotationsbewegung ausführt.

C 2.3.1 Zentrales ebenes Kräftesystem

Bei einem zentralen Kräftesystem liegen die Wirkungslinien aller Kräfte in
einer Ebene und schneiden sich in einem Punkt.

Ein Körper, auf den in einem Punkt ein aus n Kräften bestehendes Kräftesystem einwirkt, befindet sich im Gleichgewicht, wenn gilt:

$$\sum_{i=1}^{n} \overline{F_i} \;=\; 0 \qquad \text{(Summe Kräfte = 0)}$$

Die zum Gleichgewicht notwendigen Kräfte lassen sich analytisch und
grafisch bestimmen.

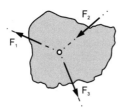

Bild C-5: Kräftesystem an einem Angriffspunkt (zentrales Kräftesystem)

■   Analytische Lösung

Sinnvollerweise legt man hier ein kartesisches Koordinatensystem an.
Ursprung ist der gemeinsame Schnittpunkt aller Wirkungslinien. Nach
einer Komponentenzerlegung gelten in einer x,y-Ebene folgende Gleichgewichtsbedingungen:

$$\sum_{i=1}^{n} F_{ix} = 0 \qquad\qquad \sum_{i=1}^{n} F_{iy} = 0$$

■ Grafische Lösung

Grundsätzlich kann man jeweils zwei Kräfte nach dem Parallelogramm-axiom zu einer Resultierenden F_R zusammenfassen und dies so lange tun, bis nur noch eine resultierende Kraft übrig bleibt. Ist diese Kraft F_R = 0, befindet sich der Körper im Gleichgewicht. Eine Lösung des Problems erfolgt mit Hilfe von Lage- und Kräfteplan. Die grafische Addition von Kräften in der Ebene erfolgt in zwei Schritten (Bild C-6):

1. **Lageplan:** maßstäbliche Darstellung der Kräfte nach der Richtung (und Betrag) im gemeinsamen Angriffspunkt.

2. **Kräfteplan:** maßstäbliches Aneinanderfügen der Kräfte nach Richtung und Betrag.

> Die geometrische Gleichgewichtsbedingung lautet: Im Kräfteplan ist das Kraftpolygon geschlossen.

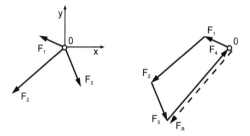

Bild C-6: Resultierende F_R bzw. zum Gleichgewicht notwendige Kraft F_4

C 2.3.2 Allgemeines ebenes Kräftesystem

> Beim allgemeinen ebenen Kräftesystem schneiden sich die Kräfte nicht in einem Punkt.

Beim Gleichgewicht eines starren Körpers unter dem Einfluß eines allgemeinen ebenen Kräftesystems muß die Betrachtung aus Kapitel C 2.4.1 um die Wirkung der hier vorhandenen Momente (Kräftepaar, Versetzungsmoment) erweitert werden. Ein Körper beispielsweise in der x,y-Ebene befindet sich im Gleichgewicht, wenn gilt:

$$\sum_{i=1}^{n} F_{ix} = 0 \qquad \sum_{i=1}^{n} F_{iy} = 0 \qquad \sum_{i=1}^{n} M_{iz} + \sum_{i=1}^{n} M_{0iz} = 0$$

C 2.4 Schwerpunkt

Der Schwerpunkt einer Fläche ist bei einer Reihe von Problemen (z.B. der Biegung) von zentraler Bedeutung.

Kräfteschwerpunkt

Bei einem durch Einzelkräfte F_1 bis F_n belasteten (gewichtslosen) Balken sind Betrag und Angriffspunkt einer (resultierenden) Haltekraft F_H gesucht, die das System ins Gleichgewicht setzt (Bild C-7).

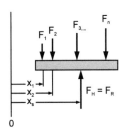

Bild C-7: Gleichgewichtssystem an einem Balken

Gleichgewichtsbetrachtung:

$\Sigma F_y = 0 \qquad\qquad -\Sigma F_n + F_H = 0$

damit gilt $F_H = \Sigma F_n$

$\Sigma M_0 = 0 \qquad\qquad F_H x_S - \Sigma F_n x_n = 0$

Wird F_H ersetzt, ergibt sich für die Schwerpunktskoordinate x_S:

$$x_S = \frac{\sum F_n x_n}{\sum F_n}$$

Flächenschwerpunkt

Die Überlegungen zu den Einzelkräften werden auf kontinuierliche Streckenlasten $q(x)$ übertragen. Streckenlasten haben die Dimension Kraft/Länge. Für einen Balken mit einer über der Länge x konstanten Querschnittsfläche $b\,h$ ergibt sich beispielsweise als Folge des Eigengewichts die im Bild C-8 dargestellte konstante Streckenlast.

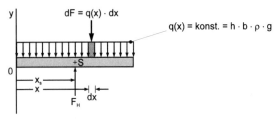

Bild C-8: Balken mit konstanter Streckenlast

Der Term $q(x)\mathrm{d}x$ stellt eine infinitesimale Kraft dar. Aus dem Σ-Zeichen der Einzelkraftbetrachtung wird im Grenzübergang ein $\int$. Für die Koordinate der Haltekraft F_H (Betrag = Fläche unter der Kurve) x_S ergibt sich folgende Beziehung:

$$x_\mathrm{S} = \frac{\int xq(x)\mathrm{d}x}{\int q(x)\mathrm{d}x}$$

Werden aus dieser Gleichung die Größen Dichte ρ, Erdbeschleunigung g und Breite b gekürzt, ergibt sich folgende allgemeingültige Beziehung zur Bestimmung der Flächenschwerpunktskoordinate x_S mit $\int x\,\mathrm{d}A$ als statischem Flächenelement 1. Ordnung:

$$x_\mathrm{S} = \frac{\int xh\mathrm{d}x}{\int h\mathrm{d}x} = \frac{\int x\mathrm{d}A}{A}$$

C 2.5 Bindungen, innere Kräfte und Momente am Beispiel Balken

C 2.5.1 Prinzipien

Befreiungsprinzip

Das Befreien ist eine gedankliche Trennung des betrachteten Körpers von seiner Umgebung. Ziel ist die Ermittlung sämtlicher Kräfte und Momente, die auf den Körper einwirken. Als Ersatz für die weggelassene Umgebung werden Kräfte und Momente angebracht, die von den entfernten Körpern auf den betrachteten Körper ausgeübt werden.

Schnittprinzip

Zur Ermittlung der inneren Kräfte/Momente eines Körpers wird ein gedachter Schnitt durch eine Stelle geführt, an der diese Größen bestimmt werden sollen. Ist ein Körper im Gleichgewicht, so ist auch jeder beliebig abgetrennte Teil im Gleichgewicht. Hierzu werden die inneren Kräfte/Momente gedanklich zu äußeren Kräften/Momenten. Die inneren Kräfte und Momente werden zur Berechnung von Beanspruchungen und Verformungen benötigt.

C 2.5.2 Bindungen, statische Bestimmtheit

Äußere Bindungen

Äußere Bindungen liegen vor, wenn ein Körper mit Elementen in der Umgebung verbunden ist, die nicht zum eigentlich betrachteten System gehören (z.B. Lager). **Lagerreaktionen** ist der Überbegriff für die wechselseitigen Wirkungen (Kräfte, Momente) zwischen Umgebung und betrachtetem Körper. Zur Ermittlung der Reaktionskräfte wird der Körper freigeschnitten (**Befreiungsprinzip**).

Statische Bestimmtheit

Die Wertigkeit einer Bindung entspricht der Anzahl der möglichen Lagerreaktionen.

> Ein Körper ist statisch bestimmt gelagert, wenn die Lagerreaktionen allein aus den Gleichgewichtsbedingungen bestimmbar sind. Die Lagerung des Körpers ist statisch unbestimmt, wenn die Gleichgewichtsbedingungen zur Ermittlung der Lagerreaktionen nicht ausreichen.

Beispiel: Für einen beidseitig gelenkig gelagerten Balken sind die Lagerreaktionen zu bestimmen (Bild C-9).

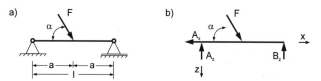

Bild C-9: Bestimmung der zum Gleichgewicht notwendigen Lagerreaktionen

Zunächst ist die Wertigkeit der Lager zu betrachten. Das linke Lager ist 2wertig, d.h., es kann je eine Reaktion (Kraft) in x- und z-Richtung ausüben. Das rechte Lager kann dagegen nur mit einer Kraft in z-Richtung wirken (einwertig). Das ergibt drei unbekannte Lagerreaktionen. In der Ebene lassen sich grundsätzlich drei Gleichgewichtsbedingungen formulieren: z.B. $\sum F_x = 0$, $\sum F_z = 0$ und $\sum M_{0y} = 0$. Es liegt damit ein statisch bestimmtes Lagerungsproblem vor.

Die Lagerreaktionen werden mit Hilfe der Gleichgewichtsbedingungen am befreiten Balken ermittelt:

$$\sum F_x = -A_x + F\cos\alpha = 0 \qquad \Rightarrow \qquad A_x = F\cos\alpha$$

$$\sum M_0 = B_z l - F\sin\alpha = 0 \qquad \Rightarrow \qquad B_z = \frac{F}{2}\sin\alpha$$

$$\sum F_z = -A_z - B_z + F\sin\alpha = 0 \qquad \Rightarrow \qquad A_z = \frac{F}{2}\sin\alpha$$

C 2.5.3 Innere Kräfte und Momente

Aussagen über die Beanspruchungen im Inneren eines Bauteils lassen sich mit Hilfe der inneren Kräfte und Momente (auch Schnittgrößen) treffen. Beim Schnittprinzip wird i.allg. senkrecht zur Stab- bzw. Balkenachse geschnitten. Die entstehenden Schnittflächen werden **Schnitt-ufer** genannt. Beim positiven Schnittufer weist der aus dem Teilkörper nach außen zeigende Normalenvektor in Richtung der positiven x-Koordinate. Hier werden die Schnittgrößen mit positivem Vorzeichen eingeführt. Schnitte werden immer vor und nach der Einleitung äußerer Kräfte oder Momente durchgeführt. Bezugspunkt des Momentengleichgewichts ist jeweils die Schnittstelle.

Beispiel (Fortsetzung): Die Schnittgrößen ergeben sich aus den Gleichgewichtsbedingungen am geschnittenen Teilsystem (Bild C-10):

Bereich 1: $x \in [0,a]$:

$$\sum F_x = 0 = N(x) - A_x \quad \Rightarrow \quad N(x) = F\cos\alpha$$

$$\sum F_z = 0 = Q(x) - A_z \quad \Rightarrow \quad Q(x) = \frac{F}{2}\sin\alpha$$

$$\sum M_y = 0 = M(x) - A_z x \quad \Rightarrow \quad M(x) = \frac{F}{2}x\sin\alpha$$

Bereich 2: $x \in [a,l]$:

$$\sum F_x = 0 = N(x) - A_x + F\cos\alpha \quad \Rightarrow \quad N(x) = 0$$

$$\sum F_z = 0 = Q(x) - A_z + F\sin\alpha \quad \Rightarrow \quad Q(x) = -\frac{F}{2}\sin\alpha$$

$$\sum M_y = 0 = M(x) - A_z x + F\sin\alpha(x-a) \Rightarrow M(x) = \frac{F}{2}\sin\alpha(2a - x)$$

Schnittgrößenverläufe:

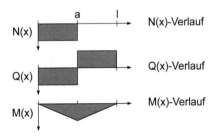

Bild C-10: Gleichgewichtsbedingungen und Schnittgrößenverläufe

C 3   Elastizitäts- und Festigkeitslehre

Die Elasto-Statik ist die Lehre von den elastischen Verformungen und Beanspruchungen in Körpern und Bauteilen. Eine Verknüpfung mit Erkenntnissen aus der Werkstoffkunde führt zur Festigkeitslehre.

C 3.1   Einachsige Zug-/Druckbelastungen eines Stabes

C 3.1.1 Spannungen (bei einachsiger Belastung)

Die innere Beanspruchung eines Bauteils ist die Spannung. Zu ihrer Ermittlung wendet man die Schnittmethode an.

Senkrechter Schnitt

Wird ein auf Zug beanspruchter Stab geschnitten, ergibt sich die Schnittgröße N. In der Festigkeitslehre interessieren die Spannungen, d.h. die auf die Schnittfläche umgerechneten inneren Kräfte (Flächen-kräfte nach Bild C-11).

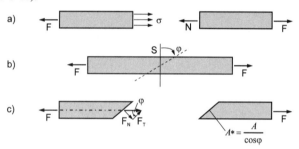

Bild C-11: a) Senkrechter und b)-c) schräger Schnitt bei einachsig belastetem Zugstab

■ Spannungen normal zur Schnittfläche sind Normalspannungen:

$$\sigma = \frac{N}{A} = \frac{F}{A} = \frac{F_N}{A} \qquad \text{(in Pa)}$$

Die SI-Einheit der mechanischen Spannung ist das Pascal (Pa):
$1 \, \text{Pa} = 1 \text{N/m}^2$

■ Spannungen tangential zur Schnittfläche sind Schubspannungen:

$$\tau = \frac{F_T}{A} = 0 \qquad \text{(in Pa)}$$

Schräger Schnitt

Die fortführende Betrachtung (Bild C-11-b und 11-c) am einachsig belasteten Zugstab zeigt, in welcher Weise die Spannungen σ und τ von der Orientierung der Schnittflächen abhängen. Der Schnitt erfolgt unter einem beliebigen Winkel φ. Die Schnittkraft N bzw. F in Komponenten zerlegt und auf die Fläche $A_\varphi = A/\cos\varphi$ bezogen, ergibt Normal- bzw. Schubspannungen bezüglich der Schnittfläche:

$$\sigma_\varphi = \frac{F_N}{A_\varphi} = \frac{F}{A}\cos^2\varphi = \sigma_0\cos^2\varphi = \frac{\sigma_0}{2}\left(1+\cos2\varphi\right)$$

$$\tau_\varphi = \frac{F_T}{A_\varphi} = \frac{F}{A}\sin\varphi\cos\varphi = \sigma_{02}\sin\varphi\cos\varphi = \frac{\sigma_0}{2}\sin2\varphi$$

Es gibt demnach beim einachsig beanspruchten Zugstab sowohl Normal- als auch Schubspannungen.

C 3.1.2 Werkstoffverhalten

Zug-/Druckversuch

Der klassische Versuch in der Werkstoffprüfung ist der Zug-/Druck-Versuch nach DIN EN 10002 mit dem Spannungs-Dehnungs-Diagramm (Bild C-12). Er liefert die Werkstoffkennwerte bei statischer Belastung.

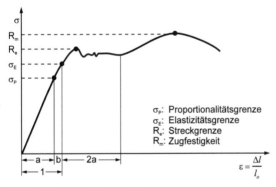

Bild C-12: Spannungs-Dehnungs-Diagramm
σ_P Proportionalitätsgrenze, σ_E Elastizitätsgrenze, R_e Streckgrenze, R_m Zugfestigkeit

Das obige Diagramm gilt für einen zähen Werkstoff. Im Bereich 1 stellt man elastisches, im Bereich 1a sogar ein linear-elastisches Verhalten fest. Im Bereich 2a fließt das Material, d.h., bei etwa konstanter Last vergrößert sich die Dehnung. Im Verfestigungsbereich sind wieder höhere Lastaufnahmen möglich. Die Dehnung ε ergibt sich als dimensionsloser Quotient Δl aus Stabverlängerung und ursprünglicher Stablänge l_0:

$$\varepsilon = \frac{l-l_0}{l_0} = \frac{\Delta l}{l_0}$$

Werkstoffgesetze

Stoffgesetze verknüpfen die Spannungen σ mit den Verzerrungen ε (Dehnungen, Gleitungen). Im linear-elastischen Bereich gilt das Hookesche Gesetz:

$$\varepsilon_x = \frac{1}{E}\,\sigma_x \qquad \text{bzw.} \qquad \sigma_x = E\,\varepsilon_x$$

Der Elastizitätsmodul E ist eine werkstoffabhängige Proportionalitätskonstante.

Querkontraktion

Man beobachtet im Zugversuch neben der Axialdehnung ε_x auch die Querdehnungen ε_y und ε_z.

$$\varepsilon_y = -\nu\,\varepsilon_x = -\frac{\nu}{E}\sigma_x \qquad\qquad \varepsilon_z = -\nu\,\varepsilon_x = -\frac{\nu}{E}\sigma_x$$

Die dimensionslose Querkontraktionszahl ν ist der Quotient aus Querkontraktion und Dehnung $\nu = -\varepsilon_q/\varepsilon \quad \in [0 \text{ bis } 0{,}5]$.

Wärmedehnung

Dehnungen treten auch bei Temperaturänderungen ΔT (K) auf. Im einfachsten Fall ergibt sich ein linearer Zusammenhang:

$$\varepsilon_x = \varepsilon_y = \varepsilon_z = \alpha_T\,\Delta T$$

Hierbei ist α_T (1/K) der werkstoffabhängige Temperaturausdehnungskoeffizient. Er ist in einem beschränkten Temperaturbereich temperaturunabhängig.

Schubbelastung

Zur Erzeugung eines reinen Schubspannungszustandes ist ein Torsionsversuch notwendig. Ein vor der Belastung rechtwinkliges Flächenelement erfährt eine Winkeländerung (Bild C-13). Innerhalb des Proportionalitätsbereichs stellt man folgenden Zusammenhang fest:

$$\gamma_{xy} = \frac{1}{G}\tau_{xy} \qquad \text{mit } \gamma \text{ Schiebung (in rad); } G \text{ Schubmodul}$$

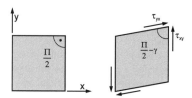

Bild C-13: Winkeländerung bei Schubbelastung

Temperaturänderungen führen nicht zu Winkeländerungen. Für die Schubspannungen gilt weiterhin der nachfolgende Satz der zugeordneten Schubspannungen:

> Schubspannungen in zwei senkrecht aufeinander stehenden Schnitten / Flächen (z.B. τ_{xy} und τ_{yx}) sind gleich groß.

C 3.2 Spannungen und Verzerrungen in der Ebene

C 3.2.1 Ebener (zweiachsiger) Spannungszustand

> Ein ebener Spannungszustand liegt vor, wenn an einem Bauteil nur Spannungen auftreten, die in einer Ebene liegen.

Praktische Fälle eines ebenen Spannungszustandes treten bei dünnwandigen Blechen mit Belastungen in der Blechebene auf. Angenähert trifft der ebene Spannungszustand auch auf dünnwandige Rohre und Behälter mit großen Krümmungsradien unter Druck von innen oder außen zu. Außerdem können bei Stäben und Balken viele Spannungsprobleme als Folge von Normal- und Schubspannungen auf den ebenen Spannungszustand reduziert werden.

Ausgangssituation: Es ist ein Blech gegeben, das in der betrachteten Ebene beliebig durch Zug-, Druck- und Schubkräfte belastet ist (Bild C-14-a). An einem Punkt *P* ist ein infinitesimales Flächenelement ausgeschnitten. Die Schnitte orientieren sich dabei an den Achsen des *x,y*-Koordinatensystems (Bild C-14-b). Die Spannungen $\sigma_x, \sigma_y, \tau_{xy}$ bzw. τ_{yx} in den Schnittflächen seien bekannt (gemessen oder berechnet).

Problemstellung: Für die Festigkeitsberechnung (Abschn. C 3.6) sind Richtungen und Beträge der maximalen Spannungen (Normal- oder Schub-) von zentraler Bedeutung.

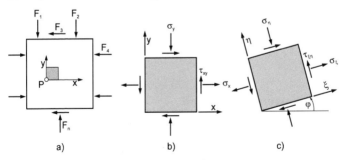

a) b) c)

Bild C-14: Ebener - zweiachsiger - Spannungszustand

Problemlösung:

Schritt 1: Für die Spannungen in einem um den Winkel φ gedrehten beliebigen ξ,η-Koordinatensystem (Bild C-14-c) lassen sich folgende Transformationsgleichungen ableiten:

$$\sigma_\xi = \frac{1}{2}(\sigma_x + \sigma_y) + \frac{1}{2}(\sigma_x - \sigma_y)\cos 2\varphi + \tau_{xy}\sin 2\varphi$$

$$\sigma_\eta = \frac{1}{2}(\sigma_x + \sigma_y) - \frac{1}{2}(\sigma_x - \sigma_y)\cos 2\varphi - \tau_{xy}\sin 2\varphi$$

$$\tau_{\xi\eta} = -\frac{1}{2}(\sigma_x - \sigma_y)\sin 2\varphi + \tau_{xy}\cos 2\varphi$$

Extreme Normalspannungen

Schritt 2: Durch Ableitung $d\sigma_\xi/d\varphi = 0$ bzw. $d\sigma_\eta/d\varphi = 0$ ergibt sich die nachfolgende Gleichung zur Bestimmung des Winkels φ*. Er zeigt ausgehend von der x-Achse zu einer der beiden gesuchten Extremwertachsen. Die 2. Achse ist hierzu um 90° gedreht. Es gilt:

$$\tan 2\varphi^* = \frac{2\tau_{xy}}{\sigma_x - \sigma_y}$$

Die zu den Richtungen gehörenden extremen Normalspannungen beschreibt folgende Gleichung:

$$\sigma_{max,min} = \sigma_{1,2} = \frac{\sigma_x + \sigma_y}{2} \pm \sqrt{\left(\frac{\sigma_x - \sigma_y}{2}\right)^2 + \tau^2_{xy}}$$

Extreme Schubspannungen

Das Koordinatensystem der extremen Schubspannungen ist um 45° gegenüber dem Koordinatensystem der extremen Normalspannungen gedreht. In den beiden Richtungen tritt nur ein Extremwert auf. Der Winkel φ** zeigt, ausgehend von der x-Achse, zu einer der beiden gesuchten Extremwertachsen.

$$\tan 2\varphi^{**} = -\frac{\sigma_x - \sigma_y}{2\tau_{xy}} \qquad \tau_{max} = \pm\sqrt{\left(\frac{\sigma_x - \sigma_y}{2}\right)^2 + \tau^2_{xy}}$$

C 3.2.2 Verzerrungszustand

Die Dehnungen ε und Schiebungen γ (Überbegriff Verzerrungen) infolge von Normal-, Schubspannungen (in der Ebene) und Temperaturänderungen dürfen wegen der Linearität der Beziehungen überlagert werden (Superpositionsprinzip, Tabelle C-1).

Tabelle C-1: Dehnungen und Schiebungen in der Ebene

Ursache/ Wirkung	σ_x	σ_y	τ_{xy}	ΔT
Dehnungen in x-Richtung	$\sigma_x\ /E$	$-\nu\,{}^{\cdot}\sigma_y\ /E$		$\alpha_T \Delta T$
Dehnungen in y-Richtung	$-\nu\,{}^{\cdot}\sigma_x\ /E$	$\sigma_y\ /E$		$\alpha_T \Delta T$
Schiebewinkel γ_{xy}			$\tau_{xy}\ /G$	

Eine Temperaturänderung ΔT führt ausschließlich zu Dehnungen, Winkeländerungen treten nicht auf. Damit ergibt sich das allgemeine Hookesche Gesetz:

$$\varepsilon_x = \frac{1}{E}\left(\sigma_x - \nu\,\sigma_y\right) + \alpha_T\,\Delta T$$

$$\varepsilon_y = \frac{1}{E}\left(\sigma_y - \nu\,\sigma_x\right) + \alpha_T\,\Delta T$$

$$\gamma_{xy} = \frac{1}{G}\tau_{xy}$$

C 3.3 Balkenbiegung

Auf einen Balken wirkt eine äußere Belastung (Bild C-15). Folgende Beanspruchungen und Verformungen leiten sich daraus ab:

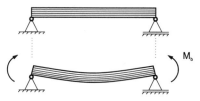

Bild C-15: Biegung

C 3.3.1 Biegespannungen

Unter der Wirkung der äußeren Belastung verformt sich der Balken/ Stab. Stellt man sich ihn aus sehr dünnen parallelen Schichten/Fasern zusammengesetzt vor, ergeben sich je Schicht unterschiedliche Verformungen. Die unteren Werkstoffschichten werden länger, die oberen gestaucht. Wird von einer ebenen Verformung der einzelnen Querschnittsflächen ausgegangen, müssen Dehnungen und Normalspannungen linear über dem Querschnitt verteilt sein. Bilder C-16 und C-17 zeigen den obigen Balken an einer beliebigen Stelle x geschnitten. Der Ursprung des Koordinatensystems liegt im Flächenschwerpunkt.

Für den Spannungsverlauf ergibt sich gemäß Bild C-16 folgende lineare Funktion: $\sigma(z) = (\sigma_u/z_u)\,z = c\,z$

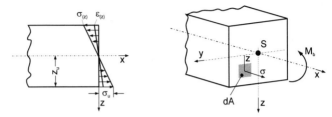

Bild C-16: Spannungen und Dehnungen   Bild C-17: Momentenäquivalenz

Der Querschnitt ist durch das Schnittmoment M_b belastet (Bild C-17). Zwischen der Schnittgröße M_b und den Spannungen σ gilt folgende Äquivalenzbedingung:

$$M_b = \int z\sigma \, dA$$

Mit $\sigma(z) = c\,z$ ergibt sich $M_b = c\int z^2 \, dA$

Das Integral dieser Darstellung ist das Flächenmoment zweiter Ordnung I_y bezüglich der y-Achse:

$$I_y = \int z^2 \, dA$$

Das Flächenmoment 2. Ordnung ist abhängig von Form und Größe der betrachteten Querschnittsfläche; es hat die Einheit mm^4.
Damit wird:

$$M_b = c \cdot I_y \quad \text{oder} \quad M_b = \frac{\sigma(z)}{z} \cdot I_y$$

Für die Biegespannung an einer beliebigen Schnittstelle x ergibt sich:

$$\sigma(z) = \frac{M_b}{I_y} z$$

Extremwertbetrachtung: Die (in einem Querschnitt) an einer beliebigen Schnittstelle x betragsmäßig größte Spannung tritt an der Stelle des größten Abstands von der neutralen Faser/Ebene $z = 0$ auf:

$$\sigma_{b\,max} = \frac{M_b}{I_y} z_{max} = \frac{M_b}{W_b}$$

W_b Widerstandsmoment Biegebeanspruchung (mm^3)

C 3.3.2 Flächenmomente zweiter Ordnung

> Flächenintegrale, welche die Abstände des Flächenelements in zweiter Potenz oder als Produkt enthalten, bezeichnet man als Flächenmomente zweiter Ordnung oder Flächenträgheitsmomente.

Sie sind wie folgt definiert:

$$I_y = \int z^2 \, dA \quad I_z = \int y^2 \, dA \quad I_{yz} = I_{zy} = -\int y z \, dA$$

$$I_p = \int r^2 \, dA = \int (z^2 + y^2) \, dA = I_y + I_z$$

I_y, I_z axiale Flächenträgheitsmomente bezüglich der y- bzw. der z-Achse
I_{yz}, I_{zy} Deviationsmoment (oder gemischtes Moment)
I_p polares Flächenträgheitsmoment

- Flächenmomente 2. Ordnung sind von Bedeutung bei Biegung, Torsion rotationssymmetrischer Querschnitte und Knickung.

- Die Größe der Flächenträgheitsmomente hängt ab von der Lage des Koordinatenursprungs und der Richtung der Achsen.

- Während I_y, I_z und I_p immer positiv sind, kann I_{yz} positiv, negativ oder null sein. Letzteres gilt dann, wenn die Fläche A symmetrisch bezüglich einer der Koordinatenachsen ist.

Parallelverschiebung der Bezugsachsen

Häufig sind die beanspruchten Querschnittsflächen von komplexer Gestalt. Zur Bestimmung der Flächenmomente zweiter Ordnung werden die Querschnitte in Teilflächen zerlegt (Bild C-18). Das Bezugssystem der Biegung ist immer ein Koordinatensystem durch den Flächenschwerpunkt der Gesamtfläche

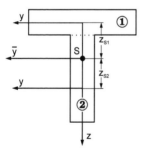

Bild C-18: Zusammengesetzte Fläche

Die Beziehungen zwischen den Trägheitsmomenten bezüglich der Schwerpunktsachsen und dazu parallelen Achsen sind im Steinerschen Satz formuliert:

$$I_{\bar{y}} = I_y + z_s^2 A \qquad I_{\bar{z}} = I_z + y_s^2 A \qquad I_{\overline{yz}} = I_{yz} - y_s z_s A$$

y_s, z_s Abstände der parallelen Achsen, $A_{1,2}$ Teilflächen

Die "Steiner-Glieder" $z_s^2 A$ und $y_s^2 A$ sind immer positiv. Das "Steiner-Glied" $y_s z_s A$ beim Deviationsmoment kann je nach Lage der Achsen positiv oder negativ sein. Das Flächenmoment zweiter Ordnung für eine zusammengesetzte Fläche ergibt sich als Summe der transformierten Flächenmomente der Einzelflächen.

Drehung des Bezugssystems, Hauptträgheitsmomente

Aus Optimierungsgründen werden Balken im allgemeinen um diejenige (Schwer-)Achse mit dem größten Flächenmoment 2. Ordnung belastet. Das bedeutet: es sind die Extremwerte nach Betrag und Richtung (Hauptträgheitsmomente) I_1 (Maximum) und I_2 (Minimum) gesucht.

Im Flächenschwerpunkt des betrachteten Querschnitts wird neben dem y,z-Koordinatensystem ein um den Winkel φ (zwischen y- und η-Achse) gedrehtes η,ξ-Koordinatensystem eingeführt. Es ergeben sich folgende Transformationsbeziehungen:

$$I_\eta = \tfrac{1}{2}(I_y + I_z) + \tfrac{1}{2}(I_y - I_z)\cos2\varphi + I_{yz}\sin2\varphi$$

$$I_\xi = \tfrac{1}{2}(I_y + I_z) - \tfrac{1}{2}(I_y - I_z)\cos2\varphi - I_{yz}\sin2\varphi$$

$$I_{y\xi} = -\tfrac{1}{2}(I_y - I_z)\sin2\varphi + I_{yz}\cos2\varphi$$

Hauptachsenrichtungen

Ableitungen $dI_\eta d\varphi = 0$ bzw. $dI_\xi d\varphi = 0$ führen zum Winkel φ^*, der die Richtung zum gesuchten Koordinatensystem aufzeigt:

$$\tan2\varphi^* = \frac{2I_{yz}}{I_y - I_z}$$

Hauptträgheitsmomente

$$I_{\max,\min} = I_{1/2} = \frac{I_y + I_z}{2} = \pm\sqrt{\left(\frac{I_y - I_z}{2}\right)^2 + I_{yz}{}^2}$$

- Für jede Fläche gibt es wenigstens zwei aufeinander senkrechte Achsen (Hauptachsen), für welche die Flächenträgheitsmomente Extremwerte (Hauptträgheitsmomente) annehmen und für die das Deviationsmoment null wird.

- Bei einer (einfach oder auch zweifach) symmetrischen Fläche sind die Symmetrieachse und die dazu senkrechte Achse (durch den Schwerpunkt) Hauptachsen.

C 3.3.3 Biegeverformung

- Es finden lediglich kleine Verformungen im elastischen Bereich statt.

- Querkrafteinflüsse (Querkraftbiegung) werden nicht betrachtet.

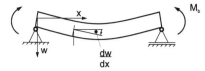

Bild C-19: Balkenbiegung

Zur Bestimmung der Vertikalverschiebung $w(x)$ (Bild C-19) steht die Differentialgleichung der Biegelinie zur Verfügung:

$$w'' = -\frac{M_y}{E\,I_y}$$

Durch Integration der Differentialgleichung können, bei bekanntem Biegemoment $M_b(x)$, Elastizitätsmodul E und Flächenträgheitsmoment I_y, die Neigung $w''(x)$ und die Biegelinie $w(x)$ bestimmt werden. Die entstehenden Integrationskonstanten werden mit Hilfe von Randbedingungen ermittelt.

C 3.3.4 Schub bei Querkraftbeanspruchung

Bei einem mit einer Einzelkraft F belasteten Balken ergeben sich die Schnittgrößenverläufe $Q(x)$ und $M_b(x)$. Eine Schnittkraft Q an einer beliebigen Stelle x ist äquivalent der Summe der Tangentialspannungen (Schubspannungen) in der Schnittfläche (Bild C-20-a und 20-b).

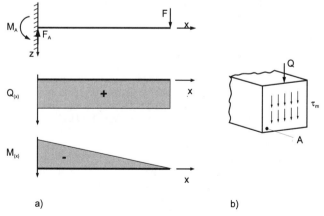

a)   b)

Bild C-20: Querkraftbeanspruchung eines Balkens

Häufig ist es hinreichend genau, sich diese Spannungen als konstant über die Querschnittsfläche A verteilt vorzustellen. Es ergibt sich dann für die mittlere Schubspannung τ_m folgende Beziehung:

$$\tau_m = \frac{Q}{A} = \frac{F}{A}$$

Sensitivitätsbetrachtung

Bei der Querkraftbeanspruchung eines Balkens treten sowohl Schubspannungen (Querkraftverlauf) als auch Normalspannungen (Momentenverlauf) auf:

- Schubspannungen sind dabei im Vergleich zu den Normalspannungen nur dann von Bedeutung, wenn es sich um sehr kurze Balken handelt, d.h. der Balken etwa so lang wie hoch ist.

- Liegen die (beiden) äußeren Kräfte nahe beisammen, verschwinden die Biegespannungen. Man spricht dann von einer **Scherbeanspruchung**.

C 3.4   Torsion

> Torsion tritt bei Stäben oder Balken auf, bei denen in deren Längsachse aufgrund der äußeren Belastung Torsionsmomente wirken. Aus Gleichgewichtsgründen wirkt dem äußeren Moment ein inneres Moment entgegen. Dieses kann nur durch (Schub-)Spannungen hervorgerufen werden, die in einer (senkrechten) Schnittebene liegen.

C 3.4.1 Kreis- und Kreisringquerschnitt

Die Torsionsbeanspruchung äußert sich in einer Verdrehung zweier Querschnitte gegeneinander. Dabei gibt es eine Faser durch sämtliche Flächenschwerpunkte (Stablängsachse), die ihre Lage nicht ändert. Je mehr man sich vom Kreismittelpunkt nach außen entfernt, um so größer wird die schraubenförmige Verdrehung zunächst achsparalleler Fasern. Dabei verdrehen sich die Querschnitte als Ganzes, d.h., die Punkte des Querschnitts, die vor der Verformung auf einer Geraden liegen, befinden sich auch bei der Verformung auf einer solchen (Bild C-21a).

Beanspruchung

Geht man davon aus, daß die für die Verdrehung/Schiebung verantwortlichen Schubspannungen proportional der jeweiligen Verdrehung sind, so ergibt sich eine lineare Spannungsverteilung (Bild C-21b):

$$\frac{\tau}{\tau_{max}} = \frac{r}{r_{max}} \quad \rightarrow \quad \tau = \frac{\tau_{max}}{r_{max}} r$$

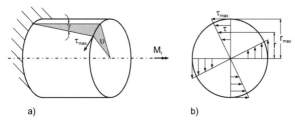

a)   b)

Bild C-21: Torsion

Betrachtet man ein Flächenelement dA im Abstand r vom Flächen-schwerpunkt, ist die resultierende Kraft des Flächenelements d$F = \tau$ dA und das innere Moment dieser Kraft d$M_t = \tau\, r$ dA. Durch Integration über die gesamte Fläche erhält man das innere Moment M_t der Quer-schnittsfläche (Schnittmoment). Die Äquivalenzbedingung lautet:

$$M_t = \int \tau\, r\, dA \qquad \text{mit} \qquad \tau = \frac{\tau_{max}}{r_{max}} r$$

$$M_t = \frac{\tau_{max}}{r_{max}} \int r^2\, dA \qquad \text{bzw.} \qquad M_t = \frac{\tau}{r} \int r^2\, dA$$

Der Ausdruck $I_p = \int r^2\, dA$ (in mm^4) ist das polare Flächenmoment der betrachteten Querschnittsfläche bezüglich eines Koordinatensystems (genauer Achse) durch den Flächenschwerpunkt. Damit wird die Schub-spannung τ in Abhängigkeit von r:

$$\tau = \frac{M_t}{I_p} r$$

Bei der Berechnung von Bauteilen interessiert häufig vorrangig die im Querschnitt maximal auftretende Spannung τ_{max}:

$$\tau_{max} = \frac{M_t}{I_p} r_{max} = \frac{M_t}{\dfrac{I_p}{r_{max}}} = \frac{M_t}{W_p}$$

Der Ausdruck $W_p = I_p/r_{max}$ (in mm^3) ist das polare Widerstandsmoment. Mit seiner Hilfe kann die maximale Spannung bei Torsion bestimmt werden. Im Hinblick auf eine einheitliche Bezeichnung für beliebige Querschnitte wird I_p in I_T und W_p in W_T umbenannt. Nur für Kreis- und Kreisringquerschnitte gilt: $I_T = I_p$ und $W_T = W_p$.

Verformung (Verdrehung)

Bild C-22 zeigt eine aus einem Torsionsstab ausgeschnittene dünne (dx) Scheibe. Die beiden (Quer-)Schnittflächen sind gegeneinander verscho-ben. Die Winkel sind sehr klein. Es gelten folgende Annahmen:

$$\gamma\,(r)\,\mathrm{d}x = r\,\mathrm{d}\vartheta$$

$$\gamma\,(r) = r\,\frac{\mathrm{d}\vartheta}{\mathrm{d}x} = r\,\vartheta\,'$$

Das Werkstoffgesetz $\tau\,(r) = G \cdot \gamma\,(r)$ und die Schubspannungsbeziehung führen zum spezifischen Verdrehwinkel $\vartheta\,'$:

$$r\vartheta\,'G = \frac{M_t(x)}{I_T(x)}\,r$$

$$\vartheta\,' = \frac{M_t(x)}{G\,I_T(x)}$$

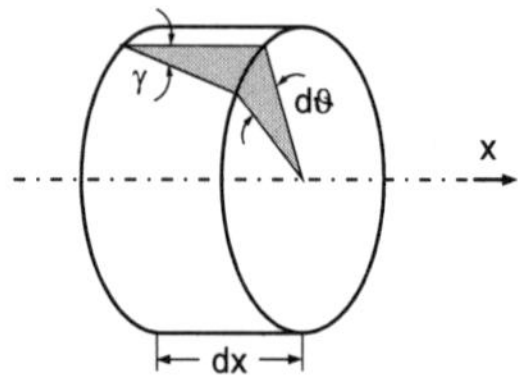

Bild C-22: Verdrehung zweier Querschnitte

Bei einseitig fester Einspannung ergibt sich für den Sonderfall $M_t(x) =$ konst., $I_T(x) =$ konst., homogener Werkstoff und $x = l$:

$$\vartheta_l = \frac{M_t\,l}{G\,I_T}$$

C 3.4.2 Nichtrotationssymmetrische Querschnitte

Bei den nicht rotationssymmetrischen Querschnittsformen ist zu unterscheiden zwischen:

- Vollquerschnitten und

- Hohlquerschnitten

Für beide Querschnittsklassen gelten die beiden zentralen Gleichungen (Beanspruchung, Verformung) aus Abschnitt C 3.5.1:

$$\tau = \frac{M_t}{I_p}\,r \qquad \text{bzw.} \qquad \vartheta\,' = \frac{M_t(x)}{G\,I_T(x)}$$

Die benötigten Werte für I_T bzw. W_T sind Tabellen zu entnehmen.

C 3.5 Festigkeitsberechnung

Bei einer Festigkeitsberechnung sind eine Vielzahl von Einflußgrößen zu berücksichtigen. Hierzu zählen: Werkstoff, Temperatur, Versagensart, Art der Beanspruchung (z.B. Zug, Torsion), Beanspruchungskollektiv, Bauteilgeometrie, statische/dynamische Belastung, Sicherheit, Kerbwirkung.

C 3.5.1 Beanspruchung durch eine einzelne Kraft oder ein einzelnes Moment

Im Maschinenbau müssen Bauteile ausreichend dimensioniert werden, oder es sind zulässige Beanspruchungen zu ermitteln. Zu berücksichtigen sind hierbei mögliche Versagensarten wie beispielsweise Bruch oder Fließen. Um ein derartiges Versagen auszuschließen, dürfen die den Versagensarten zugeordneten Grenzspannungen σ_{Grenz} nicht überschritten werden. Damit die verschiedenen Unsicherheiten, Annahmen und Risiken (z.B. grobes mechanisches Ersatzsystem, Belastungsannahmen, streuende Werkstoffkennwerte, Schwankungen in der Fertigungsqualität) abgedeckt werden, sind die zulässigen Spannungen σ_{zul} um einen Sicherheitsfaktor S kleiner als die Grenzspannungen:

$$\sigma_{zul} = \frac{\sigma_{Grenz}}{S}$$

Versagensart (statische Belastung)	Grenzspannung σ_{Grenz}	Sicherheitsfaktor S
Bruch	Zugfestigkeit R_m	S_B = 2 bis 4
Fließen	Streckgrenze R_e Dehngrenze $R_{p0.2}$	S_F = 1,2 bis 2

Um den Festigkeitsnachweis zu erbringen, dürfen die auftretenden Spannungen die zulässigen Spannungen nicht überschreiten:
$$\sigma \leq \sigma_{zul} \qquad \tau \leq \tau_{zul}$$

Neben unzulässigen Spannungen können auch unzulässig große Verformungen Konstruktionsänderungen notwendig machen.

C 3.5.2 Zusammengesetzte Beanspruchung

In der Praxis wird ein Bauteil häufig nicht nur durch eine einzige Kraft oder ein einziges Moment beansprucht. Treten mehrere Beanspruchungen gemeinsam auf, handelt es sich um eine zusammengesetzte Beanspruchung.

Grundsätzlich sind hierbei zwei Fälle zu unterscheiden:

1. Es treten ausschließlich gleichartige und gleichgerichtete (Normal- oder Schub-)Spannungen auf.

2. Die obigen Bedingungen sind nicht erfüllt.

Im Fall 1 werden die Spannungen überlagert (Superposition). Bild C-23 zeigt die Überlagerung von Zug-(Normal-)Spannungen mit Normalspannungen, die aus einer Biegebeanspruchung resultieren. Die sich ergebende maximale Spannung geht als Vergleichsspannung $\sigma_V \leq \sigma_{zul}$ in die Festigkeitsberechnung ein.

Im Fall 2 wird für das mehrachsige Spannungskollektiv ein „Ersatzwert" (Vergleichsspannung σ_V) gesucht, der die Summe der Spannungen in einachsiger äquivalenter Form darstellt. Damit ist ein unmittelbarer Vergleich mit den Werkstoffkennwerten des Zugversuches möglich. Diese Transformationsfunktionen werden als Festigkeitshypothesen bezeichnet.

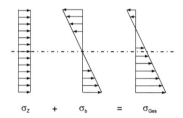

$$\sigma_z \quad + \quad \sigma_b \quad = \quad \sigma_{Ges}$$

Bild C-23: Überlagerung gleichartiger und gleichgerichteter Spannungen

C 3.5.3 Festigkeitshypothesen

Je nach beanspruchtem Werkstoff steht eine Reihe dieser Festigkeitshypothesen zur Verfügung. Eine gebräuchliche Hypothese ist beispielsweise die Gestaltänderungs-Energiehypothese. In der Praxis wird sie bei zähen Werkstoffen angewendet.

Für den zweiachsigen Spannungszustand gilt in einer x, y-Ebene:

$$\sigma_V = \sqrt{\sigma_x{}^2 + \sigma_y{}^2 - \sigma_x \sigma_y + 3\tau_{xy}{}^2}$$

oder in Hauptspannungen ausgedrückt

$$\sigma_V = \sqrt{\sigma_1{}^2 - \sigma_1 \sigma_2 + \sigma_2{}^2}$$

 Winkler, J., Aurich, H.: Taschenbuch der Technischen Mechanik. Leipzig: Fachbuchverlag 1991
Mayr, M.: Technische Mechanik. München Wien: Carl Hanser Verlag 1995

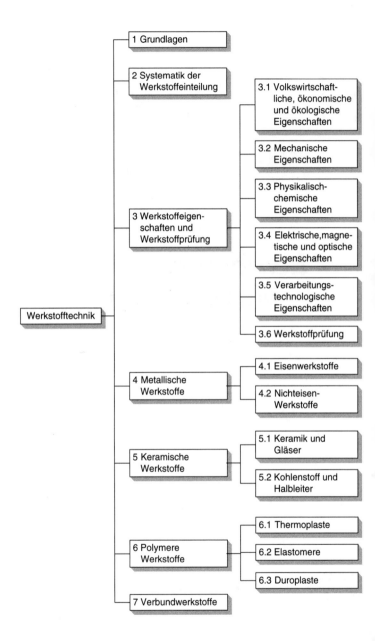

D   Werkstofftechnik

D 1   Grundlagen

Die Werkstofftechnik ist eine wichtige Schlüsseltechnologie in Industrie-
gesellschaften, denn der gezielte Einsatz geeigneter Werkstoffe ist eine
wichtige Grundlage für eine erfolgreiche Volkswirtschaft.

> Die Werkstofftechnik liefert die werkstoffwissenschaftlichen und techno-
> logischen Grundkenntnisse für die technische Herstellung, Verarbeitung
> und Anwendung von Werkstoffen.
> Stoffe bzw. Materialien werden zu Werkstoffen, wenn sie:
> - im festen Aggregatzustand anwendungsrelevante, d.h. technisch
>   verwertbare Eigenschaften besitzen,
> - technologisch und wirtschaftlich herstellbar und zusätzlich umwelt-
>   verträglich sind und
> - durch Be- und Verarbeitungsverfahren zu Halbfertig- oder Fertigpro-
>   dukten umgestaltet werden können.
>   (Beispiele: Steine, Holz, Knochen, tierische Häute und Felle, Haare,
>   Metalle, Keramiken und polymere Kunststoffe).

Die Gesamtheit aller Werkstoffe bildet die stoffliche Basis für die moderne Technik, wobei je nach Einsatzgebiet **Strukturwerkstoffe** und
Funktionswerkstoffe zu unterscheiden sind. Die **Struktur-** bzw. Konstruktionswerkstoffe werden für **mechanisch beanspruchte Bauteile**
eingesetzt. Die klassischen Hauptanwendungsgebiete für die primär fe-
stigkeitsbestimmenden Strukturwerkstoffe liegen bevorzugt in den folgenden Sparten :

- Allgemeiner Maschinen-, Geräte-, Apparate- und Fahrzeugbau

- Energietechnik (z.B. Elektrotechnik und Kerntechnik)

- Bauwesen und Bautechnik

- Biotechnik (Implantate in der Chirurgie und in der Zahnmedizin)

- Glas- und Keramotechnik

- Textil-, Papier- und Fototechnik

Andererseits sind die **physikalisch-chemischen** Eigenschaften bzw. die
elektrischen, magnetischen, optischen und thermischen Feldeigenschaften für die Funktionswerkstoffe von Bedeutung und bilden die Grund-
voraussetzungen für neue Technologieentwicklungen in den Bereichen:

- Elektrotechnik, elektrische Energietechnik und Elektronik

- Kommunikations- und Informationstechnik (Halbleitertechnologie)

- Chemische Technik (Synthese-, Katalysator- und Foto-Technik)

■ Gerätetechnik mit Sensorik, Aktuatorik, Mechatronik sowie der Meß- und Regelungstechnik

Die Werkstofftechnik ist, wie alle technischen Wissenschaften, eine ausgesprochen **integrative Disziplin** und basiert auf den Grundlagen der Festkörperphysik, der physikalischen Chemie, der Kristallografie, Mineralogie, Metallurgie und Metallphysik sowie der Hochpolymer- und Silikat-Chemie und zusätzlich der Verfahrens- und Fertigungstechnologie.

Aufgabe der Werkstofftechnik ist die umweltverträgliche Entwicklung, Herstellung, Verarbeitung und Anwendung konventioneller und neuer Werkstoffe sowie die Erforschung, Verbesserung und Sicherung der technisch wichtigen Werkstoffeigenschaften.

D 2   Systematik der Werkstoffeinteilung

Der Aufbau und die Eigenschaften von Werkstoffen werden im wesentlichen durch den atomaren Aufbau und die chemischen Bindungsverhältnisse sowie den physikalischen Strukturaufbau im festen Zustand bestimmt (Bild D-1). Werkstoffe können entsprechend ihrer chemischen Bindungsverhältnisse in verschiedene Werkstoffgruppen eingeteilt werden.

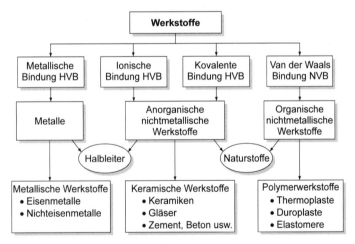

Bild D-1: Werkstoffaufbau und Werkstoffgruppen

Im technischen Einsatz werden je nach Bindungsverhältnissen folgende drei Werkstoffhauptgruppen unterschieden:

- **metallische Werkstoffe** mit metallischer Hauptvalenzbindung (HVB). Dazu gehören erschmolzene Metalle und Legierungen sowie metallische Sinterwerkstoffe.

- **keramische Werkstoffe** mit ionischer und/oder kovalenter Hauptvalenzbindung (HVB). Das sind z.b. Baustoffe, Grob- und Feinkeramik, Ingenieurkeramik, Gläser, Diamant, Kunstkohlen und Halbleiter.

- **Polymerwerkstoffe** mit van-der-Waalsschen Nebenvalenzbindungen (NVB) bzw. Hauptvalenzbindungen (HVB) zwischen den Makromolekülen. Dazu zählen Thermoplaste, Duroplaste und Elastomere, organische Naturstoffe und synthetische Kunststoffe.

Die Eigenschaften von Werkstoffen (Bild D-2) werden neben den chemischen Bindungsverhältnissen ganz entscheidend durch den **Ordnungszustand**, d.h. den kristallinen oder amorphen Aufbau der inneren Struktur bzw. der Feinstruktur, bestimmt. Zusätzlich haben aber alle Abweichungen vom ideal ungestörten Ordnungszustand in Festkörpern wesentlichen Einfluß auf die realen Werkstoffeigenschaften, beispielsweise die Fehlstellen der chemischen und strukturellen Fehlordnungen, die punkt- und linienhaften Fehlstellen in der Feinstruktur, und auch die geometrische Anordnung der Einzelbestandteile im Werkstoffinneren, die sog. **Gefügestruktur**, mit den zwei- und dreidimensionalen Fehlerstrukturen den Flächen- und Volumenfehlern.

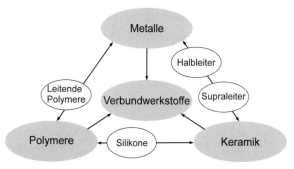

Bild D-2: Werkstoffgruppen und Verbundwerkstoffe

Durch Kombination bzw. Verbindung von mindestens zwei oder mehreren Werkstoffen mit verschiedenen Eigenschaften können in den **Verbundwerkstoffen** gewünschte Eigenschaften gezielt eingestellt werden (z.B. Wolfram-Kupfer als Kontaktwerkstoff für Schalter hoher Ströme: das Wolframgerüst ist hochschmelzend und stabil, das Kupfer leitfähig). Verbundwerkstoffe gibt es als Teilchen-, Faser-, Schicht- und Durchdringungs-Verbundwerkstoffe.

D 3   Werkstoffeigenschaften und Werkstoffprüfung

Werkstoffeigenschaften legen die Eignung für technische Anwendungen fest. Die spezifischen, technisch relevanten Eigenschaften eines Werkstoffes sind nicht mit einem einzigen Kennwert eindeutig definierbar, sondern nur mit Hilfe seines komplexen Eigenschaftsprofils.

Mit der Werkstoffprüfung (zerstörungsfrei, nicht zerstörungsfrei) bestimmt man die Eigenschaften von Werkstoffen und ihre gesetzmäßigen Zusammenhänge. Man ermittelt so aussagekräftige, meist standardisierte **Werkstoffkennwerte**. Sie sind die Grundlage für Qualität und Sicherheit. Die technologisch, wirtschaftlich und ökologisch optimale Auswahl von Werkstoffen kann nur bei ausreichender Kenntnis der wichtigsten, anwendungsrelevanten Werkstoffeigenschaften, d.h. des Eigenschaftsprofils, erfolgen. Eigenschaftsprofile der verschiedenen Werkstoffe und Werkstoffgruppen werden in der Regel durch ökonomische und ökologische Faktoren und technisch nutzbare Eigenschaften bestimmt.

D 3.1   Volkswirtschaftliche, ökonomische und ökologische Faktoren

■ Verfügbarkeit und Kosten der Rohstoffe

■ Energiebedarf für die Herstellung und Verarbeitung

■ Wiederverwendbarkeit, Wiederverwertbarkeit und Recycling (Bild D-3)

Bild D-3: Schematische Darstellung von Material- bzw. Werkstoffkreisläufen

■ Umweltbelastung während der Werkstoffherstellung

■ Umweltbelastung im Gebrauch und Betrieb (Giftigkeit) sowie bei unvorhergesehenen Katastrophen (z.b. Brand oder Explosion)

> Neben den beiden klassischen Materialauswahlkriterien: **technisch funktionell** und **wirtschaftlich kostengünstig** gewinnen **ökologische Auswahlaspekte** zur Energie- und Ressourcenschonung zunehmend an Bedeutung. Sie sind verbunden mit der Forderung nach uneingeschränkter Umweltverträglichkeit bei der Herstellung und beim Einsatz von Werkstoffen sowie bei deren Wiederverwertung und Recycling.

D 3.2 Mechanische Eigenschaften

■ **Elastizität** (Widerstand gegen reversible, elastische Verformungen); energieelastisches bzw. Hookesches Verhalten

■ **Anelastizität** (visko- bzw. entropieelastisches Verhalten); zeitabhängiges Dehnungsverhalten, Dämpfungseffekte

■ statische bzw. quasistatische **Festigkeitskennwerte**: Widerstand gegen plastische Verformung (Fließ- oder Streckgrenze), Widerstand gegen Bruch (Zugfestigkeit und Reißfestigkeit)

■ **Verformungsfähigkeit** (Bruchdehnung, Brucheinschnürung, Zähigkeit)

■ **Energieaufnahmevermögen** (spezifische Verformungsenergie bis zum Bruch, Impact-Verhalten, Kerbschlagzähigkeit, Bruchzähigkeit)

■ **Wechsel-** bzw. **Dauerfestigkeit** (dynamische, periodisch wechselnde Belastbarkeit)

■ **Härte** und **Druckfestigkeit**

■ **Hochtemperaturfestigkeit** (Warmfestigkeit, Zeitstandfestigkeit, Kriechresistenz, zeitabhängiges Dehnungs- und Relaxationsverhalten).

D 3.3 Physikalisch-chemische Eigenschaften

■ Dichte

■ Schmelzpunkt, Schmelzwärme, spezifische Wärme

■ Thermische Ausdehnung

■ Wärmeleitfähigkeit und Thermoschockverhalten

■ Korrosionsbeständigkeit in gasförmigen und flüssigen Medien

■ Oxidationsverhalten und Brennbarkeit

D 3.4   Elektrische, magnetische und optische Eigenschaften

- elektrische Leitfähigkeit (spezifischer elektrischer Widerstand, Isolierfähigkeit)

- thermoelektrische Eigenschaften

- Magnetisierungsverhalten (Koerzitivkraft, Remanenz, Hysteresekurve)

- optische Eigenschaften (Brechzahl, Absorption und Reflexion)

D 3.5   Verarbeitungstechnologische Eigenschaften

- Schmelzbarkeit (Vergießbarkeit, Formfüllungsvermögen),

- plastische Umformbarkeit (Warm- und Kaltverformung),

- Schweißbarkeit, Lötbarkeit und

- Zerspanbarkeit

D 3.6   Werkstoffprüfung

Die Werkstoffprüfung umfaßt **chemische, physikalische** und **technologische Prüfverfahren.** Bei der Untersuchung der mengenmäßig vorherrschenden Strukturwerkstoffe dominieren die mechanischen Werkstoffprüfungen neben licht- sowie elektronenmikroskopischen Gefügestrukturanalysen. Dagegen steht bei den Funktionswerkstoffen die Bestimmung der elektrischen, magnetischen, optischen und thermischen Feldeigenschaften sowie der physikalisch-chemischen Eigenschaften im Vordergrund. Die Werkstoffprüfverfahren werden unterteilt in (Tabelle D-1):

- **zerstörende Werkstoffprüfung** mit untersuchungsbedingter Zerstörung der Prüflinge (meist mechanische und strukturelle Untersuchungen)

- **zerstörungsfreie Werkstoffprüfung** ohne Zerstörung der Prüflinge (meist Untersuchung der Feldeigenschaften und Fehlstellenstruktur)

- **bedingt zerstörungsfreie Werkstoffprüfung**

! Die Gesamtheit der Werkstoffprüfverfahren ist die Basis für das werkstofftechnische Qualitätsmanagement und für alle Qualitätsmanagementsysteme nach DIN ISO 9000 ff.

Tabelle D-1: Einteilung der Werkstoffprüfverfahren

ZERSTÖRENDE WERKSTOFFPRÜFVERFAHREN				
Statische und quasistatische Festigkeitsprüfungen		Dynamische Festigkeitsprüfungen		Sonderprüfverfahren

Kurzzeitversuche	Langzeitversuche	Schlagversuche	Dauerschwingversuche	Beispiele
Zugversuche, Druckversuche	Zug-Zeitstands-Versuche	Schlagzug-Versuche	Zug-Druck-Wechsel-Versuche	Faltprobe
Biegeversuche	Druck-Zeitstands-Versuche	Schlagdruck-Versuche	Zug-Schwell-Versuche	Zerspanungsprobe
Scherversuche	Biege-Zeitstands-Versuche	Schlagbiege-Versuche	Druck-Schwell-Versuche	Schweißprobe
Torsionsversuche		Fallwerk-Versuche	Biege-Wechsel-Versuche	Tiefungsversuche nach Erichsen
Bruchzähigkeitsversuche		Kerbschlagbiege-Versuche	Torsions-Wechsel-Versuche	Näpfchen-zug-Versuche

ZERSTÖRUNGSFREIE WERKSTOFFPRÜFVERFAHREN					
Akustische Verfahren	Optische Verfahren	Thermische Verfahren	Elektrische und magnetische Verfahren	Durchstrahlungsverfahren	Kapillarverfahren
Ultraschall-Prüfung	Interferenzmikroskopie	Kalorimetrie	elektrische Leitfähigkeit	Röntgen-Grobstruktur	Farbeindringverfahren
Schallgeschwindigkeit	Laser-Interferometrie	Dilatometrie	Durchschlagsspannung	γ-Strahlen-Grobstruktur	Porositätsmessungen
	Farbmessungen		Wirbelstrom		
E-,G-,T-, K-Moduln	Reflexionsverhalten	Wärmeleitfähigkeit	Magnetpulver-Verfahren	Feinstrukturanalyse	
			Magnetisierung		

Bedingt zerstörungsfreie WERKSTOFFPRÜFVERFAHREN		
Härteprüfverfahren	Strukturanalysen	Spektro-skopie

statische Härteprüfungen	dynamische Härteprüfungen

Mohssche Ritzhärte	Fallhärte	Metallographie	Funkenprobe
Kugeleindruck-Härte Brinell HB Rockwell HRB/HRC	Pendelhärte	Schliffherstellung und Mikroskopie	Spektroskopie mit Lichtbogen- bzw. Plasma- Anregung
Pyramideneindruck-Härte nach Vickers HV und Knoop	Rückprall-Härte	Abdruck-Verfahren nach Baumann	Röntgen- fluoreszenz
Kegeleindruck-Härte Rockwell HRC	Schlaghammer Poldi-Hammer		

D 3.6.1 Chemische Analytik

Die Bestimmung der chemischen Zusammensetzung ist Voraussetzung für jede fundierte Prüfung und Charakterisierung von Werkstoffen. Die Verfahren sind:

■ naßchemische Analytik

■ physikalisch-chemische Analytik (z.B. spektroskopische Methoden) physikalische Methoden (z.B. Röntgenfluoreszenz-Analyse, Mikrosonde, energiedispersive Mikroanalyse und Aktivierungsanalyse)

D 3.6.2 Strukturelle Untersuchungsmethoden

Strukturuntersuchungen geben Aufschluß über die Feinstruktur, den Ordnungs- bzw. Fehlordnungszustand sowie den Gefügeaufbau:

■ röntgenographische Feinstrukturuntersuchungen (Kristallstrukturen)

■ elektronenmikroskopische Untersuchungen:

   – Feldionen- und Rastertunnelmikroskopie (atomare Strukturen)

   – Durchstrahlungs- und Rasterelektronenmikroskopie (Mikrostruktur)

■ Lichtmikroskopie, Metallographie, Keramographie, Interferenz- und Polarisationsmikroskopie und Ultraschallmikroskopie (Gefüge)

D 3.6.3 Mechanische Werkstoffprüfung:

Mechanische Prüfungen dienen der Ermittlung des Festigkeits- und Verformungsverhaltens von **volumenbeanspruchten Werkstoffen**. Volumenbeanspruchungen sind je nach Einleitung bzw. Angriff der äußeren Kräfte ein-, zwei oder dreiachsig und führen zu **Verformungen** des Werkstoffs bzw. Bauteiles, können aber auch durch thermisch induzierte Spannungen hervorgerufen werden. Die geometrischen Verhältnisse der Krafteinwirkung auf eine Probe oder ein Bauteil bestimmen die Art der mechanischen Beanspruchung, wobei die Grundbelastungsfälle **Zug, Druck, Schub, Biegung** und **Torsion** auftreten können.

Die Festigkeit eines Werkstoffe charakterisiert den Widerstand gegen Verformung und Bruch. Das Festigkeitsverhalten wird durch folgende Faktoren maßgeblich bestimmt:

■   Werkstoff (chemische Natur, Bindungen und Mikrostruktur)

■   Proben- bzw. Bauteilgeometrie (Form, Rauheit und Kerben)

■   Beanspruchungsart

■   zeitlicher Beanspruchungsverlauf (statisch oder dynamisch)

■   Temperatur

■   Umgebungseinflüsse (korrosive Medien)

Zugversuch (nach DIN EN 10 002)

Festigkeit und Verformungsverhalten von Werkstoffen werden meist durch genormte mechanisch-technologische Prüfungen bestimmt, wobei der **einachsige Zugversuch** die wichtigste Festigkeitsprüfmethode ist. Im Zugversuch werden die vorliegenden Werkstoffe in Form von **genormten Zugproben** (Proportionalstäbe mit definierten Abmessungen: Ausgangsquerschnitt S_0 bzw. A_0 und Ausgangsmeßlänge l_0) mit stetig anwachsenden Zugbeanspruchungen bis zum Zerreißen gebracht. Die gemessenen Zugkräfte F und die Probenverlängerungen Δl werden durch die Probengeometrie und die Werkstoffeigenschaften bestimmt. Eine Normierung dieser Meßwerte auf die vorliegenden Probenabmessungen ergibt vergleichbare **Festigkeits-** und **Verformungskennwerte**: Im einachsigen Zugversuch werden die Zugkräfte F vereinfachend auf den Ausgangsprobenquerschnitt S_0 bzw. A_0 bezogen, wobei sich als Festigkeitskennwerte die Nennspannungen $\sigma = F/S_0$ bzw. $\sigma = F/A_0$ ergeben. Die Probenverlängerungen Δl werden auf die Ausgangsmeßlänge l_0 bezogen, so daß die dimensionslosen **Dehnungen** $\varepsilon = (l - l_0)/l_0 = \Delta l/l_0$ als werkstoffspezifische Verformungskennwerte ermittelt werden.

Das werkstofftypische mechanische Verhalten wird mit Hilfe von Zugversuchen in den sog. **Spannungs-Dehnungs-Diagrammen** (σ-ε-Diagramme) aussagekräftig dokumentiert (Bild D-4).

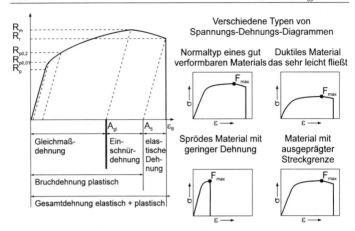

Bild D-4: Charakteristik der typischen Spannungs-Dehnungs-Diagramme

Aus dem Zugversuch können die folgenden, technisch wichtigen mechanischen Werkstoffkennwerte (Basiswerte der Strukturwerkstoffe)
ermittelt werden (Tabelle D-2):

Tabelle D-2: Werkstoffkennwerte aus dem Zugversuch

Werkstoffkennwerte	Formelzeichen		Einheiten
	neu	alt	
Elastizitätsmodul	E	E	N/mm² bzw. MPa oder GPa
Proportionalitätsgrenze	R_p	σ_p	N/mm² bzw. MPa
Technische Proportionalitäts-grenze: 0,01%- Dehngrenze	$R_{p0,01}$	$\sigma_{p0,01}$	N/mm² bzw. MPa
Obere Streckgrenze	R_{eh}	σ_{So}	N/mm² bzw. MPa
Untere Streckgrenze	R_{el}	σ_{Su}	N/mm² bzw. MPa
0,2%-Dehngrenze	$R_{p0,2}$	$\sigma_{0,2}$	N/mm² bzw. MPa
Zugfestigkeit	R_m	σ_m	N/mm² bzw. MPa
Werkstoffdehnung	ε	ε	mm/mm bzw. in %
Bruchdehnung	A_5 (A_{10})	δ_5 (δ_{10})	mm/mm bzw. in %
Brucheinschnürung	Z	ψ	mm²/mm² bzw. in %

Die mechanischen Eigenschaften charakterisieren das Verhalten von
Werkstoffen gegenüber äußeren Beanspruchungen. Prinzipiell können die drei Stadien der **Elastizität**, der **Plastizität** und des **Bruchs**
unterschieden werden, die das Einsatzgebiet der Struktur- bzw. der
Konstruktionswerkstoffe bestimmen.

Reversible Verformungen bzw. Elastizität mit vollständiger Rückbildung der Formänderungen des Werkstoffes bei Entlastung (Bild D-5).

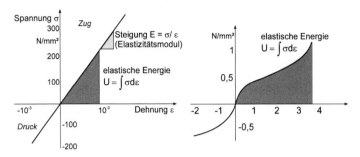

Linearelastische, Hookesche Elastizität Energieelastizität	Nichtlineare Elastizität Visko- bzw. Entropieelastizität
z. B.: Metalle und Legierungen	z. B.: Gummi und Elastomere

Bild D-5: Elastisches Verhalten von Werkstoffgruppen

Bereich des konstruktiven Einsatzes von Strukturwerkstoffen:

■ **Hookesche** bzw. **Energieelastizität** mit spontaner Rückbildung der Formänderung von amorphen und kristallinen Werkstoffen bei niedrigen Temperaturen ($T \leq 0,3 \cdot T_{\text{Schmelz}}$). Bereich des linearelastischen Werkstoffverhaltens.

■ **Viskoelastizität** bzw. **Entropieelastizität** mit zeitlich verzögerter Rückbildung der Formänderung durch Ordnungsgradänderungen mit sog. relaxierendem Werkstoffverhalten.

Irreversible Verformungen mit bleibenden Formänderungen im Werkstoff nach Entlastung (Plastizität und Viskoplastizität) im **Bereich der plastischen Umformbarkeit von Werkstoffen**.

■ **Bruch** mit Trennung des Werkstoffes durch Rißbildung und Rißausbreitung im makroskopischen Bereich.

❗ Aus Sicherheitsgründen darf bei Konstruktionen der Bereich des Bruchs bei Strukturwerkstoffen nicht erreicht werden!

Die wichtigsten Normen für diese Festigkeitsprüfungen von Werkstoffen sind in Tabelle D-3 zusammengestellt:

Tabelle D-3: Übersicht über Normen der Festigkeitsprüfung von Werkstoffen

Zeitl. Beanspruchungsverlauf	Zug Zugversuche	Druck Druckversuche	Biegung Biegeversuch	Schub/ Scherung Schervers.	Torsion Torsionsversuch
Zügige, kontinuierliche Beanspruspruchung	DIN EN 10 002 Metalle	DIN 50 106 Metalle	DIN 50 110 Gußeisen	DIN 50141 Metalle	DIN 51 210 Drähte
	DIN 52 188 Holz	DIN 51 229 Beton	DIN 1048 Beton		DIN 53 445 Kunststoffe
	DIN 53 455 Kunststoffe	DIN 52 105 Naturstein	DIN 51 110 Keramik		
	DIN 53 504 Elastomere	DIN 52 185 Holz	DIN 52 186 Holz		
		DIN 53 454 Kunststoffe	DIN 53 452 Kunststoffe		
Konstante Beanspruchung	Zeitstandversuche				
	DIN 50 118 Metalle				
	DIN 53 444 Kunststoffe				
Schlagartige Beanspruchung	Schlagzugversuch		Kerbschlagbiegeversuch		
	DIN 53 448 Kunststoffe		DIN EN 10045		
			DIN 53 453 Kunststoffe		
Schwingende Beanspruchung	Dauerschwingversuche		Umlaufbiegeversuch		
	DIN 50 100 Metalle		DIN 50 113 Metalle		
			Flachbiegeversuch		
			DIN 50 142 Metalle		

Härteprüfungen

Definitionsgemäß ist die Härte eines Werkstoffes der **Widerstand gegen das Eindringen** eines anderen Körpers. Bei **statischen Härteprüfungen** wird der Widerstand von Werkstoffoberflächen gegen plastische Verformung durch einen genormten Eindringkörper ermittelt, indem der bleibende Eindruck genau vermessen wird. Je nach Härteprüfverfahren wird der **Eindringwiderstand** als Verhältnis der Prüfkraft zur Oberfläche des bleibenden Eindruck (Brinell-Härte HB, Vickers-Härte HV, Knoop-Härte) oder als bleibende Eindringtiefe des Eindringkörpers (Rockwell-Härte HR) bestimmt. Härtewerte von Werkstoffen sind nur exakt vergleichbar, wenn mit gleichen Verfahren unter gleichen Bedingungen geprüft wird, so daß die in Regel folgende genormte, statische Härteprüfverfahren eingesetzt werden:

Statische Härteprüfverfahren

- Brinell-Härte Kugeleindruck-Härteprüfung HB DIN 50 351
- Vicker-Härte Pyramideneindruck-Härteprüfung HV DIN 50 133
- Rockwell-Härte Kegeleindruck-Härteprüfung HR DIN 50 103
- Knoop-Härte DIN 52 233

Dynamische Härteprüfverfahren

- dynamisch plastische Schlaghärte-Prüfverfahren mit Messung des bleibenden Eindrucks (Baumann- bzw. Poldi-Hammer);
- dynamisch elastische Rücksprunghärte-Prüfverfahren mit Messung der Rücksprunghöhe des Prüfkörpers (Shore-Härte).

Bei isotropen Materialien korrelieren die Härtewerte näherungsweise mit den Zugfestigkeiten R_m. Für Stähle kann nach DIN 50150 aus der Vikkers-Härte für Härtewerte zwischen 80HV und 650HV bzw. aus der Brinell-Härte die Zugfestigkeit abgeschätzt werden:

$$R_m \, (\text{N/mm}^2) = 3{,}35 \cdot \text{HV} \quad \text{bzw. auch} \quad R_m \, (\text{N/mm}^2) = 3{,}5 \cdot \text{HB}$$
(für Nichteisen-Metalle gilt diese Umrechnung nicht exakt)

> **!** Statische und dynamische Härteprüfverfahren sind im Qualitätsmanagement sehr bedeutungsvoll, da es sich um relativ einfache mechanische Prüfverfahren zur kostengünstigen und bedingt zerstörungsfreien Ermittlung des Festigkeitsverhaltens handelt.

D 4   Metallische Werkstoffe

> Die chemische Bindung metallischer Werkstoffe erfolgt durch die Bildung gemeinsamer Valenzelektronen (des sog. Elektronengases) aller beteiligten Atome. Die positiv geladenen Metallatomrümpfe ordnen sich geometrisch zu dichtest gepackten Kugelpackungen und werden durch die Austauschenergie des Valenzelektronengases gebunden.

Charakter und Stärke der metallischen Hauptvalenzbindungen sind Ursache für die typischen Metalleigenschaften:

- gute elektrische und thermische Leitfähigkeit
- Reflexionsvermögen und metallischer Glanz
- hohe Steifigkeiten (hohe E-Moduln)
- hohe Festigkeiten
- Plastizität (gute plastische Verformbarkeit)
- hohe Schmelztemperaturen und chemische Beständigkeit
- Legierungsbildung mit Festigkeitssteigerung

Die Einteilung der metallischen Werkstoffe kann nach verschiedenen Gesichtspunkten erfolgen:

- ■ nach der **Dichte**:
    - Leichtmetalle: $\rho < 5 \ kg/dm^3$
    - Schwermetalle: $\rho \geq 5 \ kg/dm^3$

- ■ nach **Art** der Metalle:
    - Eisenwerkstoffe
    - Nichteisen-Werkstoffe (NE-Werkstoffe)

- ■ nach der **Verarbeitungstechnologie**:
    - Gußlegierungen: Formgebung durch Gießtechnik
    - Knetlegierungen: Schmieden, Walzen, Pressen, Ziehen.

D 4.1   Eisenwerkstoffe

Eisen ist als Basiselement aller Eisenwerkstoffe der mengenmäßig und technisch bedeutendste metallische Strukturwerkstoff. Als polymorphes Metall tritt es in Abhängigkeit von der Temperatur in folgenden Kristallstrukturen bzw. Phasen auf:

	768°C		911°C		1392 °C		1536 °C	
α-Fe	$\longrightarrow$	β-Fe	$\longrightarrow$	γ-Fe	$\longrightarrow$	δ-Fe	$\longrightarrow$	Fe-Schmelze
Ferrit		Ferrit		Austenit		δ-Ferrit		
(krz)		(krz)		(kfz)		(krz)		

Die ferromagnetische α-Fe-Phase sowie die paramagnetische β-Fe- und die δ-Fe-Phase besitzen **kubisch raumzentrierte** (krz) **Gitterstruktur**, während die γ-Fe-Phase **kubisch flächenzentriert** (kfz) ist. Der $\alpha{\rightarrow}\gamma$-Übergang ist mit einer Volumenabnahme, der Übergang von $\gamma{\rightarrow}\alpha$ mit einer Volumenvergrößerung verbunden. Der Kohlenstoff, als wichtigstes Legierungselement, und die Polymorphie des Eisen sind für die Umwandlungs-Härtbarkeit der Eisen-Kohlenstoff-Legierungen verantwortlich. Der kfz-Austenit (γ-Fe) vermag, maximal 2,05 % Kohlenstoff im Gitter zu lösen, während der krz-Ferrit (α-Fe) nur maximal 0,02 % C aufnehmen kann. Im reinen Eisen liegt die α-Fe/γ-Fe-Umwandlungstemperatur bei 911°C, durch das Zulegieren von Kohlenstoff wird das Umwandlungsverhalten des Eisens stark beeinflußt. Wichtige Grundlage zum Verständnis aller technischen Eisen-Kohlenstoff-Legierungen ist das Zustandsschaubild Eisen-Kohlenstoff. An Hand dieses **Eisen-Kohlenstoff-Schaubilds** (-Diagramms), kurz EKS genannt, können die wichtigsten Eisenwerkstoffgruppen eingeteilt und kann die Gleichgewichts-Gefügeausbildung erklärt werden (Bild D-6).

Im EKS tritt neben den verschiedenen Fe-Modifikationen als weitere Gleichgewichtsphase **Graphit** im stabilen System und die harte, spröde intermetallische Phase Fe_3C, der sog. **Zementit**, im metastabilen System auf. Nach Kohlenstoff- und Legierungselementgehalt sowie Herstellungsverfahren werden folgende Eisenwerkstoffe unterschieden (Tabelle D-4):

Tabelle D-4: Gliederung der Eisenwerkstoffe

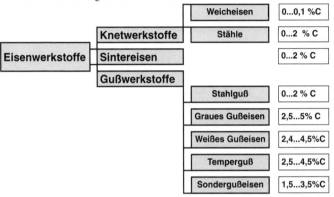

		Weicheisen	0...0,1 %C
	Knetwerkstoffe	Stähle	0...2 % C
Eisenwerkstoffe	Sintereisen		0...2 % C
	Gußwerkstoffe		
		Stahlguß	0...2 % C
		Graues Gußeisen	2,5...5% C
		Weißes Gußeisen	2,4...4,5%C
		Temperguß	2,5...4,5%C
		Sondergußeisen	1,5...3,5%C

Die Festigkeit der Stähle wird primär durch den Kohlenstoffgehalt und sekundär durch metallische Legierungselemente bestimmt. Das Gebiet der Stähle reicht bis maximal 2,06 % Kohlenstoff. Nichtmetallische Begleitelemente, die von der Eisenherstellung herrühren, wie H, B, C, N, O, P oder S, beeinflussen die Stahlqualitäten erheblich, da sie die Schmelztemperatur des Eisens stark erniedrigen und Werkstoffversprödungen verursachen. Stähle werden entsprechend der geforderten Gebrauchseigenschaften in die drei große Qualitätsgruppen eingeteilt:

■ **Grundstähle (BS-Stähle):** keine besonderen Gütemerkmale, nicht zur Wärmebehandlung geeignet, einfachste Baustähle

■ **Qualitätsstähle (QS-Stähle):** bedingt zur Wärmebehandlung geeignet, Qualitätsmerkmale sind garantiert, sicherheitsrelevante Bauteile (z.B. Druckbehälterbau, Schiffs- und Fahrzeugbau, Off-shore-Technik)

■ **Edelstähle** besitzen durch aufwendige Metallurgie geringe Gehalte an nichtmetallischen Elementen (zur Wärmebehandlung wie Härten, Vergüten usw. geeignet), garantierte Eigenschaften (z.B. chemische Zusammensetzung, Kerbschlagzähigkeit oder Härtbarkeit)
Einteilung der Edelstähle nach **Legierungselementgehalten** (LE):
unlegierte: Σ der LE < 1...2 %
niedriglegierte: Σ der LE $\approx$ 2...5%
hochlegierte: Σ der LE-Gehalte > 5%

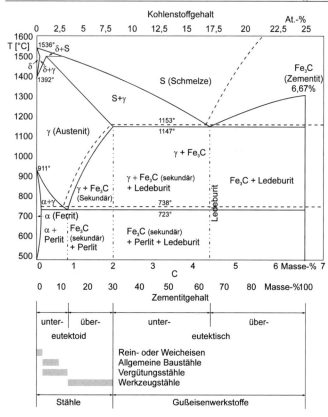

Bild D-6: Das Zustandsschaubild Eisen-Kohlenstoff mit der Einteilung der Eisenwerkstoffe

Die Werkstoffbenennung erfolgt bei Stählen nach der alten Norm
DIN 17 006 und den neuen DIN EN 10 025 und 10 027. Die Be-
nennung erfolgt nach garantierten Festigkeitsangaben bzw. nach
Legierungselementgehalten oder durch ein Werkstoff-Nummern-
system nach DIN EN 10 027 – Teil 2.

Klassifizierung von Eisenwerkstoffen nach Festigkeitsangaben

■ Mindest-Zugfestigkeiten

Stahl: St XY mit $R_m \geq 10 \cdot XY$ N/mm² (z.B. St 37 $\Rightarrow R_m \geq 370$ N/mm²)

Stahl: FeXYZ mit $R_m \geq XYZ$ N/mm² (z.B. Fe410 $\Rightarrow R_m \geq 410$ N/mm²)

Stahlguß: GS XY mit $R_m \geq XYZ$ N/mm²

$\qquad\qquad\qquad$ (z.B. GS 38 $\Rightarrow R_m \geq 380$ N/mm²)

- **Mindest-Streckgrenze in N/mm^2**
  Stahl: S XYZ mit $R_{eh} \geq$ XYZ N/mm^2 (z.b. S235 $\Rightarrow R_{eh} \geq$ 235 N/mm^2)
  Stahl: Fe EXYZ mit $R_{eh} \geq$ XYZ N/mm^2
  (z.b. FeE 420 $\Rightarrow R_{eh} \geq$ 420 N/mm^2)
  Feinkornbaustahl: St EXYZ mit $R_{eh} \geq$ XYZ N/mm^2
  (z.b. StE 690 $\Rightarrow R_{eh} \geq$ 690 N/mm^2 , StE 980V $\Rightarrow R_{eh} \geq$ 980 N/mm^2)

Klassifizierung der Stähle nach Legierungselementgehalten

- **Kohlenstoffgehalt**
  Multiplikationsfaktor für Kohlenstoff: 100
  Beispiele: C 10 $\Rightarrow$ 0,1 % C
  C 60 $\Rightarrow$ 0,6 % C
  C100 $\Rightarrow$ 1,0 % C
  C200 $\Rightarrow$ 2,0 % C

- **Kohlenstoff- und Legierungselementgehalt:**
  Multiplikationsfaktor für C, N, P, S, Ce: 100
  Multiplikationsfaktor für Cr, Co, Mn, Ni, Si, W: 4
  Muliplikationsfaktor für Al, Be, Cu, Mo, Nb, Ta, Ti, V, Zr:10
  Beispiele: 16MnCr4 $\Rightarrow$ 0,16 % C; 1 % Mn
  42CrMo4 $\Rightarrow$ 0,42 % C; 1% Cr
  38CrMoV51 $\Rightarrow$ 0,38 % C; 1,25 % Cr; 0,1 % Mo
  100Cr6 $\Rightarrow$1,0 % C; 1,5 % Cr

- **hochlegierte Stähle:**
  Kennzeichnung durch X-Angabe mit Legierungselementgehalten direkt in Gew.-%, nur C-Gehalt mit Faktor 100:
  Beispiele: X10Cr17 $\Rightarrow$ 0,1 % C; 17 % Cr;
  X10CrNiTi18 9 $\Rightarrow$ 0,1 % C; 18 % Cr; 9 % Ni

Die wichtigsten Eisenwerkstoffgruppen sind:

- **allgemeine Baustähle (gute Verarbeitbarkeit und Schweißbarkeit)**
  normale und hochfeste Baustähle, hochfeste Feinkornbaustähle, hochfeste, vergütete Feinkornbaustähle, Dualphasenstähle, Trip-Stähle

- **Einsatz- und Vergütungsstähle zur gezielten Wärmebehandlung**
  C-Gehalte von 0,2 bis 0,8% für gute Härtbarkeit und Randhärteverfahren, Einstellung von gezielten Eigenspannungszuständen

- **Werkzeugstähle zur gezielten Wärmebehandlung**
  C-Gehalte von 0,8 bis 2,0% für gute Härtbarkeit, Verschleißwiderstand

- **Korrosionsbeständige, hochlegierte Stähle**
  austenitische und ferritische rost- und hitzebeständige Stähle

- **Gußeisenwerkstoffe**
  gute Gießbarkeit bei C-Gehalten über 2%, Grauguß-Lamellen- bzw.
  Kugelgraphit, Hartguß, Tempergußeisen

D 4.2 Nichteisen-Werkstoffe (NE)

Alle metallischen Werkstoffe, die nicht zu den Eisenwerkstoffe zählen,
werden als Nichteisen-(NE-)Werkstoffe bezeichnet, wobei meist die
traditionelle Einteilung vorgenommen wird in:

- **Leichtmetalle** mit einer Dichte $\rho < 5$ kg/dm^3: Al, Mg, Ti , Be

- **Schwermetalle** mit einer Dichte $\rho \geq 5$ kg/dm^3: Cu, Ni, Zn, Sn, Pb

- **Edelmetalle**: Ag, Au, Pt-Metalle

Die technischen NE-Metalle und NE-Metall-Legierungen werden nach
DIN 1700 gekennzeichnet durch

- **Kennbuchstaben für Herstellung bzw. Verwendung**
  G: Guß, **GD**: Druckguß, **GK**: Kokillenguß, **GZ**: Zentrifugalguß, **V**:
  Vorlegierung, **L**: Lotwerkstoff, **S**: Schweißzusatzwerkstoff

- **Kennzeichen für die chemische Zusammensetzung**
  Die Legierungszusammensetzung wird durch die Reihenfolge der
  Legierungselementsymbole mit Haupt- und Nebenbestandteile und
  entsprechenden Kennzahlen charakterisiert.
  Unlegierte Metalle: Al99,9 Reinaluminium mit mindestens 99,9%
  Pb98,5 Umschmelzblei mit max. 1,5 % Beimengung.
  Legierungen: CuZn 40 Mn1 Messing mit 40 % Zn und 1 % Mn,
  AlMg3Si Aluminium mit 3 % Mg und Si-Zusatz

- **Kurzzeichen für den Werkstoffzustand**
  Festigkeitsangabe: F 100 $R_m \geq 100$N/mm^2,
  Wärmebehandlungszustand: ka: kalt und wa: warmausgehärtet

Neben diesem Kennzeichnungssystem mit den Symbolen der Legierungselemente gibt es nach DIN 10 007 noch ein Werkstoff-Num-
mernsystem, das sicherlich in das neuere Werkstoff-Nummersystem nach
DIN EN 10 017-2 überführt wird.

Bei den meisten NE-Metallen ist durch fehlende Polymorphie eine **Um-
wandlungshärtung**, wie bei den Eisenwerkstoffen, nicht möglich. Unterschieden werden bei diesen NE-Metallen:

- **naturharte Legierungen**, die nur durch Zusatz von Legierungs-
  elementen beim Erschmelzen eine Mischkristallhärtung erfahren

- **aushärtbare Legierungssysteme**, die mittels geeigneter Wärmebehandlung durch eine Segregation (Ausscheidung einer zweiten
  Phase) gehärtet bzw. verfestigt werden können

D 5   Keramische Werkstoffe

Die Atome der keramischen Werkstoffe werden durch Ionenbindungen oder kovalente Bindungen bzw. Mischbindungen mit ionogenen und kovalentem Bindungsanteilen zusammengehalten.

Die starken ionischen und kovalenten Hauptvalenzbindungen und das Fehlen von frei beweglichen Valenzelektronen sind die Ursachen für die typischen **keramischen Materialeigenschaften**:

- extrem geringe elektrische und thermische Leitfähigkeit

- geringes Reflexionsvermögen (teilweise Transparenz)

- sehr hohe Steifigkeiten (hohe E-Moduln)

- sehr hohe Druck- und Verschleißfestigkeiten

- keine wesentliche plastische Verformbarkeit (große Sprödigkeit)

- hohe Schmelztemperaturen (chemische Beständigkeit, Korrosionsbeständigkeit bis zu hohen Temperaturen)

- Temperaturwechselempfindlichkeit

- Schlagempfindlichkeit

Keramische Werkstoffe werden nach folgenden Kriterien eingeteilt:

- **chemische Zusammensetzung**: Silikatkeramik, Oxidkeramik, Nichtoxidkeramik, Halbleiter und Kohlenstoffwerkstoffe

- **Größe der Gefügebestandteile**: Grob- und Feinkeramik

D 5.1   Keramik und Gläser

Normale Gebrauchskeramiken werden bevorzugt aus anorganischen Naturstoffen und technische Hochleistungskeramiken, meist aus synthetischen Rohstoffen hergestellt.

Silikatkeramiken bestehen bevorzugt aus Metalloxid-Silikat-Gemischen: Steinzeug, Porzellan, Feuerfeststeine, Cordierit, Steatit.

Oxidkeramiken sind polykristalline, glasphasenfreie Materialien aus Oxiden oder Oxidverbindungen: z.B. Al_2O_3, ZrO_2, TiO_2, BeO, MgO.

Nichtoxidkeramik sind die sog. Hartstoffe wie Carbide, Nitride, Boride und Silicide.

Gläser sind amorph erstarrte, meist lichtdurchlässige anorganische nichtmetallische Festkörper. Glasbildner sind Quarz (SiO_2), Bortrioxid (B_2O_3), Phosphorpentoxid (P_2O_5) und Berylliumfluorid (BeF_2), Flußmittel Natrium- und Calciumoxid (Na_2O) und (CaO). Gläser bestehen aus unregelmäßigen SiO_2-Tetraeder-Netzwerken mit eingelagerten Stabilisatoren (große Kationen wie Na, Ca, Pb in Kalk-Natron- und Bleiglas).

D 5.2.   Kohlenstoff und Halbleiter

Die leichten Elemente der 4. Hauptgruppe des Periodischen Systems der Elemente (PSE) C, Si, Ge, haben durch die ihre kovalente Bindungsstruktur besondere Eigenschaften. Kohlenstoff existiert in verschiedenen Modifikationen als **Diamant, Graphit** und **Glaskohlenstoff.** Kohlenstoff besitzt in der Diamantstruktur die höchste Steifigkeit und Festigkeit aller Werkstoffe.

Bei den schwereren Elemente **Silicium** (Si) und **Germanium** (Ge) wird diese Bindungsstärke deutlich schwächer, so daß sich die charakteristischen Halbleitereigenschaften dieser Elemente ausbilden, die in der Elektronik, Computertechnik und den Informationstechnologien genutzt werden.

D 6   Polymere Werkstoffe

> Die Polymerwerkstoffe bestehen aus makromolekularen, kettenförmigen Grundbausteinen, die i.allg. aus kovalent gebundenen Kohlenstoffatomen mit weiteren Elementen niedriger Ordnungszahl, z.B. Wasserstoff, Sauerstoff, Schwefel, Stickstoff, Phosphor, Fluor, Chlor und Silicium, bestehen. In den Makromolekülen liegen **kovalente Hauptvalenzbindungen** vor. Die Art und Stärke der Wechselwirkungen zwischen den Makromolekülen bestimmen die Eigenschaften der Polymerwerkstoffe.

Die komplexen Bindungsverhältnisse in den makromolekularen Kunststoffen prägen das Eigenschaftsprofil dieser Werkstoffklasse:

- geringe Steifigkeiten und niedrige Festigkeiten

- geringe Dichte

- niedrige Schmelz- und Zersetzungstemperatur

- chemische Beständigkeit (häufig Säure- und Laugenresistenz)

- gute Formbarkeit bei niedrigen Temperaturen

- schlechte elektrische Leitfähigkeit, geringe Wärmeleitfähigkeit

- Sprödigkeit bei tiefen Temperaturen

Die Eigenschaften und der Aufbau der Polymerwerkstoffe werden in erster Linie geprägt durch ihre

- *Struktur*: chemische Bestandteile, Bindungen, Molekülkonfiguration, Kettenlänge, Verzweigung, Vernetzung und Kristallisation.

- *Zusammensetzung*: Fremdatome, Copolymerisation, Weichmacher, Füll- und Farbstoffe

- *Herstellung und Verarbeitung*

D 6.1 Thermoplaste

Thermoplaste sind **amorphe** oder **teilkristalline** Polymerwerkstoffe, die aus **linearen** und/oder **verzweigten** kettenförmigen Makromolekülen bestehen. Die Makromoleküle sind nur durch schwache Nebenvalenzkräfte verbunden und daher thermolabil. Die Thermoplaste erweichen in Bereich der Glastempertur und sind leicht schmelzbar, so daß sie durch Spritzgieß- und Extrusions-Verfahren in die gewünschte Form gebracht werden. Die Schmelzbarkeit der Thermoplaste erleichtert prinzipiell die Wiederverwertbarkeit und das Stoffrecycling dieser Polymerwerkstoffgruppe.

Die Festigkeitseigenschaften der Thermoplaste können durch Einbringen von geeigneten Verstärkungen, z.b. feste und harte Partikel und steife und feste Fasern, erheblich gesteigert werden.

Wichtige Vertreter: Polyethylen (PE), Polypropylen (PP), Polyvinylchlorid (PVC), Polystyrol (PS), Polycarbonat (PC), Polyamid (PA), Polyimid (PI), Polytetrafluorethylen (PTFE) und Polyethylenterephthalat (PET).

D 6.2 Elastomere

Elastomere sind gummiartig verformbare Polymerwerkstoffe, deren Kettenmoleküle weitmaschig vernetzt sind. Die **Elastomervernetzung** erfolgt während der Formgebung unter Einwirkung von Vernetzungsmitteln (z.B. Schwefel, Peroxide und Amine) und wird als **Vulkanisierung** bezeichnet. Elastomere lassen sich leicht und reversibel über große Bereiche verformen und finden als Dichtungs- und Dämpfungselemente Verwendung. Die **Glastemperatur**, d.h. die Erweichungstemperatur der Elastomere, liegt bei tiefen Temperaturen (weit unter 0°C). Die schwach vernetzten Elastomere sind nicht schmelzbar, sondern sie werden oberhalb der Zersetzungstemperatur zersetzt. Das stoffliche Wiederverwerten von Elastomeren durch Einschmelzen ist daher nicht möglich und das Recycling relativ schwierig.

Typische Elastomerwerkstoffe: Polyurethan (PUR) und Styrol-Butadien-Kautschuk (SBR).

D 6.3 Duroplaste

Duroplaste sind harte und glasartige Polymerwerkstoffe. Die Kettenglieder sind über Hauptvalenzbindungen räumlich vernetzt. Die Vernetzungsreaktionen erfolgen beim Verarbeiten entweder bei hohen Temperaturen thermisch aktiviert (Warmaushärten) oder durch Katalysatoren chemisch aktiviert bei Raumtemperatur. Duroplaste durchlaufen beim Erwärmen keine ausgeprägte Erweichung und keinen Schmelzbereich.

Der harte Zustand endet bei der Zersetzungstemperatur. Duroplaste lassen sich stofflich nicht wieder verwerten und recyceln, sondern sie können nur mechanisch zerkleinert oder thermisch zersetzt (pyrolysiert) werden.

Typische Vertreter: Phenoplaste (Phenol-Formaldehyd PF), Aminoplaste (Harnstoff-Formaldehyd UF), ungesättigte Polyesterharze (UP) und Epoxidharze (EP).

D 7   Verbundwerkstoffe

> Verbundwerkstoffe bestehen aus heterogenen, innig miteinander verbundenen Festkörperkomponenten, wobei Struktur- oder Funktionswerkstoffe mit besonderen, gezielt eingestellten Eigenschaften entstehen. Die relevanten Gesamteigenschaften eines Verbundwerkstoffes werden durch die Kombination von mehreren Phasen oder Werkstoffkomponenten in bestimmter, beanspruchungsgerechter geometrischer Anordnung so eingestellt, daß sie die Eigenschaften seiner Einzelkomponenten im allgemeinen übertreffen.

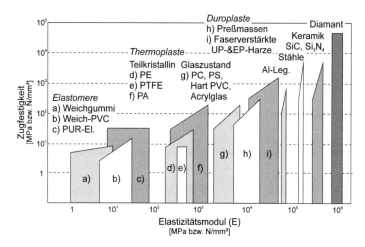

Bild D-7: Überblick über Festigkeit und Steifigkeit von Werkstoffen

Durch Kombination verschiedener Werkstoffe in den Verbundwerkstoffen bzw. Werkstoffverbunden lassen sich maßgeschneiderte Hochleistungswerkstoffe und hochbelastbare Komponenten herstellen, z.B. gefüllte und faserverstärkte Kunststoffe, Hartmetalle und Cermets, Schichtwerkstoffe, Laminate, Stahlgürtelreifen und Stahlbeton.

Merkel, M.; Thomas,K.-H.: Taschenbuch der Werkstoffe. Leipzig: Fachbuchverlag 1994

Menges, G.: Werkstoffkunde Kunststoffe. München Wien: Carl Hanser Verlag 1990

Bergmann, W.: Werkstofftechnik. 2 Teile. München Wien: Carl Hanser Verlag 1989/1991

Seidel, W.: Werkstofftechnik. München Wien: Carl Hanser Verlag 1993

Blumenauer, H.: Werkstoffprüfung. Leipzig, Stuttgart: Deutscher Verlag für Grundstoffindustrie 1995

Stahlschlüssel. Verlag Stahlschlüssel Wegst GmbH 1994

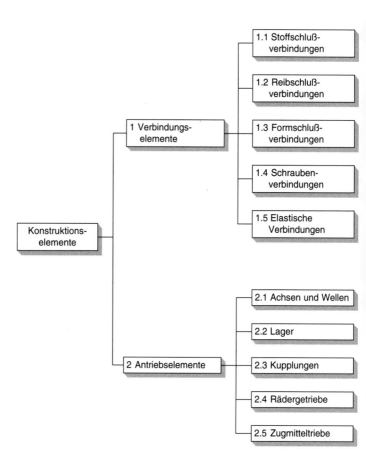

E Konstruktionselemente

Konstruktionselemente sind Bauteile, die bei verschiedenen Geräten jeweils gleiche oder ähnliche Funktionen erfüllen und daher immer wieder
vorkommen. Dabei kann es sich um einzelne Bauteile (z.B. Wellen oder
Schrauben) handeln, aber auch um Bauteilgruppen, wie z.B. Kupplungen.

Viele dieser Bauelemente weisen nicht nur typische Ausführungsformen
auf, sondern sind darüber hinaus meist genormt bezüglich Anordnung
und Abmessungen. Jedes technische System (Maschine) besteht aus einzelnen Konstruktionselementen, die miteinander gekoppelt sind.

E 1 Verbindungselemente

Verbindungselemente werden benötigt, um einzelne Elemente zu technischen Systemen wie Baugruppen, Geräte und Maschinen zusammenzu-
fügen. Sie haben die Aufgabe, Kräfte und Momente zwischen Bauteilen
bei eindeutiger und fester Lagezuordnung zu übertragen.

E 1.1 Stoffschlußverbindungen

Bei Stoffschlußverbindungen werden Bauteile mit oder ohne Zusatzwerkstoffen an der Fügestelle zu einer unlösbaren Einheit vereinigt (Bild
E-1). Eine stoffschlüssige Verbindung kann durch **Schweißen, Löten**
oder **Kleben** erzielt werden.

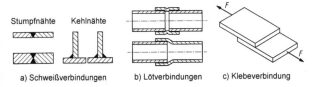

a) Schweißverbindungen   b) Lötverbindungen   c) Klebeverbindung

Bild E-1: Stoffschlußverbindungen

Vorteile: Bezogen auf die Tragfähigkeit, zählen sie zu den leichtesten
und wirtschaftlichsten Verbindungen.

Nachteile: Stoffschlußverbindungen sind nicht demontierbar. Außerdem
treten beim Schweißen große Wärmebelastungen auf, die unangenehme
Schrumpfspannungen und Verzug zur Folge haben.

E 1.1.1 Schweißen

Beim Schweißen werden Bauteile aus **artgleichen Werkstoffen** (meist Stahl/Stahl) in flüssigem oder plastischem Zustand miteinander vereinigt. Gut schweißbar sind kohlenstoffarme Stähle (C < 0,25 %), Aluminium und Alu-Legierungen sowie Kupfer und Kupferlegierungen. Bei Kunststoffen eignen sich nur Thermoplaste zum Schweißen.

Da die Verbindung infolge der erforderlichen Wärmezufuhr eine geringere Festigkeit besitzt als der Grundwerkstoff, sollten Schweißnähte in hochbeanspruchten Zonen vermieden werden. Bezüglich der Beanspruchung sind Stumpfnähte vorteilhafter, da ihre Kerbwirkung sehr viel geringer ist als bei Kehlnähten. Kehlnähte sind jedoch häufig wirtschaftlicher als Stumpfnähte, da sie keine Nahtvorbereitung benötigen.

Für die Berechnung von metallischen Schweißverbindungen gibt es ausführliche Berechnungsvorschriften (DIN 15018, DIN 18800, Eurocode 3, Vorschrift der Deutschen Bundesbahn-DS 952). Dadurch ist eine sichere Aussage über das Bauteilversagen möglich, so daß vielfach auf kosten- und zeitaufwendige Versuche verzichtet werden kann.

E 1.1.2 Löten

Unter Löten versteht man das **Verbinden metallischer Teile** mit Hilfe eines Zusatzwerkstoffes, dem **Lot**. Die Festigkeit der Lötverbindung ist abhängig vom Lot und liegt unterhalb der Festigkeit einer Schweißverbindung. Da eine zuverlässige Berechnung von Lötverbindungen wegen der vielen Einflüsse nicht möglich ist, sollte eine möglichst große Fügefläche angestrebt werden. Wenn erforderlich, muß die Festigkeit durch Versuche sichergestellt werden.

E 1.1.3 Kleben

Durch Kleben werden sowohl **gleichartige** als auch **verschiedenartige** Werkstoffe mit **nichtmetallischen Zusatzwerkstoffen** (Kleber) miteinander verbunden. Klebeverbindungen werden häufig auch zum Abdichten von Flächen und zum Sichern von Schraubenverbindungen verwendet. Es gibt für die Klebeverbindungen keine gesicherten Berechnungsverfahren. Daher ist auf möglichst große Klebeflächen und geringe Belastungen (vorzugsweise in Schubrichtung) zu achten.

E 1.2 Reibschlußverbindungen

Bei Reibschlußverbindungen werden in den Fugen (Reibflächen) auf verschiedene Art und Weise Pressungen erzeugt (Bild E-2). Die Pressung p kann aufgebracht werden durch:

- Keile

- Schraubenkräfte

- federnde Zwischenglieder

- die Elastizität der Bauteile

Man verwendet Reibschlußverbindungen, um axiale Kräfte in Achsen und Wellen einzuleiten oder um Drehmomente von Naben auf Wellen oder umgekehrt zu übertragen.

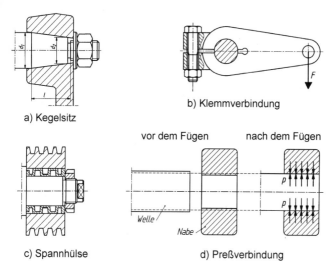

a) Kegelsitz

b) Klemmverbindung

c) Spannhülse

d) Preßverbindung

Bild E-2: Reibschlußverbindungen

Die durch die Pressung entstehende Normalkraft $F_N = p\,A$ (mit $A =$ Reibfläche) erzeugt eine Reibungskraft F_R, die eine Übertragung von Kräften bzw. Momenten ermöglicht. Den Zusammenhang zwischen Reibungskraft und Normalkraft gibt das **Coulombsche Reibungsgesetz** an:

$$F_R = \mu \cdot F_N$$

Da die Reibungszahl μ in der Größenordnung von 0,1 liegt, muß die Normalkraft etwa 10mal größer als die Reibungskraft sein. Exakt läßt sich die Reibungszahl nur versuchstechnisch ermitteln.

Vorteile: Reibschlußverbindungen sind infolge ihrer Dämpfungseigenschaften bei **dynamischen Belastungen** günstiger als die starren Formschlußverbindungen. Sie lassen sich einfach montieren und sind vielfach leicht nachspannbar.

Nachteile: Die Reibungskraft muß immer größer als die Betriebskraft sein, wobei mit großen Sicherheitsfaktoren gerechnet werden muß, da die Reibungszahl nicht eindeutig vorhersehbar ist. Dadurch werden **große Vorspannkräfte** erforderlich, die das Bauteil auch dann belasten, wenn keine äußeren Kräfte anliegen.

E 1.2.1 Keilverbindungen

Die für den Reibschluß notwendige Flächenpressung wird bei den Keilverbindungen durch das Eintreiben von genormten Keilen (Anzug 1:100) erzeugt. Dieser Anzug liegt dabei durchweg auf der Rückenseite, die im Nabennutgrund zur Anlage kommt. Die Keile werden i. allg. durch Hammerschläge in Längsrichtung eingetrieben. Die Verspannung kann jedoch bei beschränkten Platzverhältnissen auch durch das Auftreiben der Nabe erfolgen, wobei ein rundstirniger Einlegekeil in eine entsprechende Wellennut eingelegt wird. Wegen der unsicheren Bestimmung der Eintreibkraft (Hammermontage), wird auf eine Berechnung meistens verzichtet. Keilverbindungen sind nur für **niedrige Drehzahlen** geeignet, da sonst infolge der Exzentrizität zu große Unwuchten entstehen. Sie werden bevorzugt bei Land- und Baumaschinen eingesetzt.

E 1.2.2 Kegelsitz

Kegelsitze haben rotationssymmetrische Wirkflächen (Mantelflächen eines Kegelstumpfes). Die notwendige Fugenpressung p wird dabei durch eine axiale Schraubenkraft F_a aufgebracht. Der Kegelsitz wird vorwiegend zur Befestigung von Bauteilen an **Wellenenden** angewendet. Vorteile sind: nachspannbar, gut lösbar, keine Wellenschwächung sowie sehr gute Zentrierung (keine Unwucht). Nachteilig sind dagegen die teure Herstellung und die fehlende Einstellbarkeit in axialer Richtung.

Nach DIN 406 und DIN 254 werden als Richtwerte folgende Kegelverhältnisse C angegeben:

- leicht lösbare Verbindung: $C = 1:5$
- schwer lösbare Verbindung: $C = 1:10$
- Werkzeugaufnahme für Wendelbohrer: $C = 1:20$

Das Kegelverhältnis berechnet sich aus:

$$C = \frac{d_1 - d_2}{l}$$

E 1.2.3 Klemmverbindungen

Bei den Klemmverbindungen wird die erforderliche Flächenpressung in der Fügefläche durch **äußere Kräfte**, meist mittels Schrauben, erzeugt.

Es werden Verbindungen mit geteilter oder geschlitzter Nabe ausgeführt, die vorzugsweise für geringe und wenig schwankende Drehmomente verwendet werden. Ihr Vorteil besteht darin, daß die Nabenstellung sowohl in Längs- als auch in Umfangsrichtung leicht einstellbar ist. So lassen sich Räder oder Hebel sehr einfach auf glatte Wellen befestigen.

E 1.2.4 Verbindungen mit federnden Zwischengliedern

Die für den Reibschluß erforderlichen Normalkräfte können auch durch federnde Zwischenglieder (z.b. Spannhülsen) erzeugt werden. Es handelt sich hierbei um **elastische Rückstellkräfte**, die durch die Verformung beim Einbau entstehen. Die Größe der zu übertragenden Kräfte und Momente ist abhängig von der Bauart und den Einbauverhältnissen und ist den Herstellerangaben zu entnehmen. Da glatte Wellen und durchgehende Nabenbohrungen verwendet werden können, entstehen keine geometrischen Kerben, und sie sind außerdem kostengünstig herstellbar. Montage und Demontage sind recht einfach.

E 1.2.5 Preßverbindungen (zylindrische Preßverbände)

Bei Preßverbindungen wird die erforderliche Flächenpressung durch die elastische Verformung von Welle und Nabe erzeugt, die durch eine **Übermaßpassung** entsteht. Unter Übermaßpassungen versteht man die Paarung von zylindrischen Paßteilen, die vor dem Fügen Übermaß besitzen. Sie werden häufig verwendet, da sie verhältnismäßig leicht herzustellen sind und auch stoßartige und wechselnde Drehmomente und Längskräfte übertragen können. Anwendungsbeispiele sind:

- Zahnräder und Kupplungsnaben auf Wellen

- Zahnkränze auf Radkörper

- Gleitlagerbuchsen im Gehäuse

- Schrumpfringe auf Naben geteilter Räder (große Schwungräder)

Die Wellen werden dabei nicht durch Nuten geschwächt, und die Nabe ist exakt auf der Welle zentriert. Voraussetzung für eine sichere Kraft- bzw. Momentübertragung ist die genaue Berechnung und die Einhaltung der recht engen Toleranzen bei der Fertigung. Nach dem Fügeverfahren wird zwischen Längs- und Querpreßsitzen unterschieden.

Längspreßsitz. Beim Längspreßsitz erfolgt das Fügen von Innen- und Außenteil durch kaltes Aufpressen bei Raumtemperatur. Die dafür erforderlichen großen Einpreßkräfte werden meistens mit hydraulischen Pressen aufgebracht, deren Einpreßgeschwindigkeit 2 mm/s nicht überschreiten sollte. Beim Einpreßvorgang werden die Oberflächen geglättet, indem die Oberflächenrauheiten plastisch verformt und teilweise abgeschert werden. Um ein zu starkes Schaben zu vermeiden, sind die Stirnkanten anzufasen. Beim Einpressen von Stahlteilen, insbesondere bei ungehärteten Teilen, besteht die Gefahr, daß die Fügeteile fressen, also kaltverschweißen. Um dies zu vermeiden, werden die Fügeflächen geschmiert. Teile aus verschiedenen Werkstoffen können trocken gefügt werden.

Querpreßsitz. Beim Querpreßsitz wird vor dem Fügen entweder das Außenteil durch Erwärmen aufgeweitet oder das Innenteil durch Unterkühlung im Durchmesser so verkleinert, daß sich die Teile kräftefrei fügen lassen. Die erforderliche Pressung in der Fuge tritt erst bei Raum- oder Betriebstemperatur infolge der gewünschten Durchmesserveränderungen auf. Hierbei werden die Oberflächenrauheiten durch zum größtenteils plastische Verformungen eingeebnet. Wird das Außenteil erwärmt, so daß es beim Abkühlen auf das Innenteil schrumpft, ergibt sich ein **Schrumpfsitz**. Kühlt man das Innenteil so, daß es sich beim Erwärmen auf Raumtemperatur dehnt, liegt ein **Dehnsitz** vor.

Bei der **elastischen Auslegung** einer Preßverbindung wird das Größtübermaß so gewählt, daß die daraus resultierende maximale Spannung noch unterhalb der Fließgrenze liegt. Das kleinste Übermaß muß dagegen so gewählt werden, daß das maximal auftretende Moment bzw. die Axialkraft noch sicher übertragen werden kann. Um die Festigkeit der Wellen- und Nabenwerkstoffe besser auszunützen, können unter bestimmten Umständen **elastisch-plastische** Beanspruchungen des Außen- und/oder Innenteils zugelassen werden. Das heißt, die Bauteile werden nicht nur elastisch, sondern über die Fließgrenze hinaus zum Teil auch plastisch verformt. Durch die dadurch entstehende größere Flächenpressung können natürlich auch größere äußere Belastungen übertragen werden. Zu beachten ist, daß bei einer elastisch-plastisch beanspruchten zylindrischen Preßverbindung eine Demontage praktisch nicht mehr möglich ist. Die erforderlichen Auspreßkräfte werden sehr groß, und eine schwere Beschädigung der Fügeflächen ist unvermeidbar.

E 1.3   Formschlußverbindungen

Bei Formschlußverbindungen werden Kräfte und Momente über **Mitnehmer** übertragen (Bild E-3). Die Verbindungen entstehen durch das Ineinandergreifen von Teilkonturen der Verbindungselemente. Dadurch ergeben sich in der Regel leicht lösbare Verbindungen, die jedoch häufig gegen axiale Verschiebungen gesichert werden müssen.

E 1.3.1 Paß- und Scheibenfederverbindungen

Bei Paßfederverbindungen legen sich die Nutenseitenflächen an die Paßfeder-Seitenflächen an. Im Gegensatz zur Keilverbindung ist zwischen dem Paßfederrücken und dem Nutgrund der Nabe ein Spiel (Rücken-spiel) vorhanden. Das Drehmoment wird dadurch ausschließlich über die Flanken der Paßfeder übertragen. Paßfedern sind in DIN 6885 hinsicht-lich ihrer Form und ihrer Abmessungen, abhängig von Wellendurchmesser, genormt.

Paßfederverbindungen werden verwendet, um Riemenscheiben, Zahnrä-der oder Kupplungsflansche mit Wellen fest zu verbinden. Manchmal werden Paßfedern zusätzlich zur Sicherung bei Reibschlußverbindungen und auch zur Festlegung einer bestimmten Stellung in Umfangsrichtung verwendet. Dem letztgenannten Zweck und zur Übertragung kleinerer Drehmomente dient vor allem im Werkzeugmaschinen- und Kraftfahr-zeugbau die billigere Scheibenfeder nach DIN 6888, die mit der runden Seite in der Welle sitzt.

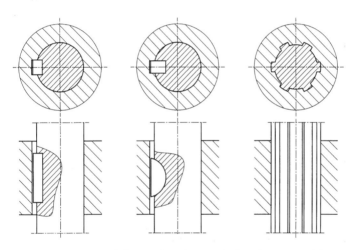

a) Paßfeder (DIN 6885) b) Scheibenfeder (DIN 6888) c) Profilwelle (DIN ISO 14)

Bild E-3: Formschlußverbindungen

Bei genormten Wellenenden nach DIN 748 müssen Paßfedern nicht be-rechnet werden, da Form und Abmessungen der Paßfeder in der Norm festgelegt sind. Sonst werden Paßfedern in der Praxis nur auf Flächen-pressung ausgelegt. Wird die Paßfederlänge zu groß, d.h. die Nabe zu lang, so können auch zwei Paßfedern um 180° versetzt angeordnet wer-den. Für die Berechnung wird dabei angenommen, daß jede Paßfeder wegen Fertigungsungenauigkeiten nur zu 75 % der Einzelfeder trägt. Sind mehr als zwei Federn erforderlich, werden Profilwellen verwendet.

E 1.3.2 Bolzen- und Stiftverbindungen

Mit Bolzen und Stiften werden zwei oder mehrere Bauteile einfach und
billig miteinander verbunden (Bild E-4). Sie zählen zu den ältesten Verbindungen und sind weitgehendst genormt.

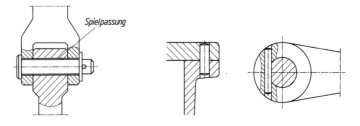

a) Gelenkverbindung   b) Stiftverbindungen

Bild E-4: Bolzen- und Stiftverbindungen

Bolzenverbindungen. Bolzen werden hauptsächlich für Gelenkverbin-
dungen von Gestängen, Laschen, Kettengliedern, Schubstangen, aber
auch als Achsen für die Lagerung von Laufrädern, Rollen, Hebeln und
dergleichen verwendet. Bei einer Bolzenverbindung ist somit mindestens
ein Teil beweglich.

Stiftverbindungen. Stifte finden Anwendung zur festen Verbindung von
Naben, Hebeln, Stellringen auf Wellen oder Achsen, ferner zur genauen
Lagesicherung zweier Maschinenteile und auch als Steckstifte zur Befestigung von Laschen, Stangen oder Federn. Da sie als Längspreßsitze
mit Übermaß in die Bohrungen eingeschlagen werden, sind **alle Teile
fest.**

E 1.4   Schraubenverbindungen

Die Schraube zählt zu den ältesten und am häufigsten verwendeten Ver-
bindungselementen. Mit Schrauben lassen sich sichere und beliebig oft
lösbare Verbindungen herstellen. Für Befestigungsschrauben wird ausschließlich das metrische ISO-Spitzgewinde nach DIN 13 verwendet.
Die Schraube bzw. die Mutter legt pro Umdrehung den Weg der Steigung P in axialer Richtung zurück (Bild E-5). Die Schraubenlinie ist in
der Regel **rechtsgängig**, nur in Ausnahmefällen werden linksgängige
Gewinde verwendet.

Schraubenverbindungen können auf unterschiedliche Art hergestellt werden (Bild E-5b). Dabei wird die Schraube beim Anziehen (Montage)
immer gedehnt, d.h. auf Zug beansprucht, während die verspannten Teile

zusammengedrückt, also auf Druck beansprucht werden. Eine äußere Betriebskraft in Schraubenlängsrichtung, z.b. durch Innendruck, belastet die Schraube zusätzlich zur Montagevorspannkraft, entlastet aber die verspannten Teile. Das kann dazu führen, daß die Schrauben überlastet werden und/oder die Verbindung nicht mehr genügend verspannt wird, so daß die Deckelverschraubung undicht wird. Schrauben werden aus Stahl hergestellt, deren Festigkeit mit zwei Buchstaben (am Schraubenkopf) gekennzeichnet ist. Die Multiplikation dieser beiden Zahlen ergibt 1/10 der Mindeststreckgrenze (z.B. 8.8 entspricht einer Streckgrenze von 640 N/mm^2).

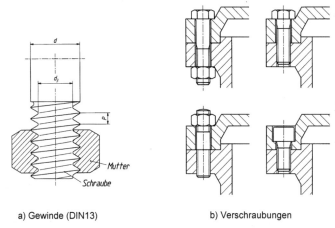

a) Gewinde (DIN13)   b) Verschraubungen

Bild E-5: Schraubenverbindung

E 1.5   Elastische Verbindungen

Elastische Elemente, auch **Federn** genannt, können auf einem großen Weg Energie aufnehmen, speichern und auf Wunsch ganz oder teilweise wieder abgeben. Außerdem kann die gespeicherte Energie zur Aufrechterhaltung einer Kraft verwendet werden. Dementsprechend erstreckt sich die Anwendung von Federn auf:

- die Aufnahme und Dämpfung von Stößen (Stoßdämpfer)
- die Speicherung potentieller Energie (Uhrenfedern und Rückholfedern)
- die Herstellung von Kraftschluß (Federn in Kupplungen)
- den Einsatz in der Schwingungstechnik (Rüttler, Schwingtische)
- zur Kraftbegrenzung (Rutschkupplung)
- zur Kraftmessung (Federwaage)

Kennlinie. Die Federkennlinie (Bild E-6a) stellt die Abhängigkeit der Federkraft vom Federweg dar. Die Steigung der Kennlinie wird **Federkonstante** R genannt:

$$R = \frac{\mathrm{d}F}{\mathrm{d}s} \quad \frac{\text{Federkraft}}{\text{Federweg}}$$

Metallfedern haben immer **lineare** (Hookesche Gerade), Gummifedern **progressive** und Tellerfedern, infolge ihrer Membranbauweise, **degressive Kennlinien.** Federn mit großer Federkonstante (steife Federn) verformen sich bei einer bestimmten Kraft nur sehr wenig, während Federn mit kleiner Federkonstante (weiche Federn) dieselbe Kraft über einen viel größeren Weg aufnehmen (Bild E-6).

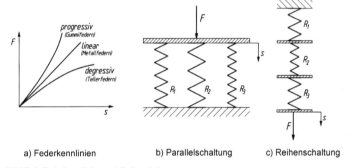

a) Federkennlinien   b) Parallelschaltung   c) Reihenschaltung

Bild E-6: Federkennlinien und Federschaltungen

Die Federkonstante kann durch Zusammenschalten mehrerer Federn beeinflußt werden (Bild E-6b). Parallel geschaltete Federn führen zu härteren Federsystemen ($R=R_1+R_2+R_3$), in Reihe geschaltete Federn werden weicher ($1/R=1/R_1+1/R_2+1/R_3$).

Bauformen. Die meisten technischen Federn werden als Schraubenfedern (Zug- oder Druckfedern) aus Metall hergestellt. Daneben gibt es noch Blattfedern, Dreh- und Spiralfedern, Tellerfedern und Drehstabfedern. Gummifedern werden hauptsächlich zur Dämpfung und Schwingungsentkopplung eingesetzt und in sehr vielen unterschiedlichen Ausführungsformen hergestellt.

E 2   Antriebselemente

Achsen und Wellen, Lager und Kupplungen, Zahnräder und Riemen bzw. Ketten sind wichtige Elemente in Antriebseinheiten zur Übertragung von Bewegungen, Kräften und Momenten. Sie werden daher als Antriebselemente bezeichnet und sind bezüglich ihrer Funktion eng miteinander verknüpft.

Achsen und Wellen müssen immer gelagert werden. Wellen werden über Kupplungen miteinander verbunden. Durch Zahnräder, Riemen und Ketten können Drehzahlen und Drehmomente den entsprechenden Anforderungen angepaßt werden.

E 2.1 Achsen und Wellen

Achsen

- dienen zur Aufnahme von Rollen, Rädern oder Seiltrommeln
- sind feststehend oder umlaufend
- übertragen **kein** Drehmoment
- werden hauptsächlich auf Biegung beansprucht

Wellen

- dienen zur Aufnahme von Zahnrädern, Riemenscheiben oder Naben
- sind **immer** umlaufend
- übertragen **ein** Drehmoment
- werden auf Biegung und Torsion beansprucht

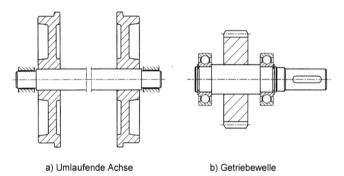

a) Umlaufende Achse   b) Getriebewelle

Bild E-7: Achsen und Wellen

Bei der Auslegung von Achsen und Wellen (Bild E-7) muß darauf geachtet werden, daß neben ausreichender Tragfähigkeit auch die Durchbiegung und bei langen Wellen die Verdrehung nicht zu groß werden.

E 2.2 Lager

Lager haben die Aufgabe, drehende Maschinenteile (z.B. eine Welle) zu führen, Kräfte von beweglichen auf ruhende Bauteile zu übertragen und das mit möglichst geringen Reibungsverlusten. Wirken die Kräfte senkrecht zur Drehachse, so spricht man von **Radiallagern**, sind Kräfte in Richtung der Achse aufzunehmen, so handelt es sich um **Axiallager**. Sind die Lager konstruktiv so gestaltet, daß sich einfache Wellenzapfen in Bohrungen drehen, tritt in den Lagerstellen Gleitreibung oder Festkörperreibung auf. Die dabei entstehenden Reibungskräfte führen bei großen Lagerbelastungen und hohen Drehzahlen zu enormen Verlustleistungen und Verschleißerscheinungen. Eine Reduzierung der Reibung kann durch eine Trennung der relativ zueinander bewegten Flächen erzielt werden. Konstruktiv geschieht dies, indem die Reibflächen mit einem Fluid (Gleitlager mit Flüssigkeitsreibung) oder mit Wälzkörpern (Wälzlager mit Rollreibung) voneinander getrennt werden.

E 2.2.1 Gleitlager

Bei Gleitlagern wird eine vollkommene Trennung der aneinander vorbeigleitenden Flächen durch einen Schmierfilm angestrebt (Bild E-8). Man unterscheidet Lager, bei denen im Gleitraum selbsttätig die trennende Schmierschicht durch Haften an den Gleitflächen entsteht (**hydrodynamische Gleitlager**) und Lager, bei denen das Öl mit Hilfe einer Pumpe in Druckkammern des Gleitraumes gepreßt wird (**hydrostatische Gleitlager**). Bei der ersten Art besteht beim Anfahren zunächst unmittelbare Berührung zwischen den gleitenden Flächen, dann folgt das Gebiet der Mischreibung und erst oberhalb der sog. Übergangsdrehzahl wird der Zustand der reinen Flüssigkeitsreibung erreicht.

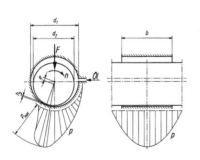

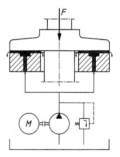

a) Hydrodynamisches Gleitlager   b) Hydrostatisches Gleitlager

Bild E-8: Gleitlager

Gleitlager werden bevorzugt eingesetzt für Lagerungen mit hohen Anforderungen bezüglich Lebensdauer und Belastung. Beispiele für sog. **Dauerläufer** sind: Turbinen, Generatoren oder Schiffswellenlager. Auch wenn starke Stöße aufgenommen werden müssen, wie beispielsweise bei

Pressen, Hämmern und Stanzen, sind Gleitlager geeignet. Für Lagerungen mit geringen Ansprüchen, bei denen eine einfache und kostengünstige Ausführung im Vordergrund steht, werden Gleitlager verwendet, die auch im Mischreibungsgebiet, d.h. bei nicht voll ausgebildetem Tragfilm, betrieben werden können. Beispiele: Gleitbuchsen in Haushaltsmaschinen und Landmaschinen sowie Gelenke.

Vorteile: Gleitlager sind einfach im Aufbau und vielseitig in der Anwendung. Sie können geteilt und ungeteilt ausgeführt werden und haben bei relativ großen Passungstoleranzen geringe Lagerspiele. Bei Vollschmierung haben sie sehr geringe Reibungszahlen ($\mu < 0{,}005$), und infolge der Schmiermittelschicht sind sie schwingungs- und geräuschdämpfend und unempfindlich gegen Stöße und Erschütterungen. Sie können ohne weiteres für größte Belastungen und hohe Drehzahlen ausgelegt werden und besitzen bei guter Schmierung eine nahezu unbegrenzte Lebensdauer.

Nachteile: Nachteilig sind der verhältnismäßig hohe Schmierstoffverbrauch, der große Aufwand für die Schmierstoffversorgung und Wartung sowie die erforderliche hohe Oberflächengüte der Gleitflächen. Bei **hydrodynamischen Lagern** entstehen hohe Anlaufreibwerte, außerdem sind geeignete Lagerwerkstoffe mit hohen Anforderungen an Verschleißbeständigkeit und Notlaufeigenschaften erforderlich. **Hydrostatische Lager** benötigen teure Hydraulikaggregate, von deren Betriebssicherheit die Funktion der Lager abhängig ist.

E 2.2.2 Wälzlager

Bei Wälzlagern erfolgt die Kraftübertragung mittels Wälzkörper, die als Kugeln oder als Rollen ausgebildet sind (Bild E-9). Da die Wälzkörper schlupffrei abwälzen, tritt im wesentlichen nur **Rollreibung** mit einer sehr niedrigen Reibungszahl ($\mu_r = 0{,}001$ bis $0{,}002$) auf. Zudem ändert sich diese Reibungszahl nur wenig mit Drehzahl und Belastung.

Wälzlager werden immer dann eingesetzt, wenn eine wartungsfreie und betriebssichere Lagerung bei normalen Anforderungen (keine extremen Stöße) verlangt wird. Beispiele: Getriebe, Elektromotoren, Ventilatoren und Pumpen. Wälzlager eignen sich auch sehr gut für Lagerungen, die häufig aus dem Stillstand angefahren oder bei kleinen Drehzahlen und hohen Belastungen möglichst reibungsarm arbeiten sollen. Beispiele: Drehtürme, Kranlaufrad oder Drehofen-Laufrollen.

Vorteile: Der Aufwand für die Wartung ist sehr gering, da infolge des geringen Schmierstoffverbrauchs eine Dauerschmierung in sehr vielen Fällen möglich ist. Dank geringer Einbaubreiten können kleine Baugrößen realisiert werden. Seine große Verbreitung verdankt das Wälzlager

dem Umstand, daß es als eine Einheit geliefert wird, so daß an Wellen-
werkstoff und -oberfläche keine besonderen Anforderungen zu stellen
sind. Infolge der umfassenden Normung ist die Austauschbarkeit und
rasche Ersatzteilbeschaffung kein Problem. Die Massenproduktion ermöglicht kostengünstige Wälzlager mit hoher Präzision.

Nachteile. Wälzlager sind sehr empfindlich gegen stoßartige Belastungen. Die Staubempfindlichkeit erfordert eine sorgfältige Abdichtung. Die
Montage muß fachkundig und mit großer Sorgfalt erfolgen, da sonst zu
große Lagergeräusche oder zu kleines Lagerspiel und damit die Gefahr
des "Heißlaufens" bis zum Blockieren auftreten kann.

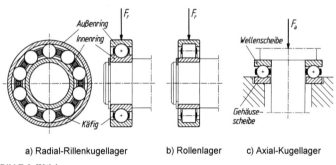

   a) Radial-Rillenkugellager   b) Rollenlager   c) Axial-Kugellager

Bild E-9: Wälzlager

E 2.3   Kupplungen

Die Aufgaben von Kupplungen können folgendermaßen definiert werden:

- Verbindung von Wellen, um Drehbewegungen und Drehmomente
  zu übertragen

- Ausgleich von Wellenverlagerungen

- Dämpfung von Stößen

- Begrenzung von Drehmomenten

- Trennen bzw. Schließen (Schalten) des Leistungsflusses

Während die 1. Aufgabe von allen Kupplungsarten erfüllt werden muß,
können die übrigen Aufgaben nur von speziellen Kupplungstypen zufriedenstellend gelöst werden. Gemäß den Aufgaben läßt sich eine Einteilung der Kupplungen nach Bild E-10 vornehmen.

Nichtschaltbare Kupplungen. Starre Kupplungen (Bild E-11a) eignen
sich für drehstarre Verbindungen bei genau fluchtenden Wellen. Für
Wellenverlagerungen (Längs-, Quer- oder Winkelverlagerungen) werden

formschlüssig nachgiebige Kupplungen entweder beweglich als **Gelenke** oder elastisch zum Auffangen von Stößen und zur Dämpfung von Drehschwingungen als **elastische Kupplungen** (Bild E-11b) ausgeführt. Unter kraftschlüssig drehnachgiebigen Kupplungen sind **Schlupfkupplungen** zu verstehen, die entweder hydrodynamisch (**Strömungskupplungen**) oder elektromagnetisch (**Induktionskupplungen**) wirken und das Drehmoment durch Drehzahlschlupf der beiden Kupplungshälften übertragen.

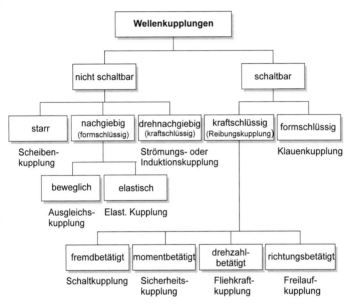

Bild E-10: Systematische Einteilung der Kupplungen (nach VDI 2240)

Schaltkupplungen. Formschlüssige Schaltkupplungen, bei denen Klauen oder Zähne zur Kraftübertragung dienen, lassen sich nur im Stillstand schalten. Müssen zwei Wellen während des Betriebes unter Last und auch bei großen Drehzahlunterschieden miteinander verbunden werden, so ist dafür eine **Reibungskupplung** erforderlich. Sie können fremdgeschaltet werden, beispielsweise von Hand, elektrisch oder hydraulisch (Bild E-11c). Momentgeschaltete Reibungskupplungen rutschen bei einem maximalen Moment durch und werden deshalb als **Sicherheitskupplungen** eingesetzt. Drehzahlgeschaltete **Fliehkraftkupplungen** werden als Anlaufkupplungen verwendet, richtungsgeschaltete **Freilauf-** oder **Überholkupplungen** können nur in eine Drehrichtung ein Moment übertragen (z.B. Fahrrad-Freilauf).

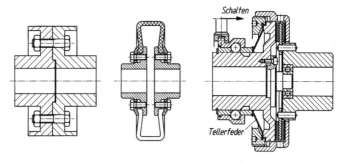

a) Starre Kupplung   b) Elastische Kupplung   c) Schaltkupplung

Bild E-11: Kupplungen

E 2.4   Rädergetriebe

Oft entsprechen Drehzahl und Drehmoment der Kraftmaschine (Motor) nicht dem Bedarf der Arbeitsmaschine. Ein Getriebe hat somit die Aufgabe, die Motordrehzahl und das Motormoment zu übertragen und den Anforderungen der Arbeitsmaschine anzupassen. Handelt es sich um die Übertragung von Drehbewegungen und bleibt das Verhältnis zwischen An- und Abtriebsdrehzahl konstant, so spricht man **von gleichförmig übersetzenden Getrieben**. Die Bewegungsübertragung kann dabei entweder formschlüssig über Zahnräder oder reibschlüssig über Reibräder erfolgen.

E 2.4.1 Standgetriebe

Ein Standgetriebe besteht aus mindestens drei Gliedern: der Antriebswelle (1), der Abtriebswelle (2) und einem feststehenden Gestell (Gehäuse). Das Verhältnis der Drehzahlen (n) bzw. der Drehmomente (T) heißt Übersetzungsverhältnis oder kurz Übersetzung

$$i = \frac{n_1}{n_2} = \frac{T_2}{T_1} = \frac{d_2}{d_1} = \frac{z_2}{z_1}$$

und ist von den Räderdurchmessern (d) bzw. von den Zähnezahlen (z) abhängig. Bei mehrstufigen (z.B. dreistufigen) Getrieben wird

$$i = \frac{n_{an}}{n_{ab}} = \frac{n_1 \cdot n_2\, n_3}{n_2\, n_3\, n_4} = i_{1/2} i_{2/3} i_{3/4}$$

Die Gesamtübersetzung ist gleich dem Produkt aller Einzelübersetzungen, so daß sich damit große Übersetzungen realisieren lassen.

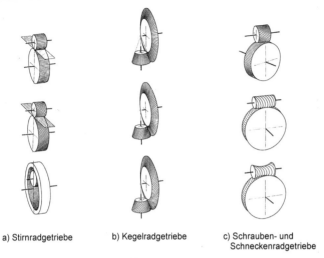

a) Stirnradgetriebe   b) Kegelradgetriebe   c) Schrauben- und
                                                              Schneckenradgetriebe

Bild E-12: Bauarten von Zahnradgetrieben

Die wichtigsten Bauarten formschlüssiger Zahnradgetriebe sind in Bild
E-12 dargestellt. Bei parallelen Wellen sind die Wälzkörper Zylinder
und heißen **Stirnräder**. Sie werden mit Geradverzahnung oder Schrägverzahnung jeweils als Außen- oder Innenverzahnung (Hohlrad) ausgeführt. Bei sich schneidenden Wellen sind die Wälzkörper Kegel mit den
Spitzen im Schnittpunkt der Wellenachsen. Die **Kegelräder** können
ebenfalls gerad-, schräg- oder bogenverzahnt werden. Für windschiefe,
d.h. sich kreuzende Wellen eignen sich die Schraubenräder- und die
Schneckengetriebe. Bei letzteren beträgt der Kreuzungswinkel in der
Regel 90°. Die Zahnflanken der Schrauben- und Schneckenräder verlaufen schraubenlinienförmig. Stirn- und Kegelrädergetriebe sind **Wälzge-
triebe**, die Getriebe mit kreuzenden Wellen sind **Schraubgetriebe**. Zur
Anpassung von Drehzahl- und Drehmoment werden in der Antriebstech-
nik Stirnradgetriebe am häufigsten verwendet, da ihre Dimensionierung
und Herstellung am besten beherrschbar ist. Geradstirnräder sind am einfachsten herstellbar und erzeugen keine Axialkräfte, sie sind jedoch un-
günstiger im Geräuschverhalten als schrägverzahnte Zahnräder. Der all-
mähliche Zahneintritt und Zahnaustritt hat bei einer Schrägverzahnung
neben besserer Laufruhe auch eine höhere Tragfähigkeit zur Folge. Der
Nachteil liegt darin, daß durch schräggestellte Zahnflanken Axialkräfte
entstehen, die unter Umständen teurere Lagerungen erfordern.

Heute werden fast ausschließlich **Evolventenverzahnungen** verwendet,
da sich diese einfach herstellen lassen. Außerdem können Zahnräder mit

gleicher Teilung (bzw. Modul) unabhängig von der Zähnezahl beliebig gepaart und ausgetauscht werden.

E 2.4.2 Umlaufgetriebe (Planetengetriebe)

Bei Umlaufgetriebe drehen sich sog. **Planetenräder** um eine Zentralach-se. Die umlaufenden Planetenräder sind im Planetenträger oder Steg ge-lagert, der im Bild E-13 gleichzeitig der Abtrieb ist. Planetengetriebe werden häufig eingesetzt, da sie klein und koaxial bauen, große Überset-zungen ermöglichen und gute Wirkungsgrade aufweisen. Außerdem können sehr einfach unterschiedliche Übersetzungen und Abtriebsdreh-richtungen realisiert werden, indem z.B. der Antrieb gebremst und das Hohlrad angetrieben wird.

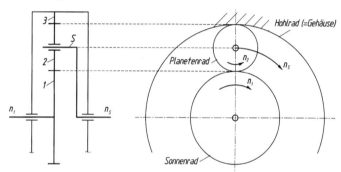

Bild E 13: Einfaches Planetengetriebe

E 2.4.3 Reibradgetriebe

Bei Reibradgetrieben erfolgt die Kraftübertragung, indem zylindrische, kegel- oder scheibenförmige Reibkörper aneinander gepreßt werden. Die Größe der übertragbaren Umfangskräfte ist von der Anpreßkraft und von der Reibungszahl μ abhängig, die wiederum stark von der Werkstoffpaa-rung und von der Schmierung beeinflußt wird.

Vorteile: Reibradgetriebe zeichnen sich durch einfachen Aufbau, kleine Baugrößen, wenig Wartungsaufwand und einen gewissen Überlastschutz (Durchrutschen) aus. Außerdem lassen sich leicht stufenlos verstellbare Übersetzungen verwirklichen.

Nachteile: Die großen Anpreßkräfte haben große Lagerkräfte und hohe Werkstoffbeanspruchungen (Flächenpressung) zur Folge.

E 2.5 Zugmitteltriebe (Hülltriebe)

Bei den Zugmitteltrieben erfolgt die Bewegungsübertragung über Elemente, die nur Zugkräfte aufnehmen können. Als Zugmittel werden reibschlüssige **Riemen** oder formschlüssige **Ketten** bzw. **Zahnriemen** verwendet, welche die Riemenscheiben bzw. Kettenräder auf einem Teil ihres Umfangs umhüllen. Daher wird auch der Begriff **Hülltriebe** verwendet. Mit Riemen- und Kettentrieben lassen sich sehr große Achsabstände verwirklichen (z.B. Transmissionen).

E 2.5.1 Riementriebe

Als Riemen werden Flach- und Keilriemen verwendet. Der **Keilriemen** hat sich heute überall dort durchgesetzt, wo große Leistungen auf kleinem Bauraum zu übertragen sind.

Vorteile: Riementriebe sind einfach und billig für parallele und gekreuzte Wellen anwendbar. Sie sind geräuscharm, besitzen Dämpfungseigenschaften und sind gut für Getriebe mit stufenlos verstellbaren Übersetzungen geeignet.

Nachteile. Durch die erforderliche Vorspannung (Kraftschluß) werden die Lager stark beansprucht. Der unvermeidliche **Schlupf** führt zu Drehzahlschwankungen. Außerdem sind Riementriebe empfindlich gegen Schmutz, Öl, Feuchtigkeit und Temperatur.

E 2.5.2 Kettentriebe

Vorteile: Ketten übertragen Bewegungen schlupffrei und ohne Vorspannung. Dadurch sind die Lagerkräfte klein. Gegen Feuchtigkeit, Hitze und Schmutz sind Kettentriebe wenig empfindlich.

Nachteile: Infolge der Vieleckwirkung der Kettenräder kommt es zu Übersetzungsschwankungen. Ketten sind nicht spielfrei und können nur für parallele Wellen eingesetzt werden. Bei hohen Drehzahlen entstehen außerdem erhebliche Fliehkräfte infolge des großen Kettengewichtes.

Decker, K.-H.: Maschinenelemente. München Wien: Carl Hanser Verlag 1997
Haberhauer, H., Bodenstein, F.: Maschinenelemente. Berlin: Springer-Verlag 1996

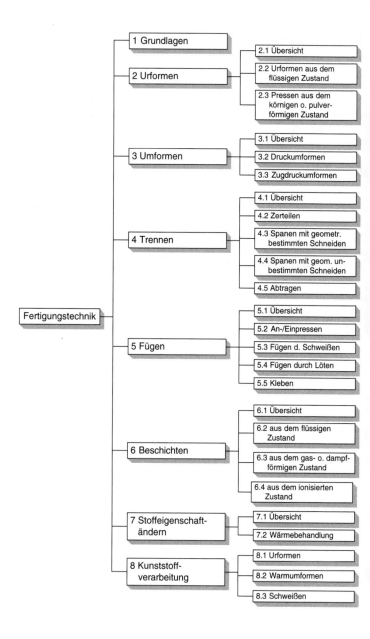

F Fertigungstechnik

F 1 Grundlagen

Fertigungsverfahren sind alle Verfahren zur Herstellung von **geometrisch bestimmten festen** Körpern. Es handelt sich dabei um Verfahren zur Gewinnung erster Formen aus formlosem Ausgangswerkstoff (z.B. Flüssigkeit, Pulver oder Granulat) zur Veränderung dieser Form sowie zur Änderung der Stoffeigenschaft. Fertigungsverfahren können von Hand oder mittels Maschinen ausgeübt werden (DIN 8580).

Das Ordnungssystem der Fertigungsverfahren nach DIN 8580 zeigt Tabelle F-1. In den Kapiteln F 2 bis F 7 stehen die Fertigungsverfahren für die Werkstoffe Stahl und Nichteisen-Metalle im Vordergrund der Betrachtung. Die Verfahren zur Verarbeitung von Kunststoffen sind in Kapitel F 8 beschrieben.

Tabelle F-1: Einteilung der Fertigungsverfahren in Hauptgruppen

Schaffen der Form	Ändern der Form					Ändern der Stoffeigenschaften
Zusammenhalt schaffen	Zusammenhalt beibehalten	Zusammenhalt vermindern	Zusammenhalt vermehren			
Hauptgruppe ① **Urformen**	Hauptgruppe ② **Umformen**	Hauptgruppe ③ **Trennen**	Hauptgruppe ④ **Fügen**	Hauptgruppe ⑤ **Beschichten**		Hauptgruppe ⑥ **Stoffeigenschaftsändern**

F 2 Urformen

Urformen ist Fertigen eines festen Körpers aus **formlosem Stoff** durch Schaffen des Zusammenhalts. Hierbei treten die Stoffeigenschaften des Werkstückes bestimmbar in Erscheinung (DIN 8580).

F 2.1 Übersicht

Die Urformverfahren bereiten die von der **Verfahrenstechnik** hergestellten Werkstoffe [z.B. Stähle, Grauguß, Nichteisenmetalle (NE) oder Kunststoffe] amorpher Gestalt zu in ihrer Gestalt definierten Erzeugnissen auf. DIN 8580 unterteilt die Hauptgruppe Urformen nach dem **Zustand des Ausgangsmaterials** in Gruppen.

F 2.2 Urformen aus dem flüssigen Zustand

Gießverfahren dienen der spanlosen Formgebung u.a. von Metallen. Als Gußmetalle finden bei den Eisen-Kohlenstoff-Legierungen Stahlguß

(C < 2 %) und Grauguß (C > 2 %) Verwendung. Bei den Nichteisenmetallen werden sämtliche Metalle/Legierungen vergossen. Dabei ist zu unterscheiden, ob **Formteile** oder **Halbzeuge** hergestellt werden. Formteile erhalten bereits beim Urformen weitgehend ihre endgültige Form. Halbzeuge durchlaufen dagegen weitere Bearbeitungsschritte. So wird flüssiges Metall zu Blöcken, Bolzen oder Masseln vergossen, die dann anschließend durch Walzen, Strangpressen oder Druckgießen weiterverarbeitet werden.

F 2.2.1 Schwerkraftgießen

Sowohl beim **Sand-** als auch beim **Feinguß** handelt es sich um Verfahren mit **verlorenen Formen**. Die Formen werden beim Ausformen des Gußstückes zerstört und sind damit für eine weitere Verwendung „verloren".

■ **Sandguß**
Das Sandgießverfahren ist das älteste und am häufigsten angewandte Gießverfahren. Beim Sandguß werden die Gußstücke in Sandformen hergestellt. Um die Festigkeit des Sandes zu erhöhen, verwendet man Ton, Zement oder Kunstharzbinder als Bindemittel. Die Verdichtung des Sandes erfolgt durch Stampfen von Hand, pneumatisch (kleine Stückzahlen, große Werkstückabmessungen) oder maschinell durch Rütteln oder Pressen. Nach dem Abguß wird der Formsand für weitere Verwendungen aufbereitet (Kreislauf). Zur Herstellung der Sandform wird ein Modell des Werkstückes benötigt. Modellwerkstoffe sind Holz, Metall,

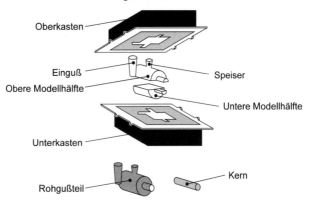

Bild F-1: Sandguß mit Dauermodell und verlorener Form

Kunststoff (**Dauermodelle**) aber auch Schaumstoffe (**verlorene Modelle**). Das Modell wird in Formkästen mit Formsand eingeformt. Es entsteht eine (Negativ-)Form. Beim **Hohlformgießen** wird das Modell nach dem Abformen wieder aus der Sandform entnommen. Voraussetzungen sind Formschrägen und eine Teilung von Modell und Form (Bild F-1). Hohlräume in Gußstücken (Hohlformgießen) entstehen durch das Einlegen von **Kernen**.

Die Herstellung großer Werkstücke und Einzelanfertigungen erfolgt auch im sog. **Vollform-Gießverfahren**. Das aus Schaumstoff gefertigte Modell (**verlorenes Modell***)* wird nicht aus der Form entnommen. Es verbleibt in der Form und vergast während des Gießvorgangs. Vor dem Abguß muß die Form mit einem Eingußsystem und einem oder mehreren **Speisern** versehen werden. Die Speiser haben die Aufgabe, beim Erstarren entstehende Hohlräume (Lunker) mit flüssigem Werkstoff zu versorgen.

- **Kokillenguß**

Beim Gießen in Dauerformen werden keine Modelle benötigt. Die mit Wasser gekühlte Form oder **Kokille** besteht aus Stahl, Gußeisen, Kupfer oder Keramik. Um ein Anschweißen des flüssigen Werkstoffes an der Kokille zu verhindern, ist diese mit einem hitzebeständigen Überzug aus feinkörnigem anorganischem Material (Schlichte) versehen. Es werden sowohl Halbzeuge als auch Formteile gegossen.

- **Feinguß**

Mit dem Feingießverfahren (auch Wachsausschmelzverfahren) werden Gußstücke mit hohen Anforderungen an Maßhaltigkeit und Oberflächengüte hergestellt. Das Feingießverfahren kommt im Regelfall nur bei höheren Stückzahlen zum Einsatz. Der Feinguß ist besonders geeignet für Werkstoffe, die schwer spanend zu bearbeiten sind. Dazu stellt man einteilige keramische Schalenformen her. Es entfallen die Modell-/Formteilung und die damit zusammenhängenden Ungenauigkeiten und Grate. Modelle und Formen sind nach dem Gießen „verloren". Für jedes Gußstück ist ein Wachsmodell erforderlich. Dieses wird in Weichmetallformen hergestellt (z.B. aus Aluminium). Die Modelle klebt man einzeln oder zu mehreren mit einem ebenfalls aus Wachs gefertigten Gießsystem zusammen. Diese **Modellbäume** werden dann anschließend durch Tauchen dick mit feinkörnigem Keramikschlicker überzogen. Nach dem Trocknen und Abbinden dieser Schale kann das Wachs durch mäßiges Erwärmen ausgeschmolzen werden. Es bleibt eine genaue Negativform übrig, die anschließend gebrannt wird. Der Abguß erfolgt durch Gießen des flüssigen Metalles in die heiße Form.

F 2.2.2 Druckgießen

Beim Druckgießen wird die Metallschmelze unter hohem Druck in eine geteilte Dauerform aus Stahl gepreßt. In der Praxis kommen das **Warmkammerverfahren** und das **Kaltkammerverfahren** zur Anwendung.

Das Warmkammerverfahren eignet sich für niedrigschmelzende Metalle
wie Blei, Magnesium, Zink und Zinn und deren Legierungen. Beim
Warmkammerverfahren befindet sich die Druckkammer, die den flüssigen Werkstoff in die Form preßt, innerhalb der Schmelze. Beim Kaltkammerverfahren werden Legierungen auf Aluminium- und Kupferbasis
verarbeitet. Druckkammer und Warmhalteofen für die Schmelze sind
getrennt.

F 2.2.3 Stranggießen

Durch Stranggießen werden Halbzeuge in Form von Barren und Bolzen,
aber auch Profilen hergestellt. Zum Einsatz kommen dabei **Dauerformen**. Es handelt sich um einen kontinuierlichen Prozeß (Bild F-2). Die
Metallschmelze erstarrt in einem wassergekühlten, in Gießrichtung offenen, formgebenden Werkzeug (**Kokille**), beispielsweise aus Kupfer (mit
oder ohne Graphitauskleidung) oder Graphit. Charakteristisch für den
Strangguß ist eine Relativbewegung zwischen Metallstrang und Kokille.
Zu Beginn des Gießvorgangs wird die Kokille durch einen Anfahrkopf
oder einen Stopfen verschlossen. Nachdem das eingegossene Metall im
Bereich der Wandung und des Anfahrkopfes erstarrt ist, wird der Anfahrkopf und mit ihm der erstarrte Metallstrang langsam abgesenkt.

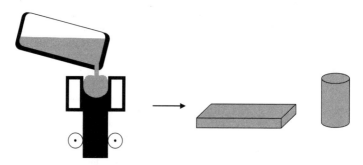

Bild F-2: Vertikales Stranggießen

F 2.3   Pressen/Sintern aus dem körnigen oder pulverförmigen Zustand

Beim Metallpulverpressen werden Metallpulver oder metallähnliche Pulver in eine Form gefüllt und gepreßt. Mit diesem Verfahren kann man:

- neue, hochwertige Werkstoffe herstellen, die sich aus dem schmelzflüssigen Zustand nicht herstellen lassen

- Teile mit hoher Maßhaltigkeit erzeugen, wie dies mit Gießen oder Gesenkformen nicht möglich wäre

- Werkstücke mit einstellbarer Dichte/Porosität herstellen

Prozeßbedingt ist das Verfahren wirtschaftlich einsetzbar nur bei kleinen Bauteilabmessungen (z.b. bei Zahnrädern) und größeren Stückzahlen. Bei der Herstellung der Metallpulver hat das **Verdüsungsverfahren** die größte technische Bedeutung. Hierbei wird Werkstoffschmelze in einem Düsenkopf durch Luft, Wasser oder Stickstoff zu Pulver verdüst.

Der Preß-/Sinterprozeß läuft in mehreren Schritten ab. Zunächst werden die benötigten Metallpulver in der notwendigen Zusammensetzung gemischt, dann in einem Werkzeug in Form gepreßt. Der anschließende Sinterprozeß findet in einem Ofen statt (i.allg. bei einer Temperatur unterhalb der Schmelztemperatur der Bestandteile des Metallpulvergemisches). Bei diesem Wärmebehandlungsprozeß entsteht ein zusammenhängendes Kristallgefüge (Diffusionsvorgänge, Legierungsbildung).

F 3   Umformen

> Umformen ist Fertigen durch **bildsames** (plastisches) **Ändern** der Form eines festen Körpers. Dabei werden sowohl die Masse als auch der Zusammenhalt beibehalten (DIN 8582).

F 3.1   Übersicht

Die Umformtechnik hat die Aufgabe, in einer Folge von Prozeßschritten aus dem von der Gießerei gelieferten Vormaterial geformte Erzeugnisse herzustellen. Es ist zwischen **Warmumformung** und **Kaltumformung** zu unterscheiden. Warmumformung ermöglicht einen größeren Umformungsgrad je Arbeitsschritt und benötigt dabei geringere Umformkräfte bzw. -energie. Bei der sich häufig anschließenden Kaltumformung werden dagegen eine größere Maßgenauigkeit, eine gegebenenfalls gewollte Kaltverfestigung und bessere Oberflächenqualität (Vermeidung der Hochtemperaturkorrosion) erreicht. Umgeformt werden sowohl massive Bauteile als auch Bleche. DIN 8582 unterteilt die Hauptgruppe Umformen nach den in der Umformzone auftretenden Kräften.

F 3.2   Druckumformen

Druckumformen ist Umformen eines festen Körpers, wobei der plastische Zustand im wesentlichen durch eine ein- oder mehrachsige Druckbeanspruchung herbeigeführt wird (DIN 8583).

F 3.2.1 Walzen

Walzen dient der Herstellung von Halbzeugen wie Blechen, Bändern, Rohren und Profilen. Eingesetzt werden dabei im Strangguß hergestellte Gußbarren und -bolzen. Beim Walzen werden gießtechnisch bedingte Poren im Werkstoff beseitigt, das Werkstoffgefüge homogenisiert und damit die Eigenschaften des Werkstoffes insgesamt verbessert. Walzverfahren werden nach der Werkstückbewegung in die drei Klassen eingeteilt:

- ■ **Längswalzen** (Walzgut bewegt sich ausschließlich in Längsrichtung, Bild F-3)

- ■ **Querwalzen** (Walzgut dreht sich ohne Längsbewegung um die eigene Achse)

- ■ **Schrägwalzen** (Walzgut führt neben der Längsbewegung auch eine Drehbewegung um die eigene Längsachse aus, Bild F-4)

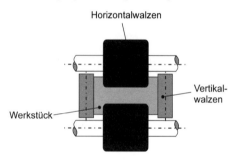

Bild F-3: Längswalzen eines Doppel-T-Trägers

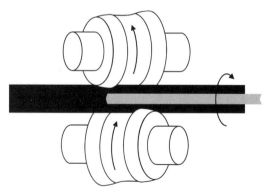

Bild F-4: Schrägwalzen eines Rohres

F 3.2.2 Freiformen

Beim Formen werden Werkstücke im glühenden Zustand durch **Druck** (hydraulische Presse) oder **schlagartige Beanspruchung** (Schmiedehammer) umgeformt. Beim Freiformen ist die Form des zu erzeugenden Werkstückes nicht in der Form des einfachen Werkzeuges (z.B. Hammer) enthalten. Das Freiformen wird bei kleinen Stückzahlen und großen Werkstückabmessungen bzw. -gewichten angewendet (Bild F-5).

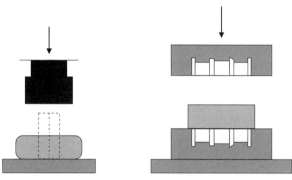

Bild F-5: Freiformen   Bild F-6: Gesenkformen

F 3.2.3 Gesenkformen

Der auf Schmiedetemperatur erwärmte Rohling (meist ein Stangenabschnitt) wird zwischen einer oberen und einer unteren Werkzeughälfte (Gesenk) umgeformt (Bild F-6). Gesenkformstücke sind wegen der teuren Gesenke nur bei großen Stückzahlen wirtschaftlich.

F 3.2.4 Durchdrücken

Beim Durchdrücken wird ein Werkstück vollständig oder teilweise durch eine formgebende Werkzeugöffnung gedrückt.

■ **Strangpressen**
Strangpressen hat sich vor allem bei der Verarbeitung von NE-Metallen zu Halbzeugen durchgesetzt. Dabei werden erhitzte Bolzen unter hohem Druck mit einem Stempel durch eine Werkzeugöffnung (Matrize) gedrückt (Bild F-7). Mit diesem Verfahren können auch Hohlprofile wie Rohre (über Dornen) gefertigt werden.

■ **Fließpressen**
Fließpressen dient der Herstellung von Einzelerzeugnissen (Bild F-8). Verarbeitet werden NE-Metalle und Stähle. Der Werkstoff (erhitzt oder

auch kalt) wird durch Druckbeanspruchung in einem Werkzeug geformt.
Dabei kann er teilweise durch eine formgebende Öffnung gedrückt
werden.

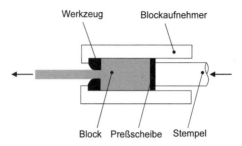

Bild F-7: Strangpressen

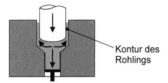

Bild F-8: Vorwärts-, Rückwärtsfließpressen

F 3.3 Zugdruckumformen

Zugdruckumformen ist Umformen eines festen Körpers, wobei der plastische Zustand im wesentlichen durch eine zusammengesetzte Zug- und
Druckbeanspruchung herbeigeführt wird (DIN 8584).

F 3.3.1 Durchziehen

Beim Durchziehen wird ein rotationssymmetrisches Halbzeug durch ein
sich verengendes Werkzeug gezogen. Es entstehen Stangen, Stäbe,
Drähte und Rohre. Verarbeitbare Werkstoffe sind Stahl und NE-Metalle.
Überwiegend werden die Werkstoffe in kaltem Zustand eingesetzt. Beim
Stangenziehen wird eine massive Stange zunächst angespitzt. Eine
Ziehzange zieht dann die Stange durch ein Ziehwerkzeug. Der Ziehvor-
gang kann in mehreren Stufen erfolgen. Um die Kaltverfestigung zu be-
seitigen, sind hier jedoch Zwischenglühungen notwendig. Es können
Drähte mit sehr geringen Durchmessern gezogen werden. Beim **Rohr-
ziehprozeß** wird das Vorrohr auf eine Dornstange aufgefädelt wird.
Beim Ziehvorgang reduziert das äußere Werkzeug das Vorrohr auf den
Ziehstopfen der Dornstange. So werden innerer und äußerer Durchmesser des Rohres gebildet.

F 3.3.2 Tiefziehen

Tiefziehen ist Zugdruckumformen eines Blechzuschnittes zu einem Hohlkörper ohne beabsichtigte Veränderung der Blechdicke (DIN 8584). Es ist das wichtigste Massenverfahren des Blechumformens. Angewendet wird es vor allem im Karosseriebau. Beim Tiefziehen wird der Blechzuschnitt auf die Ziehmatrize/Werkzeug gelegt und vom Niederhalter festgespannt. Der Niederhalter verhindert die Bildung von Blechfalten während des Ziehvorgangs. Der Ziehstempel zieht anschließend das Blech in die Ziehmatrize (Bild F-9) und damit in Form.

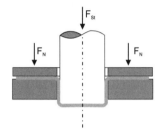

Bild F-9: Tiefziehen eines Napfes

F 4   Trennen

Trennen ist Fertigen durch **Ändern der Form** eines festen Körpers, wobei der Zusammenhalt örtlich aufgehoben, d.h. im ganzen vermindert wird (DIN 8580).

F 4.1   Übersicht

Für die Herstellung der meisten technischen Produkte muß der spanlose Formgebungsprozeß durch eine spanende/trennende Formgebung ergänzt werden. Die DIN 8580 unterteilt die Hauptgruppe Trennen in nachfolgende Gruppen.

F 4.2   Zerteilen

Scherschneiden

Das gebräuchlichste Verfahren des Zerteilens ist das Scherschneiden. Es kommt überwiegend in der Blechbearbeitung zum Einsatz. Dabei bewegen sich zwei Schneiden aneinander vorbei und trennen das Werkstück oder Blechteile ab (Bild F-10).

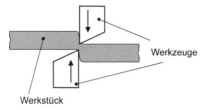

Bild F-10: Einfaches Scherschneiden

F 4.3 Spanen mit geometrisch bestimmten Schneiden

> Spanen ist Trennen, bei dem von einem Werkstück mit Hilfe der Schneiden eines Werkzeuges Werkstoffschichten in Form von Spänen zur Änderung der Werkstückform und/oder Werkstückoberfläche abgetrennt werden.

Spanen mit geometrisch bestimmten Schneiden ist Spanen, bei dem ein Werkzeug verwendet wird, dessen Schneidenanzahl, Geometrie der Schneidkeile und Lage der Schneiden zum Werkstück **bestimmt** sind (DIN 8589). Den grundsätzlichen Vorgang beim Spanen zeigt Bild F-11. Zum Spanvorgang gehören sowohl eine **Materialtrennung** (Schnitt) als auch eine **plastische Umformung** (vorrangig des Spanes).

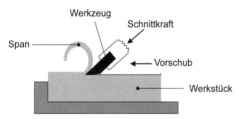

Bild F-11: Werkzeug und Werkstück bei spanender Formgebung

F 4.3.1 Drehen

Drehen ist Spanen mit geometrisch geschlossener, meist kreisförmiger Schnittbewegung (DIN 8589). Es dient der Bearbeitung rotationssymmetrischer Werkstücke. Das einschneidig ausgebildete Werkzeug (Drehmeißel) führt die Vorschubbewegung aus. Diese kann quer oder längs zur Drehachse des Werkstücks erfolgen (Bild F-12).

F 4.3.2 Bohren

Bohren ist ein Bearbeitungsverfahren, bei dem mehrschneidige **rotierende** Werkzeuge eingesetzt werden. Die Vorschubbewegung erfolgt in axialer Richtung. Durch Bohren entstehen zylindrische Bohrungen.

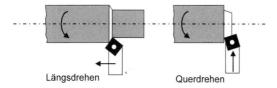

Längsdrehen   Querdrehen

Bild F-12: Außenbearbeitung durch Längs- und Querdrehen

F 4.3.3 Fräsen

Beim Fräsen führt ein mehrschneidiges Werkzeug eine kreisförmige Schnittbewegung aus. Die Vorschubbewegung kann senkrecht oder auch schräg zur Drehachse des Werkzeuges erfolgen. Vorschub und Zustellbewegung werden überwiegend vom Werkstück, aber auch vom Werkzeug oder beiden ausgeführt.

Fräsen ist ein universelles Fertigungsverfahren zur Herstellung ebener und gekrümmter Flächen, beispielsweise Nuten, Verzahnungen, Gewinden. In Abhängigkeit von der Art des Werkzeuges und dem Bewegungsablauf zwischen Werkstück und Werkzeug ist zwischen Umfangs- und Stirnfräsen zu unterscheiden. Beim **Umfangsfräsen** liegt die Fräserachse parallel zur zu fertigenden Fläche. Beim **Stirnfräsen** steht die Fräserachse senkrecht auf der zu fertigenden Fläche.

F 4.3.4 Sägen

Sägen ist Spanen mit einem vielzahnigen Werkzeug bei kreisförmiger oder gerader Schnittbewegung. Die **Schnittbewegung** wird dabei vom Werkzeug ausgeführt, die **Vorschubbewegung** vom Werkstück. Sägen wird zum Trennen von Werkstücken bzw. Werkstückteilen sowie zum Einschneiden von Nuten und Schlitzen eingesetzt.

F 4.4   Spanen mit geometrisch unbestimmten Schneiden

Beim Spanen mit geometrisch unbestimmten Schneiden wird ein Werkzeug verwendet, dessen Schneidenanzahl, Geometrie der Schneidkeile und Lage der Schneiden zum Werkstück **unbestimmt** (oder zufällig) sind (DIN 8589). Die Verfahren dienen der **Feinbearbeitung** vorbearbeiteter Werkstücke.

Schleifen mit rotierendem Werkzeug

Schleifen mit rotierendem Werkzeug ist ein spanendes Fertigungsverfahren mit einem vielschneidigen Werkzeug. Die geometrisch unbestimmten

Schneiden werden von einer Vielzahl in der **Schleifscheibe** gebundener Schleifkörner (Korund, Siliciumcarbid) gebildet. Die Vorschubbewegung kann senkrecht oder auch schräg zur Drehachse des Werkzeuges erfolgen. Vorschub und Zustellbewegung werden überwiegend vom Werkstück, aber auch vom Werkzeug oder beiden ausgeführt. Schleifen ist ein universelles Fertigungsverfahren zur Feinbearbeitung ebener und gekrümmter Flächen.

F 4.5   Abtragen

Abtragen ist Fertigen durch Abtrennen von Stoffteilchen eines festen Körpers auf **nichtmechanischem** Weg. Das Abtragen bezieht sich sowohl auf das Entfernen von Werkstoffschichten als auch auf das Abtrennen von Werkstoffteilchen (DIN 8590).

Thermisches Abtragen/Funkenerosives Abtragen (Erodieren)

Durch funkenerosives Abtragen können harte und gehärtete, elektrisch leitende Werkstoffe bearbeitet werden. Das Verfahren ist besonders geeignet, um Durchbrüche und komplizierte Innenformen herzustellen. Im Werkzeugbau (Einzelfertigung) ist das funkenerosive Abtragen eine verbreitete Technologie.

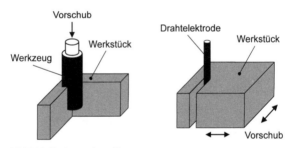

Bild F-13: Funkenerosives Abtragen

Das Prinzip des funkenerosiven Abtragens beruht auf der erodierenden Wirkung elektrischer Entladungsvorgänge zwischen zwei Elektroden (Werkstück und Werkzeug). Die beiden Elektroden sind durch eine elektrisch nicht leitende Flüssigkeit (Dielektrikum) getrennt. Stromimpulse führen zu Entladungen zwischen Werkzeug und Werkstück bzw. umgekehrt. Es entsteht Hitze, die zum punktuellen Schmelzen und Verdampfen des Werkstoffes führt. Die erzeugte Werkstückform ist das Ergebnis einer Vielzahl von Entladungen. Die geforderte Werkstückgeometrie ist ein (Negativ-)Abbild der Werkzeugelektrode (**funkenerosives Senken,** Bild F-13), oder sie entsteht durch eine entsprechende numerische Steuerung einer Elektrode beliebiger Geometrie.

Abtragen mit dem Laser

Beim Laser wird ein energiereicher Lichtstrahl aus einem Resonator ausgekoppelt. Spiegel und Linsen führen den Laserstrahl exakt zur Werkstückoberfläche. Die entstehende Hitze bringt den Werkstoff zum Schmelzen. Die Wärmeeinflußzone und damit die thermische Beeinflussung des Werkstückes kann auf ein Minimum begrenzt werden. Die Einsatzgebiete des Lasers liegen in der Bearbeitung von Einzelteilen/Kleinserien, die oft aus harten und zähen Werkstoffen bestehen. Neben dem Trennen können Laser auch für andere Bearbeitungen, wie Fügen oder Wärmebehandlung, eingesetzt werden.

F 5   Fügen

> Fügen ist das **auf Dauer** angelegte Verbinden oder sonstige Zusammenbringen von zwei oder mehr Werkstücken geometrisch bestimmter Form oder von ebensolchen Werkstücken mit formlosem Stoff. Dabei wird der Zusammenhalt örtlich geschaffen und im ganzen vermehrt (DIN 8593).

F 5.1   Übersicht

DIN 8593 unterteilt die Hauptgruppe Fügen in die folgenden Gruppen.

F 5.2   Anpressen/Einpressen

Anpressen/Einpressen ist eine Sammelbezeichnung für die Verfahren, bei denen beim Fügen die Fügeteile sowie etwaige Hilfsfügeteile im wesentlichen nur elastisch verformt werden und ungewolltes Lösen durch Kraftschluß verhindert wird (DIN 8593). Zu den bekannten Verfahren gehören:

- **Schrauben** ist Fügen durch Anpressen mittels eines selbsthemmenden Gewindes.

- **Klemmen** ist Fügen durch Anpressen mittels Hilfsteilen (Klemmen), wobei die Fügeteile elastisch oder plastisch verformt werden, während die Hilfsteile starr sind.

- **Klammern** ist Fügen mittels federnder Hilfsteile (Klammern), die die überwiegend starren Fügeteile aneinanderpressen.

- **Fügen durch Preßverbindung** ist Fügen eines Innenteiles mit einem Außenteil, wobei zwischen beiden ein Übermaß besteht.

- **Nageln** ist Fügen durch Einschlagen oder Einpressen von Nägeln (Drahtstiften) als Hilfsteile ins volle Material.

- **Verkeilen** ist das Anpressen zweier Fügeteile mit Hilfe selbsthemmender keilförmiger Hilfsteile.

F 5.3   Fügen durch Schweißen

Schweißen ist die Verbindung werkstoffgleicher Teile durch **Diffusion, plastisches Fließen** oder (bevorzugt) **Verschmelzen des Grundwerkstoffs**. Der Schweißzusatz dient zum Füllen der Naht, zur Gefügeverbesserung und zum Einbringen oxidationshemmender Stoffe. Die zum Schweißen notwendige Energie wird durch feste Körper, Flüssigkeiten, Gas, elektrische Gasentladung, Strahl, Bewegung oder elektrischen Strom in den Prozeß eingebracht. Spezifische Probleme des Schweißens sind Gefügeveränderungen auf Grund von Wärmeeinfluß, Wärmespannungen und Werkstoffoxidation.

F 5.3.1 Preß-Verbindungsschweißen

Preßschweißen findet unter Anwendung von Kraft ohne oder mit Schweißzusatz statt. Örtlich begrenztes Erwärmen (unter Umständen bis zum Schmelzen) ermöglicht oder erleichtert das Schweißen (DIN 1910).

Reibschweißen

In ein massives Maschinengestell ist ein rotierendes Spannsystem eingebaut. Gegenüberliegend ist auf einem beweglichen Schlitten ein feststehendes Spannsystem angeordnet. Die beidseitig eingespannten rotationssymmetrischen Fügeteile werden gegeneinander gerieben. Sie erreichen dadurch Fügetemperatur und werden zusammengestaucht.

Widerstandspreßschweißen

Der Schweißstromkreis ist über die wassergekühlten Kupferelektroden und die dazwischen angeordneten Fügeteile (Bleche) geschlossen. An dieser Stelle entsteht durch den Übergangswiderstand eine **örtliche Erwärmung**. Bei Erreichen der Schweißtemperatur wird durch Zusammenpressen der Elektroden und damit der Bleche die Schweißverbindung hergestellt (Bild F-14).

F 5.3.2 Schmelz-Verbindungsschweißen

Schmelzschweißen ist Schweißen bei örtlich begrenztem Schmelzfluß ohne Anwendung von Kraft mit oder ohne Schweißzusatz (DIN 1910).

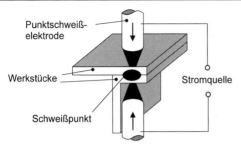

Bild F-14: Widerstandspunktschweißen (zweiseitiges Punktschweißen)

Gasschweißen

Acetylen und Sauerstoff werden aus Stahlflaschen mit angeschlossenem Druckminderer über Schläuche dem Schweißbrenner zugeführt und in diesem gemischt. Durch die bei der Verbrennung des Gasgemisches entstehende **Schweißflamme** werden Grundwerkstoff und Schweißstab miteinander verschmolzen (Bild F-15).

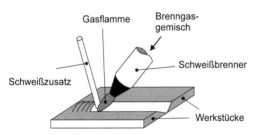

Bild F-15: Gasschweißen

Lichtbogen-Handschweißen

Der aus dem Netzstrom umgewandelte Schweißstrom wird über Leitungen dem Werkstück und der Stabelektrode zugeführt. Durch elektrische Gasentladung entsteht der Lichtbogen, dieser liefert die für das Aufschmelzen des Werkstücks notwendige Schweißwärme.

Metall-Schutzgasschweißen (MSG)

Der Schweißstrom und ein aus einer Stahlflasche entnommenes inertes oder aktives **Schutzgas** werden gemeinsam mit der Drahtelektrode dem **Schweißbrenner** zugeführt (Bild F-16). Der Lichtbogen brennt zwischen abschmelzendem Draht und Werkstück.

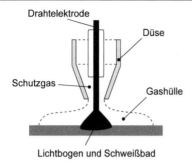

Bild F-16: MSG-Schweißen

F 5.4   Fügen durch Löten

Löten ist ein thermisches Verfahren zum stoffschlüssigen Fügen oder
Beschichten von Werkstoffen mit Hilfe eines geschmolzenen Zusatzme-
talles (Legierung, **Lot**) unter Verwendung von **Flußmittel**. Die Schmelz-
temperatur des Lotes liegt unterhalb derjenigen der zu verbindenden
Grundwerkstoffe. Voraussetzung für eine Benetzung sind oxidfreie
Oberflächen. Haupteinsatzgebiet des Lötens ist die Montage von elek-
tronischen Bauteilen. Durch Löten können verschiedenartige metallische
Werkstoffe gefügt werden.

F 5.5   Kleben

Kleben ist das **Verbinden** zweier Oberflächen durch eine organische
Flüssigkeit (**Kleber**). Dieser wird im Zustand niedriger Viskosität aufgebracht, um eine möglichst gute Benetzung der Oberflächen zu erreichen.
Das ist Voraussetzung für eine atomare Annäherung der Klebstoffteil-
chen und damit für eine gute Flächenhaftung (Adhäsion). Das Abbinden
(Verfestigen) der Klebschichten kann physikalisch (Verdunsten des Lö-
semittels) oder/und chemisch (Reaktion der Klebstoff-Komponenten)
erfolgen. Die Zugfestigkeit von Klebverbindungen ist meist durch die
Eigenschaften des Klebers begrenzt. Das Kleben kommt dort zum Einsatz, wo verschiedenartige Werkstoffe gefügt werden sollen.

F 6   Beschichten

Beschichten ist das Aufbringen einer **fest haftenden Schicht** aus formlosem Stoff auf ein Werkstück (DIN 8580).

F 6.1 Übersicht

Durch Beschichten soll die Gebrauchseigenschaft der Werkstückoberfläche beeinflußt werden. Im Vordergrund steht hier der Schutz metallischer Werkstückoberflächen vor **Korrosion**. DIN 8580 unterteilt die Hauptgruppe Beschichten nach dem unmittelbar vor dem Beschichten herrschenden Zustand in folgende Gruppen.

F 6.2 Beschichten aus dem flüssigen Zustand

F 6.2.1 Schmelztauchen

Beim Schmelztauchen wird das zu beschichtende metallische Werkstück in ein Bad aus **geschmolzenem Metall** eingetaucht. Als Beschichtungswerkstoffe kommen deshalb nur niedrigschmelzende Metalle in Frage. Am bekanntesten und gebräuchlichsten ist die **Verzinkung** (sog. Feuerverzinkung). Die Bauteile werden vor dem Schmelztauchen vorbehandelt (entfettet, gebeizt und in einem Flußmittel getaucht). Im Schmelzbad bildet sich zwischen Bauteil und Schmelze eine dünne Legierungsschicht. Diese bestimmt wesentlich die Haftung der Beschichtung.

F 6.2.2 Anstreichen, Lackieren

Zum Anstreichen, Lackieren werden Lacke verwendet. Lacke sind Systeme, die außer einem organischen Bindemittel auch Lösungsmittel, Pigmente, Füllstoffe und Aktivierungsmittel (Katalysatoren) enthalten können. Während der Schichtbildung verdunsten die Lösungsmittel. Probleme der Lackverarbeitung sind die häufig verwendeten organischen Lösemittel und die Lackausbeute. Die **Lackausbeute** ist sehr stark von verwendeten Verfahren und der Organisation des Lackierprozesses abhängig. So führen z.B. Verfahren, die mit **elektrostatischer Unterstützung** arbeiten, neben einer häufig besseren Beschichtungsqualität zu geringerem Lackverlust. Nach der Zerstäubung des Lacks in einer **Sprühpistole** (elektrostatisches Sprühen) erhalten die Lacktröpfchen eine Ladung. Der Transport der Tröpfchen findet dann gezielt unter der Einwirkung eines elektrischen Feldes statt. Bei kleinen Flächen wird der Lack mit dem Pinsel von Hand, bei größeren mit Walzen aufgetragen. Lackierungen können auch durch Tauchen (**Tauchlackieren**) aufgebracht werden.

F 6.3 Beschichten aus dem gas- oder dampfförmigen Zustand

Mit den **PVD**- (physical vapor deposition) und **CVD-Verfahren** (chemical vapor deposition) lassen sich verschiedenste Werkstoffe mit unterschied-

lichsten Eigenschaften in dünner Schichtform auf einer Oberfläche aufbringen. Anwendungsgebiete sind die Mikro- und Optoelektronik (z.B.
Herstellung von Bauelementen, Sensoren, Aktoren), der Maschinenbau,
mit Anforderungen wie Verschleiß- und Korrosionsschutz, oder auch die
Bauphysik (Entspiegelung, Wärmeisolation bei Scheiben). Das einfachste PVD-Verfahren ist das **Aufdampfen** (Bild F-17). Der Prozeß findet
im Hochvakuum statt. Der Schichtwerkstoff wird durch Energiezufuhr
(Widerstandsbeheizung, Elektronenstrahl) auf die Verdampfungstempera-
tur erhitzt. Die thermisch erzeugten Atome bewegen sich zum Werkstück,
kondensieren und bilden eine geschlossene Schicht. Beim **CVD-Verfahren** werden die Schichtkomponenten gasförmig in den Beschich-
tungsprozeß eingeführt. Bei hohen Prozeßtemperaturen finden Ablage-
rungen und chemische Reaktionen auf dem Werkstück statt.

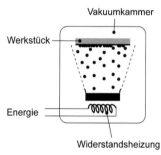

Bild F-17: Aufdampfen in Hochvakuum

F 6.4   Beschichten aus dem ionisierten Zustand

Beim Beschichten aus dem ionisierten Zustand werden nach der Art der
Energiezufuhr die beiden Untergruppen **galvanisches Beschichten** (Prozesse mit äußerer Gleichstromquelle) und **chemisches Beschichten** (Prozesse ohne äußere Stromquelle) unterschieden. Bei allen Verfahren findet die Beschichtung der Werkstücke in Elektrolyten statt.

Galvanisches Beschichten/Galvanisieren

Die Elektrolyse spielt in der Technik beim Aufbringen von Metallüber-
zügen (Galvanisieren) eine wichtige Rolle. Aufgebracht werden vorwiegend hochschmelzende Metalle wie Chrom, Nickel, Cadmium oder
Edelmetalle wie Gold und Silber. Die Metallüberzüge dienen der Erhöhung der mechanischen oder chemischen Widerstandsfähigkeit, der
Verbesserung der elektrischen Leitfähigkeit, aber auch dekorativen
Zwecken. Bei der **Elektrolyse** werden zwei Elektroden (Bild F-18) in
einen Elektrolyten getaucht und an eine Spannungsquelle angeschlossen.

Die positiv geladenen Metallionen des Elektrolyten wandern zum als Kathode geschalteten Werkstück und nehmen Elektronen auf (Reduktion). Es entsteht ein Metallüberzug.

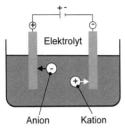

Bild F-18: Galvanisieren

F 7 Stoffeigenschaftändern

> Stoffeigenschaftändern ist Fertigen durch **Verändern der Eigenschaften** des Werkstück-Werkstoffes. Dies geschieht i.allg. durch Veränderungen im submikroskopischen bzw. atomaren Bereich, z.B. durch Diffusion von Atomen, Erzeugung und Bewegung von Versetzungen im Atomgitter, chemische Reaktionen (DIN 8580).

F 7.1 Übersicht

Ziel des Stoffeigenschaftänderns ist es, die Gebrauchseigenschaften eines Werkstückes/-stoffes zu verbessern (z. B. Umformbarkeit, Bearbeitbarkeit, Härte, Zähigkeit, Korrosionsbeständigkeit, Gefügestabilität und -homogenität, elektrische Leitfähigkeit oder Magnetisierbarkeit). Bei der Hauptgruppe Stoffeigenschaftändern steht die Gruppe Wärmebehandlung im Vordergrund.

F 7.2 Wärmebehandlung

Von praktischer Bedeutung ist vor allem die Wärmebehandlung von Stahl. Stähle sind Eisenwerkstoffe mit einem Kohlenstoffgehalt < 2 % (Kohlenstoff ist das wichtigste Legierungselement der Stähle). Von den NE-Metallen werden Aluminium, Kupfer und deren Legierungen gegebenenfalls einer Wärmebehandlung unterzogen, dabei steht das Glühen im Vordergrund.

F 7.2.1 Glühen

DIN 17014 definiert das Glühen als eine Wärmebehandlung, bestehend aus **langsamem Erwärmen** auf eine bestimmte Temperatur, **Halten** und nachfolgendem (**langsamem**) **Abkühlen**. Es gibt eine Vielzahl von Glühverfahren mit unterschiedlichen Aufgabenstellungen und damit entsprechend unterschiedlichen Prozeßbedingungen. So werden beispielsweise beim **Spannungsarmglühen** Eigenspannungen in Werkstücken abgebaut, die nach Warm- oder Kaltumformen, Schweißen oder beim spanenden Bearbeiten entstanden sind. Die Werkstücke (Stahl) werden bei 550 bis 650 °C über einen Zeitraum von 2 bis 4 Stunden geglüht und anschließend langsam abgekühlt.

F 7.2.2 Härten

Härten hat eine Festigkeitssteigerung und Erhöhung der Verschleißfestigkeit von Kohlenstoffstählen (> 0,2 % C) zum Ziel. Hierzu wird der Stahl zunächst in den **Austenitbereich** (*Eisen-Kohlenstoff-Diagramm*) erwärmt (750 bis 1000 °C). Nach einem gezielten Halten bei einer definierten Temperatur wird das Werkstück schnell abgekühlt (**Abschrecken**). Abschreckmedien sind, je nach Stahllegierung, Wasser, Öl oder bei hochlegierten Stählen auch Luft. Je nach geforderter Gebrauchseigenschaft kann eine Durchhärtung über den gesamten Bauteilquerschnitt (**Volumenhärtung**), oder auch nur eine **Randschichthärtung** erforderlich sein. Der Vorteil eines randschichtgehärteten Teiles ist ein zäher, weicher Kern, umgeben von einer harten, verschleißfesten Oberfläche.

F 7.2.3 Anlassen

Der Wärmebehandlungsprozeß Anlassen schließt sich an das Härten an. Er hat zur Aufgabe, die beim Härten entstandene **Werkstoffversprödung** zu beseitigen. Es soll ein ausgewogenes Verhältnis zwischen Werkstoffhärte und -zähigkeit entstehen. Anlassen erfolgt im Regelfall bei relativ niedrigen Temperaturen (im Bereich 300 bis 600 °C), anschließend langsames Abkühlen.

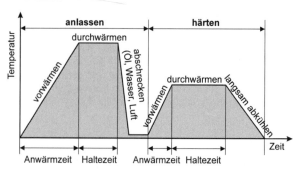

Bild F-19: Zeit-Temperatur-Verlauf beim Vergüten

F 7.2.4 Vergüten

Vergüten ist das Aneinanderreihen der Prozesse **Härten** und **Anlassen** bei der Wärmebehandlung (Bild F-19).

F 8   Kunststoffverarbeitung

Kunststoffe haben aufgrund besonderer Verarbeitungseigenschaften (hohe Mengenleistung, geringe Verarbeitungstemperaturen, geringer Aufwand für Nacharbeit, Herstellung der Teile in einem Arbeitsgang) und Gebrauchseigenschaften eine große technische und wirtschaftliche Bedeutung. Für den Anwender sind die verschiedenen Formgebungsmöglichkeiten bzw. die dabei auftretenden Eigenschaften der verschiedenen Klassen von Kunststoffen von besonderer Bedeutung.

Thermoplaste erweichen beim Erwärmen bis zu deutlichem Fließverhalten und erstarren beim Abkühlen wieder. Dieses Verhalten ist wiederholbar (**reversibel**). Dadurch sind das Warmumformen von Halbzeugen, Schweißen und die Wiederaufbereitung von Produktionsabfällen (z.b. Angüsse) in weiteren Urformprozessen möglich.

Duroplaste sind nach erfolgter Aushärtung (bei einem Urformverfahren) nicht mehr in einen schmelzflüssigen Zustand zu versetzen und damit weder umformbar noch schweißbar oder gar erneut urformbar.

Elastomere nehmen eine Zwischenstellung zwischen Thermoplasten und Duroplasten ein. Sie sind gummielastisch in einem weiten Temperaturbereich. Ihre Verarbeitungseigenschaften sind ähnlich denen der Duroplaste.

F 8.1   Urformen

Beim Urformen werden die Kunststoffe zu Folien, Schläuchen, Filmen, Platten, Stangen, Profilen, Rohren, aber auch (ähnlich dem Druckgießen) zu fertigen Einzelteilen verarbeitet.

F 8.1.1 Extrudieren

Halbzeuge wie Platten, Rohre, Profile werden in der Kunststofftechnik mit dem **Extruder**, einer Art kontinuierlicher Strangpresse, hergestellt. Im Gegensatz zur NE-Metall-Strangpresse arbeitet der Extruder nicht mit einer sich geradlinig bewegenden Kolbenpresse, sondern mit einer rotierenden **Schneckenpresse** (Bild F-20). Die Schneckenpresse zieht das Kunststoffgranulat gleichmäßig in die Schnecke ein, plastifiziert, entlüftet, homogenisiert es zu einer dickflüssigen (plastischen) Kunststoffschmelze und preßt diese schließlich durch ein formgebendes Extrusionswerkzeug aus. Die zur Herstellung der Kunststoffschmelze notwendige Wärme wird durch Reibung/Scherung und über Widerstandsheizungen aufgebracht. An den eigentlichen Formgebungsprozeß schließen sich Kalibrier-, Abkühl- und Ablängprozesse an.

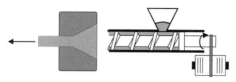

Bild F-20: Extruder

F 8.1.2 Spritzgießen

Zur Herstellung von Einzelteilen wird eine dem Druckgießen vergleichbare Technologie eingesetzt (Bild F-21). Eine **Schneckenpresse** liefert die plastifizierte Kunststoffmasse. Ein hydraulisch erzeugter Längshub der Schnecke drückt anschließend die Kunststoffmasse in gekühlte Stahlformen. Nach dem Erstarren des Kunststoffes werden die fertigen Werkstücke entnommen.

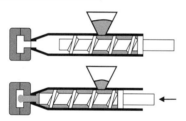

Bild F-21: Spritzgießen

F 8.1.3 Schäumen

Beim Schäumen entstehen Teile, deren Volumen zu einem großen Teil aus **Hohlräumen** (Blasen, Poren) besteht. Sie werden z.B. zur Isolation oder zur Schalldämmung eingesetzt. Dem zu verarbeitenden Kunststoff wird ein **Treibmittel** beigemischt. Bei der Verarbeitung entsteht ein Gas, das die Hohlräume schafft und die Kunststoffmasse in der Form aufschäumt (Extrudieren, Spritzgießen, Aufschäumen).

F 8.2   Warmumformen

Thermoplastische Folien und Tafeln werden durch rasches gleichmäßiges Erwärmen (Infrarotstrahler, Wärmeofen) in den weichelastischen Zustand überführt und maschinell durch Stempel, Vakuum oder Druckluft n/über Formen gepreßt oder gezogen. Das Verfahren dient der Herstellung von Gebrauchsgegenständen (z.b. Duschwannen) oder billigen Verpackungsgütern (z.b. Bechern).

F 8.3 Schweißen

Die Verbindung von thermoplastischen Kunststoffteilen erfolgt entweder durch Kleben, hauptsächlich aber durch Schweißen. Beim **Warmgasschweißen** wird die Naht durch Heißluft fortlaufend erhitzt und dabei mit Hilfe eines schmelzenden Kunststoff-Schweißdrahtes gefüllt. Ein anders Verfahren ist das **Heizelement-Schweißen**. Dabei werden die Verbindungsflächen durch Widerstandsheizelemente erwärmt und dann zusammengepreßt.

Flimm, J.: Spanlose Formgebung. München Wien: Carl Hanser Verlag 1996

Degner, W., Lutze, H.-G., Smejkal, E.: Spanende Formung. München Wien: Carl Hanser Verlag 1993

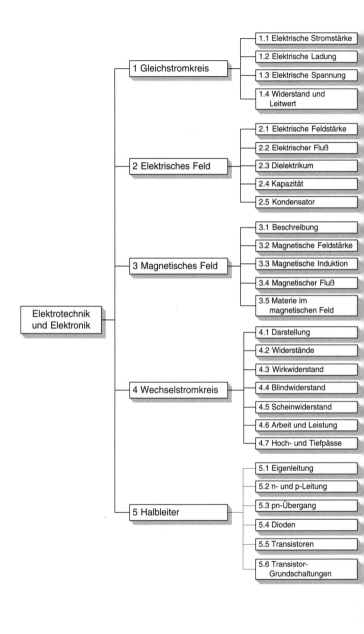

G Elektrotechnik / Elektronik

G 1   Gleichstromkreis

Der elektrische Strom besteht aus Elektronen, die mit einer relativ kleinen Geschwindigkeit durch einen Leiter fließen.

G 1.1   Elektrische Stromstärke *I*

Die elektrische Stromstärke *I* ist eine Basisgröße; ihre Maßeinheit ist das
Ampere (A).

> Das Ampere ist die Stärke eines konstanten elektrischen Stromes, der,
> durch zwei geradlinige, parallele, unendlich lange, im Vakuum im Abstand
> von 1 m voneinander angeordnete Leiter von vernachlässigbar kleinem,
> kreisförmigem Querschnitt fließend, zwischen diesen Leitern je 1 m Leiter-
> länge die Kraft $2 \cdot 10^{-7}$ N hervorrufen würde.

G 1.2   Elektrische Ladung *Q*

> Die elektrische Ladung *Q*, auch **Elektrizitätsmenge** genannt, ist das Pro-
> dukt aus Stromstärke und Zeit.

Bei gleichbleibender Stromstärke gilt:

$$Q = I \cdot t$$

Ladung *Q* (in A·s), elektrische Stromstärke *I* (in A), Zeit *t* (in s)

1 Amperesekunde (As) = 1 Coulomb (C)

Ist die elektrische Stromstärke nicht konstant, sondern eine Funktion der
Zeit, so gilt:

$$Q = \int\limits_{t_1}^{t_2} I \mathrm{d}t$$

Die kleinste elektrische Ladung besitzen die Elementarteilchen Proton
(positiv) und Elektron (negativ). Die **Elementarladung** beträgt:

$$e = 1{,}602\ 177\ 33 \cdot 10^{-19}\ \mathrm{C}$$

Die Ladung 1 C entspricht der Ladung von $\approx 6{,}24 \cdot 10^{18}$ Elektronen.

G 1.3   Elektrische Spannung *U*

Am **Minuspol** besteht ein Elektronenüberschuß und am **Pluspol** ein
Elektronenmangel. Beide Zustände werden durch Vorgänge innerhalb
der Spannungsquelle erzeugt und aufrechterhalten.

Die Elektronen fließen außerhalb der Spannungsquelle vom Elektronenüberschuß zum Elektronenmangel, also von Minus- zum Pluspol. Mit
dieser Kenntnis wurde die **technische Stromrichtung** festgelegt:

Der Strom fließt vom Pluspol zum Minuspol.

Eine elektrische Spannung entsteht, wenn elektrische Ladung durch Zuführung von elektrischer Arbeit W getrennt wird. Die Spannung U ist der
Quotient aus der Arbeit W, die zur Verschiebung der Ladung Q notwendig ist, und der Ladung Q selbst. Die Einheit ist Volt (V).

$$U = \frac{W}{Q}$$

Ein Volt ist die elektrische Spannung zwischen zwei Punkten eines metallischen Leiters, in dem bei einem Strom von 1 A zwischen den beiden
Punkten eine Leistung von 1 W umgesetzt wird.

G 1.4   Widerstand und Leitwert

G 1.4.1 Elektrischer Widerstand *R*

Der elektrische Widerstand ist ein Maß für die Hemmung des Ladungstransports und folgendermaßen definiert:

Der elektrische Widerstand R beträgt 1 Ohm (1 Ω) , wenn zwischen zwei
Punkten eines Leiters bei einer Spannung von 1 V ein Strom von genau
1 A fließt.

Die Einheit des elektrischen Widerstandes ist 1 V/A = 1 Ω (Ohm).

G 1.4.2 Elektrischer Leitwert *G*

Der elektrische Leitwert G ist der Kehrwert des elektrischen Widerstandes R und hat die Einheit S (Siemens): $G = 1/R$.

G 1.4.3 Widerstand metallischer Leiter

Der Widerstand eines metallischen Leiters ist von dem Metall, von der
Länge und vom Querschnitt abhängig: $R = \frac{\rho \cdot l}{A}$.

Spezifischer Widerstand ρ in $\Omega \cdot mm^2/m$, Länge l in m, Querschnitt A in mm^2

Der Kehrwert des spezifischen Widerstandes ist die elektrische Leitfähigkeit: $\kappa = \frac{1}{\rho}$.

Die Temperaturabhängigkeit eines metallischen Leiters ist durch den Temperaturkoeffizienten α festgelegt und wird folgendermaßen berechnet: $R(\vartheta) \approx R_{20} \cdot \left[1 + \alpha \cdot (\vartheta - 20\,°C) \right]$.

G 1.4.4 Ohmsches Gesetz

In einem geschlossenen Stromkreis ist die Stromstärke der Spannung direkt und dem Widerstand umgekehrt proportional.

Daraus folgt das Ohmsche Gesetz: $R = \dfrac{U}{I}$

! Das Ohmsche Gesetz gilt auch für **Teile** eines Stromkreises. Die Strom-Spannungs-Kennlinie ist nur bei konstantem Widerstand eine Gerade.

G 1.4.5 Elektrischer Stromkreis

In einem Stromkreis fließen die Elektronen außerhalb der Spannungsquelle vom Minus- zum Pluspol (technische Stromrichtung) und innerhalb der Spannungsquelle umgekehrt.

> In einem unverzweigten Stromkreis ist an allen Stellen die Stromstärke gleich groß.

Den Widerstand einer Spannungsquelle bezeichnet man als **den inneren Widerstand** R_i. Dieser und die äußeren Widerstände R_a bestimmen die elektrische Stromstärke I. Demnach lautet das **Ohmsche Gesetz** (Bild G-1) für den gesamten Stromkreis: $I = \dfrac{U}{R_i + R_a}$.

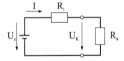

Bild G-1: Ohmsches Gesetz

In einem Stromkreis wird zwischen verschiedenen Spannungen unterschieden:

- **Urspannung** U_0: Spannung zwischen den Polen bei nicht angeschlossenem Stromkreis (Leerlauf-Spannung).

- **innerer Spannungsabfall** U_i: Teil der Urspannung, der an dem inneren Widerstand abfällt, wenn der Stromkreis geschlossen wird.

- **Klemmenspannung** U_K: Spannung zwischen den Polen bei geschlossenem Stromkreis.

> Urspannung = Klemmenspannung + innerer Spannungsabfall

Somit ergibt sich: $U_K = \dfrac{U_0 \cdot R_a}{R_i + R_a}$

G 1.4.6 Kirchhoffsche Regeln

Zweite Kirchhoffsche Regel (Maschensatz)

Durch Umformung des Ohmschen Gesetzes für den gesamten Stromkreis ergibt sich (Bild G-2):

$$U_e = I(R_i + R_a) = U_i + U_a$$

> In einem geschlossenen Stromkreis (bzw. Masche) ist die Summe der Urspannungen gleich der Summe der Spannungsabfälle

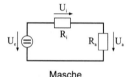

Masche

Bild G-2: Maschensatz

Erste Kirchhoffsche Regel (Knotenpunktsatz)

Alle Ladungs**ströme**, die einem Koten zufließen, müssen auch wieder abfließen (Bild G-3). Daraus folgt:

> In einem Verzweigungspunkt ist die Summe der zufließenden Ströme gleich der Summe der abfließenden Ströme.

Knoten

Bild G-3: Knotensatz

G 1.4.7 Widerstandsschaltungen

Reihenschaltung

> Widerstände sind immer dann in Reihe geschaltet, wenn sie von demselben Strom durchflossen werden.

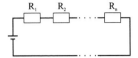

Bild G-4: Reihenschaltung von Widerständen

Der Gesamtwiderstand einer Reihenschaltung ist gleich der Summe der Einzelwiderstände.

$$R_{ges} = R_1 + R_2 + \cdots + R_n$$

Die einzelnen Spannungsabfälle verhalten sich wie die Einzelwiderstände.

$\dfrac{U_1}{U_2} = \dfrac{R_1}{R_2}$, daraus folgt auch: $\dfrac{U_{ges}}{R_{ges}} = \dfrac{U_1}{R_1} = \dfrac{U_2}{R_2}$

Parallelschaltung

Widerstände sind immer dann zueinander parallelgeschaltet, wenn sie an derselben Spannung liegen.

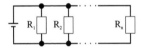

Bild G-5: Parallelschaltung von Widerständen

Der Kehrwert des Gesamtwiderstandes (Gesamtleitwert) einer Parallelschaltung ist gleich der Summe der Kehrwerte der Einzelwiderstände (Einzelleitwerte).

$$\frac{1}{R_{ges}} = \frac{1}{R_1} + \frac{1}{R_2} + \cdots + \frac{1}{R_n} \qquad \text{oder} \qquad G_{ges} = G_1 + G_2 + \cdots + G_n$$

Die Ströme verhalten sich umgekehrt zu den Widerständen.

$$\frac{I_1}{I_2} = \frac{R_2}{R_1}$$

Bei zwei Widerständen ergibt sich: $R_{ges} = \dfrac{R_1 \cdot R_2}{R_1 + R_2}$.

Spannungsteiler

Der unbelastete Spannungsteiler läßt sich mit Hilfe der Reihenschaltung von Widerständen berechnen:

$$U_1 = U \cdot \frac{R_1}{R}$$

G 2   Elektrisches Feld

In dem Raum zwischen elektrisch geladenen Körpern herrschen Kräfte. Dieser Raum wird elektrisches Feld genannt. Das elektrische Feld wird durch **Feldlinien** dargestellt (Bild G-6).

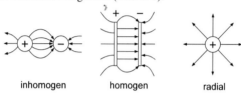

inhomogen   homogen   radial

Bild G-6: Elektrische Feldlinien

Eigenschaften:

- Sie verlaufen von der positiven zur negativen Ladung.

- Sie haben Anfang und Ende.

- Sie treten immer senkrecht aus der Oberfläche eines leitenden Körpers aus.

- In Richtung der Feldlinien herrscht "Zug", quer zu ihnen "Druck".

- Sie haben das Bestreben, ihre Länge zu verkürzen und ihren Abstand zu den Nachbarfeldlinien zu vergrößern.

- Je nach Verlauf der Feldlinien nennt man das Feld **radial**, **homogen** (parallele Feldlinien) oder **inhomogen** (nichtparallele Feldlinien).

Gleichartig geladene Körper stoßen sich ab, ungleich geladene Körper ziehen sich an.

Die Kraft zwischen sehr kleinen geladenen Kugeln (Punktladungen) läßt sich über das **Coulombsche Gesetz** bestimmen:

$$F = K \cdot \frac{Q_1 \cdot Q_2}{l^2}$$

G 2.1   Elektrische Feldstärke *E*

Die elektrische Feldstärke gibt die Kraft an, die ein elektrisches Feld in einem bestimmten Raumpunkt auf eine dort befindliche Ladung ausübt.

Die elektrische Feldstärke ist eine vektorielle Größe mit der Richtung der Kraft; die Ladung ist eine skalare Größe. Bei negativer Ladung hat die Feldstärke die Gegenrichtung der Kraft: $E = F/Q$.

> In einem homogenen elektrischen Feld hat die Feldstärke überall die gleiche Größe. Die elektrische Feldstärke ist die Spannung pro Längeneinheit: $E = U / s$.

G 2.2 Elektrischer Fluß Φ

> Alle elektrischen Feldlinien, die von einer Ladung Q ausgehen, bilden den elektrischen Fluß Φ.

Für den elektrischen Fluß ergibt sich die gleiche Einheit wie für die elektrische Ladung, nämlich **Amperesekunden** bzw. **Coulomb**. Es wird daher auch das Formelzeichen Q der Ladung für den elektrischen Fluß verwendet.

Die **Flächenladungsdichte** σ gibt an, wieviel Ladung Q je Fläche A vorhanden ist: $\sigma = Q / A$.

Der auf die Flächeneinheit bezogene elektrische Fluß wird **Verschiebungsdichte D** oder **elektrische Flußdichte** genannt.

> Als elektrische Flußdichte D bezeichnet man den elektrischen Fluß, der eine bestimmte Fläche senkrecht durchsetzt: $D = Q / A$.

G 2.3 Dielektrikum

Füllt man das elektrische Feld mit einem nichtleitenden Stoff (Dielektrikum), so wird ein Teil der elektrischen Flußdichte D durch Polarisation des Dielektrikums gebunden. Die Feldstärke sinkt von E_0 auf E (bei gleicher elektrischer Flußdichte D). Das Verhältnis beider Feldstärken nennt man **Permittivitätszahl** ε_r: $\varepsilon_r = E_0 / E$, bei konstant gehaltener Feldstärke gilt: $\varepsilon_r = D / D_0$. Mit der elektrischen Feldkonstante ε_0 erhält man: $D = \varepsilon_0 \varepsilon_r E$.

> Die elektrische Feldkonstante beträgt: $\varepsilon_0 = 8{,}854\ 187\ 817 \cdot 10^{-12}$ C/(V·m).

Einige Beispiele für die Permittivitätszahl ε_r zeigt Tabelle G-1.

Tabelle G-1: Permittivitätszahl einiger Werkstoffe

Werkstoff	Permittivitätszahl ε_r	Werkstoff	Permittivitätszahl ε_r
Vakuum / Luft	1	Zellulose	4,5
Paraffin, Polypropylen	2,2	Al_2O_3	12

Werkstoff	Permittivitätszahl ε_r	Werkstoff	Permittivitätszahl ε_r
Polystyrol	2,5	Ta_2O_5	27
Polycarbonat	2,8	Wasser	81
Polyester	3,3	Keramik (NDK)	10 bis 100
Kondensatorpapier	4 bis 6	Keramik (HDK)	10^3 bis 10^4

G 2.4　Kapazität C

Die Fähigkeit eines Körpers, Ladungen zu speichern, nennt man Kapazität.

> Die Kapazität C gibt an, wieviel Ladung Q je Spannungseinheit von 1 V gespeichert werden kann.

$$C = \frac{Q}{U}, \quad \text{Einheit der Kapazität: Farad (F)} = C/V = A{\cdot}s/V$$

G 2.5　Kondensator

Unter einem Kondensator versteht man zwei ungleichartig geladene Körper, die einen bestimmten Abstand voneinander besitzen. In den meisten Fällen sind es parallel zueinander stehende Platten. Die **Kapazität** hängt von der Größe der Platten, ihrem Abstand und dem Material dazwischen ab (Tabelle G-2).

Tabelle G-2: Kapazität verschiedener Leitergeometrien

Körper	Geometrie	Kapazität
Platten		$C = \dfrac{\varepsilon A}{d}$
Kugel		$C = 4\pi\varepsilon\, r$
Zwei Hohlkugeln		$C = 4\pi\varepsilon\, \dfrac{r_1 r_2}{r_2 - r_1}$
Zwei gleiche Kugeln		$C = 2\pi\varepsilon r\left[1 + \dfrac{r\left(a^2 + r^2\right)}{a\left(a^2 - ar - r^2\right)}\right]$

Körper	Geometrie	Kapazität
Zylinder	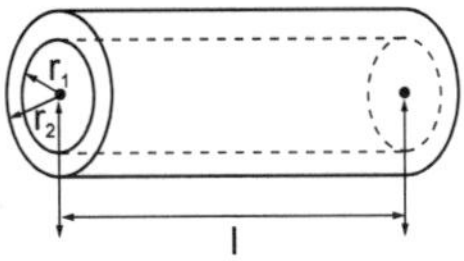	$C = \dfrac{2\pi\varepsilon l}{\ln\left(\dfrac{r_2}{r_1}\right)}$
Doppelleitung	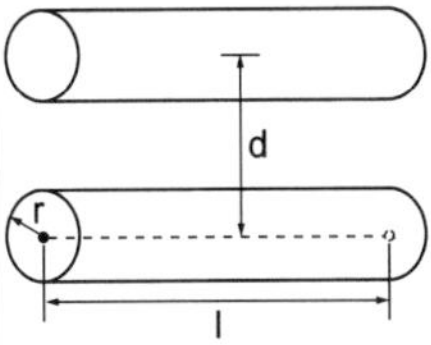	$C = \dfrac{\pi\varepsilon l}{\ln\left(\dfrac{d}{r}\right)}$

G 2.5.1 Parallelschaltung

An jedem Kondensator liegt die gleiche Spannung: $U_{ges} = U_1 = U_2 = \ldots$
Die Gesamtladung ist gleich der Summe der Einzelladungen: $Q_{ges} = Q_1 + Q_2 + \ldots$ Bei einer Parallelschaltung ist die Gesamtkapazität gleich der Summe der Einzelkapazitäten (Bild G-13):

$$C_{ges} = C_1 + C_2 + \cdots$$

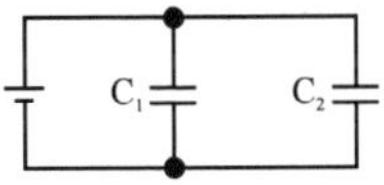

Bild G-13: Parallelschaltung von Kapazitäten

G 2.5.2 Reihenschaltung

Jeder Kondensator enthält die gleiche Ladung: $Q_{ges} = Q_1 = Q_2 = \ldots$ Die Gesamtspannung ist gleich der Summe der Einzelspannungen:

$$U_{ges} = U_1 + U_2 + \cdots = \frac{Q}{C} = \frac{Q_1}{C_1} + \frac{Q_2}{C_2} + \cdots$$

Bei einer Reihenschaltung ist der Kehrwert der Gesamtkapazität C_{ges} gleich der Summe der Kehrwerte der Einzelkapazitäten (Bild G-14):

$$\frac{1}{C_{ges}} = \frac{1}{C_1} + \frac{1}{C_2} + \cdots$$

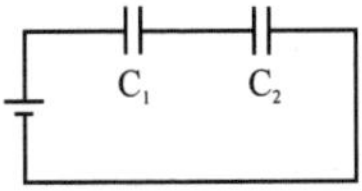

Bild G-14: Reihenschaltung von Kapazitäten

Bei nur zwei in Reihe geschalteten Kondensatoren kann man vereinfachen: $C_{ges} = \dfrac{C_1 C_2}{C_1 + C_2}$

G 2.5.3 Kraft im elektrischen Feld

Ungleichartig geladene Körper ziehen sich an, gleichartig geladene stoßen sich ab. Die Größe der zwischen ihnen wirkenden Kraft läßt sich
bestimmen.

Punktladungen

Es ergibt sich: $F = \dfrac{Q_1 Q_2}{4\pi\varepsilon r^2}$

Diese Gleichung gilt in guter Näherung auch für Kugeln, wenn deren
Abstand groß ist im Verhältnis zu ihrem Radius. In diesem Falle ist r
der Mittelpunktsabstand.

Plattenpaar

Die Ladung einer Platte wirkt auf ein Ladungselement dQ der anderen
Platte mit der Kraft $dF = E\, dQ$. Mit $dQ = C\, dU$ und $E = U/s$ ergibt sich:

$$dF = \frac{U}{s} C\, dU \quad \text{oder} \quad dF = \frac{C}{s} U\, dU$$

Durch Integration ergibt sich die Gesamtkraft: $F = \dfrac{C}{s} \int\limits_0^U U\, dU = \dfrac{CU^2}{2s}$.

Setzt man für C die Kapazität des Zweiplattenkondensators ein, so ergibt
sich für den Betrag der Kraft: $F = \dfrac{\varepsilon A U^2}{2s^2}$.

Mit $E = \dfrac{U}{s}$, $D = \varepsilon\, E$ und $D = \dfrac{Q}{A}$ folgt daraus:

$$F = \frac{\varepsilon E^2 A}{2} = \frac{EDA}{2} = \frac{QE}{2}$$

G 2.5.4 Energie des elektrischen Feldes

In jedem elektrischen Feld ist Energie gespeichert. Sie entspricht der
Arbeit, die zum Aufbau des Feldes (Trennung der Ladung) aufzuwenden
ist und wird beim Zusammenbrechen des Feldes wieder in Arbeit umgewandelt:

$$W = \frac{CU^2}{2} = \frac{Q^2}{2C}$$

Diese Gleichung gilt für jedes elektrische Feld. Speziell für den **Zwei-
plattenkondensator** gilt:

$$W = \frac{\varepsilon E^2 As}{2} = \frac{\varepsilon E^2 V}{2} = \frac{DEV}{2}$$

Energiedichte $w = \frac{W}{V} = \frac{\varepsilon E^2}{2} = \frac{DE}{2}$

G 2.5.5 Auf- und Entladung eines Kondensators

Für die Spannung am Kondensator u_C zur Zeit t mit der Zeitkonstanten $\tau = R\,C$ gilt

bei der Aufladung $u_C = U\left(1 - e^{-\frac{t}{\tau}}\right)$

bei der Entladung $u_C = U_0\, e^{-\frac{t}{\tau}}$

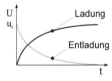

Bild G-15: Spannungsverlauf beim Auf- und Entladen von Kondensatoren

Für die Stromstärke i zur Zeit t gilt bei der Auf- und Entladung:

$$i = I_0 e^{-\frac{t}{\tau}}$$

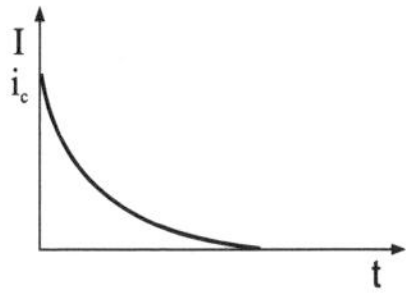

Bild G-16: Stromverlauf beim Entladen von Kondensatoren

G 3 Magnetisches Feld

G 3.1 Beschreibung

Stromdurchflossene Leiter und Werkstoffe, deren atomare Elektronen-ströme speziell ausgerichtet sind, bilden die Magnete. Die Richtungen der im Raum wirkenden magnetischen Kräfte lassen sich durch die Kraftwirkung auf einen kleinen Probemagneten bestimmen. Das magne-tische Feld ist ein Vektorfeld.

> Das magnetische Feld rührt von elektrischen Strömen her und beschreibt die Wirkungslinien der magnetischen Kräfte in Betrag und Richtung.

Allen Magneten ist folgendes gemeinsam (Bild G-17):

Bild G-17: Feld eines Magneten

- Ein Magnet besitzt zwei Pole: den **Nord**- und den **Südpol.** Es gibt keine magnetischen Monopole.
- Gleichnamige Pole stoßen sich ab, ungleichnamige ziehen sich an.
- Außerhalb des Magneten verlaufen die magnetischen Feldlinien vom Nord- zum Südpol.
- Die magnetischen Feldlinien sind in sich geschlossen, d.h., sie weisen weder eine Quelle noch eine Senke auf (Fortsetzung der Feldlinien im Inneren des Magneten).
- Die Tangente an die magnetischen Feldlinien gibt die Kraftrichtung an. Die Richtung der Kraft ist eindeutig, d.h., die magnetischen Feldlinien schneiden sich nicht.

G 3.1.1 Erdmagnetfeld

Der magnetische Südpol der Erde liegt in der Nähe des geographischen Nordpols (74° nördlicher Breite und 100° westlicher Länge). Der magnetische Nordpol befindet sich in der Nähe des geographischen Südpols (72° südlicher Breite und 155° östlicher Länge). Die Magnetpole der Erde sind nicht stabil; sie wandern geringfügig.

> **Deklination** ist die Abweichung des Erdmagnetfeldes von der geographischen Nord-Süd-Richtung (für Deutschland ca. 2° westlich). **Inklination** ist die Abweichung von der Horizontalen.

G 3.1.2 Elektromagnetismus

Ein stromdurchflossener Leiter ist immer von einem Magnetfeld umgeben. Ein stromdurchflossener, gerader Leiter weist ein Magnetfeld auf, das aus konzentrischen Kreisen besteht.

G 3.2　Magnetische Feldstärke *H*

Der elektrische Strom *I* und das Magnetfeld bilden ein Rechtssystem, das man sich gut mit der **Rechte-Hand-Regel** merken kann (Bild G-18):

Bild G-18: Rechte-Hand-Regel

> Der Daumen der rechten Hand zeigt in Stromrichtung, und die gekrümmten Finger zeigen in Feldrichtung.

Die Stärke des magnetischen Feldes kann durch die Wirkung bestimmt werden, die es auf einen in Inneren des Feldes befindlichen Probemagneten ausübt. Da kein Magnetpol allein vorkommt, erfahren Nord- und Südpol des Probemagneten entgegengerichtete Kraftwirkungen. Es entsteht also ein Drehmoment, das den Probemagneten in Feldlinienrichtung orientiert. Dieses Drehmoment ist ein Maß für die magnetische Feldstärke an dieser Stelle und bei einer Zylinderspule der Windungszahl und der Stromstärke proportional sowie der Spulenlänge umgekehrt proportional.

Die Richtung der Feldstärke stimmt in jedem Punkt eines Feldes mit der Richtung der Feldlinien überein. Sie weist im Inneren der Spule (des Magneten) vom Süd- zum Nordpol, außerhalb vom Nord- zum Südpol.

Das **Durchflutungsgesetz** beschreibt den Zusammenhang zwischen dem elektrischen Strom I als Ursache des Feldes und der magnetischen Feldstärke H.

> Das Integral der magnetischen Feldstärke längs einer geschlossenen Umlauflinie ist gleich dem gesamten durch diese Fläche hindurchfließenden Strom, der **Durchflutung**

$$\Theta = \oint H \; \mathrm{d}s = \oint_A j \; \mathrm{d}A = \sum I_i$$

Die magnetische Feldstärke unterschiedlicher Leiteranordnungen ist Tabelle G-3 zu entnehmen:

Tabelle G-3: Magnetische Feldstärke verschiedener Leitergeometrien

Geometrie	Bezugspunkt	Formel
Kreisförmiger Leiter	Mittelpunkt	$H = \dfrac{I}{2r}$

Geometrie	Bezugspunkt	Formel
Langer, gerader Leiter 	im Abstand r_0	$H = \dfrac{I}{2\pi\ r_0}$
Ringspule 	im Abstand R	$H = \dfrac{NI}{2\pi\ R}$
Zylinderspule 	Achsenmittelpunkt im Inneren	$H = \dfrac{NI}{\sqrt{l^2 + d^2}}$
Zylinderspule	Mittelpunkt der Endflächen	$H = \dfrac{NI}{2\sqrt{l^2 + d^2}}$
Zylinderspule	im Inneren (Spule sehr lang $l \gg d$)	$H = \dfrac{NI}{l}$

Analog zur elektrischen Spannung $\int E \, \mathrm{d}s$ wird $\int H \, \mathrm{d}s$ als magnetische Spannung V bezeichnet. Für eine Zylinderspule und eine Ringspule ergibt sich: $V = H\,l = I\,N$.

Besitzt jedoch die Feldstärke H entlang der Feldlinie verschiedene Werte (z.B. einen Luftspalt), dann müssen die magnetischen Spannungen für jeden Teil einzeln bestimmt und addiert werden.

$$V = H_1 l_1 + H_2 l_2 + \cdots = \sum H_i l_i = IN$$

G 3.3   Magnetische Induktion (Flußdichte) B

Als Maß für die Stärke eines magnetischen Feldes kann man die Feldstärke H und damit den erzeugenden Strom ansehen, oder man beachtet die Induktionswirkung eines sich ändernden Magnetfeldes. In einer Probespule (Windungszahl N) oder einer Drahtschleife ($N = 1$) wird beim Ein- oder Ausschalten des die Schleife durchsetzenden Magnetfeldes ein Spannungsstoß der Größe $\int u \, \mathrm{d}t$ induziert.

> Den je Fläche und Windung induzierten Spannungsstoß bezeichnet man
> als **magnetische Induktion** *B*.

$B = \int u \; \mathrm{d}t \, / \, (NA)$

Magnetische Induktion *B* und Feldstärke *H* sind einander proportional.
Der Proportionalitätsfaktor ist eine universelle Konstante und heißt **magnetische Feldkonstante** μ_0.

$\mu_0 = 4\pi \cdot 10^{-7} \dfrac{V \cdot s}{A \cdot m}$

Für Felder im Vakuum und mit genügender Genauigkeit für Luft gilt:

$B = \mu_0 H$

G 3.4 Magnetischer Fluß Φ

Als magnetischen Fluß Φ bezeichnet man das Produkt aus der magnetischen Induktion *B* und der Querschnittsfläche *A* des Feldes.

$\Phi = B_N A$ mit $B_N = B\cos(\vec{B}, \vec{n}) = B\cos\alpha$,

worin $\vec{n}$ die Richtung der Flächennormalen ist. Im inhomogenen Feld
ergibt sich: $\Phi = \int B_N \; \mathrm{d}A$.

G 3.5 Materie im magnetischen Feld

Das Verhältnis der Induktion mit Materie im Feld zur Induktion ohne
Materie im Feld, also der Faktor, um den die magnetische Induktion verändert wird, heißt **Permeabilitätszahl** μ_r.

$\mu_r = \dfrac{B}{B_0}$ und Permeabilität $\mu = \mu_0 \mu_r$

daraus folgt für die magnetische Induktion mit Materie: $B = \mu_0 \mu_r H$.

Ferromagnetische Stoffe (z.B. Eisen, Kobalt, Nickel) haben eine
Permeabilitätszahl $\mu_r \gg 1$ und stärken das Feld erheblich.
Paramagnetische Stoffe (z.B. Platin, Aluminium, Luft) haben eine
Permeabilitätszahl $\mu_r > 1$ und stärken das Feld sehr gering.
Diamagnetische Stoffe (z.B. Silber, Kupfer, Bismut) haben eine
Permeabilitätszahl $\mu_r < 1$ und schwächen das Feld sehr gering.

G 3.5.1 Hysteresis

Die Hysteresisschleife ist eine besondere Art der Magnetisierungskurve
ferromagnetischer Stoffe. Nach einem Aufmagnetisieren des zunächst
unmagnetischen Stoffes bis zum Maximalwert der Polarisierung (**Neu-
kurve**) ergeben sich jeweils zwei verschiedene Induktionswerte zu

jedem Feldstärkewert, je nachdem, ob dieser steigend oder fallend durchlaufen wurde. Die bei $H = 0$ vorhandene restliche Induktion B_R nennt man **Remanenz**. Als **Koerzitivfeldstärke** H_K bezeichnet man die Feldstärke, bei der $B = 0$ wird (Bild G-23).

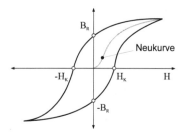

Bild G-23: Hysteresiskurve

G 3.5.2 Induktionsgesetz

Das Induktionsgesetz zeigt den Zusammenhang zwischen elektrischem und magnetischem Feld. Es besagt, daß jede zeitliche Änderung des magnetischen Flusses $d\Phi / dt$ eine elektrische Spannung u_{ind} induziert:

$$u_{ind} = -N \frac{d\Phi}{dt} = -N \left(\frac{dB}{dt} A_N + \frac{dA_N}{dt} B \right)$$

Aus dieser Gleichung geht hervor, daß es gleichgültig ist, ob sich das Magnetfeld dB/dt bei konstanter Fläche A (**Transformator**) oder die Fläche dA_N/dt bei konstantem Magnetfeld B ändert (**Generator**).

G 3.5.3 Induktion in einem Leiter

Generatorprinzip

Bewegt man eine Leiterschleife geradlinig mit der Geschwindigkeit $\vec{v}$ durch ein Magnetfeld, so stellt sich ein Strom ein. Das vom Induktionsstrom erzeugte Magnetfeld ist stets so gerichtet, daß es vor dem bewegten Leiter zu einer Verdichtung der Feldlinien kommt, der Leiter muß also gegen eine Kraftwirkung bewegt werden.

Die Rechte-Hand-Regel lautet:

Hält man die rechte Hand so, daß die Feldlinien des Magneten in die Handinnenfläche eintreten und der abgespreizte Daumen in Bewegungsrichtung zeigt, so fließt der von der Induktionsspannung erzeugte Strom in Richtung der ausgestreckten Finger.

$$u_{ind} = N B v$$

Wird die geradlinige Bewegung der Leiterschleife durch eine rotierende Leiterschleife ersetzt so ergibt sich:

$$u_{ind} = NBA\omega \sin(\omega t)$$

Transformatorprinzip

Die Änderung des magnetischen Flusses $\Delta\Phi$ kann auch durch das Ein- und Abschalten einer Spule erzeugt werden. Durchsetzt der veränderliche magnetische Fluß der Spule 1 die Spule 2, so wird in dieser eine Spannung induziert. Man nennt diese Induktion der Spule 1 auf die Spule 2 **Fremdinduktion**. Um möglichst den gesamten Fluß der Spule 1 durch Spule 2 zu lenken, verwendet man einen Eisenkern. Diese Anordnung nennt man **Transformator**.

Für einen Transformator gilt: $\dfrac{U_1}{U_2} = \dfrac{N_1}{N_2}$.

G 3.5.4 Selbstinduktion

Bei der Änderung des magnetischen Flusses wird nicht nur in räumlich getrennten Leitern eine Spannung induziert, sondern auch in der das Magnetfeld erzeugenden Spule selbst. Diese Erscheinung nennt man **Selbstinduktion**. Der fließende Induktionsstrom ist dem vorhandenen Strom entgegengesetzt gerichtet.

> Die durch Selbstinduktion entstehenden Spannungen wirken verzögernd auf die sie erzeugenden Stromstärkeänderungen.

Es gilt für die durch Änderung der Stromstärke im eigenen Stromkreis induzierte Spannung: $U = -L\dfrac{\Delta I}{\Delta t}$.

Der Proportionalitätsfaktor wird als **Induktivität** L des Stromkreises bezeichnet und hängt nur von dessen Geometrie sowie dem im Feld befindlichen Stoff ab.

G 3.5.5 Induktivität

Induktivität verschiedener Leitergeometrien mit der Permeabilität $\mu = \mu_0\mu_r$ (Tabelle G-4):

Tabelle G-4: Induktivität verschiedener Leitergeometrien

Körper	Geometrie	Induktivität
Einfacher Ring		$L = \mu R \left[\ln\left(\dfrac{R}{r}\right) + 0{,}25 \right]$

Körper	Geometrie	Induktivität
Dünnwandiges Rohr		$L = \mu\, R\left[\ln\left(\dfrac{R}{l}\right)+1{,}5\right]$
Ringspule		$L = \dfrac{m A_n N^2}{l}$
lange Zylinderspule		
Kurze Spule		$L = f\,\dfrac{m A_n N^2}{l}$ mit $f = \dfrac{1}{1 + d\,/\,2l}$ für $l\,/\,d \geq 0{,}3$
Einfachleitung		$L = \dfrac{\mu\, l}{2\pi}\left[\ln\left(\dfrac{2l}{r}\right)-0{,}75\right]$
Doppelleitung		$L = \dfrac{\mu\, l}{\pi}\left[\ln\left(\dfrac{a}{r}\right)+0{,}25\right]$
Koaxialkabel		$L = \dfrac{\mu\, l}{2\pi}\left[\ln\left(\dfrac{r_a}{r_i}\right)+0{,}25\right]$

Die oben genannten Formeln gelten für Niederfrequenz. Bei hochfrequenter Ansteuerung entfallen die Konstanten in der Klammer.

G 4   Wechselstromkreis

Im Wechselstromkreis findet ein periodischer Verlauf der Spannung $u(t)$ und des Stromes $i(t)$ statt. Bei sinusförmigem Wechselstrom gilt für die Effektivwerte: $I = \dfrac{\hat{i}}{\sqrt{2}}$ und $U = \dfrac{\hat{u}}{\sqrt{2}}$.

G 4.1 Darstellung von Wechselgrößen

Wechselgrößen gleicher Frequenz werden in der Gaußschen Zahlenebene als komplexe Zeiger dargestellt. Der Realteil ist der Wirkanteil, der Imaginärteil der Blindanteil der Wechselstromgröße. Beide zusammen ergeben als komplexen Zeiger die Scheingröße Z (s. Abschn. B 8.2).

G 4.2 Wechselstromwiderstände

Den ohmschen Widerstand bezeichnet man als **Wirkwiderstand**, er wird durch das Leitergefüge hervorgerufen. Zusätzlich treten im Wechselstromkreis **Blindwiderstände** (kapazitiv und induktiv) auf. Sie wandeln keine Energie in Wärme um. Die geometrische Summe von Wirk- und Blindwiderstand heißt **Scheinwiderstand**.

G 4.3 Wirkwiderstand

Wird der ideale ohmsche Widerstand R von einem Strom durchflossen, so entsteht an seinen Anschlüssen ein Spannungsabfall. Bei einer sinusförmigen Wechselspannung ergibt sich: $u_R = \hat{u} \cdot \sin \omega t$.
Zwischen Strom und Spannung besteht keine Phasenverschiebung: $\varphi = 0$.

G 4.4 Blindwiderstand

G 4.4.1 Induktiver Blindwiderstand

Befindet sich eine Induktivität L in einem Wechselstromkreis, so wirkt sie verzögernd auf die Änderung des Stromes. Der Strom erreicht sein Maximum $\hat{i}$ stets später als die Spannung ihr Maximum $\hat{u}$. Es gilt:

$$u = \omega L \hat{i} \cdot \sin\left(\omega t + \frac{\pi}{2} \right)$$

In einem Wechselstromkreis mit einer reinen Induktivität eilt die Spannung dem Strom um $\pi/2$ voraus.

Diese Induktivität besitzt einen induktiven Blindwiderstand X_L:

$$X_L = \omega L$$

Der induktive Widerstand X_L wächst mit der Frequenz; für Gleichstrom ($f = 0$) ist er null. Es gilt: $I = \dfrac{U}{\omega L}$.

G 4.4.2 Kapazitiver Blindwiderstand

Eine Kapazität C im Gleichstromkreis stellt einen unendlichen Widerstand dar. An eine Wechselspannung gelegt, wird er periodisch umgela-

den, im Stromkreis fließt ein Wechselstrom. Die Spannung am Kondensator erreicht aber erst den Maximalwert, wenn der Strom null geworden
ist. Es gilt:

$$i = \omega\, C\hat{u} \cdot \sin\left(\omega t + \frac{\pi}{2}\right)$$

In einem Wechselstromkreis mit einer reinen Kapazität eilt der Strom der
Spannung um $\pi/2$ voraus.

Diese Kapazität besitzt einen kapazitiven Blindwiderstand X_C:

$$X_C = \frac{1}{\omega\, C}$$

Der kapazitive Widerstand X_C nimmt mit steigender Frequenz ab; für
Gleichstrom ($f = 0$) ist er unendlich. Es gilt: $I = U\omega\, C$.

G 4.4.3 Kombinationen der Blindwiderstände

Vielfach besitzt ein Wechselstromkreis sowohl kapazitiven als auch induktiven Blindwiderstand. Für ihre Zusammenfassung gelten:

L und C in Reihe

$$X = X_L - X_C = \omega\, L - \frac{1}{\omega\, C} \quad \text{und} \quad U = U_L - U_C = I\, X_L - I\, X_C = I\, X.$$

L und C parallel

$$\frac{1}{X_C} - \frac{1}{X_L} = \omega\, C - \frac{1}{\omega\, L} \Rightarrow X = \frac{\omega\, L}{\omega^2 L\, C - 1}$$

$$I = I_C - I_L = \frac{U}{X_C} - \frac{U}{X_L} = \frac{U}{X}$$

G 4.5   Scheinwiderstand

Jeder Wechselstromkreis besitzt außer dem Blindwiderstand auch den
ohmschen (Wirk-)Widerstand, der bei der Bestimmung des Gesamtwiderstandes (Scheinwiderstand) berücksichtigt werden muß.

R und X in Reihe

$$Z = \sqrt{R^2 + X^2} \quad \text{und} \quad U = \sqrt{U_R^2 + U_X^2} = I\, X.$$

R und X parallel

$$\frac{1}{Z} = \sqrt{\left(\frac{1}{R}\right)^2 + \left(\frac{1}{X}\right)^2} \quad \text{und} \quad I = \sqrt{I_R^2 + I_X^2} = \frac{U}{X}$$

G 4.5.1 Phasenverschiebung

Die Blindwiderstände verursachen in Verbindung mit einem Wirkwiderstand eine Phasenverschiebung φ in dem Bereich $\pi/2 > \varphi > -\pi/2$ zwischen Spannung und Strom.

Für die Reihenschaltung von R, L und C gilt:

$$\tan\varphi = \frac{\omega L - \dfrac{1}{\omega C}}{R}$$

Für die Parallelschaltung von R, L und C gilt:

$$\tan\varphi = R\left(\omega C - \frac{1}{\omega L}\right)$$

G 4.5.2 Resonanz

In jedem Wechselstromkreis wird der Blindwiderstand X null, wenn X_L und X_C einander gleich groß sind und sich somit aufheben. Es gilt die Resonanzbedingung:

$$\omega L = \frac{1}{\omega C} \quad \text{und umgestellt} \quad \omega^2 = \frac{1}{LC} \quad \text{bzw.} \quad \omega = \sqrt{\frac{1}{LC}}$$

Die **Thomson-Gleichung** lautet: $f = \dfrac{1}{2\pi\sqrt{LC}}$ bzw. $T = 2\pi\sqrt{LC}$

G 4.6 Arbeit und Leistung

Die Momentanleistung $p(t)$ ist das Produkt aus Spannung $u(t)$ und Strom $i(t)$ zu jeder Zeit: $p(t) = u(t)i(t)$.

Die verschiedenen Leistungsarten setzten sich wie folgt zusammen:
Wirkleistung P:

$$P = U\,I\cos\varphi = S\cos\varphi = \frac{Q}{\tan\varphi} = \sqrt{S^2 - Q^2}$$

Blindleistung Q:

$$Q = U\,I\sin\varphi = S\sin\varphi = P\tan\varphi = \sqrt{S^2 - P^2}$$

Scheinleistung S:

$$S = UI = \frac{P}{\cos\varphi} = \frac{Q}{\sin\varphi} = \sqrt{P^2 + Q^2}$$

G 4.7 Hoch- und Tiefpässe

Hoch- bzw. Tiefpässe sind Spannungsteiler mit einem Widerstand R und einem Kondensator C oder einer Spule L. Da Blindwiderstände von der

Frequenz abhängig sind, verändert sich der Spannungsabfall bei Frequenzänderung (Tabelle G-5).

> Die Grenzfrequenz ist die Frequenz, bei der die Werte für Wirkwiderstand und Blindwiderstand gleich groß sind.

Tabelle G-5: Frequenzabhängigkeit bei Hoch- und Tiefpässen

Schaltung	Teilerverhältnis	Grenzfrequenz	Phasenverschiebung (Ausgang zu Eingang)
RC-Hochpaß	$\dfrac{U_A}{U_E} = \dfrac{R}{\sqrt{R^2 + X_C^2}}$	$f_{g,u} = \dfrac{1}{2\pi\,RC}$	$\tan\varphi = \dfrac{X_C}{R}$ vorauseilend
RC-Tiefpaß	$\dfrac{U_A}{U_E} = \dfrac{X_C}{\sqrt{R^2 + X_C^2}}$	$f_{g,o} = \dfrac{1}{2\pi\,RC}$	$\tan\varphi = \dfrac{R}{X_C}$ nacheilend
RL-Hochpaß	$\dfrac{U_A}{U_E} = \dfrac{X_L}{\sqrt{R^2 + X_L^2}}$	$f_{g,u} = \dfrac{R}{2\pi\,L}$	$\tan\varphi = \dfrac{R}{X_L}$ vorauseilend
RL-Tiefpaß	$\dfrac{U_A}{U_E} = \dfrac{R}{\sqrt{R^2 + X_L^2}}$	$f_{g,o} = \dfrac{R}{2\pi\,L}$	$\tan\varphi = \dfrac{X_L}{R}$ nacheilend

G 5   Halbleiter

Halbleiter besitzen bei 0 K keine freien Elektronen und sind deshalb Isolatoren. Im Gegensatz zu diesen bekommen sie bei höheren Temperaturen eine gewisse Leitfähigkeit.

G 5.1   Eigenleitung

Die wichtigsten Halbleitermaterialien sind Silicium (Si) und Germanium (Ge). Bei beiden Elementen sind die vier Außenelektronen jedes Atoms mit jeweils einem Elektron jedes Nachbaratoms an der Valenzbindung beteiligt. Die Elektronen werden durch Energiezufuhr (Wärme oder Licht) aus ihrer Bindung gerissen und hinterlassen eine positive Ladung (**Loch** oder **Defektelektron** genannt). Unter der Wirkung einer Spannung wandern die Elektronen zum Pluspol und die Löcher zum Minuspol (nachrücken anderer freier Elektronen).

G 5.2 n- und p-Leitung

Die Leitfähigkeit eines Halbleiters kann durch Einlagerung von Fremdatomen (Dotierung) gesteigert werden. Wegen der Störung des Gitteraufbaus spricht man von Störleitung. Wird das Halbleitermaterial mit einem fünfwertigen Material (**Donator**) dotiert (z.B. Arsen), erhält man einen n-Leiter. An jeder Störstelle steht jetzt ein weiteres freies Elektron zur Verfügung. Wird statt dessen mit einem dreiwertigen Material (**Akzeptor**) dotiert, entsteht ein p-Leiter, und es steht ein weiteres Loch zur Verfügung.

G 5.3 pn-Übergang

Aneinander stoßende n-Leiter und p-Leiter bilden einen pn-Übergang. Ähnlich wie bei der Ausbreitung von Gasmolekülen gelangen aufgrund der thermischen Bewegung Elektronen durch die Grenzfläche in das p-Material und umgekehrt Löcher in das n-Material. Die in das p-Material diffundierenden Elektronen werden **Minoritätsträger** und finden dort eine große Anzahl Löcher als **Majoritätsträger**. Sie können deshalb nicht weit in die p-Zone eindringen, da sie bereits nach kurzer Zeit mit den Löchern rekombinieren. Übrig bleiben in der Grenzschicht die positiven Donatoren in der n-Schicht und die negativen Akzeptoren in der p-Schicht (Bild G-36 und Bild G-37).

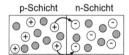

Bild G-36: Schema des pn-Übergangs

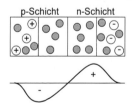

Bild G-37: pn-Übergang nach erfolgter Diffusion

Bei einem pn-Übergang entsteht eine Raumladungszone, deren elektrische Feldstärke dem Diffusionsbestreben entgegenwirkt.

Dadurch stellt sich ein Gleichgewicht zwischen Diffusionskraft und elektrischer Feldstärke ein.

Wird eine Spannung (Pluspol an der n-Schicht und Minuspol an der p-Schicht) angelegt, so werden die Majoritätsträger (Elektronen in der n-Schicht und Löcher in der p-Schicht) von der Grenzschicht weg zu den Spannungsanschlüssen hingezogen. Angelegte Spannung und Diffusionsspannung haben die gleiche Richtung. Dadurch wird die Spannungsdifferenz in der Sperrschicht vergrößert (Bild G-38).

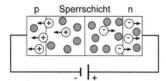

Bild G-38: pn-Übergang in Sperrichtung

Der pn-Übergang ist in Sperrichtung gepolt, wenn der Pluspol der Spannungsquelle an der n-Schicht liegt.

Wenige Minoritätsträger gelangen noch zur Rekombination, und es fließt ein sehr geringer **Sperrstrom**.

Polt man die Spannung am pn-Übergang um, so wird die Grenzschicht mit Ladungsträgern überschwemmt. Die angelegte Spannung verringert die Diffusionsspannung, und die jeweiligen Majoritätsträger können durch die Grenzfläche diffundieren (Bild G-39).

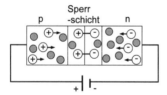

Bild G-39: pn-Übergang in Durchlaßrichtung

Der pn-Übergang ist in Durchlaßrichtung gepolt, wenn der Pluspol der Spannungsquelle an der p-Schicht liegt.

G 5.4 Dioden

Dioden sind Bauelemente mit einem pn-Übergang. Es gibt sie in verschiedenen Bauformen und mit verschiedenen Funktionen (Tabelle G-6):

Tabelle G-6: Diodentypen und ihre Eigenschaften

Diodentyp	Schaltzeichen	Genutzter Effekt	Besondere Eigenschaften
Schaltdiode		Ventilwirkung	schnell, klein, kleiner Sperrstrom, kleiner Duchlaßwiderstand
Schottky-Diode		Ventilwirkung	sehr schnell, klein, kleine Durchlaßspannung
Gleichrichter-diode		Ventilwirkung	hohe Sperrspannung, hoher Durchlaßstrom, niederohmig
Schottky-Leistungsdiode		Ventilwirkung	sehr schnell, kleine Sperrspannung, hoher Durchlaßstrom
Zener-Diode		Zener- oder Lawinendurchbruch	kontrollierter Durchbruch in Sperrichtung
Diac		kontrollierter Durchbruch	
Photodiode		lichtstärkeabhängiger Sperrstrom	Sperrstrom abhängig von der Beleuchtung der Sperrschicht
Kapazitätsdiode		spannungsabhängige Sperrschichtkapazität	Sperrschichtkapazität ist spannungsabhängig
pin-Diode		stromabhängiger Durchlaßwiderstand	Durchlaßwiderstand ist stromabhängig
Step-Recovery-Diode		der Sperrstrom endet abrupt	abrupt endende Sperr-verzögerung
Tunneldiode		Tunneleffekt	Kennlinie mit negativem differentiellem Widerstandsbereich
Backward-Diode		Ventilwirkung	kleine Schleusen-spannung, sehr kleine Sperrspannung

G 5.5 Transistoren

Transistoren dienen zum Verstärken von elektrischen Signalen und zählen deshalb zu den aktiven Bauelementen.

Die **bipolaren Transistoren** werden in der Schaltungstechnik eingesetzt. Die Bedeutung der **Feldeffekttransistoren** (FET) für diskrete und integrierte Schaltungen ist erheblich.

G 5.5.1 Bipolare Transistoren

Der am häufigsten vorkommende npn-Transistor besteht aus drei Elektroden; dem negativ dotierten **Emitter** (n), der positiv dotierten **Basis** (p) und dem negativ dotierten **Kollektor** (n).

Die bipolaren Transistoren arbeiten folgendermaßen: Der Basisstrom I_B (abhängig von der Basis-Emitter-Spannung U_{BE} und der Schichttemperatur T_j) bringt Ladungsträger in die in Sperrichtung betriebene und deshalb isolierende Basis-Kollektor-Diode (Basis-Kollektor-Übergang) und macht diese leitfähig. Der Basisstrom I_B erzeugt einen wesentlich höheren Kollektorstrom I_C, der von der Kollektor-Emitter-Spannung U_{CE} nur wenig abhängt. Dieser Kollektorstrom I_C fließt über die Basis zum Emitter (Tabelle G-7).

Tabelle G-7: Transistoren und ihre Eigenschaften

Typ	Prinzipieller Aufbau	Schaltzeichen	Eigenschaften
npn-Transistor			U_{CE} positiv, stromgesteuert
pnp-Transistor			U_{CE} negativ, stromgesteuert

G 5.5.2 Unipolare Transistoren

Im Unterschied zum bipolaren Transistor sind beim FET nur Ladungsträger einer Sorte (Elektronen oder Löcher) beteiligt. Beim Sperrschicht-FET liegt an einem n-leitenden Bereich eine Gleichspannung, so daß die Elektronen von der **Quelle** (source) zur **Senke** (drain) fließen. Die Breite des Kanals wird von den beiden oben und unten liegenden p-Zonen und der anliegenden sperrenden **Steuerspannung** (Gate-Spannung U_G) gesteuert. Wird die Steuerspannung erhöht, dann werden die Raumladungszonen breiter und verengen die Strombahn. Den FET kann man somit als steuerbaren Widerstand ansehen, dessen Wert von der Gate-Source-Spannung U_{GS} und von der Drain-Source-Spannung U_{DS} bestimmt wird.

Ein besonders wichtiger Transistortyp ist der **MOSFET** (metal oxide semiconductor-FET). Die MOSFETs eignen sich besonders für digitale integrierte und hochintegrierte Schaltungen, da sich sehr schnelle Schaltkreise mit geringem Stromverbrauch auf kleiner Fläche herstellen lassen (Tabelle G-8).

Tabelle G-8: FETs und ihre Eigenschaften

Typ	Prinzipieller Aufbau	Schaltzeichen	Eigenschaften
n-Kanal FET			U_{DS} positiv spannungsgesteuert, selbstleitend bei $U_{GS} = 0$
p-Kanal FET			U_{DS} negativ spannungsgesteuert selbstleitend bei $U_{GS} = 0$
n-Kanal MOSFET Verarmungstyp			U_{DS} positiv spannungsgesteuert selbstleitend bei $U_{GS} = 0$
p-Kanal MOSFET Verarmungstyp			U_{DS} negativ spannungsgesteuert selbstleitend bei $U_{GS} = 0$
n-Kanal MOSFET Anreicherungstyp			U_{DS} positiv spannungsgesteuert selbstsperrend bei $U_{GS} = 0$
p-Kanal MOSFET Anreicherungstyp			U_{DS} negativ spannungsgesteuert selbstsperrend bei $U_{GS} = 0$

G 5.6 Transistor-Grundschaltungen

G 5.6.1 Emitterschaltung

Die Grundschaltung zeigt Bild G-40.

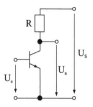

Bild G-40: Emitterschaltung

Die Emitterschaltung ist die am häufigsten verwendete Verstärkerschaltung. Sie besitzt sowohl Spannungsverstärkung V_u als auch Stromverstärkung V_i. Durch Gegenkopplung und Beschaltung läßt sich die Schaltung gut variieren.

G 5.6.2 Kollektorschaltung

Bild G-41 zeigt die Grundschaltung.

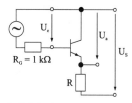

Bild G-41: Kollektorschaltung

Die Kollektorschaltung hat keine Spannungsverstärkung V_u. Sie wird eingesetzt:

- ■ zur Impedanzwandlung von hoch- auf niederohmig
- ■ als Eingangsstufe für hochohmige Quellen
- ■ als Ausgangstransistor in Leistungsverstärkern

G 5.6.3 Basisschaltung

Die Grundschaltung zeigt Bild G-42.

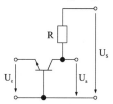

Bild G-42: Basisschaltung

Die Basisschaltung bietet keine Stromverstärkung V_i. Sie wird eingesetzt:

- zur Impedanzwandlung von nieder- auf hochohmig
- als Hochfrequenzverstärker mit gutem Frequenzgang

Lindner, H., Brauer, H., Lehmann, C.: Taschenbuch der Elektrotechnik und Elektronik. Leipzig: Fachbuchverlag 1995
Altmann, S., Schlayer, D.: Lehr- und Übungsbuch Elektrotechnik. Leipzig: Fachbuchverlag 1995
Ose, R.: Elektrotechnik für Ingenieure. Leipzig: Fachbuchverlag 1996/ 1998
Koß, G., Reinhold, W.: Lehr- und Übungsbuch Elektronik. Leipzig: Fachbuchverlag 1998
Führer, A.: Grundgebiete der Elektrotechnik. 2 Bände. München Wien: Carl Hanser Verlag 1997/1994

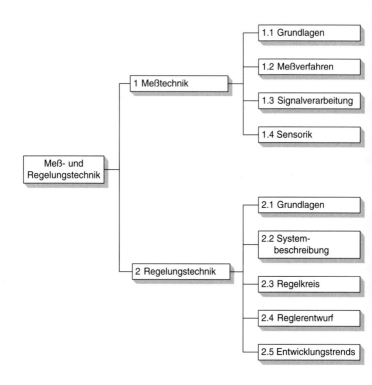

H   Meß- und Regelungstechnik

Meßtechnik (Sensoren) und Regelungstechnik (Regeln, Steuern) bilden mit der Prozeßleittechnik (Rechnen, Übertragen) sowie der Prozeßstelltechnik (Aktoren) die Säulen der Automatisierungstechnik.

Bild H-1 zeigt anhand einer realen Automatisierungssituation die genannten Fachdisziplinen sowie die einzelnen Komponenten des Wirkungsplans.

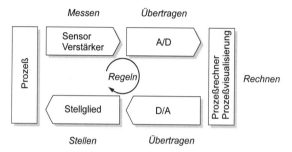

Bild H-1: Automatisierter Prozeß mit zentralen Systemkomponenten

H 1   Meßtechnik

Die elektrische Meßtechnik beschäftigt sich mit der Messung elektrischer und nichtelektrischer Größen sowie mit deren Weiterverarbeitung und Registrierung.

Im Vergleich zu anderen Meßverfahren gibt es folgende Vorteile:

- leistungsarmes bis leistungsloses Erfassen von Meßwerten
- hohes Auflösungsvermögen
- gutes dynamisches Verhalten
- stete Meßbereitschaft
- bequeme Übertragbarkeit über weite Entfernungen
- leichte Verarbeitung der Meßdaten

Bei der Auswahl eines Meßequipments sind neben allgemeinen Randbedingungen wie CE-Komformität, Schutzklasse u.a. folgende Merkmale entscheidend:

- Auflösung, Genauigkeit, Empfindlichkeit
- Meßfehler, Geräteklasse

- ■ statisches und dynamisches Verhalten

- ■ Ausfallverhalten

- ■ Robustheit des Meßaufnehmers, z.B. gegen mechanische, dynamische, physikalische Einwirkungen

- ■ Systemschnittstelle, Busankopplung

H 1.1   Grundlagen

H 1.1.1 Allgemeine Kenngrößen

Messen

Messen ist der experimentelle Vorgang, durch den ein spezieller Wert einer physikalischen Größe als Vielfaches einer Einheit oder eines Bezugswertes ermittelt wird.

Meßgröße

Die Meßgröße x_w (wahrer Wert) ist die zu messende physikalische Größe, der die Messung gilt (z.B. Länge, Kraft, Temperatur, elektrischer Widerstand, Schalldruck).

Meßwert

Der Meßwert x ist der tatsächlich gemessene Wert einer physikalischen Größe. Er wird als Produkt aus Zahlenwert und Einheit angegeben (z.B. 3 m; 373,15 K). Da jede Messung mit Fehlern behaftet ist, ist der Meßwert x nie identisch mit der Meßgröße x_w.

Zahlenwert

Der Zahlenwert ist eine Zahl, die angibt, wie oft die Einheit in der zu messenden Größe enthalten ist (z.B. 3 m = 3 · 1 m).

Einheit

Die Einheit ist der objektive Maßstab bzw. das Vergleichsnormal. Diese Maßstäbe sind im **Internationalen Einheitensystem** vereinheitlicht. Es existieren sieben Basiseinheiten (m, s, kg, K, A, mol, cd) sowie eine Vielzahl abgeleiteter Einheiten, z.B.: $V = kg \cdot m^2/(s^3 \cdot A)$.

Empfindlichkeit

Um die Empfindlichkeit E einer Messung bestimmen zu können, verändert man die Eingangsgröße x_e um Δx_e und mißt dann die Ausgangsgrößenänderung Δx_a. Es gilt dann:

$$E = \frac{\Delta x_a}{\Delta x_e}.$$

H 1.1.2 Analoge Kenngrößen

Zeitlich konstante (Gleichsignal, z. B. Gleichspannung) und insbesondere zeitveränderliche Meßgrößen (Wechselsignal, z.b. Wechselspannung) erfordern geeignete, zeitlich gemittelte Kennwerte. Da sich jedes beliebige, irgendwie periodische Signal durch einzelne Sinusschwingungen darstellen läßt (s. Fourier-Transformation, Spektralanalyse), ist die nachfolgende Beschränkung auf sinusförmige Signalformen mit variabler Amplitude und Frequenz zulässig.

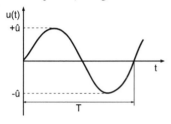

$$U(t) = \hat{U} \cdot \sin \omega\, t$$

$$\omega = \frac{\varphi}{t} = \frac{2\pi}{T} = 2\pi\, f$$

ω Winkelgeschwindigkeit, Kreisfrequenz
T Periodendauer
f physikalische Frequenz
$\hat{U}$ Amplitude oder Spitzenwert

Bild H-2: Sinusförmige Wechselspannung

■ **arithmetischer Mittelwert (Gleichanteil, Gleichspannungsanteil)**

$$\overline{U} = \frac{1}{T} \int_0^T U(t)\, \mathrm{d}t \underset{(\sin)}{=} 0$$

■ **Betragsmittelwert (Gleichrichtwert)**

Dieser Mittelwert ist bedeutsam, weil er durch Vollweggleichrichtung einfach erzeugt werden kann:

$$U_{\mathrm{g}} = \frac{1}{T} \int_0^T |U(t)|\, \mathrm{d}t \underset{(\sin)}{=} \frac{2}{\pi} \cdot \hat{U}$$

■ **quadratischer Mittelwert (Effektivwert)**

Er ist wegen seiner Leistungsproportionalität die wichtigste Kenngröße (eine in einem Widerstand durch Gleichspannung und Gleichstrom umgesetzte Leistung - Wärme - entspricht der Leistung, die durch Wechselspannung und -strom hervorgerufen wird, wenn die Effektivwerte der Wechselgrößen identisch mit den Gleichgrößen sind).

$$U_{\mathrm{eff}} = \sqrt{\frac{1}{T} \int_0^T U(t)^2 \cdot \mathrm{d}t} \underset{(\sin)}{=} \frac{\hat{U}}{\sqrt{2}}$$

Pegel

Bei Meßgrößen, deren Wertebereich sich über mehrere Dekaden erstreckt, sind logarithmische Verhältnismaße mit der Einheit **Dezibel** (dB) zweckmäßig.

■ **Feldgrößen**

$$L_U = 20 \cdot \lg \frac{U_x}{U_0} \quad \text{(in dB)}$$

U_x aktueller Spannungswert, U_0 Bezugswert

■ **Leistungsgrößen**

$$L_P = 10 \cdot \lg \frac{P_x}{P_0} \quad \text{(in dB)}$$

H 1.1.3 Digitale Kenngrößen

Bit

Abk. für Binary Digit, eine Einheit bzw. Stelle im binären/dualen Zahlensystem, die nur zwei Zustände (0 oder 1) besitzt.

Byte, Word

Aneinanderreihung mehrerer Bits mit aufsteigenden Wertigkeiten, d.h. 2^0, 2^1, 2^2, usw. (wie 10^0 = Einer, 10^1 = Zehner, usw.), zur Darstellung unterschiedlichster Zahlenwerte. Gruppen von **8 Bits** werden als **Byte**, solche mit **16 Bits** als **Word** bezeichnet.

Code

Grundlage aller **digitalen** Codes ist der Binär-/Dualcode zur Zahlenwertdarstellung:

			Byte				
	2^7	2^6	2^5	......	2^0		Bitstelle
	MSB				LSB		
	128	64	32	......	1		Bitwertigkeit
Bsp.	I	0	0	0 I I I	0		Wert = 142
Bsp.	0	0	0	I 0 0 0	I		Wert = 17

(LSB: Least Significant Bit, MSB: Most Significant Bit)

Die Anzahl der möglichen Zustandskombinationen Z bestimmt sich aus der Bitanzahl N mit: $Z = 2^N$.

Daneben existiert eine Vielzahl weiterer Codierungsmöglichkeiten, die für unterschiedliche Zwecke eingesetzt werden (z. B. BCD, O´Brien, Aiken, 3-Excess). Meßtechnisch bedeutsam sind:

■ **Gray-Code**
einschrittig, d.h. aufeinanderfolgende Zustände, die sich nur in einem Bit unterscheiden

■ **ASCII-Code**
Abk. für American Standard Code (for) Information Interchange, Standardcodierung für alphanumerische Zeichen

Datenübertragung

Zur Übertragung digital codierter Zeichen oder Werte sind mehrere Bits zu übertragen. Dies kann entweder **parallel**, d.h. gleichzeitig über **mehrere** parallele Leitungen, oder auch **seriell**, d.h. zeitversetzt aufeinanderfolgend, über **eine** Leitung erfolgen. Darüber hinaus wird bei der Verbindungsart für den Datenaustausch noch unterschieden nach (Bild H-3):

- **Point To Point (PTP)**, d.h. direkte Verbindung zwischen zwei Komponenten, die damit eine sehr schnelle und effektive Datenübertragung ermöglicht, aber bei der Verknüpfung mehrerer Geräte eine aufwendige Koordinierungs- und Verbindungstechnik erfordert.

- **Busstruktur**, d.h. sequentielle Verbindung aller miteinander kommunizierenden Komponenten in Form einer offenen oder Kreisstruktur. Durch festgelegte Kennungen (Adressen) werden Datensender und -empfänger eindeutig ausgewählt. Die Übertragungsgeschwindigkeit ist zwar reduziert, der Verbindungsaufwand dafür sehr einfach.

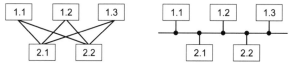

Bild H-3: Prinzipielle Vebindungsmöglichkeiten von Meßkomponenten
(links: PTP, rechts: Bus)

Als meßtechnische Standards sind bekannt:

- Parallel Bus: IEEE488
- Serieller Bus: RS485
- parallele PTP: Centronics
- serielle PTP: RS232

H 1.1.4 Meßfehler

Der Meßfehler ist definiert als Differenz zwischen dem gemessenen Meßwert x und der eigentlich zu messenden Meßgröße x_w.

- absoluter Fehler: $F_x = x - x_w$

- relativer Fehler: $f_x = \dfrac{F_x}{x_w}$

Nach DIN 1319 unterscheidet man:

- systematische Fehler
  Betrag und Vorzeichen ermittelbar, folglich exakt berechenbar und somit auch kompensierbar

■ zufällige Fehler
von Messung zu Messung zufällig verteilt, folglich nur durch Mehr-fachmessung und statistische Kenngrößen quantifizierbar, d.h. Mit-telwert $\bar{x}$ und Standardabweichung s für normalverteilte Einzel-meßwerte

Im meßtechnischen Alltag sind meist Meßgröße(n) x_i und Bestimmungs-größe y nicht identisch, wohl besteht aber zwischen beiden ein funktiona-ler Zusammenhang. So kann z.b. die Leistung (y) bestimmt werden durch Strom- und Spannungsmessung (x_i).

Die Auswirkungen von Fehlern der Meßgrößen x_i auf die Bestimmungs-größe y werden durch die **Fehlerfortpflanzungsgesetze** beschrieben (Vorausgesetzt: F_{xi}, s_i nicht zu groß).

■ **Fehlerfortpflanzung für systematische Fehler:**

mit: $y = f(x_i)$, $x_{i,}$, F_{xi} $\Rightarrow$ $y_w = f(x_{iw})$, $F_y = \sum_i \dfrac{\partial y}{\partial xi} \cdot F_{xi}$

■ **Fehlerfortpflanzung für zufällige Fehler:**

mit $y = f(x_i)$, $\bar{x}_i$, s_{xi} $\Rightarrow$ $\bar{y} = f(\bar{x}_i)$, $s_y = \sqrt{\sum_i \left(\dfrac{\partial y}{\partial xi} \cdot s_{xi} \right)^2}$

■ Bei **Meßgeräten** wird der maximal garantierte Fehler (F_x) zur Qualitätsklassifikation verwendet:

Geräteklasse $\quad G = \dfrac{F_x}{x_e} \cdot 100 [\%]$

Damit ergibt sich für den relativen Fehler einer Messung:

$$f_x = \frac{F_x}{x} = \frac{x_e}{x} \cdot \frac{G}{100}$$

und somit die Empfehlung den Meßwert x nahe dem Skalenendwert x_e zu ermitteln, um einen minimalen relativen Fehler zu erhalten.

■ Der Fehler bei **digitalisierten** Meßgrößen beträgt immer
$F = \pm 1$ LSB.

H 1.2   Meßverfahren

H 1.2.1 Analoge Meßverfahren

Ausschlagverfahren

Beim Ausschlagverfahren steuert die Meßgröße unmittelbar die Anzei-gengröße. Die dafür notwendige Energie wird der Meßgröße entzogen. Dadurch wird im allgemeinen die Meßgröße verfälscht (Bild H-4).

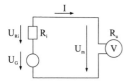

Bild H-4: Messung der Generatorspannung U_G eines Gleichstromgenerators mit Ausschlagverfahren

Es gilt: wahrer Wert $x_w = U_g$

gemessener Wert $x = U_m = U_g - U_{Ri}$

$$\Rightarrow F = x - x_w = -U_{Ri} = -R_i \cdot I = -U_g \frac{R_i}{R_i + R_U} \underset{(R_U \gg)}{\cong} 0$$

R_U Innenwiderstand des Voltmeters

Dieses Verfahren liefert direkt eine der Meßgröße proportionale Anzeige, ist einfach im Aufbau, aber immer auch mit einem systematischen Fehler behaftet.

Kompensationsverfahren

Im Gegensatz zum Ausschlagverfahren wird der Meßgröße bei diesem Verfahren keine Energie entzogen. Die für den Meßvorgang benötigte Energie wird einer Hilfsenergiequelle U_H entnommen (Bild H-5).

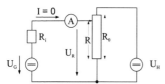

Bild H-5: Messung der Generatorspannung U_G eines Gleichstromgenerators mit Kompensationsverfahren

Der Stellwiderstand wird so lange verstellt, bis die an dem Teilwiderstand R abfallende Spannung U_R genauso groß wird wie die zu messende Generatorspannung U_G. Der Strom I wird dann null.

Es ergibt sich:

$$U_G = U_R = U_H \cdot \frac{R}{R_0}$$

Bei diesem Verfahren tritt zwar kein systematischer Fehler auf, dafür ist der Aufwand für Meßaufbau und Abgleich ($I = 0$) vergleichsweise hoch. Die Meßgröße wird indirekt über Widerstandsverhältnis $R : R_0$ und Spannungsnormal U_H bestimmt.

Brückenverfahren

Wegen der Schlüsselposition für die Meßtechnik, insbesondere die Sensorik, wird dieses, durch die Schaltungsart charakterisierte Verfahren gesondert vorgestellt (Bild H-6).

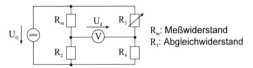

R_m: Meßwiderstand
R_3: Abgleichwiderstand

Bild H-6: Prinzipieller Aufbau einer Meßbrücke

■   Betriebsart Abgleich

Hierbei wird der Stellwiderstand R_3 solange verändert, bis $U_d = 0$, dann

gilt: $\dfrac{R_m}{R_2} = \dfrac{R_3}{R_4} \rightarrow R_m = R_3 \cdot \dfrac{R_2}{R_4}$

Dieser Betriebsmodus wird vornehmlich zur Impedanzmessung, d.h. zur R-, L-, C-Bestimmung, eingesetzt.

■   Betriebsart Ausschlag

R_m stellt nun einen passiven Sensor dar, dessen Widerstand sich proportional zu einer physikalischen Größe, z.B. der Temperatur, ändert, also $R_m = R_0 + \Delta R(T)$. Wählt man $R_2 = R_3 = R_4 = R_0$ so gilt:

$$U_d \cong \frac{U_q}{4} \cdot \frac{\Delta R}{R_0}.$$

H 1.2.2 Digitale Meßverfahren

Absolute Weg-/Winkelmessung

Weg oder Winkel werden binär codiert, z.B. mit Kontaktstreifen oder Fotofolien (Bild H-7).

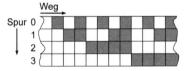

Bild H-7: Binäres Codelineal

Die Abtastung erfolgt überwiegend berührungslos durch optische Aufnehmer. Zur Vermeidung von Abtastfehlern werden einschrittige Codes (Gray-Code) und V-Abtastung eingesetzt.

Für einen zu messenden Weg s mit vorgegebener Wegauflösung Δs (typ.

$\geq 10^{-5}$ m) ergibt sich die erforderliche Spurzahl N: $N = l\,d\,\dfrac{s}{\Delta s}$.

Vorteile: – absolute Weginformation, auch nach Hilfsenergieunterbrechung
– berührungslos
Nachteile: – nur begrenzte Meßlänge
– aufwendige Abtasteinrichtung/-justage

Inkrementale Weg-/Winkelmessung

Weglänge oder Winkelbereich werden durch Rastercodierung in entsprechend feine Teilbereiche aufgelöst. Die absolute Weg-/Winkelinformation bestimmt sich über die ermittelten Rasterimpulse (Zähler), die meist optisch (mit Lichtschranken) erfaßt werden (Bild H-8).

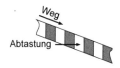

Bild H-8: Inkrementales Wegmeßprinzip

Vorteile: – Auflösung bis $5 \cdot 10^{-7}$m,
– einfache Anordnung
– praktisch beliebiger Meßbereich (durch Zähler begrenzt).
Nachteile: – nur relative Positionsbestimmung bzgl. Referenzpunkt
– Neupositionierung nach Hilfsenergieunterbrechung erforderlich
– Fehleraddition bei Impulsverlusten; z. B. wegen Verschmutzung

Zeit-/Frequenzmessung

Das Grundprinzip jedes digitalen Meßsystems läßt sich auf Zeit- oder Frequenzmessung zurückführen, ergänzt durch entsprechende Ablaufsteuerungen (Bild H-9). Auch bei Geräten zur Messung anderer physikalischer Größen wird häufig Zeit oder Frequenz als Zwischengröße verwendet (s. A-D-Wandler). Für die Grundschaltung gilt: $Z = T \cdot f$
(Z Zähler, bildet Anzahl der Impulse von f während der Zeit T ab).

Dabei legt man zugrunde:

■ eine hochgenaue Quarzfrequenz zur Zählung einer variablen Zeitdauer T (**Zeitmessung**) oder

■ eine präzise Torzeit T zur Ermittlung der Impulse einer Frequenz pro Zeit (**Frequenzmessung**).

Ergänzt durch mehr oder weniger aufwendige Ablaufsteuerungen, findet dieses Grundprinzip bei den verschiedensten digitalen Meßsystemen, z.B. zur Drehzahlmessung oder Feuchtemessung, Einsatz.

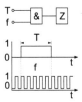

Bild H-9: Grundschaltung für digitale Zeit- oder Frequenzmessung

H 1.3   Signalverarbeitung

Die meßtechnischen Anforderungen an die Signalverarbeitung lassen sich ebenfalls grob nach analog und digital trennen, unter denen sich dann folgende Anwendungsbereiche ergeben:

- ■ analoge Signalverarbeitung
  – Impedanzwandlung
  – Pegelanpassung (Verstärkung)
  – Signalumsetzung (Spannung, Strom)

- ■ digitale Signalverarbeitung
  – D-A-Wandler
  – A-D-Wandler
  – numerische Verfahren (FFT)

H 1.3.1 Analoge Signalverarbeitung

> Die Grundkomponente analoger (und z.T. digitaler) Signalverarbeitungsmethoden ist der Meß-/Operationsverstärker in der Ausführung als Differenzverstärker.

Operationsverstärker

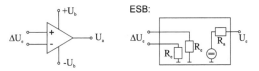

Bild H 10: Schaltbild und Ersatzschaltbild des Operationsverstärkers

Es gilt: $U_a = v_0 \cdot \Delta U_e$

v_0 Leerlaufverstärkung (typ.: 120 dB), R_a Ausgangswiderstand (typ.: 10^2 Ω), R_e Eingangswiderstand (typ.: 10^{10} Ω), U_b Versorgungsspannung (typ.: ±15 V)

Diese Komponente erhält ihre breite Anwendung aber erst durch zusätzliche, externe Beschaltung mit passiven Elementen in Form eines Rückkoppelnetzwerks. Hierdurch wird der Operationsverstärker nach dem Kompensationsprinzips betrieben, d.h., er stellt eine Ausgangsspannung U_a so ein, daß die Eingangsspannungsdifferenz etwa null wird ($\Delta U_e \approx 0$).

Impedanzwandlung

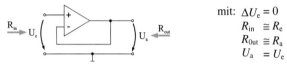

mit: $\Delta U_e = 0$
$R_{in} \cong R_e$
$R_{0ut} \cong R_a$
$U_a = U_e$

Bild H-11: Operationsverstärker als Impedanzwandler

Pegelanpassung

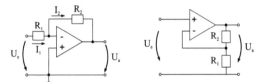

Bild H-12: Grundschaltungen des invertierenden (links) und nichtinvertierenden Verstärkers (rechts)

invertierender Verstärker

mit $\Delta U_e = 0$ und $I_1 = I_2$ ($I_e = 0$):

$$\frac{U_e}{R_1} = -\frac{U_a}{R_2}$$

$$\rightarrow \frac{U_a}{U_e} = -\frac{R_2}{R_1} = v$$

nicht invertierender Verstärker

mit $\Delta U_e = 0$, $I_e = 0$:

$$U_{R_1} = U_e$$

$$\rightarrow \frac{U_a}{U_e} = \frac{R_2 + R_1}{R_1} = 1 + \frac{R_2}{R_1} = v$$

In beiden Fällen kann also die **reale Verstärkung** v durch einfache Beschaltung und entsprechende Widerstandsdimensionierung in weiten Bereichen festgelegt werden.

Signalumsetzung

Signalwandler sind typische Schnittstellenbaugruppen zwischen den einzelnen Baugruppen zur Prozeßautomatisierung, z.B. zwischen Sensor und Verstärker oder zwischen Rechner und Stellglied. Am häufigsten werden U-I- bzw. I-U-Wandler eingesetzt.

H 1.3.2 Digitale Signalverarbeitung

Digital-Analog-Wandler (D-A-Wandler)

Aufbauend auf dem Prinzip des invertierenden Verstärkers mit Erweiterung zum Addierverstärker, läßt sich einfach und anschaulich die D-A-Umsetzung (DAU) erkennen (Bild H-13). Für die meßtechnische Praxis stehen die Komponenten in vollintegrierter Form zur Verfügung.

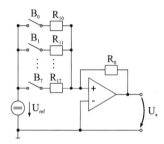

Bild H-13: D/A-Umsetzer nach dem Stromsummierungsprinzip (für $N = 8$ Bit)

Die mit B0 bis B7 bezeichneten Schalter werden vom anliegenden Digitalcode (B0...B7) gesteuert, d.h. Schalter geschlossen, falls zugehöriges Bit = 1, andernfalls geöffnet (Bit = 0). Damit läßt sich folgende Bezeichnung angeben:

$$U_a = -U_{ref}\left(\frac{R_0}{R_{10}} \cdot B0 + \frac{R_0}{R_{11}} \cdot B1 + \dots\dots + \frac{R_0}{R_{17}} \cdot B7\right)$$

Falls die Widerstände $R_{10}...R_{17}$ in binär geteilten Werten vorliegen, und zwar $R_{17} = 2R_0$, $R_{16} = 4R_0$, $R_{15} = 8R_0$, ..., $R_{10} = 256\,R_0$ ergibt sich:

$$U_a = -U_{ref}\left(\frac{1}{2}B0 + \frac{1}{4}B1 + \dots\dots + \frac{1}{256}B7\right)$$

So stellt sich z.b. für einen binären Digitalcode 1000 1111 (Wert: 143) und eine Referenzspannung $U_{ref} = 2,56$ V ein Ausgangsspannungsbetrag von 1,43 V ein.

■ Meßtechnisch relevante Parameter eines DAU sind:
– Bitbreite N (typ. 12 Bit)
– Wandlungszeit t_e (typ. 10 µs)
– Referenzspannung U_{ref} (typ. 10 V)

Analog-Digital-Wandler (A-D-Wandler)

Die bekanntesten Wandlungsverfahren sind **dual-slope** (Zweirampenprinzip) und **successive approximation** (schrittweise Anpassung). Um das Prinzip einer Analog-Digital-Umsetzung ADU vorzustellen, ist auch das ansonsten technisch weniger bedeutsame Einfachrampenverfahren (**single-slope** oder Sägezahnumsetzer) tauglich (Bild H-14).

Die zu wandelnde Spannung U_m wird mit einer rampenförmig wachsenden Spannung U_s (Sägezahn) verglichen. Ein Komparator liefert solange ein Ausgangssignal U_k, wie $U_s \leq U_m$ ist. Dadurch wird eine zu U_m proportionale Pulsdauer T_m erzeugt, die mittels digitaler Zeitmessung zu einem entsprechenden Dualcode Z führt. Es gilt:

$$Z = T_m \cdot f = \frac{U_m}{\hat{U}_s} \cdot T \cdot f$$

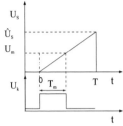

Bild H-14: Prinzip der AD-Umsetzung am Beispiel Single-slope-Wandler

■ Meßtechnische Kenngrößen eines ADU sind:
– Bitbreite N (typ. 12 Bit)
– Wandlungszeit t_c (typ. 1 µs, $t_{c,\,dual-slope} = 20$ ms)
– zulässiger Eingangsspannungsbereich (typ. 10V)

Rechnergestützte Verfahren

Meßsignale werden immer häufiger digitalisiert und anschließend numerisch weiterverarbeitet. Die digitalen Verfahren ersetzen nicht nur für einige Aufgaben die analogen Verfahren, sondern eröffnen zusätzliche Möglichkeiten. So erlauben sie, auch dann noch Informationen aus den Meßsignalen herauszuholen, wenn die übliche Auswertung im Zeitbereich ausgeschöpft ist. Beispiele hierfür sind die Interpretation von stochastischen Ereignissen, die Berechnung von Spektren oder auch die Korrelation von Daten.

Zu den heute üblichen Standards zählen:

■ **Fast-Fourier-Transformation (FFT), Diskrete-Fourier-Transformation (DFT)**: Diese Rechenalgorithmen liefern spektralanalytische Informationen des Meßsignals, d.h. anteilige Frequenz- und Amplitudenverteilungen

■ **Autokorrelationsmeßtechnik (AKF)**: prognostisch orientierte Verfahren, die aus aufgezeichneten Meßsignalen deren zukünftigen

Verlauf vorausberechnen und diesen dann mit dem weiterhin regi-
strierten Signal auf Plausibilität prüfen.

H 1.4   Sensorik

> Ein Sensor ist ein **Meßfühler**, der mechanische, chemische, thermische,
> magnetische oder optische Werte aufnimmt und in **elektrische Signale**
> umformt. Die Umformung kann dabei entweder **analog** erfolgen (z.B. ent-
> spricht jedem Abstand ein ganz bestimmter Spannungswert) oder auch
> **binär** (z.B. wird beim Überschreiten eines bestimmten Abstandes ein Si-
> gnal ausgelöst).

Die Sensoren auf **Halbleiterbasis** haben eine große wirtschaftliche Zukunft.

■ pn-Übergang

Bringt man zwei unterschiedlich dotierte Halbleiterkristalle, d.h. Donato-
rentyp (n) und Akzeptorentyp (p), zusammen, so entsteht aufgrund des
pn-Konzentrationsunterschieds eine Ladungswanderung von Elektronen
aus dem n- in den p-Bereich, die dort rekombinieren, d.h. von Akzeptor-
atomen gebunden werden. Mit dieser Diffusion entsteht ein elektrisches
Feld, das der Diffusionsbewegung entgegenwirkt ($F = q \cdot E$).

Bei der sich einstellenden Gleichgewichtssituation tritt im pn-Über-
gangsbereich eine Raumladungszone RLZ ohne **freie** Ladungsträger
auf, an der eine materialspezifische Diffusionsspannung U_d anliegt.
$\left(\text{typ. } U_{d,Si} \cong 0{,}7 \text{ V}; \ U_{d,Ge} \cong 0{,}2 \text{ V}\right).$

■ Sensorische Anwendung

Jede in der RLZ zusätzlich erzeugte (thermisch) oder eingebrachte (Strahlung) Ladung wird aufgrund des Diffusionsfeldes bewegt. Dieser Drift-
strom ist im geschlossenen Kreis meßbar und damit ein Maß für die physikalische Größe, z.B. Temperatur, Beleuchtungsstärke oder Strahlung.

■ Ionensensitiver Feldeffekttransistor (ISFET)

Kombiniert man zu den beiden n- und p-Schichten eine weitere Schicht
in Verbindung mit einer Oxid-Deckschicht, so entsteht ein **Metall-Oxid-
Semiconductor** (MOS). Dessen Drain-Source-Strom wird durch eine an
die Steuerelektrode G angelegte Spannung nahezu leistungslos gesteuert.
Bei dem ISFET fehlt nun die metallische Gate-Elektrode. Sie ist durch
eine isolierende, ionensensitive Schicht ersetzt. Diese steht im direkten
Kontakt mit einer wäßrigen Lösung (Elektrolyt), in dem die Konzentra-
tion einer bestimmten Ionenart zu messen ist. An den Übergangsstellen
Referenzelektrode – Elektrolyt (R) und Elektrolyt – ionensensitive
Schicht entstehen elektrochemische Potentiale, die proportional zur Ionen-

konzentration der Flüssigkeit sind. In Verbindung mit einer Referenz-vorspannung bildet sich ein Drain-Source-Strom aus, der ein Maß für die gesuchte Ionenkonzentration ist (Bild H-15). Als Materialien für die io-nenselektive Schicht stehen anorganische und organische (Enzyme → Biosensoren) Stoffe zur Verfügung, so daß die Einsatzvielfalt dieser Sensoren noch keineswegs abzusehen ist.

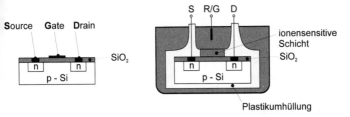

Bild H-15: Aufbau eines ionensensitiven Feldeffektsensors

Die **Übertragung** des analogen Sensorsignals erfolgt bisweilen als Span-nungswert, überwiegend aber mit einer 20-mA-Stromschleife. Hierbei wird der Meßwert in einen ihm proportionalen Strom umgewandelt. In der modernen Automatisierung geht allerdings der Trend zum Bus, d.h., das analoge Sensorsignal wird noch im Sensor analog/digital umgesetzt und dann seriell über einen Bus zum Rechner weitergeleitet.

H 2   Regelungstechnik

> Regelungstechnik ermöglicht die **gezielte Beeinflussung** aktiver, dyna-mischer Prozesse (technisch und nichttechnisch) unter Anwendung der Methoden von Systemanalyse und -beschreibung.

H 2.1   Grundlagen

Steuerung

Mittels einer Steuereinrichtung und eines energieübersetzenden Stellgliedes wird gezielt Einfluß auf die Prozeßausgangsgröße genommen (Bild H-16). Es entsteht eine **Wirkungskette** mit **eindeutiger Wirkungsrichtung**. Aufgrund fehlender Rückkopplung bzw. Rückmeldung über den aktuellen Zustand der Ausgangsgröße kann bei unerwarteter Änderung kein ad-äquater Stelleingriff erfolgen. Beispiel: Gaspedal (Steuereinrichtung und Stellglied) und Verbrennungsmotor (Prozeß, Strecke). Jeder Pedalstellung kann eine bestimmte Drehzahl zugeordnet werden, die sich aber unter La-steinwirkung (Bergfahrt) ändert. Erst der **Mensch als Regler** sorgt für gleichbleibende Drehzahl durch entsprechendes Nachstellen des Gaspedals.

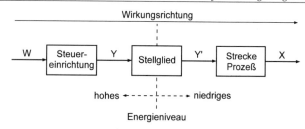

Bild H-16: Blockstruktur einer Steuerung

w:　　　Führungsgröße
y, y':　　Stellgrößen
x:　　　Ausgangsgröße, Steuergröße

Arten von Steuergrößen

- Zeitplansteuerung (z.b. Ampel),

- Wegplansteuerung (z.b. Kopierfräsen) und

- Ablaufsteuerung (z.b. Ablauf von Prozessen).

Regelung

Aus der Steuerung entsteht durch Rückführung der sensorisch erfaßten Ausgangsgröße und Vergleichsbildung mit dem gewünschten Sollwert eine Kreisstruktur, der **Regelkreis** (Bild H-17). Dieser ist nun auch in der Lage, auf Änderungen der Ausgangsgröße (Störung) durch Nachregeln zu reagieren.

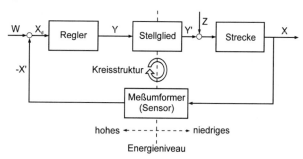

Bild H-17: Blockstruktur einer Regelung

w:　　　Führungsgröße, **Sollwert**
x_d:　　Regeldifferenz　　$x_d = w - x'$
y, y':　　Stellgrößen
x:　　　Ausgangsgröße, Regelgröße, **Istwert**

z: Störgröße

r':   Aufgaben-, Regelhilfsgröße

Arten von Regelungen

■ Festwertregelung (z.B. der Motordrehzahl)

■ Folgeregelung (z.B. bei der Satellitenempfangsantenne)

Zielsetzung

Durch die im Vergleich zur Steuerung deutlich aufwendigere Regelkreisstruktur sollen folgende Kernziele erreicht werden:

■ Sollwert = Istwert

■ vollständige Störungskompensation

■ ausreichende Stabilität und Dynamik

Die Überprüfung des Zielerreichungsgrades wird mathematisch durchgeführt und setzt die Kenntnis der **Systemstruktur** sowie der **Übertragungseigenschaften** aller Systemkomponenten voraus.

Übertragungsverhalten

Zur Bestimmung der Systemübertragungscharakteristik, d.h. der mathematischen Beziehung zwischen Eingangs- (x_e) und Ausgangssignal (x_a), gibt es folgende Möglichkeiten:

■ Ermittlung der **Differentialgleichung** bei Detailkenntnis des Systemphysik

■ **experimentelle Bestimmung**
   durch Frequenzgangmessung oder Auswertung des Ausgangszeitsignals bei einem definierten Eingangssignal

Die praktische **Systemanalyse** greift vornehmlich auf die letzte Methode zurück und ordnet bei Ausgangssignalübereinstimmung als Folge gleichen Eingangssignals dem unbekannten System (black box) die Differentialgleichung eines bereits bekannten Systems mit identischer Charakteristik zu.

H 2.2   Systembeschreibung

Das mathematisch-technische Abbild eines realen Regelsystems setzt ein hohes Maß an Systematisierung und Abstrahierungsvermögen voraus. Neben der Umsetzung in einen **Wirkschaltplan** (Blockschaltbild) sind den einzelnen Blöcken auch die gültigen **mathematisch-physikalischen Beziehungen** zuzuordnen. Bild H-18 zeigt ein Beispiel.

Bei der Entwicklung des Blockschaltbildes sind folgende Randbedingungen zu berücksichtigen:

- Die einzelnen Blöcke (Systemkomponenten) sind linear, d.h., Ein- und Ausgangssignal sind durch eine lineare Differentialgleichung verknüpft. Es gilt das Superpositions- und Rückbeziehungsprinzip.

- Handelt es sich um eine nichtlineare Beziehung, so sind Linearisierungen im benutzten Betriebsbereich anzusetzen.

- Die einzelnen Blöcke sind kausal und rückwirkungsfrei.

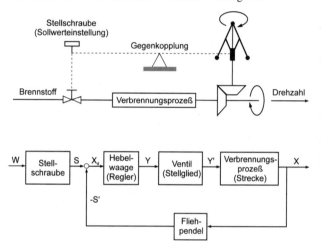

Bild H-18: Verbrennungskraftmaschine mit mechanischem Regler

H 2.2.1 Mathematisierung

Prämisse: Die Bestimmung der Übertragungsfunktion realer technischer, biologischer, organisatorischer oder ökologischer Systeme und Systemkomponenten erfolgt **experimentell**. Durch Vergleich mit einfachen **bekannten** Systemen, deren Mathematik verfügbar ist, kann nach geeigneter Parameterfestlegung auch für das reale System die mathematische Beziehung zwischen Ein- und Ausgangsgröße angegeben werden. Bild H-19 zeigt ein einfaches Beispiel.

- Ermittlung der Differentialgleichung (DG)

$$\left.\begin{array}{l} U_e - U_a - U_R = 0 \\ U_R = I \cdot R \\ I = C \cdot \dfrac{dU_a}{dt} \end{array}\right\} \quad U_e = U_a + RC \cdot \dfrac{dU_a}{dt}$$

mit der Zeitkonstante $T = RC$: $\Rightarrow$ DG: $T \cdot \dot{U}_a + U_a = U_e$

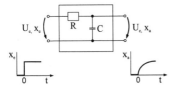

Bild H-19: System mit Verzögerung 1. Ordnung.

■ Ermittlung des komplexen Frequenzganges $\underline{F}(j\omega)$

$$\underline{F}(j\omega) = \frac{\underline{U}_a}{\underline{U}_e} = \frac{\underline{X}_C}{R + \underline{X}_C} = \frac{\dfrac{1}{j\omega C}}{R + \dfrac{1}{j\omega C}} = \frac{1}{1 + j\omega \underbrace{R\,C}_{T}}$$

■ Laplace-Transformation

$$L\{x(t)\} = \int_0^\infty x(t)\,e^{-pt}\,dt = x(p) \qquad \text{(Definition)}$$

es gilt:

$$L\left\{\frac{dx(t)}{dt}\right\} = p \cdot x(p) \qquad\qquad L\left\{\int x(t)dt\right\} = \frac{1}{p} \cdot x(p)$$

Transformiert man die DG des Beispielsystems, so ergibt sich:

$$L\{DG\}:\quad T \cdot p \cdot U_a(p) + U_a(p) = U_e(p) \qquad \text{oder:}$$

$$\frac{U_a(p)}{U_e(p)} = \frac{1}{1 + p \cdot T} = F(p)$$

$F(p)$ ist die **Systemübertragungsfunktion**, die aus der Differentialgleichung entwickelt werden kann und für $p = j\omega$ identisch mit dem komplexen Frequenzgang ist.

Alle drei mathematischen Darstellungsmöglichkeiten enthalten folglich dieselbe Grundinformation und beschreiben vollständig die Systemcharakteristik, d.h. die Beziehung zwischen Ein- und Ausgangssignal.

H 2.2.2 Ermittlung des Ausgangssignals

Bei bekannter Differentialgleichung kann das Ausgangssignal $x_a(t)$ für jedes beliebige Eingangssignal $x_e(t)$ durch Lösung der Differentialgleichung bestimmt werden (Bild H-20).

Wegen $F(p) = \dfrac{x_a(p)}{x_e(p)}$ bzw. $x_a(p) = F(p) \cdot x_e(p)$

bietet die Laplace-Transformation aber einen eleganten, einfachen Umweg.

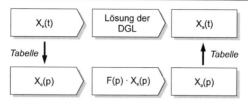

Bild H-20: Möglichkeiten zur Bestimmung des Ausgangszeitsignals bei vorgegebenem Systemeingangssignal

- Die **Lösung der Differentialgleichung** des Beispielsystems lautet für ein sprungförmiges Eingangssignal

$$x_e(t) = \begin{cases} x_{e0} & \text{für } t \geq 0 \\ 0 & \text{für } t < 0 \end{cases} \qquad x_a(t) = x_{e0}(1 - e^{-t/T})$$

- Mit der **Laplace-Transformation** ist die Lösung folgendermaßen zu bestimmen:

1. Transformiere

$$x_e(t) \rightarrow x_e(p) = \frac{x_{e0}}{p}$$

2. Bilde

$$F(p) \cdot x_e(p) = \frac{1}{1+pT} \cdot \frac{x_{e0}}{p} = x_a(p)$$

3. Rücktransformiere

$$x_a(p) \rightarrow x_a(t) = x_{e0}(1 - e^{-t/T})$$

H 2.2.3 Stabilitätsaussagen

Aussagen zur Systemstabilität:

- Neigt das System zu Schwingungen ?

- Erreicht es einen stationären Beharrungszustand ?

werden aus den Lösungswurzeln der homogenen Differentialgleichung abgeleitet. Dieselben Aussagen ermittelt man auch, wenn man die Pole von $F(p)$ oder die Nullstellen des Nennerpolynom bestimmt.

- allgemeine Differentialgleichung:

$$\underbrace{a_0 x_a + a_1 \frac{dx_a}{dt} + a_2 \frac{d^2 x_a}{dt^2} + \ldots + a_n \frac{d^n x_a}{dt^n}}_{\substack{\text{homogener Teil} \\ \text{(Eigenbewegung)}}}$$

$$= \underbrace{b_0 x_e + b_1 \frac{dx_e}{dt} + b_2 \frac{d^2 x_e}{dt^2} + \ldots + b_n \frac{d^n x_e}{dt^n}}_{\substack{\text{inhomogener Teil} \\ \text{(Störfunktion)}}}$$

Durch Laplace-Transformation der Differentialgleichung erhält man:

$$a_0 x_a + a_1 p x_a + a_2 p^2 x_a + \ldots + a_n p^n x_a = b_0 x_e + b_1 p x_e + \ldots + b_n p^n x_e$$

$$\Rightarrow F(p) = \frac{x_a}{x_e} = \frac{b_0 + b_1 p + b_2 p^2 + \ldots + b_n p^n}{a_0 + a_1 p + a_2 p^2 + \ldots + a_n p^n}$$

mit dem Lösungsansatz für die homogene Differentialgleichung, d.h. $x_a(t) = k \cdot e^{p \cdot t}$ ergibt sich :

$$a_0 \cdot \underbrace{k e^{pt}}_{x_a} + a_1 \cdot p \cdot \underbrace{k e^{pt}}_{x_a} + a_2 \cdot p^2 \cdot \underbrace{k e^{pt}}_{x_a} + \ldots + a_n \cdot p^n \underbrace{k e^{pt}}_{x_a} = 0$$

$$\Rightarrow \underbrace{a_0 + a_1 \cdot p + a_2 \cdot p^2 + \ldots + a_n \cdot p^n}_{\text{Nennerpolynom von } F_p} = 0$$

= charakteristische Gleichung mit den Lösungswurzeln p_i

Die Lösungswurzeln p_i können reell, konjugiert komplex oder als Doppellösung auftreten (Bild H-21). Die Gesamtlösungsfunktion der homogenen Differentialgleichung bestimmt sich aus der Linearkombination **aller** Teillösungen. Dabei muß diese Gesamtlösung **immer reell** sein.

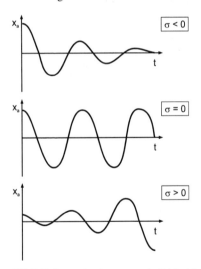

Bild H-21: Systemeigenbewegungen in Abhängigkeit von den Lösungswurzeln

Ansatz für Linearkombination komplexer Teillösungen:

$$x_{dh}(t) = \underline{c}_1 e^{\underline{p}_1 t} + \underline{c}_2 e^{\underline{p}_2 t} \quad \left(\underline{p}_{1/2} = \sigma \pm j\omega \right)$$

mit: $\underline{c}_1 = ce^{j\varphi} = \underline{c}_2^*$

$$\Rightarrow x_a(t) = ce^{j\varphi}e^{(\sigma+j\omega)\cdot t} + ce^{-j\varphi}e^{(\sigma-j\omega)\cdot t}$$

$$= ce^{\sigma t + j(\varphi+\omega t)} + ce^{\sigma t - j(\varphi+\omega t)}$$

$$= ce^{\sigma t} \cdot 2\cos(\omega t + \varphi) \quad \{\text{reell, Schwingung}\}$$

Interpretationen:

- Schwingungsneigung, falls konjugiert komplexe Pole (cosinus)
- Stabilitätskriterium:

$\sigma < 0$ $\Rightarrow$ stabil

$\sigma = 0$ $\Rightarrow$ Stabilitätsgrenze

$\sigma > 0$ $\Rightarrow$ instabil

> Ein System ist stabil, wenn alle Wurzeln bzw. Pole von $F(p)$ in der negativen reellen Halbebene liegen.

H 2.2.4 Graphische Darstellung des Systemübertragungsverhaltens

- **Sprungantwort**
  Die Darstellung ist die wohl anschaulichste, da hier das Systemverhalten im Zeitbereich dargestellt wird. Die Sprungantwort gibt das Ausgangssignal für ein sprungförmiges Eingangssignal an. Im Falle eines normierten Eingangssprungs, d.h. Amplitude $x_{e0} = 1$, spricht man auch von der Übergangsfunktion $h(t)$ (Bild H-22).

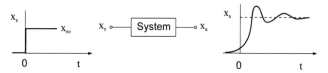

Bild H -22: Sprungantwort zur Systemcharakterisierung

Anmerkung: Diese Darstellung ist deshalb so bedeutsam, da sich für jedes unbekannte System die Sprungantwort experimentell leicht ermitteln läßt, folglich durch Systemidentifikation die das Systemverhalten beschreibende Übertragungsfunktion zugeordnet werden kann.

- **komplexer Frequenzgang**
  Eine kompaktere Darstellung ist aus der Übertragungsfunktion in Form des komplexen Frequenzgangs ($p=j\omega$) zu erhalten, der in Abhängigkeit von der Frequenz dargestellt wird nach
  – Betrag und Phase (**Bode-Diagramm**) oder
  – Real- und Imaginärteil (**Ortskurve**) (Bild H-23).

Beispiel:

$$F(p) = \frac{1}{1+pT} \quad \Rightarrow \quad \underline{F}(j\omega) = \frac{1}{1+j\omega T}$$

$$\underline{F}(j\omega) = \underbrace{\frac{1}{1+(\omega T)^2}}_{Re} + j\left(\underbrace{-\frac{\omega T}{1+(\omega T)^2}}_{Im}\right)$$

$$\left|\underline{F}(j\omega)\right| = F = \sqrt{Re^2 + Im^2} = \frac{1}{\sqrt{1+(\omega T)^2}}$$

$$\tan\varphi_F = \frac{Im}{Re} = -\omega T$$

ω	0	$\frac{1}{T}$	∞
$|F|$	1	$\frac{1}{\sqrt{2}}$	0
φ_F	0	$-\frac{\Pi}{4}$	$-\frac{\Pi}{2}$
I_m	0	$-\frac{1}{2}$	0
R_e	1	$\frac{1}{2}$	0

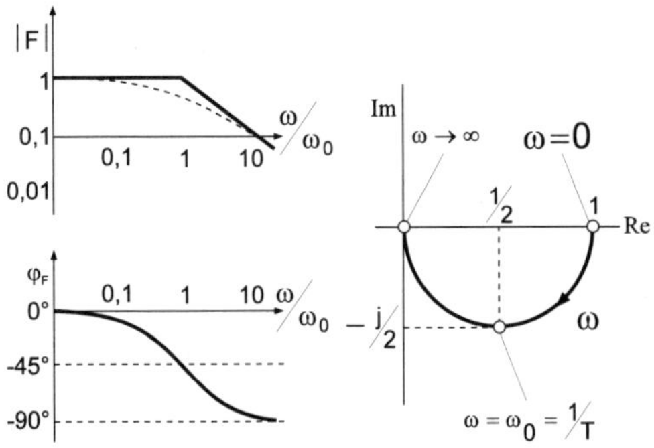

Bild H-23: Bode-Diagramm (links) und Ortskurve (rechts) zur Systemcharakterisierung

H 2.3 Regelkreis

Ein Regelkreis setzt sich aus mehreren Systemkomponenten zusammen, deren real häufig auftretende (Strecken) bzw. einzusetzende (Regler) Übertragungscharakteristika nachfolgend diskutiert werden (Bild H-24).

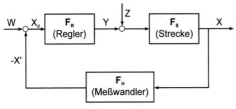

Bild H-24: Einfache Regelkreistopologie

Bei bekannten Übertragungsfunktionen von Meßumformer (F_H), Regler (F_R) und Strecke (F_S) ergibt sich:

$$F_R = \frac{y}{x_d}; \ F_S = \frac{x}{y'}; \ F_H = \frac{x'}{x}; \ x_d = w - x'; \ y' = y + z$$

$$x = (y + z) \cdot F_S$$

$$y = x_d \cdot F_R = (w - x') \cdot F_R = (w - x \cdot F_H) \cdot F_R$$

$$\Rightarrow x = \left[(w - x \cdot F_H) \cdot F_R + z \right] \cdot F_S$$

$$x = \frac{F_R \cdot F_S}{1 + F_R \cdot F_S \cdot F_H} \cdot w + \frac{F_S}{1 + F_R \cdot F_S \cdot F_H} \cdot z$$

Dieser Ausdruck stellt die **allgemeine Regelgleichung** dar und beschreibt die Einflußnahme von Sollwert w und Störgröße z auf die Regelgröße x.

Die Miteinarbeitung der **regelungstechnischen Zielsetzungen**, d.h.:

■   Sollwert = Istwert

■   Störungskompensation

■   ausreichende Stabilität und Dynamik

liefert folgende Bedingungen:

■ $\dfrac{F_S}{1 + F_R \cdot F_S \cdot F_H} = 0$ \qquad Störungskompensation

\qquad\qquad\qquad\qquad\qquad (keine Wirkung von z auf x)

■ $\dfrac{F_R \cdot F_R}{1 + F_R \cdot F_S \cdot F_H} = 1$ \qquad Sollwert w = Istwert x

Hinsichtlich der genannten Zielsetzung gilt es, die Einzelkomponenten entsprechend darauf abzustimmen. Dabei muß man von folgenden Vorgaben ausgehen:

■   **Prozeß, Strecke**: technisch vorgegeben, in der Regel nicht veränderbar

■   **Stellglied, Meßumformer**: möglichst einfaches Übertragungsverhalten sowie verzögerungsfrei

■   **Regler**: die Komponente der Wahl, möglichst verzögerungsfrei, Auswahl angepaßt an restliche Systemkomponenten und regelungstechnisches Ziel

H 2.3.1 Strecken

Anhand des zeitlichen Verlaufs des Streckenausgangssignals x bei sprungförmigem Eingangssignal y wird die Klassifikation vorgenommen (Bild H-25).

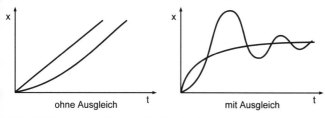

Bild H-25: Übergangsfunktionen von Strecken ohne bzw. mit Ausgleich

■ **Strecken ohne Ausgleich**
Bei Ansteuerung mit Stellgröße wächst das Ausgangssignal kontinuierlich mit der Zeit
IT$_1$: Integrierend mit Verzögerung 1. Ordnung

$$F(p) = \frac{k_I}{p \cdot (1 + pT)}$$

■ **Strecken mit Ausgleich**
Eine Änderung des Eingangssignals (Stellgröße y) führt nach endlicher Zeit zu einem zeitlich stabilen Ausgangswert (= stationärer Endwert, Beharrungszustand)
P: proportional

$$x(t) = k_P \cdot y(t)$$
$$F(p) = k_P$$

PT$_1$: proportional mit Verzögerung 1. Ordnung

$$T \cdot \dot{x}(t) + x(t) = k_P \cdot y(t)$$
$$F(p) = \frac{k_P}{1 + pT}$$

PT$_n$: proportional mit Verzögerung n-ter Ordnung

$$F(p) = \frac{k_P}{(1 + pT_1)(1 + pT_2)...(1 + pT_n)}$$

T$_t$: Totzeitsystem (z.B. Förderband)

$$x(t) = k_P \cdot y(t - T_t)$$
$$F(p) = k_P \cdot e^{pT_t}$$

Anmerkung: PT$_n$-Systeme werden auf zwei einfache Systeme, d.h. PT$_1$ mit T$_t$, reduziert (Küpfmüller-Approximation, Wendetangentenverfahren).

Durch diese Näherung wird die Vielzahl der Systemparameter (k_P, $T_1, T_2...T_n$) auf drei Ersatzparameter, d.h. k_P, T_t (= T_U), T_1 (= T_G) reduziert.

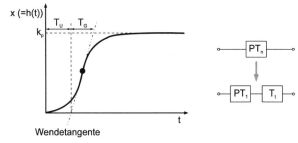

Bild H-26: Reduktionsmethode für Strecken mit Verzögerung höherer Ordnung

Mit Hilfe der Ersatzgrößen T_U und T_G wird die Regelbarkeit global beurteilt:

$$\frac{T_U}{T_G} \leq \frac{1}{10} \qquad \text{gut regelbar}$$

$$\frac{1}{10} \leq \frac{T_U}{T_G} \leq \frac{1}{3} \qquad \text{mäßig, noch regelbar}$$

$$\frac{T_U}{T_G} \geq \frac{1}{3} \qquad \text{schlecht regelbar}$$

H 2.3.2 Regler

Aus den grundlegenden Übertragungscharakteristiken von:

- P-Glied

  $x_a(t) = k_P \cdot x_e(t); \quad F(p) = k_P \qquad k_P$ Proportionalbeiwert

- I-Glied

  $x_a(t) = k_I \int x_e(t)\,dt; \quad F(p) = \dfrac{k_I}{p} \qquad k_I$ Integrierbeiwert

- D-Glied

  $x_a(t) = k_D \dfrac{dx_e(t)}{dt}; \quad F(p) = k_D \cdot p \qquad k_D$ Differenzierbeiwert

werden folgende, für technische Regler sinnvolle Kombinationen entwickelt:

- P-Regler

  $y(t) = k_P \cdot x_d(t); \quad F(p) = k_P.$

- PI-Regler

  $y_a(t) = k_P x_d(t) + k_I \int x_d(t)\,dt$

  $F(p) = k_P + \dfrac{k_I}{p}$

  $F(p) = k_P\left(1 + \dfrac{1}{p \cdot T_N}\right) \qquad T_N = \dfrac{k_P}{k_I} \qquad$ (Nachstellzeit)

■ PID-Regler

$$y_a(t) = k_P x_d(t) + k_I \int x_d(t)dt + k_D \cdot \frac{dx_d(t)}{dt}$$

$$F(p) = k_P + \frac{k_I}{p} + k_D \cdot p = k_P\left(1 + \frac{1}{p \cdot T_N} + p \cdot T_V\right)$$

$$T_N = \frac{k_P}{k_I} \quad \text{(Nachstellzeit)} \qquad T_V = \frac{k_D}{k_P} \quad \text{(Vorhaltezeit)}$$

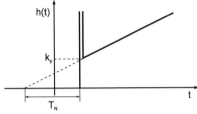

Bild H-27: Sprungantwort des idealen PID-Reglers

H 2.3.3 Regelkreisverhalten

Übertragungscharakteristik

Aus der Regelkreisgleichung ergeben sich:

■ Führungsübertragungsfunktion

$$F_w = \frac{F_S \cdot F_R}{1 + F_S \cdot F_R} = \frac{x}{w}$$

■ Störungsübertragungsfunktion

$$F_Z = \frac{F_S}{1 + F_S \cdot F_R} = \frac{x}{z}$$

Dabei ist aufgrund der additiven Überlagerung der Wirkungen von w bzw. z auf x eine getrennte Betrachtung beider Einflüsse möglich.

Als **bleibende Regeldifferenz** x_{db} unter Miteinbeziehung von Führungs- und Störungsübertragungsfunktion wird das Verhalten des Regelkreises im eingeschwungenen Zustand, d.h. $t \to \infty$ bzw. $p \to 0$, untersucht. Ausgehend von der Regeldifferenz $x_d = w - x$, ergibt sich allgemein für die bleibende Regeldifferenz:

$$x_{db} = \lim_{\substack{p \to 0 \\ t \to \infty}} (w - x)$$

■ mit Führungsgröße w und Störung $z = 0$:

$$\frac{x}{w} = F_w \to x = F_w \cdot w$$

$$\Rightarrow x_{dw} = w - x = w - F_w \cdot w = w(1 - F_w)$$

$$x_{dbw} = w \cdot \lim_{\substack{t \to \infty \\ p \to 0}} (1 - F_w)$$

■ mit Störgröße z und Führungsgröße $w = 0$:

$$\frac{x}{z} = F_z \to x = F_z \cdot z \qquad \Rightarrow x_{dz} = \underset{=0}{w} - x = -F_z \cdot z$$

$$x_{dbz} = -z \cdot \lim_{\substack{t \to \infty \\ p \to o}} F_z$$

■ gesamte bleibende Regeldifferenz:

$$x_{db} = x_{dbw} + x_{dbz}$$

Zur Vermeidung einer bleibenden Regeldifferenz gilt allgemein:

■ $$\lim_{p \to 0} F_Z = \lim_{p \to 0} \frac{F_S}{1 + F_R \cdot F_S} = 0$$

für vollständige Störungskompensation

erreichbar mit:

$\lim_{p \to 0} F_S = 0$ d.h. D-Strecke (nicht relevant)

$$\lim_{p \to 0} F_R \cdot F_S \to \infty \qquad \Rightarrow \quad \lim_{p \to 0} F_R \to \infty$$

d. h. I - Charakteristik bei Regler (F_R)

■ $$\lim_{p \to 0} F_w = 1 = \lim_{p \to 0} \frac{F_R \cdot F_S}{1 + F_R \cdot F_S} = \lim_{p \to 0} \frac{1}{\dfrac{1}{F_R \cdot F_S} + 1} = 1$$

für $x = w$ und $x_{db} = 0$

erreichbar mit:

$$\lim_{p \to 0} \frac{1}{F_R \cdot F_S} = 0 \qquad \Rightarrow \quad \lim_{p \to 0} F_R \cdot F_S \to \infty$$

d. h. I - Charakteristik bei Regler (F_R)

Stabilität

In Analogie zur Stabilitätsbeurteilung durch Lösungswurzeln der charakteristischen Gleichung, die bekanntermaßen mit dem Nennerpolynom der zugehörigen Übertragungsfunktion identisch ist, ergibt sich:

$$1 + F_R \cdot F_S \cdot F_H = 0 \quad \text{oder} \quad F_R \cdot F_S \cdot F_H = -1$$

Diese Beziehung wird als **Schwingbedingung** bezeichnet, da bei Erfüllung aus der ansonsten stabilen Gegenkopplung des Regelkreises dann eine **instabile Mitkopplung** entsteht. Das Produkt aller im Kreis auftretenden Übertragungsfunktionen wird als **Übertragungsfunktion des offenen Kreises** $F_o = F_R \cdot F_S \cdot F_H$ bezeichnet (Bild H-28). Die Stabilitätsprüfung erfolgt anhand der Ortskurve des komplexen Frequenzgangs von $\underline{F}_0(j\omega)$.

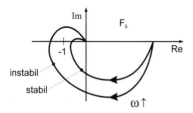

Bild H-28: Ortskurve des komplexen Frequenzgangs des offenen Regelkreises zur Stabilitätsbeurteilung

Interpretation in Form des **einfachen Nyquist-Stabilitätskriteriums:**

Wird die Ortskurve des **offenen Regelkreises** (F_0) in Richtung wachsender Frequenz durchlaufen und liegt dabei der kritische Punkt (−1) linker Hand, so ist der **geschlossene Regelkreis** stabil.

Die Technik fordert Stabilitätsreserven:

$$|F_0| \le 0,5 \quad \text{für} \quad \varphi = -180° \quad \Rightarrow A_{\text{Rand}} = \frac{1}{F_0} \ge 2$$

$$\varphi \ge -150° \quad \text{für} \quad |F_0| = 1 \quad \Rightarrow \varphi_{\text{Rand}} \ge 30°$$

H 2.4 Reglerentwurf

Hinsichtlich der Zielsetzungen lassen sich folgende Empfehlungen zur Auswahl der Reglergrundcharakteristik angeben:

- P-Regler: schnell, robust, stabil, immer mit bleibender Regeldifferenz
- PI-Regler: langsamer, Stabilität und Schwingungsneigung sind parameterabhängig, keine bleibende Regeldifferenz
- PID-Regler: Dynamik, Stabilität und Schwingungsneigung sind parameterabhängig, keine bleibende Regeldifferenz

Neben mehr oder minder aufwendigen Reglerparametrierverfahren, wie

- Wurzelortskurvenmethode
- Entwurf mit minimaler Dämpfung
- Anpassung mit Kompensation von Zeitkonstanten

hat sich in der Praxis die Einstellmethode mit Hilfe der **Streckenersatzparameter** (nach Ziegler-Nichols) bewährt. Diese ist nur bei Strecken mit Ausgleich anwendbar und erfordert deren Ersatzkenngrößen k_S, T_U,

T_G unter Hinzunahme weiterer Proportionalbeiwerte und Verzögerungs-
zeiten von Stellglied oder Meßumformer.

H 2.5   Entwicklungstrends

Immer seltener wird heutzutage Regelungstechnik analog realisiert.
Verstärkt werden Prozeßrechner eingesetzt, mit denen durch Parallelver-
arbeitung mehrere Regelkreise quasi gleichzeitig bearbeitet werden kön-
nen. Die erforderlichen Reglercharakteristika werden bei diesen digitalen
Regelungen durch meist einfache numerische Algorithmen realisiert
(Bild H-29).

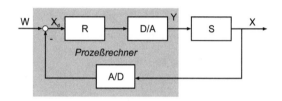

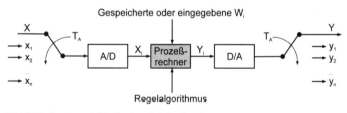

Bild H-29: Struktur und Prinzip einer digitalen Regelung

Diese rechnergestützte Regelungstechnik setzt voraus, daß die entsprechenden Eingangsgrößen in rechnerverarbeitbarer Form vorliegen. Erst
dadurch konnten andere Konzepte zur Reglerrealisierung in der Regelungstechnik Eingang finden:

■ **Zustandsregler**
    insbesondere für Mehrgrößenregelung geeignet. Hierbei werden
    Zustandsänderungen und Ausgang des System durch lineare Diffe-
    rentialgleichungssysteme aus aktuellem Zustand und Eingangssignal
    bestimmt.

■ **Fuzzy-Controller**
    Mit Methoden der unscharfen Mathematik wird eine Verknüpfung
    zwischen Regeldifferenz und Stellgröße geschaffen.

■ **neuronale Strukturen**
Mit Hilfe **trainierter neuronaler Netze** erfolgt eine Abbildung von Regeldifferenzzuständen auf entsprechende Stelleingriffe.

Für Fuzzy- und Neuro-Controller wird häufig der Begriff **empirische Regler** verwendet, da in diesen Realisierungskonzepten vielfältiges Expertenwissen über den zu regelnden Prozeß berücksichtigt wird.

Hoffmann, J.: Taschenbuch der Messtechnik. Leipzig: Fachbuchverlag 1998

Mann, H., Schiffelgen, H., Froriep, R.: Einführung in die Regelungstechnik. München Wien: Carl Hanser Verlag 1997

Kaspers, W., Küfner, H.-J., Heinrich, B. und Vogt, W.: Steuern, Regeln, Automatisieren. Wiesbaden: Vieweg 1994

Schrüfer, E.: Elektrische Meßtechnik. München Wien: Carl Hanser Verlag 1994

Zimmermann, H.J.: Fuzzy Technologien - Prinzipien, Werkzeuge, Potentiale. Düsseldorf: VDI-Verlag 1993

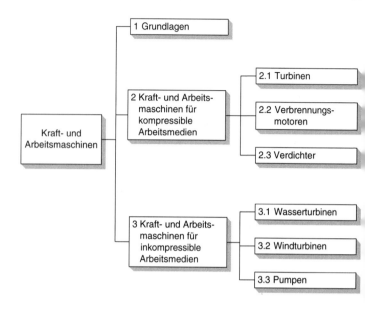

I   Kraft- und Arbeitsmaschinen

I 1   Grundlagen

> Maschinen und Anlagen **wandeln** stets eine Energieform in eine andere um, beispielsweise Primärenergie in Form von Öl in elektrische oder mechanische Energie.

Zur den Primärenergien zählen

- **nicht erneuerbare Primärenergien**: Kohle, Erdöl, Erdgas, Kernspaltprodukte

- **erneuerbare Primärenergien**: Sonnenenergie, Wasserkraft, Gezeitenenergie, Wind, Erdwärme

> Kraft- und Arbeitsmaschinen arbeiten in **Kreisprozessen** zur Energiewandlung. **Rechtsläufige Prozesse** wandeln Primärenergie in mechanische oder elektrische Energie (für Maschinen und Anlagen der Produktionswirtschaft) um. In **linksläufigen Prozessen** dient die Antriebsenergie zur Änderung des Energiezustandes (Druck- und Temperaturänderung von Gas oder Wasser). Schema eines idealen Kreisprozesses ist der **Carnot-Prozeß** (dargestellt als T,s-Diagramm in Bild I-1).

In Tabelle I-1 sind die wichtigsten physikalischen Größen zusammengestellt.

Tabelle I-1: Physikalische Größen im Carnotschen Kreisprozeß

Formelzeichen	Physikalische Größen
p, T, ρ	thermische Zustandsgrößen zur Zustandsbeschreibung eines Arbeitsmediums (Gas)
u, h, s	kalorische Zustandsgrößen zur Zustandsbeschreibung eines Arbeitsmediums
p	Druck (Pa = N/m^2)
T	Temperatur (K, $T = t + 273{,}16$ K, t in °C)
ρ	Dichte
u	innere Energie $c_V T$
h	Enthalpie $c_p T$
s	Entropie q / T
w_t	technische Arbeit $h_1 - h_2$

Die Bedeutung der einzelnen Umläufe der Prozesse bedeuten:

Prozeßrichtung	Wirkung des Prozesses	Umlaufstationen
Rechtsläufig (genutzt im Kraftwerk)	Wärmezufuhr	a 1 2 3 4 b
	Wärmeabfuhr	a 1 4 b
	Nutzarbeit (theoretisch)	1 2 3 4

Prozeßrichtung	Wirkung des Prozesses	Umlaufstationen
Linksläufig Wärmepumpe Kältemaschine	Antriebsenergie (theoretisch) Wärmeabgabe Wärmeaufnahme	4 3 2 1 b 4 3 2 1 a b 4 1 a

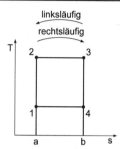

Bild I-1: Carnot-Prozeß als grundsätzliche Darstellung eines Kreisprozesses
(Umlauf 1,2,3,4 = rechtsläufiger Prozeß; Umlauf 4,3,2,1 = linksläufiger Prozeß)

Die **Wirtschaftlichkeit** des rechtsläufigen Prozesses beschreibt der **Wirkungsgrad** η:

$$\eta = \frac{\text{Nutzen}}{\text{Aufwand}} = \frac{w_t}{q_{zu}} = \frac{1234}{a1234b} = \frac{T_2 - T_1}{T_2}$$

Für den linksläufigen Prozeß gilt:

Güteziffer
(Leistungszahl):

$$\varepsilon_{KM} = \frac{q_{zu}}{w_t} = \frac{b41a}{4321} = \frac{T_1}{T_2 - T_1} \qquad \text{Kältemaschine}$$

$$\varepsilon_{WP} = \frac{q_{ab}}{w_t} = \frac{b4321a}{4321} = \frac{T_2}{T_2 - T_1} \qquad \text{Wärmepumpe}$$

Im wirklichen Prozeß gilt (P Antriebsleistung):

$$\dot{Q}_{zu}(b41a) + P = \dot{Q}_{ab}(b32a)$$

$$\varepsilon_{KM} = \frac{\dot{Q}_{zu}}{P} \qquad \varepsilon_{WP} = \frac{\dot{Q}_{ab}}{P}$$

I 2   Kraft- und Arbeitsmaschinen für kompressible Arbeitsmedien

I 2.1   Turbinen

I 2.1.1   Dampfturbinen

In einem Kreisprozeß (**Clausius-Rankine-Prozeß**) wird Wasser erwärmt, verdampft und Dampf überhitzt (Wandlung von Primärenergie in thermimische Energie) und steht als Heißdampf mit hohem Energieinhalt (p_0, t_0 → h_0) zur Verfügung. In der **Dampfturbine** entspannt die Menge $\dot{m}$ (kg/s) in mehreren Stufen, auch verteilt auf mehrere Gehäuse auf den Druck p_Z (t_Z, h_Z). p_Z wird bestimmt durch die Wärmeabgabemöglichkeit bei t_Z an die Umgebung (Bild I-2). Wärmeabgabe an Fluß- oder Seewasser oder über einen Kühlwasserkreislauf mit Kühltürmen an die Umgebungsluft. Folgende Parameter sind entscheidend:

– Frischdampf-Parameter: p_0 = 180...220 bar; t_0 = 545 °C
– p_Z bei Kondensationsturbinen:
$\quad$ p_Z = 0,03 bar, Frischwasserkühlung
$\quad$ p_Z = 0,06 bar, Kühlturmrückkühlung
– p_Z bei Entnahme- oder Gegendruckturbinen: p_Z ist abhängig von der Temperatur des Wärmebedarfes.

Den Zusammenhang liefert die **Wasserdampftafel**:

t (°C)	24,1	36,1	81,3	100	150	180
p (bar)	0,03	0,06	0,5	1,0	5,0	10,0

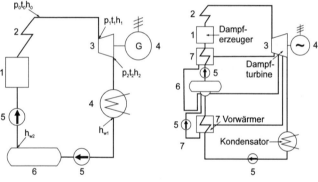

Bild I-2: Schaltschema einer Dampfkraftanlage (vereinfacht); nur Stromerzeugung - Kondensator K; mit Wärmeerzeugung - Wärmetauscher W. Es bedeuten:1 Dampf-Erzeuger, 2 Überhitzer, 3 Dampfturbine, 4 Generator, 5 Pumpen, 6 Vorwärmer

In Bild I-3 wird die Turbine als Beispiel einer Kammerturbine vorgestellt. Es ist die typische Bauart bei Gleichdruckbeschaufelung. Die Energieumwandlung von h in c erfolgt in den Düsen der Leitreihe; im Laufrad erfolgt nur die Umlenkung zur Erzeugung der Umfangskraft F_u infolge Umlenkung Δc_u.

Leistungen und Wirkungsgrade:

$$H_{s,ges} = H_{s,HD} + H_{s,MD} + H_{s,ND} \quad \text{Wärmegefälle der Gesamtturbine}$$

$$H_{s,HD} = h_0 - h_s' \qquad H_{s,MD} = h_s' - h_s'' \qquad H_{s,ND} = h_s'' - h_{zs}$$

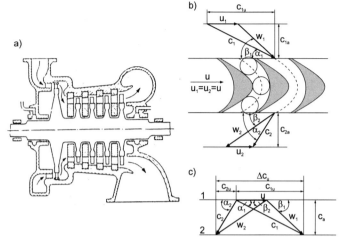

Bild I-3: Dampfturbine mit Gleichdruckbeschaufelung (a), Schaufelplan (b) und Geschwindigkeitsdreiecken (c).

Innere Leistung:

$$P_{i,T} = \sum P_{i,St} = \sum_{j=0}^{z} \dot{m}_j H_{sj} \eta_i \qquad j = \text{HD, MD, ND}$$

Die Dampfmenge $\dot{m}$ unterscheidet sich wegen der Anzapfmengen zur regenerativen Speisewasservorwärmung

$$P_{i,T} = \dot{m}_0 H_{s,ges} \eta_i \left(1 - \frac{a}{2}\right) \qquad a \cong 0{,}05 \cdot \text{Anzahl Vorwärmer}$$

Kupplungsleistung:

$$P_{e,T} = P_{i,T} \eta_m \qquad\qquad \eta_m \text{ mechanischer Wirkungsgrad}$$

Innerer Turbinenwirkungsgrad:

$$\eta_{is,T} = \frac{\sum P_{i,St}}{\sum \left(\dot{m}_{St} \cdot H_{s,St}\right)}$$

Index s: Bezug auf isentropen Vergleichsprozeß

Die Entspannung einer Zwischenstufe zeigt Bild I-4.

Die Geschwindigkeit c_1 folgt aus der Düsengleichung:

$$c_1 = \varphi_{s,Le} \cdot \sqrt{2 H_{s,St} + c_0^2}$$

Die übrigen Geschwindigkeiten folgen aus den Geschwindigkeitsdreiecken (Bild I-3).

Optimale Umfangswirkungsgrade erreicht man bei der Schnellaufzahl:

$$\left(\frac{u}{c_1}\right) = \frac{\cos\alpha_1}{2}$$ α_1 Düsenwinkel

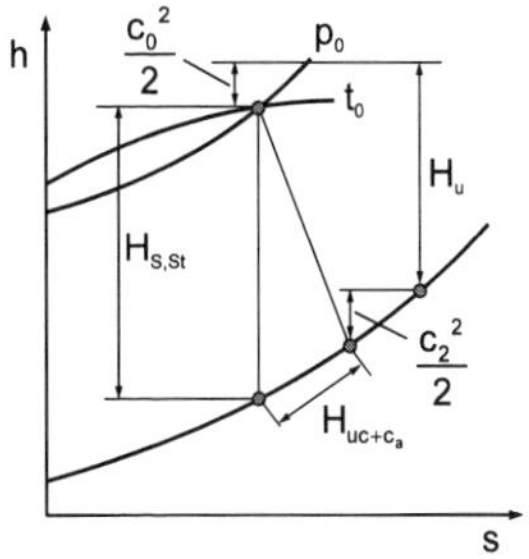

$$H_u = (h_0 - h_2) + \left(\frac{c_0^2}{2} - \frac{c_2^2}{2}\right)$$

für eine Zwischenstufe

$$\eta_u = \frac{H_u}{H_{s,St}}$$

$$H_u = u\,\Delta c_u \quad \text{(Bild 3c)}$$

$$c_1 = \varphi_{s,uc} \cdot \sqrt{2H_{s,St} + c_0^2}$$

Bild I-4: Entspannungsverlauf in einer Turbinenstufe mit Gleichdruckbeschaufelung

Energieumwandlung nach dem Impulsmomentensatz (Euler-Turbinengleichung):

$$F_u = \dot{m} \cdot \Delta c_u$$

$$M_u = \dot{m} \cdot r \cdot \Delta c_u$$

$$P_u = M_u \cdot \omega = \dot{m} \cdot u \cdot \Delta c_u = \dot{m} \cdot H_u$$

oder dimensionslos mit der Impulskennzahl ($\mu_u = 1...2$):

$$\mu_u = \frac{H_u}{u^2} = \frac{\Delta c_u}{u}$$

Gesamtwirkungsgrad der Anlage (bei Stromerzeugung):

$$\eta_{th\,Br}^{Kl} = \eta_{th,Pr} \cdot \eta_K \cdot \eta_{is,T} \cdot \eta_m \cdot \eta_R \cdot \eta_{el} \cdot \eta_{Eig} = \eta_e$$

Darin sind folgende Wirkungsgrade berücksichtigt:

$\eta_{th,Pr}$	Prozeß-W.	η_m	mechanischer W.
η_{el}	elektrischer W.	η_K	Dampferzeuger-W.
η_R	Rohrleitungs-W.	η_{Eig}	Eigenbedarfs-W.
$\eta_{is,T}$	Turbinen-W.		
Index Br = Brennstoff,		Kl = Stromklemme	

I 2.1.2 Gasturbinen

In einem Kreisprozeß (**Joule-Prozeß**) wird Luft als Verbrennungsluft (für Öl oder Gas) komprimiert und in einer Brennkammer auf die maximale Prozeßtemperatur erwärmt. Damit steht Heißgas (Luft und Verbrennungsgase) mit hohem Energieinhalt (p_3, $t_3 \to h_3$) zur Entspannung in der Turbine zur Verfügung (Bild I-5). Die Gasturbine arbeitet **statio-**

när (Kraftwerk, Industrieantrieb) oder **mobil** (Triebwerk in Flugzeugen, Schiffen, Landfahrzeugen). Die Gasturbine mit geschlossenem Kreislauf hat keine Brennkammer, Wärmezu- und -abfuhr erfolgen über **Wärmeübertrager**. Als Arbeitsmedium sind alle Gase mit hoher Arbeitsfähigkeit geeignet (z. B. CO_2, He). In Bild I-5 ist eine Gasturbine ohne Wärmetauscher und ohne Zwischenkühler im Verdichter dargestellt. Diese Maßnahmen verbessern den Gesamtwirkungsgrad erheblich. Dieser Wirkungsgrad hängt ab von:

- dem Verdichter-Druckverhältnis π_V

- der höchsten Prozeßtemperatur vor der Turbine t_3 und

- den inneren Wirkungsgraden von Verdichter und Turbine

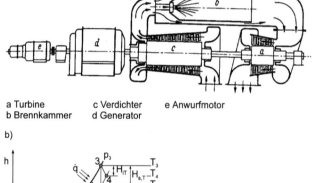

a Turbine   c Verdichter   e Anwurfmotor
b Brennkammer   d Generator

b)

1-2 inneres Verdichtergefälle H_{iV}
2-3 Wärmezufuhr in der Brennkammer
3-4 inneres Turbinengefälle H_{iT}

Bild I-5: Schaltschema einer Gasturbine (a) mit h,s-Diagramm des Kreisprozesses (b)

In modernen Kraftanlagen arbeiten Gasturbinen im Verbund mit Dampfkraftanlagen (**GuD-Anlage**). Die Abgase der Gasturbine enthalten noch genügend Wärmeenergie zum Betrieb des Dampfprozesses (bester Gesamtwirkungsgrad, wenn keine Zusatzheizung im Dampfkessel erfolgt). Auch Zusatzheizung ist möglich, da die GT-Abgase noch genügend Restsauerstoff enthalten (höhere Gesamtleistung). Der innere Wirkungsgrad der Turbine beträgt:

$$\eta_{is,T} = \frac{h_3 - h_4}{h_3 - h_{4s}} = \frac{H_T}{H_{s,T}}$$

Konstruktionsmerkmal: Axialturbine mit 3 bis 5 Stufen als Überdruckstufe mit dem Reaktionsgrad $r = 0{,}5$: $r = \dfrac{H_{s,La}}{H_{s,St}} = 0{,}5$

Bei der Entspannung der beschleunigten Strömung ist ein größeres Stufendruckverhältnis möglich.

Innerer Wirkungsgrad Verdichter: $\eta_{is,V} = \dfrac{h_{2s} - h_1}{h_2 - h_1} = \dfrac{H_{s,V}}{H_V}$

Konstruktionsmerkmal ist der **Axialverdichter** mit 10 bis 17 Stufen. Die Verzögerung im Schaufelgitter auf $w_2 / w_1 \geq 0{,}7$ begrenzt die Energieumsetzung auf ein kleines Druckverhältnis (Bild I-6).

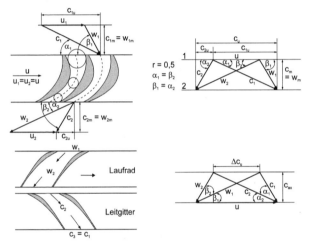

Bild I-6: Schaufelplan und Geschwindigkeitsdreiecke für Überdruckturbine (a) und Axialverdichter (b)

Nutzleistung der Gasturbine:

$$P_N = P_e = P_T - P_V = H_{s,T} \cdot \dot{m}_T \cdot \eta_{is,T} \cdot \eta_m - H_{s,V} \cdot \dot{m}_V \frac{1}{\eta_{is,V} \cdot \eta_m}$$

Gesamtwirkungsgrad der Anlage:

$$\eta_{th\,Br}^{Kl} = \frac{\eta_{is,T} H_{s,T} \dot{m}_T - \dfrac{1}{\eta_{is,V}} H_{s,V} \dot{m}_V}{(h_3 - h_2) \cdot \dot{m}_{BK}} \eta_m \eta_{BK}$$

Wärmestrom zur Brennkammer: $\dot{Q}_{zu} = P_{BK} = (h_3 - h_2)\dot{m}_{BK}$. Führt man η_L ein, kann man die geringfügigen Unterschiede der Massenströme vernachlässigen. Der Gesamtwirkungsgrad ergibt sich dann aus:

$$\eta_{thBr}^{Kl} = \frac{\eta_{is,T}H_{s,T} - \dfrac{1}{\eta_{is,V}}H_{s,V}}{(h_3 - h_2)}\eta_m\eta_{BK}\eta_L = \eta_e$$

Wegen der unterschiedlichen Luftparameter (p, t), abhängig vom Betriebsort, ändern sich der Massendurchsatz und damit die Nutzleistung P_e. Bild I-7 zeigt das Nutzgefälle und den Prozeßwirkungsgrad der Einwellen-Gasturbine mit den optimalen Betriebspunkten (gestrichelte Linie) und die Wirkungsgrade einer GuD-Anlage.

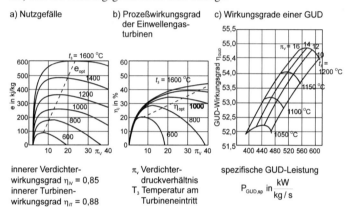

Bild I-7: Nutzgefälle (a) und Prozeßwirkungsgrad der Einwellen-Gasturbine (b) und Wirkungsgrade einer GuD (c)

I 2.2 Verbrennungsmotoren

I 2.2.1 Kreisprozesse der Verbrennungsmotoren

Verbrennungsmotoren gewinnen mechanische Arbeit aus Wärmeenergie. Dies geschieht im Zylinder (Kraft über Kolben an Kurbeltrieb) oder in der Kammer des Wankel-Kreiskolbenmotors (Kraft über Kreiskolben, Exzenter an Triebwelle). Die Verbrennungsmotoren sind **Wärme-Kraftmaschinen**, die dem Carnot-Prozeß unterliegen, d.h., es muß Wärmezufuhr bei hoher Temperatur T_2 und Wärmeabfuhr bei niedriger nahe der Umgebungstemperatur T_1 (Bild I-1) möglich sein.

Die idealen Kreisprozesse der Verbrennungsmotoren werden im p,V-Diagramm (Bild I-8) dargestellt.

Beim **Seiliger-Prozeß** wird die Wärmezufuhr auf einen isochoren und einen isobaren Teil aufgeteilt. Als Grenzfälle treten auf:

Otto-Prozeß (O)

meist isochore Wärmezufuhr, erzielt durch Zündung des angesaugten Gemisches (äußere Gemischbildung)

Diesel-Prozeß (D)

meist isobare Wärmezufuhr, erzielt durch Kompression von reiner Luft mit Erwärmung über die Zündtemperatur des eingespritzten, fein zerstäubten Diesel-Kraftstoffes

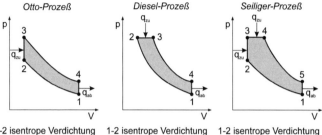

Otto-Prozeß	Diesel-Prozeß	Seiliger-Prozeß
1-2 isentrope Verdichtung	1-2 isentrope Verdichtung	1-2 isentrope Verdichtung
2-3 isochore Wärmezufuhr	2-3 isobare Wärmezufuhr	2-3 isobare Wärmezufuhr
3-4 isentrope Entspannung	3-4 isentrope Entspannung	3-4 isentrope Entspannung
4-1 isochore Wärmeabfuhr	4-1 isochore Wärmeabfuhr	4-5 isentrope Entspannung
		5-1 isochore Wärmeabfuhr

Bild I-8: Die wichtigen Kreisprozesse der Verbrennungsmotoren

I 2.2.2 Vergleich von Otto- und Diesel-Motoren

Die Motoren arbeiten als **Viertaktmotor** (Bild I-9) oder als **Zweitaktmotor**. Zur Steuerung dienen Ventile oder Schlitze in der Zylinderwand mit der Kolbenoberkante als Steuerkante.

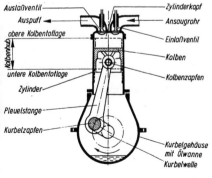

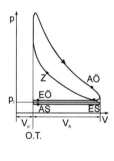

Bild I-9: Einzelheiten des Kolbenmotors und Indikator-(p,v)-Diagramm eines Viertakt-Otto-Motors

Die 4 Takte sind:

- **Saughub** (Ansaugen des Kraftstoff-Luft-Gemisches (O) bzw. der Luft (D)

- **Verdichtungshub** (Verdichtung und Erwärmung des Zylinderinhaltes (wegen $\varepsilon_O < \varepsilon_D$ erfolgt Fremdzündung beim Otto-Motor und Selbstzündung beim Diesel-Motor)

- **Arbeitshub**

- **Ausschubhub** (Ladungswechsel)

Wichtige Größen für Berechnung und Konstruktion sind:

Hubvolumen: $V_h = \dfrac{\pi}{4} d^2 s$ d Kolbendurchmesser, s Hub

Verdichtungsverhältnis: $\varepsilon = \dfrac{V_1}{V_2}$ (Bild I-8)

Innere Leistung: $P_i = p_{mi}\, n_a\, V_h\, z$ p_{mi} mittlerer indizierter Druck

Nutzleistung: $P_e = p_{me}\, n_a\, V_h\, z$

z Zylinderzahl, $n_a = n$ bei Zweitakt (n Drehzahl), $n_a = n/2$ bei Viertakt

Mittlerer effektiver Druck: $p_{me} = \dfrac{\eta_l \rho_a H_u \eta_e}{\lambda L_{min}}$

Spezifischer Verbrauch: $b_e = \dfrac{\dot{m}_B}{P_e} = \dfrac{1}{\eta_e H_u}$

Effektiver Nutzwirkungsgrad: $\eta_e = \eta_i \cdot \eta_m = \dfrac{1}{b_e H_u}$

η_l Liefergrad, λL_{min} angesaugte Luftmenge, ρ_a Luftdichte, L_{min} stöchiometrische Luftmenge, H_u unterer Heizwert, η_i indizierter Wirkungsgrad

Beim Otto-Motor wird der Vergaser (mischt durch den Unterdruck der Luft in der Luftdüse den Kraftstoff zu) durch die elektronisch gesteuerte **Kraftstoffeinspritzung** (im Ansaugrohr vor dem Einlaßventil Bild I-9) ersetzt. Diese erlaubt mit der **Lambda-Sonde** im Abgaskanal die Steuerung einer sauberen Verbrennung.

Beim Diesel-Motor erfolgt die Leistungsregelung durch Änderung der Kraftstoffmenge über die **Reihen- oder Verteiler-Einspritzpumpe**. Die Luftmenge ist nur von der Motordrehzahl abhängig. Zur Erhöhung der Motorleistung dient die Aufladung durch ein Ladeluftgebläse (**Turbolader**), das mechanisch von der Kurbelwelle oder von einer Abgasturbine angetrieben werden kann (Bild I-10).

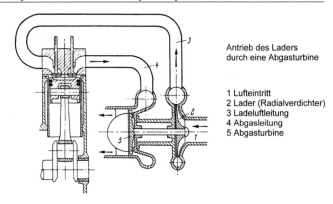

Antrieb des Laders
durch eine Abgasturbine

1 Lufteintritt
2 Lader (Radialverdichter)
3 Ladeluftleitung
4 Abgasleitung
5 Abgasturbine

Bild I-10: Abgasturbolader

I 2.3   Verdichter

I 2.3.1 Turboverdichter

Turboverdichter sind Arbeitsmaschinen, die Antriebsenergie benötigen und ein Gas fördern und dabei das Druckniveau erhöhen. Je nach dem Druckverhältnis π spricht man von **Ventilatoren** (π sehr klein), **Gebläsen** (π mittel) und **Verdichtern** (π groß). Turboverdichter unterscheidet man nach axialer und radialer Bauart (Bild I-11).

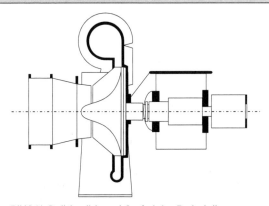

Bild I-11: Radialverdichter mit Laufrad ohne Deckscheibe

Im Turboverdichter (z.B. in den Strömungskanälen des Laufrades) erfolgt die Energieübertragung indirekt. Dem Medium wird kinetische

Energie durch Impulsänderung zugeführt, die in diffusorförmigen Kanälen in Druck umgewandelt wird. Die Zustandsänderung wird durch die Isentrope (Adiabate) beschrieben. Die Antriebsleistung ist:

$$P_e = \frac{\dot{m}\,H_{s,V}}{\eta_{is,V}\,\eta_m}$$

$H_{s,V}$ isentropes Gefälle, $\eta_{is,V}$ Verdichterwirkungsgrad

Besonders bei der Radialstufe (von Verdichtern und Kreiselpumpen) ist zu beachten, daß bei endlicher Schaufelzahl ($z = 10$ bis 14) eine Abweichung zwischen Strömungswinkel β_{2Str} und Schaufelwinkel β_{2Sch} auftritt. Es ergibt sich mit $\beta_{2Str} < \beta_{2Sch}$ eine Minderumlenkung oder Minderleistung gemäß: $H_{u,w} = H_{u,\infty}\,\Phi$.

Man nennt Φ den Minderleistungsfaktor, und $\Phi = f(z,\,d_1/d_2,...)$ wird durch zahlreiche empirische Formeln in der Fachliteratur beschrieben. Diese Minderleistung ist kein Verlust, ist aber für eine Vorausberechnung der Laufräder dringend zu beachten. Die Zustandsänderungen und die Geschwindigkeiten in den Radial- bzw. Axialstufen zeigt Bild I-12.

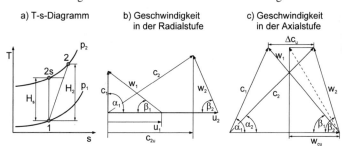

Bild I-12: Zustandsänderung im Verdichter im T,s-Diagramm (a), Geschwindigkeitsdreiecke für die Radialstufe (b) und die Axialstufe (c)

Verdichter arbeiten in der Industrie (Chemie, Hochofen), bei der Erdgasförderung und im Transport von Gasen; Axialverdichter in Gasturbinenanlagen und Flugzeugtriebwerken.

Für hohe Druckverhältnisse unterbricht man die Verdichtung durch eine oder mehrere Zwischenkühlungen und spart Antriebsleistung.

Das **Kennfeld** (Bild I-13) beschreibt das Betriebsverhalten des Verdichters zusammen mit einem Verbraucher (Netz, Düse, Turbine) und zeigt einen erlaubten und einen unerlaubten (links von der Pumpgrenze) Bereich. Bei Unterschreiten der Pumpgrenze (labiles Strömungsverhalten in den Schaufelkanälen) kann es zur Zerstörung von Beschaufelung und Maschine führen.

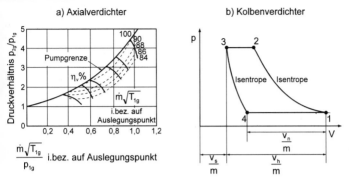

Bild I-13: Kennfeld eines Axialverdichters mit Pumpgrenze (a), Arbeitsdiagramm eines Kolbenverdichters (b)

Ebenfalls Strömungsarbeitsmaschinen sind **Strahlapparate** (Ejektoren) oder **Wasserstrahlpumpen**, in denen ein Treibstrahl einen Förderstrom (flüssig, gasförmig) antreibt und gegen höheren Druck fördert. Bei kleinem Wirkungsgrad (35 %) sind sie aber unempfindlich gegen Verschmutzung und Ballaststrom bei geringer Wartung und preiswerter Bauweise.

I 2.3.2 Verdrängermaschinen

In Verdrängermaschinen wird die Energie direkt vom Kolben im Zylinder auf das Gas übertragen. Das Arbeitsdiagramm eines Kolbenverdichters ist vergleichbar mit dem eines Zweitakt-Ottomotors, nur hier mit gegenläufigem Umlauf der Takte (Bild I-13 b linksläufig). Dazu gehören Kolbenverdichter, Rootsgebläse, Drehkolbenverdichter und Flüssigkeitsringpumpen.

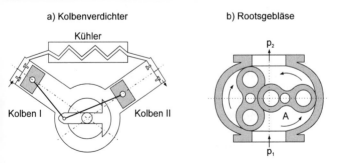

Bild I-14: Zweistufiger Kolbenverdichter mit Zwischenkühlung (a), Rootsgebläse (b)

Der Kolbenverdichter hat **zwei selbsttätige Ventile**. Beim Saughub 4-1 (Bild I-13) öffnet das Saugventil: die Schließkraft der Feder wird überwunden durch den Ansaugunterdruck. Beim Druckhub 2-3 öffnet das Druckventil auf gleiche Weise. Die Zustandsänderung zwischen den Drücken p_1 und p_2 ist die Isentrope (bei Kühlung durch Luft oder Wasser ist eine geringe Abweichung zur Polytrope $n < \kappa$ möglich), eine Kühlung bis zur isothermen Zustandsänderung erreicht man nicht. Für die Isotherme wäre der kleinste Energieaufwand erforderlich. Die effektive Antriebsleistung beträgt bei der Drehzahl n:

$$P_e = n \frac{\kappa - 1}{\kappa} p_1 V_h \frac{\eta_V}{\eta_i \cdot \eta_m} \left[\left(\frac{p_2}{p_1} \right)^{\frac{\kappa - 1}{\kappa}} - 1 \right]$$

V_h	Hubvolumen
p_1	Ansaugdruck
$\eta_{i,m}$	innerer, mechanischer Wirkungsgrad
η_V	Liefergrad

Im wirklichen Verdichter werden durch Wirkungsgrade Drosselverluste, Füllungsverluste, Aufwärmverluste und Abweichungen vom isentropen Zustandsverlauf berücksichtigt. Zur Verringerung der Antriebsleistung kann man einen Verdichter **zwischenkühlen** (Bild I-14a). Die Kühlung verbessert auch die Betriebssicherheit, da die Kompressionsendtemperatur nicht den Flammpunkt des Schmieröls erreichen soll.

Rootsgebläse stehen zwischen den Kolben- und Strömungsmaschinen, die Druckerhöhung erfolgt durch Verdrängung, und der Förderstrom ist kontinuierlich (Bild I-14 b). Die beiden Rotoren (Lemniskaten = Abrollkurven) müssen durch Zahnräder zwangsgeführt werden, damit allseitig geringe Spiele möglich sind. Das Druckverhältnis ist $p_2 / p_1 = 1{,}5$ bis 2. Die Leistungsberechnung erfolgt wie beim Kolbenverdichter.

Beim **Drehkolbenverdichter** ist der Rotor mit schrägstehenden Messerschaufeln exzentrisch im Gehäuse angeordnet. Die Schaufeln werden durch Fliehkraft an die Gehäusewand gedrückt. Die erreichbaren Druckverhältnisse sind begrenzt (3 bis 4). Die Leistungsberechnung erfolgt wie beim Kolbenverdichter. Die rotierenden Verdrängermaschinen können auch als Vakuumpumpen arbeiten.

I 3 Kraft- und Arbeitsmaschinen für inkompressible Arbeitsmedien

I 3.1 Wasserturbinen

I 3.1.1 Allgemeines und Parameter

Wasserturbinen sind **Strömungskraftmaschinen**. Sie wandeln die durch natürliches Gefälle oder Stauwerke vorhandene Energie der Lage (Primärenergie) um in mechanische oder elektrische Energie (Bild I-15). Sie sind wichtige Teile der Wasserkraftwerke.

Es gelten die gleichen Grundgesetze wie bei den thermischen Kraftmaschinen (I 2.1):

Effektive Turbinenleistung: $P_e = h_e \, r \dot{V} g H_n$

Der Turbinenwirkungsgrad η_e berücksichtigt hydraulische, volumetrische und mechanische Verluste.

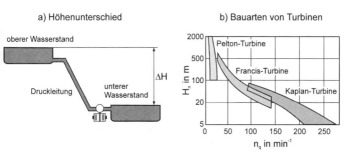

a) Höhenunterschied   b) Bauarten von Turbinen

Bild I-15: Höhengefälle einer Wasserturbine (a), Bauarten der Wasserturbinen und die typischen Einsatzparameter.

Die Nutzfallhöhe H_n ergibt sich aus der geodätischen Höhendifferenz ΔH, vermindert um die Strömungsverluste. Abhängig von der Nutzfallhöhe, dem Volumenstrom $\dot{V}$ und der Turbinendrehzahl sind in Bild I-15 (b) die Bauarten der Wasserturbinen und ihre typischen Einsatzgebiete gezeigt. Man unterscheidet zwischen:

- **Gleichdruck-Bauarten** (Pelton-Turbine, Bild I-16)

- **Überdruck-Bauarten** (Francis- und Kaplan-Turbine)

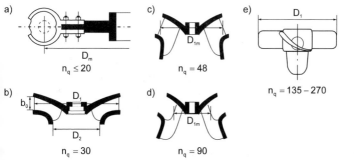

Bild I-16: Typische Wasserturbinenläufer mit der spezifischen Drehzahl n_q
a) Pelton-Rad; b), c), d) Francis-Langsam/Schnellläufer; e) Kaplan-Laufrad

Die Unterscheidung bezieht sich auf den Druck zwischen Düse (bzw. Leitapparat) und Laufrad. Bei der Pelton-Turbine ist die gesamte potentielle Energie in der Düse in Geschwindigkeit c_1 umgewandelt. Die anderen Turbinen haben auch beschleunigte Strömung im Laufrad. Ein wichtiger Auslegungsparameter für die Bauart der Wasserturbinen ist die **spezifische Drehzahl** n_q, sie ist die Drehzahl einer Modellturbine, die dem realen Laufrad geometrisch ähnlich ist und mit dem Volumenstrom $\dot{V}_M = 1 \, \text{m}^3/\text{s}$ und der Nutzfallhöhe $H_{nM} = 1 \, \text{m}$ arbeitet:

$$n_q = n \frac{\left(\dot{V}/\dot{V}_M\right)^{1/2}}{\left(H_n/H_{nM}\right)^{3/4}}$$

I 3.1.2 Gleichdruckverfahren, Pelton-Turbine

Die Pelton-Turbine wird für die **höchsten Nutzfallhöhen** H_n eingesetzt. Je nach verfügbarer Strömungsmenge $\dot{V}$ können am Umfang des Laufrades eine bis sechs Düsen angeordnet sein. Bei der Durchströmung der **becherförmigen Schaufeln** ändert sich der statische Druck nicht (Gleichdruck; Bild I-17). Die Nadel im Zentrum der Düse dient zur Leistungsregulierung, zum schnellen Lastabwurf ist vor der Düse noch ein Strahlabweiser vorgesehen.

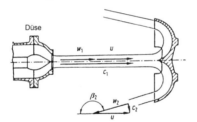

Bild I-17: Geschwindigkeitsverhältnisse an einer Pelton-Turbinenschaufel

Für die Pelton-Turbine ist für $c_1/2 = u$ optimaler Betrieb möglich, wie für alle Gleichdruck-Bauweisen, man erreicht Wirkungsgrade von über 90 %. In Düse und Schaufel der Pelton-Turbine herrschen Überdrücke, deshalb besteht keine Kavitationsgefahr. Die Festigkeit bestimmt die Grenzdrehzahl des Turbinenrades.

I 3.1.3 Überdruckverfahren

Hierzu gehören drei Bauformen: Francis-, Kaplan- und Rohrturbine. Die Konstruktionsmerkmale sind in der Tabelle I-2 zusammengefaßt:

Tabelle I-2: Unterschiede der Turbinenbauformen

Turbine	Leitrad-		Schaufeln	Laufrad-		Schaufeln
	axial	radial	verstellbar	axial	radial	verstellbar
Francis-	–	+	+	–	+	–
Kaplan-	–	+	+	+	–	+
Rohr-	+	-	+	+	–	+

Bei den Überdruckturbinen wird im Leitapparat und Laufrad Druckenergie in Geschwindigkeitsenergie umgesetzt. Beim Geschwindigkeitsplan sieht man die Ähnlichkeit zu den Dampf- und Gasturbinen (Bild I-6 a), nur daß hier beim radial durchströmten Laufrad $u_1 > u_2$ zu beachten ist. Die Schaufeln des Leitapparates sind verstellbar, damit wird die Turbinenleistung dem Bedarf angepaßt. Mit einer sorgfältigen Berechnung des Saugrohres (5) kann man den Austrittsverlust vermindern, muß aber dabei die Kavitationsgefahr am Austritt des Laufrades kontrollieren. Den Einlauf vor der Turbine bildet ein Spiralgehäuse.

Die **Kaplan-Turbine** ist durch axiale Durchströmung des Laufrades und verstellbare Leitrad- und Schaufeln gekennzeichnet. Die außerordentlich hohen Läufergewichte fordern Axiallager (Mitchel-Lager), die auch beim Anfahren (mit Drucköl) einen tragfähigen Ölfilm sichern.

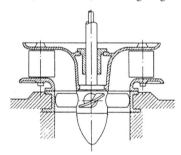

Bild I-18: Kaplan-Turbine

Bei sehr geringen Fallhöhen in Flußkraftwerken wählt man **Rohrturbinen** mit axialen Leit- und Laufschaufelreihen, bei denen auch die Zu- und Abströmkanäle axial verlaufen.

Die Einsatzbereiche der Turbinen enthält Tabelle I-3:

Tabelle I-3: Einsatzbereiche der Turbinen

Turbine	Spez. Drehzahl	Nutzhöhe	Leistung
Pelton-Turbine	< 20 1/min	50 bis 2000 m	300 MW
Francis-Turbine	20 bis 130 1/min	20 bis 700 m	750 MW
Kaplan-Turbine	100 bis 270 1/min	3 bis 80 m	200 MW

a) Francis-Turbine   b) Verstellung der Leitschaufeln

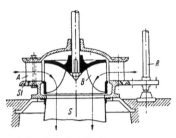
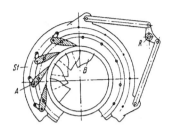

c) Geschwindigkeitsplan

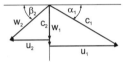

Bild I-19: Francis-Turbine (a) mit Verstellvorrichtung für die Leitschaufeln (b) und Geschwindigkeitsplan (c)
A Leitschaufeln, R Regelantrieb zum Verstellen der Leitschaufeln, B Laufrad, S Saugrohr

In Pumpspeicherwerken benötigt man einen Maschinensatz mit Turbine und Speicherpumpe, aber auch Pumpenturbinen sind als eine Einheit möglich, die dem Aufbau einer Francis-Turbine (mit Langsamläufer; Bild I-19) entsprechen und beim Umkehren der Drehrichtung als Pumpe angetrieben werden können.

I 3.2 Windturbinen

I 3.2.1 Allgemeines und Parameter

Die Windenergie gehört zu den erneuerbaren Energien. Die kinetische Energie der Luft entsteht durch ungleichmäßige Erwärmung der Erdoberfläche, der Meere und der Lufthülle im Wechsel von Tag und Nacht oder den Jahreszeiten. Die Unregelmäßigkeiten des Windes sind ein Nachteil für die Ausnutzung. Erzeugung von elektrischer Energie auf diesem Wege ist nur in Netzen möglich, die eine Grundversorgung sichern, oder im Inselbetrieb, bei dem elektrische Speicher für Windflauten vorhanden sein müssen. Wegen der geringen Luftgeschwindigkeiten werden die Windturbinen bei den Kraftmaschinen für inkompressible Arbeitsmedien eingeordnet, wo die Gesetze der inkompressiblen Strömungslehre gültig sind. Für die maximale theoretische Windturbinenleistung gilt:

$$P_{\text{T,th,max}} = \frac{16}{27} \dot{m}_{\text{L}} \frac{c_0^2}{2}$$

Im Wind enthaltene Leistung:
$$P_W = \frac{\rho_L}{2} A c_0^3$$

Damit wird die effektive Turbinenleistung:
$$P_e = \eta_e \cdot c_p \cdot P_W$$

$\eta_e = 0{,}7$ bis $0{,}9$; $c_p = 0{,}4$ bis $0{,}48$ (Leistungsbeiwert)

I 3.2.2 Bauarten der Windturbinen

Bild I-20 zeigt die Bauarten und die aerodynamischen Gesamtwirkungsgrade abhängig von der Schnellaufzahl $\lambda = u / c_0$, diese bedingt eine jeweils andere Bauweise. Der ideale Wert nach Betz wird nicht erreicht. Übliche Schnellaufzahlen sind:

$\lambda < 2{,}0$ Langsamläufer (Vierblattrotor)

$\lambda > 4{,}0$ Schnelläufer (Zweiblattrotor, Darrieusläufer)

Der Darrieus-Rotor ist eine Sonderbauform mit radialer Durchströmung des Flügelgitters (Bild I-20 c), der nicht von selbst anlaufen kann.

Wegen der maximalen Spitzengeschwindigkeit der Blattspitzen der Rotoren ($u_{a,\max} \cong 100\ \mathrm{m/s}$) müssen bei hohen Windgeschwindigkeiten die Rotoren angehalten und die Profile der Flügel parallel zum Wind gestellt werden.

Kleinanlagen für Inselbetrieb bis 30 kW sind in Betrieb, Großanlagen (Nordsee, Kalifornien) bis 3 MW sind im Gespräch.

a) Bauarten und Kennwerte   b) Horizontale Achse   c) Vertikale Achse

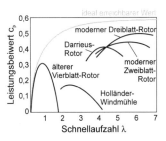  

Bild I-20: Bauarten und aerodynamischer Gesamtwirkungsgrad (a); Windturbinenrotor mit horizontaler (b) und vertikaler Achse (c) (Darrieus-Turbine)

I 3.3   Pumpen

I 3.3.1   Kreiselpumpen

Kreiselpumpen arbeiten nach dem Prinzip der **Turbomaschinen**, d.h., es sind **Arbeitsmaschinen,** und sie führen im Laufrad dem Strömungsmedium (Wasser, Öl) kinetische Energie zu. Auch bei der Kreiselpumpe bestimmt die spezifische Drehzahl n_q die Bauform der Laufräder (I 3.1.1).

Die Drehzahlen der einzelnen Räder liegen in folgenden Bereichen:

■ Radialrad $n_q = $ 10 bis 50 1/min

■ Diagonalrad $n_q = $ 50 bis 150 1/min

■ Axialrad $n_q = $ 150 bis 400 1/min

Zur Berechnung des Laufrades gelten die Gleichungen wie bei den Turbo-verdichtern (I 2.3.1). Zur Bemessung einer Pumpenanlage gilt:

$$P_e = \frac{\rho \dot{V} H_{St}}{\eta_e}$$

$$H_{St} = g\Delta z + \frac{p_2 - p_1}{\rho} + h_V$$

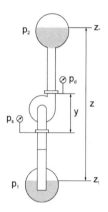

Bild I-21: Prinzip einer Pumpenanlage

Bild I-21 zeigt das Prinzip einer Pumpenanlage, in der dem Fördermedium Energie der Lage (Δz) und Druckenergie (Δp) zugeführt wird und die Strömungswiderstände (h_V) in den Leitungen zu überwinden sind. Zur Erzeugung einer Stufenförderhöhe von 800 m wäre eine Umfangsge-schwindigkeit von $u_2 \cong$ 88 m/s erforderlich. Die Festigkeit des Rades, Kavitation und Geräusch setzen für u_2 Grenzen (max. 60 m/s, Sonderfall 120 m/s).

Wie bei Turboverdichtern (radiale Bauart) ist auch beim radialen Kreisel-pumpenrad der Einfluß der endlichen Schaufelzahl zu beachten (I 2.3.1).

Bei Flüssigkeitspumpen ist die **Kavitation** sorgfältig zu verhüten. Bei Kavitation entstehen Dampfblasen, die schlagartig zusammenfallen und zu Materialerosion führen (Geräusch und Materialzerstörung). Die Kavitationsempfindlichkeit wird mit dem **NPSH-Wert** (Net Positive Suction Head) beschrieben. Es ist für verschiedene Betriebspunkte an Stellen hoher Strömungsgeschwindigkeit zu prüfen, daß nicht der Dampfdruck der Flüssigkeit unterschritten wird. Zahlreiche Sonderbauformen von Kreiselpumpen in ein- und mehrstufiger Bauweise sind bekannt: Selbstansaugende Kreiselpumpe, Ein- und Mehrkanalpumpen, Pumpe für reine Flüssigkeiten und solche mit Ballaststoffen, Bohrlochpumpen für große Förderhöhen im unzugänglichen Erdreich. Der Leistungsbereich geht von 0,1 kW (Aquarium) bis 50 MW (Kesselspeisepumpe mit Dampfturbinen-Direktantrieb).

I 3.3.2 Verdrängerpumpen

Verdrängerpumpen arbeiten mit einem Kurbeltrieb (Kolbenpumpen) oder mit umlaufenden Verdränger (Zahnradpumpen, Schraubenspindelpumpen). Pumpen haben die Aufgabe, Flüssigkeiten auf größere Höhe (oder höheren Druck) zu fördern. Bild 22 zeigt den prinzipiellen Aufbau einer einfachwirkenden Kolbenpumpe. Andere Formen sind doppeltwirkende Pumpen oder solche mit Differentialkolben.

Der Förderstrom einer Pumpe ist: $\dot V = k\,A_k\,s\,n$

Mit $k = 1$ für einfachwirkend und $k = 2$ für doppeltwirkend und $A_k =$ Kolbenfläche.

Die **Förderhöhe** folgt aus der Aufgabenstellung (Netz), wie schon bei der Kreiselpumpe (I 3.3.2).

Damit wird die effektive Antriebsleistung $P_e = \dfrac{\dot V\,\rho\,H_{St}}{\eta_e}$

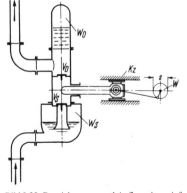

W	Kurbelwelle
s	Hub
Kz	Kreuzkopf
Ws	Saugwindkessel
Vs	Saugventil
Vd	Druckventil
Wd	Druckwindkessel

Bild I-22: Bezeichnungen und Aufbau einer einfach wirkendenen Kolbenpumpe

Für einen gleichmäßigen Förderstrom in der Saug- und Druckleitung sorgen die Windkessel (Bild I-22), sie gleichen Schwankungen aus, indem das Luftpolster als elastisches Element in der Leitung wirkt. Ventile steuern den Flüssigkeitsstrom in der Pumpe. Sie sind in der Regel selbsttätige Ventile, die vom Druck im Pumpenraum betätigt werden.

Die Zahnradpumpe liefert einen gleichmäßigen Förderstrom, sie wird als Schmierölpumpe, als Hydraulikdruckpumpe (100 bar) und Hilfsenergie für hydraulische Regelung eingesetzt.

Kalide, W.: Energieumwandlung in Kraft- und Arbeitsmaschinen. München Wien: Carl Hanser Verlag 1995

Haage, H.-D.: Maschinenkunde Kraft- und Arbeitsmaschinen. München Wien: Carl Hanser Verlag 1992

Sigloch, H.: Strömungsmaschinen. München Wien: Carl Hanser Verlag 1993

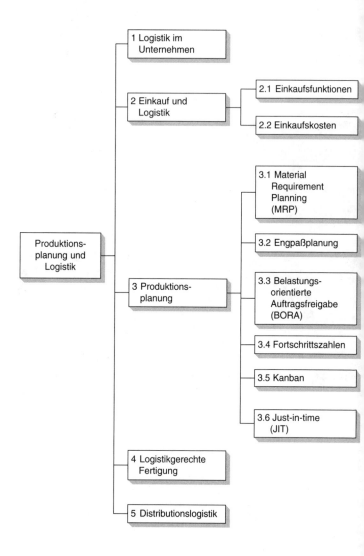

K   Produktionsplanung und Logistik

K 1   Logistik im Unternehmen

> Die Logistik **plant** und **steuert** den **Materialfluß** und die begleitenden **Informationsflüsse** im Unternehmen. Ziel der Logistik ist die sichere Versorgung mit den betriebsnotwendigen Materialien zu optimalen Kosten und Beständen.

Die Logistikziele werden durch die **sechs R der Logistik** beschrieben. Zu liefern ist:

- die **richtige Menge**
- der **richtigen Objekte**
- am **richtigen Ort**
- zum **richtigen Zeitpunkt**
- in der **richtigen Qualität**
- zu den **richtigen Kosten**

Da alle Wertschöpfungsstufen im Unternehmen Material benötigen und abgeben, besitzt Logistik eine **Querschnittsfunktion** (Bild K-1).

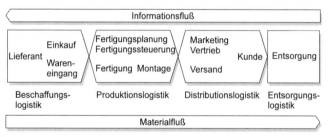

Bild K-1: Material- und Informationsfluß in der logistischen Kette

Die **Höhe der Bestände** werden von der Logistik verantwortet. Sie binden Kapital im Umlaufvermögen des Unternehmens für Rohstoffe, Halbfabrikate und Fertigwaren. Die Logistik beeinflußt wesentlich die **Kapitalrendite** des Unternehmens:

$$\text{Rendite} = \frac{\text{Gewinn}}{\text{Kapitaleinsatz}} = \frac{\text{Umsatz} - (\text{fixe Kosten} + \text{variable Kosten})}{\text{Anlagevermögen} + \text{Umlaufvermögen}}$$

! Bestandsveränderungen haben bei Rationalisierung von Logistikleistungen eine wesentlich größere Bedeutung als Kosteneinsparungen.

Gründe für Bestände und damit auch mögliche Einflußgrößen zum **Bestandsmanagement** sind beispielsweise:

- schnelle Lieferfähigkeit trotz schwankender Kundennachfrage

- Lagerung von Liefermengen, die größer als die Verbrauchsmengen sind

- Beschaffungskosten

- Sicherheitsbestände zum Ausgleich von Qualitätsproblemen (s. M: Qualitätsmanagement) und von Maschinenausfällen

- Hamstern

> Der "**erste Hauptsatz der Logistik**" besagt, daß vorhandener Platz immer vollgestellt wird. Bestandsmanagement ist deshalb eine ständige Herausforderung.

Der **Wert** der Bestände ist eng korreliert mit den **Durchlaufzeiten** der Materialien durch die Fertigung. Wird eine lineare Wertschöpfung unterstellt, entspricht die Kapitalbindung während des Fertigungsprozesses der Trapezfläche (Bild K2).

Da eine kurze Durchlaufzeit zu schneller Lieferfähigkeit führt, beeinflußt die Logistik die Marktchancen und damit Umsatz und Ertrag.

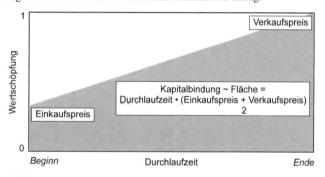

Bild K-2: Zusammenhang zwischen Durchlaufzeit und Kapitalbindung

Die Kosten für Logistik-Dienstleistungen sind meist nicht erkennbar, weil sie als Materialgemeinkosten erfaßt auf die Kostenträger (die Produkte) pauschal verrechnet werden.

> Nach einer Faustregel summieren sich die jährlichen **Logistikkosten** (Verzinsung des Umlaufvermögens, Kapitalkosten der Logistikanlagen, Flächenkosten, Personalkosten) auf 25% des Wertes der Bestände. Genauere Aussagen sind über eine **Prozeßkostenrechnung** möglich (s. Kostenrechnung und Controlling).

K 2 Einkauf und Logistik

> Einkauf und Logistik werden in der betrieblichen Organisation häufig zusammengefaßt, weil der Einkauf die **Beschaffungsmengen** und damit die Bestände der Zukaufteile bestimmt.

Kleine Beschaffungsmengen führen zu

- geringen Beständen
- höheren Einkaufspreisen
- höheren Abwicklungskosten im Einkauf

Die wichtigsten Gründe für einen **steigenden Zukaufanteil** sind:

- Verringerung des *Auslastungsrisikos*: Zukaufteile verursachen variable Kosten; eigene Fertigungskapazität fixe Kosten
- *Kostenreduzierung*: Lieferanten können durch ihre Spezialisierung häufig billiger als bei Eigenfertigung liefern

! Da in einem Industriebetrieb mindestens 50% der Kosten Materialkosten sind, muß unter dem Verantwortungsbereich Einkauf und Logistik die Beschaffungsmenge renditeoptimal bestimmt werden.

K 2.1 Einkaufsfunktionen

> Funktionen des Einkaufs sind **strategischer Einkauf** (Lieferantenauswahl, Preisverhandlungen, Festlegen der Einkaufskonditionen) und **Bestellabwicklung**.

! Bei Serienfertigung konzentriert sich die Einkaufsabteilung häufig auf die Lieferantenauswahl (strategischer Einkauf). Die Logistikfunktion Beschaffen wird einer Logistikabteilung angegliedert (z.B. Auftragszentrum oder Disposition).

K 2.2 Einkaufskosten

> Die Einkaufskosten (Total Cost of Ownership) entstehen zu etwa 80 % durch den Einkaufspreis und zu etwa 20 % durch die firmeninternen Logistikkosten. Eine sinnvolle Einkaufsstrategie läßt sich aus dem **Einkaufsportfolio** (Bild K-3) ableiten.

K 3 Produktionsplanung

> Die Logistikfunktion Produktionsplanung wird unterteilt in Mengen- und Terminplanung. Die **Mengenplanung** ermittelt, in welchen Stückzahlen Teile, Baugruppen und Fertigprodukte hergestellt werden. Im Rahmen der **Terminplanung** wird ermittelt, wann die Produkte produziert werden.

Bild K-3: Einkaufsportfolio

Ziel der Produktionsplanung ist es, eine wirtschaftliche Fertigung durch hohe Auslastung der Maschinen und niedrige Fertigungsdurchlaufzeiten mit geringen Beständen im Umlaufvermögen zu erreichen (Bild K-4). In gesättigten Märkten bestimmt der Käufer die Spielregeln (**Käufermarkt**). Hier liegen die Zielprioritäten auf hoher Termintreue, zuverlässiger Belieferung und kurzen Durchlaufzeiten.

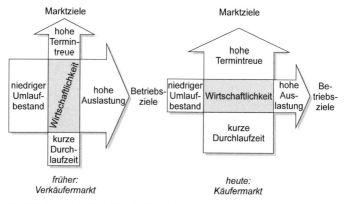

Bild K-4: Wandel der Zielgrößen der Produktionsplanung und -steuerung

Die Produktion wird durch EDV-gestützte **PPS-Systeme** (Produktionsplanungs- und -steuerungssysteme) geplant. Teilsysteme übernehmen die **Mengenplanung**, **Terminplanung** und **Fertigungssteuerung**.

Die Produktionsplanung als Planung des Herstellungsverfahrens mit der Festlegung der Fertigungsparameter wird häufig als **Prozeßplanung** oder **Produktionsprozeßplanung** bezeichnet. Ihre Ergebnisse sind im **Arbeitsplan** dokumentiert.

K 3.1 Material Requirement Planning (MRP)

MRP ist der Klassiker der PPS-Systeme. Zur Planung werden die vorgegebenen Restriktionen (verfügbare Mengen, Kapazitätsgrenzen) weitestgehend berücksichtigt. Die Fertigungssteuerung sorgt dafür, daß die Planung im Produktionsalltag trotz zufälliger Einflüsse, wie Mengenänderungen durch Ausschuß oder Terminverzögerungen durch Störungen, erfolgreich realisiert werden kann.

K 3.1.1 Stammdaten

Um den Fertigungsdurchlauf zu planen, sind Informationen über das Teilespektrum (Stückliste), den Fertigungsprozeß (Arbeitsplan) und den Fertigungsdurchlauf (Übergangsmatrix) nötig. Diese Informationen werden in Datenbanken gespeichert.

Materialstammdaten werden bei Einzelteilen als Stückliste, bei formlosen Stoffen als Rezeptur gespeichert.

■ Die **Stückliste** beschreibt den Artikel (Teil oder Baugruppe) und die Artikelstruktur (Baugruppen, Unterbaugruppen und Einzelteile).

■ Der **Teileverwendungsnachweis** zeigt, in welche Endprodukte ein Teil in welcher Menge einfließt. Die Teileverwendung läßt sich aus der Stücklisten-Datenbank ermitteln.

Der **Arbeitsplan** eines Teils beschreibt seinen Produktionsprozeß. Für die Fertigungsplanung sind insbesondere wichtig:

■ die Fertigungszeiten (Rüstzeit t_r, Zeit je Einheit t_e), aus denen die Maschinenbelegungszeit eines Auftrags ermittelt wird,

■ die Maschine, auf der das Teil produziert wird.

! Ein Teil kann während des Herstellungsprozesses mehrere Stufen durchlaufen, die durch unterschiedliche Teilenummern dokumentiert werden. Es kann deshalb sein, daß hinter verschiedenen Teilenummern dasselbe Werkstück steht.

Die **Übergangszeit** ist die Durchlaufzeit vom Beginn einer Fertigungsstufe (Maschine oder Fertigungsabteilung) zum Beginn der nächsten Stufe im Fertigungsablauf. Die Übergangszeiten werden in Form einer Tabelle (**Übergangsmatrix**) dargestellt.

Die Übergangszeit enthält Bearbeitungszeit, Transportzeit und Liegezeiten. Da die tatsächlichen Übergangszeiten von der aktuellen Fertigungssituation abhängen, sind Planwerte gespeichert.

K 3.1.2 Mengenplanung

> Mit der Mengenplanung (oder Bedarfsplanung) wird ermittelt, welche Endprodukte, Baugruppen und Teile in welcher Menge gebraucht werden. Die Bedarfe werden für eine Planungsperiode (typisch: eine Woche) ermittelt und lösen dann eine Bestellung oder einen Auftrag aus.

Kunden dieser Bedarfe sind

- der **Endkunde** (Primärbedarf von Endprodukten)

- die **Endmontage** (Sekundärbedarf von Einbauteilen und Baugruppen)

- die **Teilefertigung** (Tertiärbedarf von Rohstoffen und Material)

Der **Bruttobedarf** beschreibt die benötigte Menge von Primär-, Sekundär- oder Tertiärbedarf;

Nettobedarf = Bruttobedarf – verfügbarer Lagerbestand

Bedarfe werden nach folgenden Möglichkeiten ermittelt:

- **deterministisch** oder **stochastisch**
  - Deterministische Bedarfe bestehen sicher, z.B. durch einen Kundenauftrag.
  - Stochastische Bedarfe entstehen mit Prognoseunsicherheit, z.B. durch eine Verkaufsplanung.

- **bestandsgesteuert** oder **bedarfsgesteuert**
  - Die bedarfsgesteuerte Mengenplanung basiert auf einer Nachfrage. So entsteht aus einem Primärbedarf ein Sekundärbedarf.
  - Bestandsgesteuert entsteht ein Bedarf durch Unterschreiten eines Meldebestandes (Bild K-5); dieses Ereignis löst eine Bestellung aus, damit der Bestand wieder aufgefüllt werden kann (z.B. im Supermarkt).

- **Planungs-** und **Verwaltungsaufwand.** Da der Meldebestand die Lieferfähigkeit auch zu Zeiten hoher Nachfrage sicherstellen muß, ist normalerweise der Bestand höher als bei bedarfsgesteuerter Mengenplanung.

- Bestandsgesteuerte Mengenplanung ist geeignet bei:
  - kurzer Wiederbeschaffungszeit
  - billigen Teilen
  - unsicherer Nachfrage durch viele verschiedene Kunden.

■ Bedarfsgesteuerte Mengenplanung verursacht geringere Bestände, erfordert dafür aber einen hohen Planungsaufwand:
 – Ermittlung des Brutto-Primärbedarfs (Kundenbestellungen),
 – Ermittlung des Netto-Primärbedarfs (Bruttobedarf – Lagerbestand),
 – Ermittlung der Sekundär- und Tertiärbedarfe durch Stücklistenauflösung und Berechnung der Nettobedarfe.

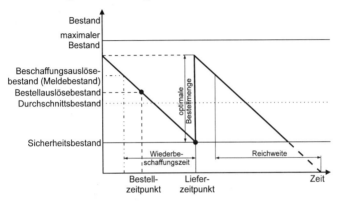

Bild K-5: Bestandsgesteuerte Bedarfsermittlung (Sägezahndiagramm)
(Quelle: Wiendahl)

Die Bedarfsmengen werden durch die **Losgrößenberechnung** korrigiert (ein Fertigungslos besteht aus gleichen Teilen, die zusammen produziert werden).

Die Losgröße wird häufig nach der **Andler-Formel** berechnet:

$$x_{\text{opt}} = \sqrt{\frac{x_{\text{ges}} \cdot K_R \cdot 2}{K_h \cdot i_L}}$$

x_{opt} optimale Losgröße, x_{ges} Jahresmenge, K_R Rüstkosten pro Auftrag, K_h Herstellkosten pro Stück (ohne Rüstkosten), i_L Lager- und Kapitalbindungskosten in % von K_h

Da viele Randbedingungen unberücksichtigt bleiben (z.B. Behältergrößen), wird diese Formel häufig kritisiert. In der Praxis wird vom Disponenten die berechnete Losgröße um ± 50% verändert und in den Stammdaten hinterlegt.

K 3.1.3 Zeit- und Kapazitätsplanung

> Die Zeitplanung berechnet auf Basis der Übergangszeiten die **Termine der Fertigungsaufträge** in allen Bearbeitungsstufen und die Auslastung jeder Maschine.

Aus der **Terminplanung** ergeben sich **Kapazitätsbelastungen** der einzelnen Maschinen. Um keine Maschine zu überlasten, werden zum Kapazitätsabgleich die Bearbeitungstermine korrigiert.

Maßnahmen zum **Kapazitätsabgleich** sind:

■ Verschieben von Fertigungsaufträgen auf weniger ausgelastete Maschinen, möglicherweise auch auf betriebsexterne Maschinen (Fremdvergabe)

■ zeitliche Verlagerung von Fertigungsvorgängen

■ Überstunden und andere Arbeitszeitregelungen

Die meisten PPS-Systeme haben Probleme mit der Zeitplanung. Der komplexe Planungsprozeß verursacht lange Rechenzeiten, so daß normalerweise für mehrere Tage geplant wird. Die erste Störung im Ablauf erschüttert dann die Planungsgrundlage, so daß Planung und Realität nicht mehr übereinstimmen.

Das Problem der Zeit- und Kapazitätsplanung kann durch eine Grobplanung für mehrere Planungsperioden entschärft werden: Vertrieb, Fertigung und Einkauf stimmen die Verfügbarkeit der Zukaufmaterialien, das Vertriebsprogramm und die Fertigungskapazität ab. Durch den längeren Planungshorizont bleiben mehr Möglichkeiten für einen (groben) Kapazitätsabgleich durch Überstunden, Fremdvergabe oder Verkaufsaktionen.

K 3.1.4 Fertigungssteuerung

> Die Fertigungssteuerung soll während des laufenden Fertigungsablaufs die **geplanten Fertigungstermine** trotz Störungen und Verschiebungen einhalten. Neben den Maßnahmen des Kapazitätsabgleichs können Fertigungslose geteilt werden (**Lossplittung**) oder Teillose an die nächste Fertigungsstufe weitergegeben werden (**Losüberlappung**).

■ Lossplittung
  höherer Rüstaufwand, kürzere Bearbeitungszeit (das Los wird an zwei oder mehreren Maschinen gleichzeitig bearbeitet)

■ Losüberlappung
  höhere Transportkosten (Transport von Teillosen), erheblicher Koordinationsaufwand, Verkürzung der Wartezeiten zwischen den Fertigungsstufen

Wichtigstes Hilfsmittel der Fertigungssteuerung ist eine **Plantafel** (Bild K-6). Elektronische Leitstände haben sich in der Praxis nur selten bewährt. Alternativ werden als Arbeitshilfen auch Hängemappen mit Terminreitern verwendet. In den Hängemappen werden die Fertigungsunterlagen (Material-scheine, Arbeitspläne, Lohnscheine, Rückmeldescheine) gesammelt.

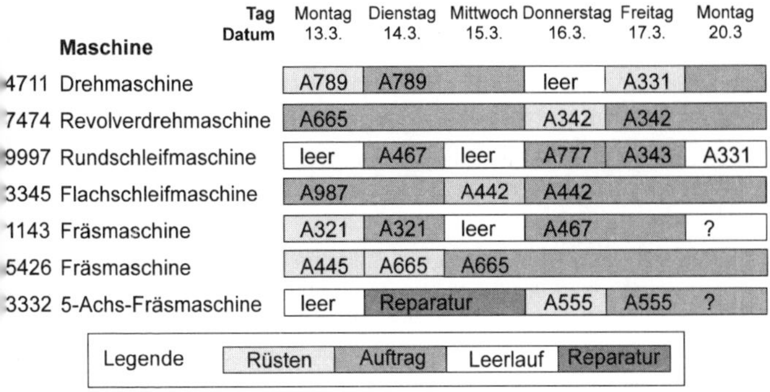

Maschine	Tag Datum	Montag 13.3.	Dienstag 14.3.	Mittwoch 15.3.	Donnerstag 16.3.	Freitag 17.3.	Montag 20.3
4711 Drehmaschine		A789	A789		leer	A331	
7474 Revolverdrehmaschine		A665			A342	A342	
9997 Rundschleifmaschine		leer	A467	leer	A777	A343	A331
3345 Flachschleifmaschine		A987		A442	A442		
1143 Fräsmaschine		A321	A321	leer	A467		?
5426 Fräsmaschine		A445	A665	A665			
3332 5-Achs-Fräsmaschine		leer	Reparatur		A555	A555	?

Legende	Rüsten	Auftrag	Leerlauf	Reparatur

Bild K-6: Die Plantafel zeigt die Belegung der Maschinen mit Fertigungsaufträgen (Prinzipskizze)

K 3.1.5 Kritik an MRP

Von einem PPS-System wird gefordert, Bestände und Durchlaufzeiten zu minimieren oder die sechs R der Logistik zu erfüllen. MRP erfüllt diese Forderungen nur teilweise, denn Schwerpunkt von MRP ist, die Materialverfügbarkeit zu sichern und Termine zu planen, nicht jedoch Durchlaufzeiten und Bestände zu beeinflussen.

Eine Verbesserung von Durchlaufzeiten, Fertigungsterminen und Planungsqualität wird häufig durch ein neues verbessertes, schneller und genauer planendes PPS-Systems nach MRP versucht, jedoch selten erreicht. Da Bestände nicht beeinflußt werden, hat eine genauere Abbildung der Fertigung im Computer keinen wesentlichen Vorteil.

Das Ziel Maschinenauslastung wird durch Kundenaufträge erreicht: das PPS-System hat nur mittelbaren Einfluß.

K 3.2 Engpaßplanung

Der Engpaß ist die Maschine oder Fertigungsanlage, die die **Gesamtkapazität** der Fertigung bestimmt. Engpässe sind die **Staustellen** im Auftragsdurchlauf. Grundgedanke der Engpaßplanung ist, alle Planungen und Steuerungsaktivitäten auf die wenigen Engpässe im Fertigungsdurchlauf zu konzentrieren.

Aus dem Engpaßgedanken ergeben sich Regeln zur Gestaltung des Fertigungssystems und zur Nutzung des PPS-Systems.

Konsequenzen für das Fertigungssystem:

- Um die Finanzgrößen Umsatz, Cash-flow oder Deckungsbeitrag zu maximieren und die Durchlaufzeiten und Bestände zu minimieren, muß die technische Größe **Durchsatz maximiert** werden.

- Je größer der Durchsatz (Winkel α in Bild K-7), desto kürzer der Stau vor dem Engpaß, desto kürzer die Durchlaufzeit.

- Jede Fertigungsminute, die am Engpaß gewonnen wird, erhöht den Durchsatz (Stück/Minute), jede verlorene Minute verringert den Durchsatz.

- Nur am Engpaß sind **Rationalisierungen** (Reduzierung von Fertigungszeit t_e und der Rüstzeit t_r) sinnvoll (Bild K7); die Rationalisierungsinvestition wird über den zusätzlichen Deckungsbeitrag der gesamten Fertigung nicht nur über die Kosteneinsparung an dieser Maschine bezahlt.

- Höherer Durchsatz und Rationalisierungen an Nicht-Engpaß-Maschinen sind für Umsatz und Bestände wirkungslos.

- Billige Maschinen und Fertigungsschritte sollten nicht Engpaß sein, falls doch, kann mit geringer Investition der Deckungsbeitrag deutlich gesteigert werden.

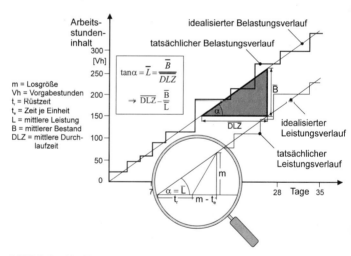

Bild K-7: Durchlaufdiagramm

Konsequenzen für das PPS-System: Die Kapazitäts- und Terminplanung wird dramatisch vereinfacht:

■ Nicht-Engpaß-Maschinen haben ausreichend freie Kapazität, müssen also nicht genau verplant werden.

Die Kapazitätsplanung konzentriert sich auf wenige Engpässe.

K 3.3 Belastungsorientierte Auftragsfreigabe (BORA)

> Bei belastungsorientierter Auftragsfreigabe werden nur so viele Fertigungsaufträge für die Fertigung freigegeben, daß die Maschinen, besonders die Engpässe, **gerade noch gut ausgelastet** sind. Da die Anzahl der Aufträge in der Fertigung begrenzt ist, sind auch die Bestände und Warteschlangen begrenzt, so daß der Gesamtdurchlauf beschleunigt wird.

Die belastungsorientierte Auftragsfreigabe wird durch das **Trichtermodell** veranschaulicht (Bild K-8). Die Warteschlange vor einer Maschine wird mit einem Trichter verglichen:

■ In einen Trichter darf man nicht mehr hineinschütten, als abfließen kann.

■ Das Fertigungssystem wird als Rohrsystem mit Trichtern dargestellt.

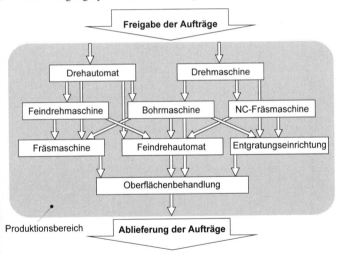

Bild K-8: Trichtermodell der Werkstattfertigung (Quelle: Wiendahl)

BORA ist ein System zur Fertigungssteuerung mit einem typischen Planungshorizont von etwa 1 bis 2 Wochen.

Die Auftragsfreigabe in das Fertigungssystem ist die einzige Steuerungsgröße:

■ Wenn im Eingangstrichter des Systems Platz ist, werden aus den wartenden Aufträgen diejenigen mit der höchsten Priorität (z.B. dringendster Endtermin) in den Trichter gefüllt.

■ Sofern ein sehr großer (sperriger) Auftrag ansteht, muß der Trichter ziemlich leerlaufen.

■ Die Größe des Eingangstrichters, die Belastungsschranke, muß durch Versuche oder über Simulationen bestimmt werden.

BORA verallgemeinert die Idee der Engpaßplanung, ist aber zumindest theoretisch umstritten. BORA verwendet einen Planbestand (in den Trichtern) als Steuergröße (die Belastungsschranke). Der Bestand ergibt sich jedoch erst aus dem Fertigungsdurchlauf. Als Eingangsgröße der Steuerung wird der Bestand verwendet, der sich als Ergebnis der Steuerung einstellt - ein Zirkelschluß.

K 3.4   Fortschrittszahlen

Die Endprodukte in der Montage werden mit den **Fortschrittszahlen** numeriert. Diese Zahlen werden als Information über das Montageprogramm und für die Bedarfe an Montageteilen einer Periode genutzt, um interne und externe Lieferanten zu steuern.

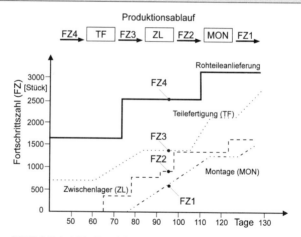

Bild K-9: Beispiel für Fortschrittszahlen (Quelle: Spur)

Bild K9 zeigt ein Beispiel einer vierstufigen Fertigung. Die senkrechten Abstände zwischen zwei Linien zeigen die Bestände in den Fertigungsstufen, die waagerechten Abstände die Durchlaufzeiten durch die Fertigungsstufen.

Anwendung: Fortschrittszahlen werden vorwiegend in der Automobilindustrie eingesetzt. Sie eignen sich für eine variantenreiche Fertigung mit gleichmäßigem Verbrauch.

K 3.5 Kanban

> Der Kanban ist eine **Karte**, die Informationen über das Teil, die Anliefermenge und den Anlieferort enthält. Diese Karte **pendelt** zwischen Lieferant und Kunden: Der Lieferant legt den Kanban seiner Lieferung bei. Mit der Rücksendung des Kanbans an den Lieferanten bestellt der Kunde wieder das beschriebene Teil in der beschriebenen Menge.

Das Kanban-System entstand in der japanischen Automobilindustrie (Kanban heißt Zettel). Bevor es Fotokopierer gab, konnte die japanische Schrift nur schwierig kopiert oder maschinell gedruckt werden. Deshalb mußten Bestellung und Lieferschein mehrfach verwendet werden - die Pendelkarte war geboren.

Das Kanban-System zielt auf eine **maximale Vereinfachung** des Produktionsprozesses (Bild K-10):

- Jede Fertigungsstufe hat nur Kunden und Lieferanten direkt benachbarter Fertigungsstufen.

- Es enthält nur die bestandsgesteuerte Materialplanung.

- Es gibt keine zentrale Fertigungssteuerung sondern dezentrale Regelkreise.

Der Bestand in jeder Kunden-Lieferanten-Beziehung (in jedem Kanban-Kreislauf) entspricht maximal dem Bestand der Kanbans im Umlauf. Da die Kapazität nicht verplant wird, setzt das Kanban-System einen gleichmäßigen Bedarfsverlauf voraus.

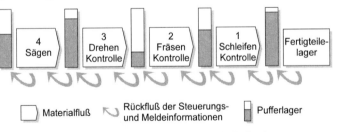

Bild K-10: Fertigungssteuerung nach dem Kanban-Prinzip (Quelle: Spur)

Damit kurze Durchlaufzeiten mit geringen Beständen erreicht werden, müssen die Voraussetzungen einer logistikgerechten Fertigung erfüllt sein.

K 3.6   Just-in-time (JIT)

> Die Durchlaufzeit der Endprodukte (z.B. Karosserien in der Automobilindustrie) ist in einem getakteten Fließsystem fest. Deshalb wird die Reihenfolge der Endprodukte zur Steuerinformation für die Anlieferung der Einbauteile genutzt: Der Lieferant schickt seine Einbauteile in der gleichen Reihenfolge wie die Endprodukte. Sind die Reihenfolgen der Endprodukte und Einbauteile synchronisiert, wird das passende Einbauteil **gerade rechtzeitig** (just-in-time) dem Endprodukt zugeführt.

Im Zeitraum zwischen der Meldung der Reihenfolge und dem benötigten Einbau in das entsprechende Produkt müssen die Zulieferteile gefertigt, transportiert und bereitgestellt werden.

Eine JIT-Fertigung und -Zulieferung ist ein Logistiksystem mit minimalem Bestand ohne Reserven. Störungen im Ablauf oder in der Qualität verursachen direkte Störungen im gesamten Montagesystem. Um Fehler oder Störungen sicher zu vermeiden, ist der technische und organisatorische Aufwand erheblich, beispielsweise für:

- schnelles Informations-, Transport- und Anliefersystem zwischen Endmontage und Lieferant

- zuverlässiges, schnelles Fertigungssystem beim Lieferanten für alle möglichen Varianten der zugelieferten Baugruppe

- höchste Qualitätssicherheit, Verfügbarkeit und Zuverlässigkeit aller beteiligten Fertigungs- und Transportsysteme.

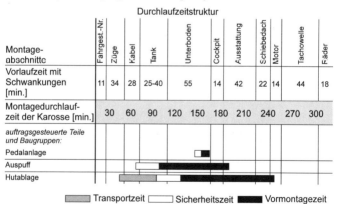

Durchlaufzeitstruktur

Montage-abschnitte	Fahrgest.-Nr.	Züge	Kabel	Tank	Unterboden	Cockpit	Ausstattung	Schiebedach	Motor	Tachowelle	Räder
Vorlaufzeit mit Schwankungen [min.]	11	34	28	25-40	55	14	42	22	14	44	18
Montagedurchlaufzeit der Karosse [min.]	30	60	90	120	150	180	210	240	270	300	
auftragsgesteuerte Teile und Baugruppen:											
Pedalanlage											
Auspuff											
Hutablage											

▨ Transportzeit   ☐ Sicherheitszeit   ▪ Vormontagezeit

Bild K-11: Durchlaufzeitsystematik für eine Just-in-time-Montage ausgewählter Baugruppen (Quelle: Koether)

Für eine Just-in-time-Fertigung und -Anlieferung sind teure, große und variantenreiche Teile geeignet. Für JIT-Fertigung bei einem externen

Lieferanten kommen keine Baugruppen in Frage, die schwierig nachzu-
rüsten sind, weil das Risiko von Transportstörungen bei längeren Wegen
zu groß ist (Bild K-11).

JIT-Fertigung und -Anlieferung wird vorwiegend in der Automobil-
Endmontage zur Bestellung und Anlieferung von Baugruppen interner
oder externer Lieferanten verwendet.

K 4   Logistikgerechte Fertigung

> Um Bestände wirkungsvoll zu verringern, muß die Technik und Organisa-
> tion des Fertigungssystems gestaltet werden. Gestaltungsoptionen sind
> Rüstzeiten, Fertigungsstufen, Engpässe, Fertigungsablauf und Ferti-
> gungsstruktur, Prozeßsicherheit und Qualitätssicherheit.

Durchlaufzeiten und Bestände können verringert werden durch:

- **Verkürzung der Rüstzeit und Verkleinerung der Losgröße**

  Bis auf das eine Teil des Loses, das gerade bearbeitet wird, warten
  alle anderen Teile; diese Wartezeit ist um so länger, je größer das
  Los ist. Durch eine kürzere Rüstzeit wird Kapazität frei, und die
  wirtschaftliche Losgröße wird kleiner.

  Maßnahmen sind beispielsweise: Rüstvorbereitung, Standardisierung von Werkzeugen, Schnellspanneinrichtungen, Rüsten während
  der Hauptzeit, Schulung und Rüstpriorität für den Engpaß.

- **Verringerung der Fertigungsstufen**

  Da in der Warteschlange vor jeder Fertigungsstufe Aufträge warten,
  werden mit den Fertigungsstufen auch die Warteschlangen und die
  Durchlaufzeiten verringert.

  Maßnahmen sind beispielsweise Komplettbearbeitung, Losüberlappung, Verkettung von Maschinen, Fließlinien oder Fertigungsinseln.

- **Aufweitung des Engpasses** (Kapitel K 3.2)

  Da der Engpaß den Durchsatz bestimmt, können die Aufträge durch
  eine Fertigung mit erweitertem Engpaß schneller fließen.

  Maßnahmen sind beispielsweise: Information über den Engpaß und
  das Training der Mitarbeiter, Arbeitszeitmodelle (Schichtmodelle,
  Pausendurchlauf), Zusatzinvestitionen (nur bei billigen Engpässen
  sinnvoll), Entlastung des Engpasses durch alternative Fertigungsab-
  läufe einzelner Aufträge.

- **Durchlauforientierte Fertigungsstrukturen**

  In technologieorientierten Fertigungsstrukturen (z.B. Werkstattfertigung) kann die Kapazitätsnutzung maximiert werden, durchlauforientierte Strukturen erlauben kürzere Durchlaufzeiten.

Durchlauforientierte Strukturen sind beispielsweise (Bild K-12): Fertigungsinsel, Fertigungszelle, Fließlinie.

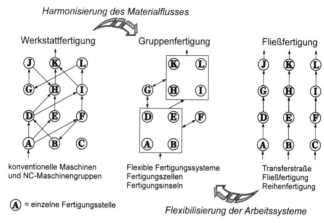

Bild K-12: Fertigungsstrukturen (F-Fräsen, B-Bohren S-Schleifen) (Quelle: Spur)

- **hohe Qualitätssicherheit**

  Stückzahlverluste durch schwankende Ausschuß- und Nacharbeitszahlen müssen aus Sicherheitsbeständen ergänzt werden.

  Nacharbeit verlängert den Fertigungsdurchlauf und gefährdet den Liefertermin.

- **hohe Verfügbarkeit der Maschinen und Anlagen**

  Störungen gefährden den Liefertermin und behindern den Fertigungsdurchlauf. Durch Sicherheitsbestände wird die Lieferfähigkeit garantiert.

  Maßnahmen sind: Verringerung der Störungen (z.B. Instandhaltungspläne mit vorbeugender Instandhaltung), Auswahl zuverlässiger Fertigungsprozesse und Störungskompensation (z.B. redundante Anlagen).

K 5   Distributionslogistik

> Die Organisation und Abwicklung einer **kostengünstigen** und **zuverlässigen Lieferung** eines Produktes ist Gegenstand der Distributionslogistik.

Die Distributionslogistik kann Teil des Dienstleistungspakets sein, mit dem sich ein Lieferant bei seinen Kunden einen Wettbewerbsvorsprung verschafft, z.B. durch:

- Lieferung
- Sendungsverfolgung (jederzeit über den aktuellen Ort der Lieferung auskunftsfähig)
- Bevorratung beim Kunden (Konsignationslager)
- Abholung und Entsorgung ausgemusterter Produkte

Da nur Speditionen unternehmensfremde Güter transportieren dürfen, erschließen sich viele Rationalisierungspotentiale der Distributionslogistik nur zusammen mit Logistik-Dienstleistern, beispielsweise:

- Auswahl und Gestaltung von Distributionsstufen,
- Gestaltung von Distributionslagern,
- kleine Lieferlose zur Verringerung von Fertigwarenbeständen,
- Transportoptimierung durch
  - Tourenplanung mit Wegminimierung,
  - gemeinsame Fuhren zur Auslieferung an mehrere Kunden,
  - Minimierung von Leerfahrten durch Rückfrachten.

Analogien aus der Produktionslogistik können in der **Distributionslogistik** genutzt werden, beispielsweise bei Losgrößen und Lieferlosgrößen, Fertigungsstufen und Distributionsstufen.

Koether, R.: Technische Logistik. München Wien: Carl Hanser Verlag 1993

Spur, G.: Fabrikbetrieb. München Wien: Hanser 1994

Wiendahl, H.-P.: Betriebsorganisation für Ingenieure. München Wien: Hanser 1997

Wiendahl, H.-P.: Fertigungsregelung. München Wien: Carl Hanser Verlag 1997

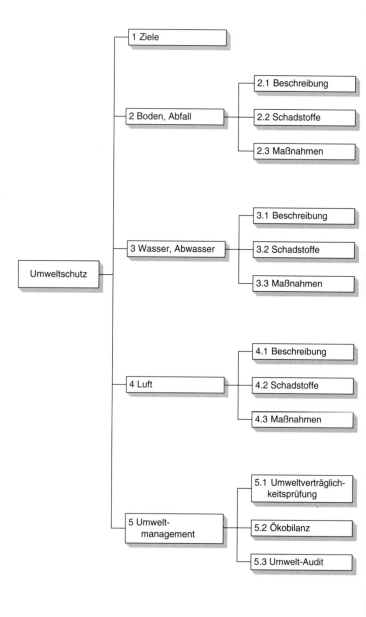

L   Umweltschutz

L 1   Ziele

> Umweltschutz **sichert** Menschen, Tieren und Pflanzen den **Lebensraum** und **schützt** Boden, Wasser und Luft sowie Kultur- und Sachgüter vor nachteiligen menschlichen Eingriffen.

Der Mensch verändert die Energieflüsse in folgenden Bereichen:

- menschliche Nutzung
  Verbrauch von festen, flüssigen und gasförmigen Stoffen in Haushalt, Industrie, Transport und Verkehr
- Biosphäre
- Kreisläufe von Wasser, Luft und Boden
- Rohstoff- und Energiegewinnung
  fossile und mineralische Stoffe, die nicht in der Biosphäre zu finden sind; die Nutzung von Rohstoffen und Energie ist die Voraussetzung dafür, daß der Mensch Nutzen aus der Umwelt ziehen kann.

> Für den erfolgreichen Umweltschutz gilt: **Vermeiden** vor Verringern, vor Wiederverwertung, vor Entsorgung.

- **Vermeidung**
  Erforderlich sind: Bewußtseins- und Verhaltensänderungen der Verbraucher (z.B. energiesparend), technischer Fortschritt (z.B. Kraftstoff-Einsparung), wirtschaftliche Anreize (Steuererleichterungen für energiesparende Investitionen), Rechtsvorschriften (Umweltschutzgesetze), wirtschaftliche Zwänge (z.B. Besteuerung von Emissionen, Erhöhen der Entsorgungsgebühren).

- **Minimierung von Abfällen und Schadstoffen**
  Einführung einer **Kreislaufwirtschaft** bereits vor oder während des Prozesses oder durch den Ersatz umweltbelastender Stoffe

- **Wiederverwertung und Recycling**
  Internes Recycling (innerhalb des Unternehmens) und **externes** Recycling (außerhalb des Unternehmens). Die erforderlichen Abfälle müssen in der ausreichenden Menge und Qualität zur Verfügung stehen.

- **Sanierung und Entsorgung**
  Beseitigung der Ursachen von Vergiftungen in der Umwelt. Setzt am Ende des Prozesses an und ist am teuersten und schlechtesten.

> **Additiver Umweltschutz** behandelt die Emissionen eines gegebenen Prozesses. Im **produktionsintegrierten Umweltschutz** werden beim Herstellungsprozeß Emissionen verringert, Abfälle verwertet und verbleibende Reststoffe zur Energieerzeugung verwendet.

L 2   Boden, Abfall

> Boden ist ein mechanisches Gemenge von Gesteins- und Mineralbruch-
> stücken und deren Umbildungsprodukten, vermischt mit sich zersetzender
> und bereits zu Humus umgebauter, organischer Substanz.

> Abfälle sind bewegliche Sachen, deren sich der Besitzer entledigen will
> (**subjektiver Abfallbegriff**), oder deren geordnete Entsorgung zur Wah-
> rung des Wohls der Allgemeinheit, insbesondere des Schutzes der Um-
> welt, geboten ist (**objektiver Abfallbegriff**).

> **Altlasten** sind Altablagerungen und Altstandorte, von denen eine Beein-
> trächtigung des Wohles der Allgemeinheit ausgeht.
> **Altablagerungen** sind Flächen, auf denen vor dem 1. März 1972 Anlagen
> zum Ablagern von Abfällen betrieben und stillgelegt oder Abfälle behan-
> delt, gelagert oder abgelagert worden sind.
> **Altstandorte** sind Flächen stillgelegter Anlagen, in denen mit gefährli-
> chen, insbesondere wassergefährdenden Stoffen umgegangen worden ist
> (LAbfG §22 Baden-Württemberg).

L 2.1   Beschreibung

Die Bodenbildung wird durch eine Vielzahl von Faktoren beeinflußt:

- **Klima:** Die braunen Böden (Braunerden) in Mitteleuropa entstehen
  durch das gemäßigt-warme, humide Klima; die roten Böden
  (Roterden) durch das warm-feuchte Tropenklima.

- **Vegetation:** In einem Bereich mit einheitlichem Klima verursacht
  die Vegetation Unterschiede in der Bodenbildung.

- **Tiere:** Sie durchwühlen und mischen die Bodenmassen und führen
  so zur Belüftung und fördern die Umformung der organischen Substanz zu Humus (z.B. Regenwürmer).

- **Mensch:** Er beeinflußt den Boden durch seine Bewirtschaftung in
  der oberen Schicht.

Ein Grünlandboden besteht aus 45 Vol.-% mineralischer Substanz, 7 Vol.-%
organischer Substanz, 23 Vol.-% Wasser und 25 Vol.-% Luft. Die Unterscheidung der Bodenarten erfolgt nach Körnungsklassen:

- **Ton**   0 bis 2 µm Korngröße

- **Schluff**   2 bis 63 µm Korngröße

- **Sand**   63 bis 2000 µm Korngröße

Ein wesentlicher Bestandteil des Bodens sind verschiedene **Silikate** wie
beispielsweise Quarz, Olivin, Hornblenden, Glimmer (Tonminerale) und

Feldspate. Weitere Bestandteile sind Oxide und Hydroxide von Si, Al, Fe und Mn sowie Sulfate und Karbonate.

Der **organische Bestandteil** (Humus) besteht aus abgestorbenen und teilweise zersetztem organischem Material von Tieren und Pflanzen.

Wichtige Eigenschaften des Bodens sind der **Ionenaustausch** und das **Adsorptionsverhalten.** Diese sind besonders wichtig für die Beurteilung des Verhaltens von Schwermetallen und organischen Stoffen im Boden, die beispielsweise **direkt** (Ablagern von Abfall, Ausbringung von Klärschlamm, Düngemitteln und Pflanzenschutzmitteln) oder **indirekt** über die Deposition von Staub dem Boden zugeführt werden. Der Kationenaustausch erfolgt an Tonmineralen und der organischen Substanz wobei Ca^{2+}-, Mg^{2+}-, K^+-, Na^+-, Al^{3+}- und H^+-Ionen die wichtigsten austauschbaren Kationen sind. Die Schwermetalle werden meist in der Reihenfolge $Cd^{2+} < Ni^{2+} < Co^{2+} < Zn^{2+} << Cu^{2+} < Pb^{2+} << Hg^{2+}$ immer stärker vom Boden festgehalten. Deshalb werden Cd und Ni im Gegensatz zu Hg bereits bei relativ hohen pH-Werten mobilisiert.

L 2.2   Schadstoffe

Eine Kontamination des Bodens mit Schadstoffen kann u. a. durch Ablagerung von Abfällen und Produktionsrückständen erfolgen. Das Schadstoffspektrum hängt dabei von dem Verarbeitungs- bzw. Produktionsprozeß ab. In Tabelle L-1 sind deshalb einige typische Schadstoffe nach Produktionszweigen aufgeführt.

Tabelle L-1: Produktionszweige und Schadstoffe

Produktionszweig	Schadstoffe
Gaswerke, Kokereien	Cyanide, Sulfid, Sulfat, Ammonium Arsen, Blei, Cadmium, Chrom, Nickel, Zink Phenole, Kohlenwasserstoffe, polycyclische aromatische Kohlenwasserstoffe (PAK)
Teerlagerung, Teerverarbeitung	Kohlenwasserstoffe, Phenole, Benzol, Toluol, polycyclische aromatische Kohlenwasserstoffe (PAK)
Anlagen zur.Klärschlammbehandlung	Ammonium, Chlorid, Sulfat, Sulfit, Sulfid, Bor, Arsen, Blei, Cadmium, Chrom, Chromat, Kupfer, Nickel, Quecksilber, Zink, PAK, Pestizide, Phthalsäureester, Tenside
Zementherstellung	Phosphat, Fluorid, Arsen, Blei, Cadmium, Chrom, Chromat, Kupfer, Nickel, Thallium
Kunststoffproduktion PVC	Chlorid, Sulfat, Sulfit, Sulfid, Bor, Cadmium, Barium, Titan, leichtflüchtige Halogenkohlenwasserstoffe, Phthalsäureester, Ester, Ketone, ein- und mehrwertige Alkohole, zinnorganische Verbindungen
Waschmittelindustrie	Chlorid, Sulfat, Sulfit, Sulfid, Bor, Zink, Barium, Aluminium, Titan, Antimon, Zinn, Benzol, Toluol, Alkylaromate, organische Säuren, ein- und mehrwertige Alkohole, Tenside

Produktionszweig	Schadstoffe
Chemische Reinigungsbetriebe und Wäschereien	Benzol, Toluol, Xylol, Benzin, leichtflüchtige halogenierte Kohlenwasserstoffe, Tenside, organische Säuren
Galvanik	Nitrat, Ammonium, Phosphat, Chlorid, Fluorid, Sulfat, Bor, leichtflüchtige Cyanide, komplexgebundene Cyanide, Arsen, Blei, Cadmium, Chrom, Chromat, Kupfer, Nickel, Quecksilber, Zink, Kohlenwasserstoffe, leichtflüchtige Kohlenwasserstoffe, leichtflüchtige Halogenkohlenwasserstoffe, Tenside, organische Säuren

Die Tabelle L-1 zeigt eine Vielzahl von anorganischen und organischen Schadstoffen. In der folgenden Tabelle sind einige der Schadstoffe genauer beschrieben und sog. **Hintergrundwerte** mit aufgeführt. Diese Werte dienen als Anhaltspunkt bei Überschreitung für das Vorliegen einer **Kontamination** (Tabelle L-2).

Tabelle L-2: Eigenschaften von Schadstoffen und Hintergrundswerte

Element / Verbindung	Eigenschaften	Hintergrund- wert (in mg/kg)
Schwermetalle		
Cadmium Cd	Cd ist mit $5 \cdot 10^{-5}$ % in der Erdrinde sehr selten. Es tritt als Begleiter von Zink auf und fällt somit bei der Zinkgewinnung als Nebenprodukt an. Cd dient als Korrosionsschutz für Eisen, ist Legierungsbestandteil, wird in Akkumulatoren und Kernkraftwerken eingesetzt. Cd-Verbindungen dienen als Pigmente und Stabilisatoren in der Kunststoffproduktion. Natürliche Emissionsquellen (Vulkanismus 500 t/a, Vegetation 200 t/a, Staub 100 t/a) führen zu einem ubiquitären Vorkommen in der Umwelt. Cd-Gehalt der Atmosphäre im Mittel 50 ng/m³. Die vom Menschen durchschnittlich aufgenommene Menge beträgt: Trinkwasser 4 µg/d, Luft 0,2 µg/d und Nahrung 10 bis 250 µg/d WHO-Empfehlung < 70 µ/d Cd hemmt verschiedene Enzyme und reichert sich vor allem in der Niere an (mit einer biologischen Halbwertszeit von 20 bis 40 Jahren).	0,2 bis 1,0 (je nach Tongehalt bzw. Ausgangsgestein) Kohle: 0,3 bis 2 Erdöl: bis 16
Blei Pb	Pb ist mit 0,002 % in der Erdkruste vorhanden. Die Hauptanwendung liegt in der Akkumulatorenherstellung. Weiterer Einsatz von Pb bzw. Pb-Verbindungen als Pigment und Stabilisator in PVC, Keramiken, Bleikristallglas und als Legierungsbestandteil. Früher wurde Bleitetraethyl als Antiklopfmittel dem Benzin zugesetzt (max 0,15 g/L ab 1976, zuvor 0,4 g/L). Die toxische Wirkung beruht auf der Hemmung verschiedener Enzyme des Hämoglobinstoffwechsels bereits bei einer Aufnahme von 1000 µg/d. Die vom Menschen durchschnittlich aufgenommene Menge beträgt: Trinkwasser 12 µg/d, Luft 40 µg/d und Nahrung 110 µg/d WHO-Empfehlung maximal 500 µg/d bei 70 kg Körpergewicht WHO-Empfehlung maximal 500 µg/d bei 70 kg Körpergewicht	25 bis 55 Steinkohle: 2 bis 150 Erdöl: 0,2 bis 2,1

Element / Verbindung	Eigenschaften	Hintergrundwert (in mg/kg)
Schwermetalle		
Chrom Cr	Cr ist zu 0,02 % in der Erdkruste enthalten. Es tritt in der Natur überwiegend dreiwertig als Chromeisenerz ($FeCr_2O_4$) auf. Sechswertiges Cr (Chromat) in den verschiedenen Umweltkompartimenten kommt überwiegend aus anthropogenen Einträgen. Aufgrund seiner Luft- und Wasserbeständigkeit wird es als Überzug verwendet (Verchromung). Cr ist Legierungsbestandteil von Edelstahl. Es tritt im Abwasser von chromverarbeitenden Betrieben, beispielsweise Gerbereien und Galvaniken, auf. Cr(III) ist ein essentielles Spurenelement und gilt als ungiftig im Gegensatz zu Cr(VI) welches zu Nierenschädigungen führt. Die vom Menschen durchschnittlich aufgenommene Menge beträgt: Trinkwasser 4 µg/d, Luft 0,28 µg/d und Nahrung 280 µg/d. Der tägliche Bedarf beträgt 50 µg.	Cr : 20 bis 90 CrO_4: 1 Steinkohle: 5 bis 80 Erdöl: 0,001 bis 1
Arsen As	As ist zu $6 \cdot 10^{-4}$ % in der Erdkruste enthalten. Es tritt drei- und fünfwertig auf und kann geogenbedingt im Wasser auftreten (Trinkwassergrenzwert 10 µg/L). As findet Anwendung als Legierungsbestandteil in Bleiloten und Schrotkugeln, in der Halbleitertechnik und Glasverarbeitung sowie in der chemischen Industrie (Futtermittelzusatz, Pflanzenschutzmittel). Früher wurden Arsenverbindungen als Kampfstoffe eingesetzt. Der Eintrag in die Umwelt erfolgt wesentlich über Emission von Metallhütten und Kohlekraftwerken. As(III)-Verbindungen sind stärker toxisch als As(V)-Verbindungen. Es ist ein Stoffwechsel- und Kapillargift (lethale Dosis As_2O_3 für einen Erwachsenen beträgt ca. 100 mg). Die vom Menschen durchschnittlich aufgenommene Menge beträgt: Trinkwasser 1,4 µg/d, Luft 0,4 µg/d, Nahrung 40 µg/d, Fisch 90 µg/d.	6 bis 17 Steinkohle: 2 bis 50
Quecksilber Hg	Hg ist zu $5 \cdot 10^{-5}$ % in der Erdkruste enthalten. Die Emission aus natürlichen Quellen beträgt weltweit 25 000 bis 125 000 t. Durch seine Flüchtigkeit ist es in Spuren überall nachweisbar. Das natürlich vorkommende Zinnober (Quecksilbersulfid HgS) ist mit die schwerlöslichste Verbindung. Hg tritt ein- und zweiwertig auf und bildet zudem sehr toxische organische Hg-Verbindungen, beispielsweise Methyloder Phenylquecksilber. Es wird in der chemischen Industrie vor allem als Kathodenmaterial bei der Chloralkalielektrolyse eingesetzt. Amalgame (Hg-Legierungen) werden als Zahnfüllungen eingesetzt. Die Toxizität ist stark von der Bindungsform abhängig. Zweiwertige Verbindungen sind giftiger als einwertige. Methyl-Hg wirkt mutagen und teratogen. Die vom Menschen durchschnittlich aufgenommene Menge beträgt: Trinkwasser 0 µg/d, Luft 0,14 µg/d, Nahrung 5 µg/d, Fisch 10 µg/d; akzeptable tägliche Aufnahme (ADI) 50 µg/d (Mann 70 kg), 40 µg/d (Frau 58 kg).	0,05 bis 0,2 (je nach Tongehalt bzw. Ausgangsgestein) Steinkohle: 0,1 bis 1 Hausabfall: 3 bis 5

Element / Verbindung	Eigenschaften	Hintergrundwert (in mg/kg)
Organische Schadstoffe		
Polycyclische aromatische Kohlenwasserstoffe (PAK)	Hierbei handelt es sich um eine Gruppe organischer Verbindungen, bestehend aus zwei (Naphthalin) bis sechs [Benzo(ghi)perylen] Kohlenstoffringen. PAK sind ubiquitär verbreitet und entstehen durch unvollständige Verbrennung organischen Materials. Sie treten in Teer, Ruß, Zigarettenrauch und in Autoabgasen auf. PAK verursachen Tumore, Benzo(a)pyren ist kanzerogen.	1,0 ohne Naphthalin, 0,05 Naphthalin
Polychlorierte Biphenyle (PCB)	Hierbei handelt es sich um eine aus 209 chlorhaltigen Einzelverbindungen bestehende geruchlose, inerte, in organischen Lösemitteln lösliche synthetische Substanzklasse (zwei Benzolringe, über eine Ecke verbunden). Einsatzgebiete dieser Stoffklasse waren Hydraulikflüssigkeit, Kühlmittel in Transformatoren, Dielektrikum in Kondensatoren, flammschützendes Imprägnierungsmittel für Holz, Textilien, Kunststoffe und Weichmacher. Der Eintrag in die Umwelt erfolgt über Abfälle und Leckagen. Bei der Verbrennung PCB-haltiger Materialien können Dioxine entstehen.	0,05
Polychlorierte Dibenzo-p-dioxine (PCDD) und polychlorierte Dibenzofurane (PCDF) kurz: Dioxine	Dioxine gehören zur Verbindungsklasse der aromatischen Ether. Es gibt 210 verschiedene chlorierte Einzelverbindungen. Da es sich um sehr stabile (chemisch, thermisch) Verbindungen handelt, reichern sie sich im Boden und der Nahrungskette an. Diese Verbindungen wurden nie gezielt industriell hergestellt, sondern sind ausschließlich Nebenprodukte bei der Produktion von chlororganischen Verbindungen, beispielsweise Chlorphenole, PCB und Zellstoff/Papierherstellung (Chlorbleiche). Aufgrund der Vielzahl an Verbindungen mit stark unterschiedlicher toxikologischer Wirkung werden nur bestimmte Verbindungen analysiert und deren ermittelte Konzentration mit einem Wichtungsfaktor (Toxizitätsäquivalenzfaktor) multipliziert und aufsummiert. Dies ergibt als Einheit der Konzentrationsangabe **Toxizitätsäquivalente (TE)**. Hierbei gibt es unterschiedliche Systeme wie BGA, Eadon USA und Internationales System (ITE).	$2 \cdot 10^{-6}$ ITE

L 2.3 Maßnahmen

Bei der Erkundung von **Altablagerungen** muß zuerst das Schadstoffinventar ermittelt werden, da es sich bei den meisten Flächen um eine ungeordnete Ablagerung handelt. Abhängig von den Schadstoffen (Art und Menge) und der Folgenutzung der Fläche ist eine Gefährdungsabschätzung für die Schutzgüter Grundwasser, Boden und Luft durchzuführen.

Bei der Erkundung von Altstandorten und bei Untersuchungen im Rahmen von Schadensfällen ist i. allg. das Schadstoffspektrum beispielsweise aufgrund des Produktionsprozesses bekannt. Hierbei geht es im wesentlichen um die Abschätzung des kontaminierten Bereiches. In Tabelle L-3 sind einige Untersuchungsmethoden zusammengestellt.

Tabelle L-3: Untersuchungsmethoden bei der Altlastenerkundung

Untersuchungs-methode	Beschreibung
Geomagnetik	Messung von Anomalien des Erdmagnetfeldes, hervorgerufen durch magnetische Objekte, beispielsweise Fässer oder Autoteile
Geoelektrik	Erzeugung eines Potentialfeldes durch in die Erde eingebrachte Metallelektroden und Ausmessung der sich ausbildenden Potential-Unterschiede, hervorgerufen durch Unterschiede im spezifischen Widerstand der vorhandenen Schichten im Untergrund
Seismik	Die an der Oberfläche erzeugte seismische Welle breitet sich im Untergrund aus und wird an Inhomogenitäten gebeugt, gebrochen und reflektiert (geometrische Optik). An der Oberfläche wird die Welle mit Geophonen aufgenommen.
Sondierungen	Einfache Methode zur Erkundung des Geländes bis zu einer Tiefe von 10 m. Hierzu wird eine Schlitz- oder Rammkernsonde (40 bis 80 mm Durchmesser) mit einem motorbetriebenen Hammer in den Untergrund getrieben. Aus der Sonde können dann horizontiert Proben für die chemische Untersuchung entnommen werden.
Bohrungen	Aufwendiges und teures Verfahren für größere Tiefen und größere Probenmengen. Einrichtung von Grundwassermeßstellen.
Schürfe	Zur genauen Charakterisierung von größeren oberflächennahen Bereichen. Zur Gewinnung großer Probenmengen, welche besonders bei heterogenen Ablagerungen beispielsweise auf Deponien erforderlich ist. Erfordert den Einsatz von Baggern und aufwendige Sicherung vor Einsturz sowie Personenschutz.

Mit Kenntnis des Schadstoffinventars und der geologischen Gegebenheiten erfolgt eine Beurteilung hinsichtlich der Schutzgüter unter Einbezug der Folgenutzung. Daraus ergibt sich dann ein Sanierungsbedarf. Verschiedene Sanierungstechniken zeigt Tabelle L-4.

Tabelle L-4: Sanierungstechniken

Verfahren	Beschreibung
Hydraulische Maßnahmen	Eine räumliche Trennung von Grundwasser und kontaminiertem Bereich wird durch Absenkung des Grundwassers mittels Pumpen oder Umleitung des Grundwassers durch Barrieren erreicht.
Bautechnische Maßnahmen	Das Durchströmen des kontaminierten Bereichs und damit die vertikale und horizontale Ausbreitung kann durch eine **Oberflächenabdichtung, Basisabdichtung** oder durch **vertikale Barrieren** erfolgen, wodurch ein Stoffaustausch unterbunden wird.
Bodenaustausch	Entfernung der Kontamination durch Auskoffern und Deponierung
Immobilisierung	Durch thermische oder chemische Behandlung kann die Eluierbarkeit des Schadstoffes und damit dessen Mobilität vermindert werden.

Verfahren	Beschreibung
Waschverfahren	Mit Hilfe geeigneter Waschflüssigkeiten (Wasser ohne/mit chemischen Zusätzen) können die Schadstoffe herausgewaschen werden, entweder in deren Lage (**in situ**) oder nach Auskoffern am Standort (**on site**) bzw. entfernt vom Standort (**off site**).
Thermische Behandlung	Das ausgekofferte Material wird 0,5 bis 2 h bei 800 bis 1200 °C unter kontrolliertem Luftzutritt zur Verbrennung organischer Substanzen behandelt.

Die Behandlungsverfahren von Abfällen (Siedlungsabfall und Industrieabfall) sind in Tabelle L-5 zusammengestellt.

Tabelle L-5: Verfahren zur Abfallbehandlung

Verfahren	Beschreibung
Müllverbrennung	Der getrocknete Abfall zündet bei ca. 235 °C und erreicht bei Luftüberschuß Temperaturen von 1000 bis 1200 °C in der Verbrennungszone. Es bilden sich temperaturabhängig CO_2, CO und Wasserstoff sowie aus dem Schwefel SO_2. Aus stickstoffhaltigen Substanzen und aus dem Stickstoff der Luft bilden sich Stickoxide.
Pyrolyse-verfahren	Pyrolyse ist die Entgasung von Feststoffen durch Wärmeeinwirkung unter Luftabschluß. Es laufen folgende Reaktionen ab: thermische Trocknung (100 bis 200 °C), Desoxidation, Desulfierung, Depolymerisation, Abspaltung von Schwefelwasserstoff und Konstitutionswasser (250 °C), Carbonisierung (380 °C), Umwandlung des Bitumenstoffes in Schwelöl (400 bis 600 °C), Spaltung der Bitumenstoffe zu wärmebeständigen Stoffen (600 °C). Der kohlenstoffhaltige Reststoff wird anschließend verbrannt.
Deponie	Eine Deponie besteht aus Untergrundabdichtung, Sammeln und Reinigung des Sickerwassers sowie des Deponiegases. Die im Deponiekörper mit der Zeit ablaufenden biochemischen Reaktionen (aerob, anaerob saure Gärung, anaerob Methangärung instabil, anaerob Methangärung stabil) führen zur Bildung von Methan und CO_2 (Deponiegas) welches energetisch verwertet werden kann. **Deponieklasse 1:** Ablagerung von Abfällen (Bauschutt, Schlacke) mit hohem Mineralisierungsgrad (organischer Anteil des Trockenrückstandes < 1%) **Deponieklasse 2:** Ablagerung von Abfällen mit geringerem Mineralisierungsgrad (organischer Anteil des Trockenrückstandes < 3%) dafür höhere Anforderungen an die Untergrundabdichtung.
Kompostierung	Unter aeroben Bedingungen werden organische Stoffe von Mikroorganismen zu Humussubstanzen unter Wärmeentwicklung umgewandelt. Dieser Rotteprozeß erfordert guten Luftzutritt, ausreichenden Gehalt an Stickstoffverbindungen und einen pH-Wert zwischen 5 und 8.

L 3   Wasser, Abwasser

Von den $1,4 \cdot 10^9$ km^3 Wasser auf der Erde sind über 97 % Meerwasser, 2 % Eis und weniger als 1 % Süßwasser. Es findet ein ständiger Wasserkreislauf durch **Verdunstung** der Oberflächenwässer (Flüsse, Seen, Meer), **Niederschlag,** verbunden mit der Lösung der Gase CO_2, O_2 und N_2, **Passage durch die natürliche Humusschicht** mit der Lösung von CO_2 sowie natürlichen anorganischen- und organischen Stoffen und **Untergrundpassage** (Einstellung der natürlichen chemischen Gleichgewichte mit den Bodenmineralien) statt.

Abwasser entsteht durch den Gebrauch von Wasser (i.allg. **Trinkwasser**) im Haushalt (**kommunales Abwasser**) oder bei Produktions- und Verarbeitungsprozessen (**Industrieabwasser**).

L 3.1 Beschreibung

Die Inhaltsstoffe natürlicher Wässer können nach ihrer Teilchengröße unterschieden werden.

- **suspendierte Stoffe:** Diese sind mit bloßem Auge oder unter dem Lichtmikroskop zu erkennen. Es handelt sich um mineralische Bestandteile (wie Sand und Tone) oder organische Bestandteile (wie Pflanzenreste, Algen oder Bakterien). Diese Stoffe setzen sich mit der Zeit im Wasser ab.

- **kolloide Stoffe:** Diese setzen sich mit der Zeit nicht ab. Es kann sich hierbei um anorganische Substanzen wie Kieselsäure, Oxide/Hydroxide von Eisen, Mangan oder Aluminium handeln oder um organische Bestandteile wie Huminstoffe oder Viren und Bakterien. Durch Zusätze kann eine Zusammenlagerung der Kolloidteilchen erreicht werden (**Flockung**).

- **molekular gelöste Stoffe:** Hierbei handelt es sich um eine echte Lösung mit einer Teilchengröße kleiner 1 nm. Die gelösten Stoffe können Gase (Sauerstoff, Stickstoff, Kohlenstoffdioxid), wasserlösliche organische Moleküle (Ethanol, Tenside, Huminstoffe) und **Elektrolyte** (Salze, Säuren, Basen) sein. Elektrolyte bilden in Wasser elektrisch geladene Atome/Moleküle (**Ionen**).

Die wichtigsten natürlichen Inhaltsstoffe von Wasser sind in Tabelle L-6 zusammengefaßt.

Tabelle L-6: Natürliche Inhaltsstoffe von Wasser

Inhaltsstoff	Herkunft	Typischer Konzentrations-bereich
Ca^{2+}, Mg^{2+}	Calcium und Magnesium kommen in der Natur als schwerlösliche Carbonate und lösliche Sulfate vor. Durch das im Niederschlagswasser aus der Bodenluft gelöste CO_2 gehen die Carbonate als Hydrogencarbonat in Lösung und verursachen die **Härte eines Wassers**.	Ca^{2+}: bis 300 mg/l Mg^{2+}: 1 bis 20 mg/l
Na^+, K^+	Natrium und Kalium stammen von Salzlagerstätten und aus den Verwitterungsprodukten der Urgesteine.	Na^+: bis 50 mg/l K^+: 1 bis 2 mg/l
H^+, OH^-	Wasserstoff- und Hydroxidionen bestimmen über das Gleichgewicht $H^+ + OH^- = H_2O$ den pH-Wert des Wassers.	pH: 5 bis 8
Fe^{2+}, Mn^{2+}	Eisen und Mangan.	Fe^{2+} bis 2 mg/l Mn^{2+} bis 0,5 mg/l

Inhaltsstoff	Herkunft	Typischer Konzentrations- bereich
NH_4^+	Ammonium bildet sich als Zwischenprodukt beim Abbau stickstoffhaltiger organischer Verbindungen.	bis 0,3 mg/l
NO_3^-	Nitrat stammt geogen aus Salpeterlagerstätten, anthropogen aus Düngerausschwemmungen.	10 bis 100 mg/l
HCO_3^-	Hydrogencarbonat bildet sich beim Lösevorgang von Carbonaten: $CaCO_3 + H_2O + CO_2 = Ca^{2+} + 2\,HCO_3^-$.	10 bis 500 mg/l
Cl^-	Chlorid stammt häufig aus NaCl (Salz) und ist sehr mobil.	10 bis 100 mg/l
SO_4^-	Sulfat stammt aus dem Lösen von $CaSO_4$ (Gips).	10 bis 300 mg/l
F^-	Fluorid ist in Spuren meist vorhanden.	bis 0,5 mg/l

L 3.2   Schadstoffe

Die Kontamination des Grundwassers erfolgt durch **Auswaschung** aus dem Boden oder eine **Ablagerung** durch den Regen. Es treten somit die Schadstoffe auf, die auch im Feststoff vorhanden sind (Abschn. L 2.2). Die Verschmutzung von Oberflächenwasser erfolgt durch **direkten Eintrag**, beispielsweise durch Abwasser unterschiedlicher Herkunft.

L 3.3   Maßnahmen

Gemäß § 1a des Wasserhaushaltsgesetzes (WHG) sind Gewässer als Bestandteil des Naturhaushalts so zu bewirtschaften, daß sie dem Wohl der Allgemeinheit und im Einklang mit ihm auch dem Nutzen Einzelner dienen und daß jede vermeidbare Beeinträchtigung unterbleibt.

Tabelle L-7: Verfahrensschritte bei der Trinkwasseraufbereitung

Verfahrensschritt	Beschreibung
Filtration	Sie dient zur Entfernung auch feinster Schwebstoffe. **Langsamfilter** mit einer Filtergeschwindigkeit von 0,1 bis 0,2 m/h bilden die natürlichen Vorgänge in einem sandigen Untergrund nach, wobei auch biologische Prozesse ablaufen. **Schnellfilter** (5 bis 15 m/h) bestehen aus feinkörnigem Quarzsand und müssen regelmäßig zur Reinigung im Gegenstrom gespült werden.
Flockung	Zur Entfernung der Trübung eines Wassers werden durch Zusatz geeigneter **Flockungsmittel** (Aluminium- und Eisensalze) grobe leicht filtrierbare Flocken gebildet.
Fällung	Durch Zudosierung geeigneter Chemikalien werden schwerlösliche Verbindungen ausgefällt. So erfolgt die Reduzierung von Ca und Mg (**Härtebildner**) durch Zugabe von Kalkmilch und Fällung der Carbonate.

Verfahrensschritt	Beschreibung
Oxidation	Durch Zugabe von Oxidationsmitteln (Sauerstoff, Ozon, Chlor, Chlordioxid, Kaliumpermanganat, Wasserstoffperoxid) werden Wasserinhaltsstoffe chemisch verändert. Die Oxidation dient zur Entfernung von Eisen-, Mangan- und Ammoniumionen, organischen Substanzen (Oxidation zu CO_2) und **Desinfektion** des Trinkwassers. Eine Desinfektion ist stets notwendig bei Vorhandensein von bakteriologischen Verunreinigungen.
Adsorption	Organische Verunreinigungen im Wasser, beispielsweise chlorierte Kohlenwasserstoffe, Mineralöl und Pflanzenschutzmittel, können durch Adsorption an Aktivkohle entfernt werden.
Bestrahlung	Durch Bestrahlung mit UV-Licht können Mikroorganismen abgetötet werden.

Die einzelnen Verfahrensschritte bei der Reinigung von Abwasser sind in Tabelle L-8 beschrieben.

Tabelle L-8: Verfahrensschritte bei der Abwasserreinigung

Reinigungsschritt	Beschreibung
Mechanische Reinigung	Diese dient zur Entfernung von groben Bestandteilen mit Hilfe eines automatischen **Rechens**.
Sandfang	Durch Reduktion der Fließgeschwindigkeit sedimentieren Feststoffpartikel > 0,2 mm.
Fettabscheider	Durch Einblasen von Luft entgegen der Sedimentationsrichtung treiben fettige/ölige Stoffe auf und können abgezogen werden.
Biologische Reinigung	Hier werden die gelösten organischen Substanzen durch Bakterien zu CO_2 oxidiert: Org. Substanz + O_2 = CO_2 + H_2O + Biomasse + Energie Der notwendige Sauerstoff wird als Luft in das Belebungsbecken eingeblasen. Aufgrund der Abwasserzusammensetzung bildet sich eine bestimmte Bakterienbiozönose aus. Durch Adaption können Bakterien für den Abbau besonderer Abwasserinhaltsstoffe erhalten werden. Neben den Bakterien sind im Belebtschlamm auch Protozoen, beispielsweise Glockentierchen, vorhanden. Für die Dimensionierung einer biologischen Stufe ist die BSB_5-Fracht ausschlaggebend. Der BSB_5 ist der in 5 Tagen erforderliche Sauerstoff zum Abbau der organischen Substanz. Ein Einwohner liefert ca. 60 g/d BSB_5 rohes Abwasser bzw. 40 g/d BSB_5 sedimentiertes Abwasser (**Einwohnergleichwert EGW**).
N-Elimination	Die Entfernung von Ammonium (fischgiftig) aus dem Abwasser erfolgt bei entsprechend langer Aufenthaltszeit im Belebungsbecken mittels spezieller Bakterien (Nitrosomonas, Nitrobakter) durch Oxidation zu Nitrat (**Nitrifikation**). Nitrat kann durch bestimmte Bakterien unter Sauerstoffausschluß in Stickstoff überführt werden (**Denitrifikation**).
Phosphat-Elimination	Phosphor und Stickstoffverbindungen führen im Gewässer zu erhöhtem Pflanzenwachstum und damit u.U. zu Sauerstoffmangel. Phosphatgehalte können durch Fällung mit Eisensalzen reduziert werden.
Schlammbehandlung	Der Überschußschlamm aus dem Belebungsbecken kann im Faulturm unter Sauerstoffausschluß durch Bakterien in Biogas (ca. 70 Vol.-% CH_4) umgewandelt werden.

Reinigungsschritt	Beschreibung
Naßoxidation	Oxidation mit Luftsauerstoff bei 150 bis 400 °C und Drücken von 10 bis 220 bar. Sonderfall ist die Anwendung von Ozon oder Wasserstoffperoxid mit UV-Bestrahlung zur Oxidation biologisch resistenter Substanzen.
Abwasser-verbrennung	Die Verbrennung organischer Inhaltsstoffe erfolgt bei Temperaturen von 800 bis 1200 °C. Am besten eignen sich hierfür salzarme, organisch hochkonzentrierte Abwässer beispielsweise aus der Polyester-Produktion.

L.4   Luft

L 4.1   Beschreibung

Reine Luft besteht aus 78,1 % Stickstoff, 20,9 % Sauerstoff, 0,9 % Argon und 0,034 % Kohlendioxid.

L 4.2   Schadstoffe

Die Angabe der Schadstoffkonzentration erfolgt in mg/m^3 oder in ml/m^3 (ppm). Zur Umrechnung ist die Molmasse (M) des Stoffes und das Volumen eines Mols bei 0 °C und 1,013 bar erforderlich. Für ideale Gase beträgt das Molvolumen 22,41 l.

Tabelle L-9: Luftschadstoffe

Schadstoff	Beschreibung / Entstehung / Eigenschaften	Grenzwerte
Ozon (O_3)	farbloses Gas, natürlich durch UV-Strahlung mit Luftsauerstoff in der Ozonosphäre (20 bis 35 km) in bodennahen Schichten durch Reaktion mit Luftverunreinigungen wie Stickoxiden und Kohlenwasserstoffen bei starker Sonneneinstrahlung. NO_2 + Licht = NO + O $O + O_2 + M = O_3 + M$ $O_3 + NO = O_2 + NO_2$ Starkes Oxidationsmittel führt zu Reizungen der Schleimhäute (kanzerogenverdächtig).	bei 100 µg/m³ Gesundheitsschutz, bei 180 µg/m³ Information der Bevölkerung
Schwefel-dioxid SO_2	farbloses, stechend riechendes Gas, entsteht als Nebenprodukt bei der Verbrennung schwefelhaltiger Energieträger wie Kohle und Öl und bildet sich bei verschiedenen industriellen Prozessen wie Eisen- und Stahlerzeugung, Schwefelsäureherstellung, Zellstoffproduktion u.a.	MAK = 5 mg/m³ IW 1 = 0,14 mg/m³ IW 2 = 0,40 mg/m³
Stickstoff-oxide NO_x $(NO + NO_2)$	treten als Nebenprodukte bei Verbrennungsprozessen mit hohen Temperatur (z.B. Verbrennungsmotoren, Kraftwerke, Müllverbrennung) auf. Es sind dies Stickstoffmonoxid (NO) und Stickstoffdioxid (NO_2), die pflanzenschädigend wirken und die Bildung von Ozon und anderer Photooxidantien hervorrufen (SMOG).	NO_2 MAK = 9 mg/m³ IW 1 = 0,08 mg/m³

Schadstoff	Beschreibung / Entstehung / Eigenschaften	Grenzwerte
Methan CH$_4$	Es ist im Erdgas mit ca. 84 % enthalten und entsteht durch anaerobe mikrobiologische Vorgänge, beispielsweise bei der Tierhaltung, Abwasserbehandlung, Deponie. Methan ist ein Treibhausgas mit einem Anteil von 13 % (1980). Die 1990 in Deutschland freigesetzten Methanmengen betrugen gesamt 5,4 bis 7,7 Mio t/a (Gas-/Mineralöl-wirtschaft 4 bis 6 %, Kohlebergbau 18 bis 23 %, Abfallde-ponien 33 bis 41%, Abwasserreinigung 1%, Viehhaltung 25 bis 35 %, Verkehr 1% und Feuerungsanlagen 1%.	
Kohlendioxid CO$_2$	Es bildet sich beim Verbrennen von fossilen Brennstoffen (Kohle, Erdöl, Erdgas). Es fördert den Treibhauseffekt. Der Anstieg von CO$_2$-Emissionen von 1975 bis 1990 be-trug 32%, davon in den Industriestaaten 11%, in der EG 4%.	
FCKW	Methan und Ethanderivate, bei denen Wasserstoffatome durch Fluor- und/oder Chloratome ersetzt sind. Die ver-schiedenen Verbindungen werden durch einen Zahlen-code bezeichnet (beispielsweise R12, R113) bei der die letzte Ziffer die Anzahl der Fluoratome im Molekül angibt. Die gasförmigen bzw. flüssigen Substanzen sind sehr stabil und gelangen dadurch nach mehreren Jahren in die Stratosphäre (10 bis 50 km), sie führen dort maßgeblich zum Ozonabbau. Sie wurden als Kühlmittel in Kühl-schränken und zum Entfetten eingesetzt.	1,1,2-Tri-chlorethan MAK = 55 mg/m^3

Die **maximale Arbeitsplatzkonzentration (MAK)** ist diejenige Konzen-tration eines Stoffes in der Luft am Arbeitsplatz, bei der i.allg. die Gesund-heit der Arbeitnehmer nicht beeinträchtigt wird. Der **Immissionswert** nach TA Luft dient zum Schutz vor Gesundheitsgefahren und erheblichen Be-nachteiligungen und Belästigungen. Der IW 1-Wert gilt für die Langzeit-belastung als Jahresmittelwert und der IW 2-Wert für Kurzzeitbelastungen.

L 4.3   Maßnahmen

Das Bundes-Immissionsschutzgesetz (BImSchG) hat den Zweck, Men-schen, Tiere, Pflanzen, den Boden, das Wasser, die Atmosphäre und Sach-güter vor schädlichen Umwelteinflüssen zu schützen (**Schutzprinzip**) und dem Entstehen schädlicher Umwelteinwirkungen vorzubeugen (**Vor-sorgeprinzip**). Diese Gesetz enthält anlagen-, stoff- und gebietsbezogene Vorschriften. So können im industriellen Bereich Anlagen nur errichtet und betrieben werden wenn eine behördliche Genehmigung vorliegt. Zur Durchführung des BImSchG liegen bisher 21 Rechtsverordnungen vor, z.B. für Kleinfeuerungsanlagen (1. BmSchV), Großfeuerungsanlagen (13. BmSchV), Abfallverbrennungsanlagen (17. BmSchV) vor.

Tabelle L-10: Methoden zur Minderung von Schadstoffen

Schadstoff	Methoden
Ozon O$_3$	Da die Ozonbildung maßgeblich durch Stickstoffoxide bewirkt wird müs-sen diese reduziert werden.

Schadstoff	Methoden
Schwefeldioxid SO_2	Einsatz von schwefelarmen Brennstoffen (Entschwefelung), Feuerungstechnische Maßnahmen, Abgasreinigung durch Abgasentschwefelung aufgrund der Anforderungen der 13. BImSchV, Energieeinsparung.
Stickoxide NO_x	Großfeuerungsanlagen-Verordnung Reduzierung der Emissionen um ca. 2/3. Durch Abgasreinigungsverfahren (Naßverfahren, Oxidation/Absorption, Trockenverfahren, simultane SO_2/NO_x Abscheidung). Bei Steinkohlekraftwerken 17. BImSchV Grenzwert 200 mg/m³. Dreiwegekatalysator bei PKW mit Otto-Motoren senkt den NOx-Anteil im Abgas um über 90%. Abgasrückführung.
Methan CH_4	Bei Deponien, Kläranlagen und Tierhaltung Sammeln des Gases und Verwertung beispielsweise in Gasmotoren.
Kohlendioxid CO_2	Die Abscheidung des bei Verbrennungsprozessen freiwerdenden CO_2 unter dem Aspekt der Verringerung eines Eintrags in die Erdatmosphäre wird diskutiert. Es muß dabei die Gesamtbilanz betrachtet werden von Abscheidung, Verdichtung, Transport und Endlagerung.

L 5   Umweltmanagement

Das Umweltmanagement ist eine systematische Methode, die alle Umweltziele in festgelegter Zeit zu vorgegebenen Kosten zu erreichen hilft.

L 5.1   Umweltverträglichkeitsprüfung (UVP)

Die UVP ist ein Teil der gesetzlich vorgeschriebenen Genehmigungsverfahren für umweltrelevante Vorhaben (z.B. Müllverbrennung). Es wird die Bedrohung der natürlichen Lebensgrundlagen berücksichtigt und dient der Transparenz und der Koordination der behördlichen Genehmigungsverfahren.

Die UVP läuft in folgenden Phasen ab:

■ **Identifikation**
Feststellen aller bei der Entscheidungsfindung wichtigen Umweltaspekte (Erhebung der Basisdaten).

■ **Prognose und Bewertung**
Aufzeigen der Auswirkungen für die Umwelt und Bewertung unter ökologischen Gesichtspunkten (z. B. Geländeveränderung, Verkehrsbehinderung, Emissionen).

■ **Risikoabschätzung der Prognose**
Das Risiko R ist das Produkt aus Eintrittswahrscheinlichkeit H der Umweltfolge und Ausmaß der Schädigung A ($R = H*A$).

■ **Diskussion der Alternativen**
Möglichkeiten für ökologisch günstigere Entscheidungsalternativen vorschlagen.

L 5.2 Ökobilanz

> Ökobilanzen erfassen die Stoff- und Energieflüsse, die in ein Unternehmen eingehen (**Input**) und die ein Unternehmen verlassen (**Output**). Man unterscheidet **Produkt-**, **Prozeß-** und **Betriebsbilanzen**.

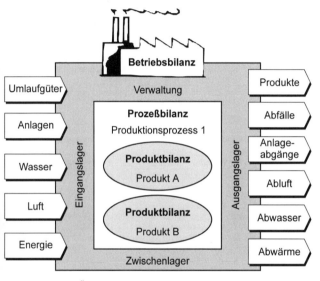

Bild L-1: Arten von Ökobilanzen

Tabelle L-11: Struktur einer Betriebsbilanz

Input (I)	Output (O)
I 1 Anlagegüter (Technische Anlagen, Maschinen, Bauten)	O 1 Abgänge an Anlagegüter
I 2 Umlaufgüter 　I 2.1 Material und Halbzeuge 　I 2.2 Hilfsstoffe (Lacke, Kleber, ...) 　I 2.3 Betriebsstoffe (Öle, Lacke, Reinigungsmittel)	O 2 Materialabgänge 　O 2.1 Produkte 　O 2.2 Abfälle (Werkstoffe, Reststoffe, Sonderabfälle)
I 3 Luft	O 3 Abluft
I 4 Wasser	O 4 Abwasser
I 5 Energie (Strom, Heizöl, Erdgas, Treibstoffe)	O 5 Energetische Emissionen
I 6 Boden	O 6 Boden

L 5.3   Umwelt-Audit

Das Umwelt-Audit stellt sicher, daß ein Unternehmen ökologisch optimal handelt (Vermeidung von möglichst vielen Schadstoffen).

Tabelle L-12: Phasen des Umwelt-Audits

Phase	Aufgabe
1. Umweltpolitik	Formulierung der Umweltziele und Selbstverpflichtung
2. Umweltprüfung	Beschreibung des Ist-Zustandes beim Umweltschutz
3. Umweltprogramm	Festlegen der Maßnahmen und Mittel zur Erreichung der Umweltziele
4. Umsetzung des Umweltprogramms	Einleiten konkreter Aktionen: Schulung des Personals, Aufbau- und Ablauforganisation der Umweltaktivitäten, Erstellen der Verfahrens- und Arbeitsvorschriften
5. Dokumentation	Festhalten der Informationen in einem Umweltschutzhandbuch (einschließlich Ökobilanz)
6. Bewertung der Umweltauswirkungen	Bewertung der Ökobilanz
7. Umweltbetriebsprüfung	Prüfung der Wirksamkeit des Umwelt-Managementsystems
8. Umwelterklärung	Information der Öffentlichkeit über die Umweltaktivitäten
9. Teilnahme am EG-Öko-Audit	Überprüfung der Umwelterklärung durch eine Zertifizierung

Bank, M.: Basiswissen Umwelttechnik. Würzburg: Vogel-Verlag 1994
Dreyhaupt, F. J.: VDI-Lexikon Umwelttechnik. Düsseldorf: VDI Verlag 1994
Holzbaur,U., Kolb, M., Roßwag, H.: Umwelttechnik und Umweltmanagement.
Heidelberg: Spektrum-Verlag 1996

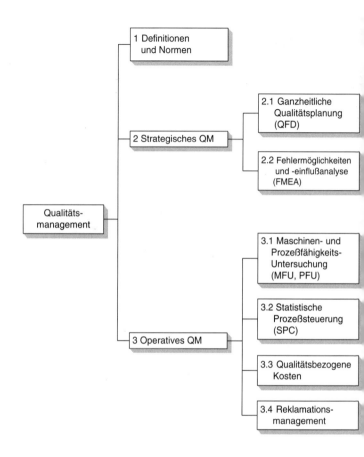

M Qualitätsmanagement (TQM)

Zunehmender weltweiter Wettbewerb, steigende Kundenanforderungen, höhere Anforderungen an die Lebensqualität (Umweltschutz, Produkthaftung) und zunehmende Komplexität der Produkte erfordern ein Qualitätsmanagement, das alle Unternehmensbereiche umfaßt (TQM: Total Quality Management). Es ist

- unternehmensweit (alle Funktionen und Prozesse des Unternehmens),
- umfassend (alle Mitarbeiter, vom Management bis zum Werker) und
- vollständig (alle Phasen des Lebenszyklus eines Produktes).

In Bild M-1 sind die einzelnen Bereiche und Aufgaben des umfassenden Qualitätsmanagements zusammengestellt.

M 1 Definitionen und Normen

Nach DIN 55350/ISO 8402 ist Qualität folgendermaßen definiert:

> Qualität ist die Gesamtheit der Merkmale und Merkmalswerte eines Produktes oder einer Dienstleistung bezüglich ihrer Eignung, festgelegte und vorausgesetzte Erfordernisse zu erfüllen.

Diese Erfordernisse sind, allgemein formuliert, die **Kundenwünsche** (extern und intern). Somit kann man sagen:

> Qualität ist die Erfüllung von Anforderungen, Erwartungen und Wünschen der internen und externen Kunden.

Das bedeutet, daß nicht nur technische Vorgaben (z. B. Drehzahlbereiche), sondern auch nichttechnische Anforderungen (z. B. hervorragender Service) die Qualität bestimmen. Um Qualität messen zu können, müssen **Qualitätsziele** vereinbart werden, die **eindeutig festgelegt, meßbar und realistisch** sind. Solche Qualitätsziele sind in jeder Funktion des Unternehmens festzulegen. Beispiele sind:

- *Gesamtunternehmen*: Lieferzeit innerhalb 24 Stunden
- *Produktion*: Senkung des Ausschusses um 10 %
- *Schulungsabteilung*: Erhöhung des Zufriedenheitsgrades um 10 %

Nach DIN 55350 versteht man unter Qualitätsmanagement:

> Qualitätsmanagement (QM) umfaßt sowohl die Arbeitsmittel zur Erfüllung der Qualitätsanforderungen (quality control) als auch die Qualitätssicherung (QS) im Sinne der QM-Darlegung (quality assurance), ebenso die Qualitätspolitik, Qualitätsplanung und Qualitätsverbesserung.

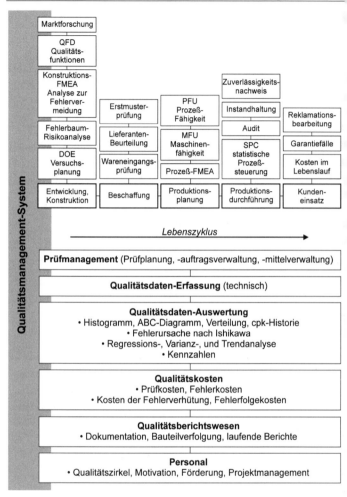

Bild M-1: Bereiche des ganzheitlichen Qualitätsmanagement-Systems (TQM)

Wichtigster Qualitätsgrundsatz ist der **Null-Fehler-Standard**, d. h. die Aufgabe, alle Tätigkeiten gleich richtig bzw. fehlerfrei zu erledigen. Durch Programme zur **kontinuierlichen Verbesserung** (KVP: kontinuierlicher Verbesserungsprozeß bzw. CIP: Continuous Improvement) wird erreicht, daß die geforderten Tätigkeiten in kurzer Zeit mit geringen Kosten fehlerfrei ablaufen können. Durch **vorbeugende** qualitätssi-

:hernde Maßnahmen (Kapitel M 2) versucht man, Fehler möglichst von
vornherein auszuschließen.

Grundlage des Qualitätsmanagements sind das Normenwerk DIN EN
ISO 9000 (Tabelle 13-1):

Tabelle M-1: Normen für das Qualitätsmanagement nach DIN EN ISO 9000 ff.

Norm	Inhalt
DIN EN ISO 9000-1	Normen zum Qualitätsmanagement und zur Qualitätssicherung/ QM-Darlegung
DIN EN ISO 9001	Qualitätsmanagement-Systeme. Modell zur Qualitätssicherung/ QM-Darlegung in Design, Entwicklung, Produktion, Montage und Wartung
DIN EN ISO 9002	Qualitätsmanagement-Systeme. Modell zur Qualitätssicherung/ QM-Darlegung in Produktion, Montage und Wartung
DIN EN ISO 9003	Qualitätsmanagement-Systeme. Modell zur Qualitätssicherung/ QM-Darlegung bei der Endprüfung
DIN EN ISO 9004-1	Qualitätsmanagement und Elemente eines Qualitätsmanagement-Systems; Teil 1: Leitfaden
DIN EN ISO 9004	Qualitätsmanagement und Elemente eines Qualitätssicherungs-systems; Leitfaden für Dienstleistungen

Das Qualitätsmanagement-System bezieht sich auf 20 Elemente, die in
Tabelle M-2 zusammengestellt sind:

Tabelle M-2: Elemente der Norm DIN EN ISO 9001

Element	Benennung
1	Verantwortung der Leitung
2	Qualitätsmanagement-System
3	Vertragsprüfung
4	Designlenkung
5	Lenkung der Dokumente und Daten
6	Beschaffung
7	Lenkung der vom Kunden beigestellten Produkte
8	Kennzeichnung und Rückverfolgbarkeit von Produkten
9	Prozeßlenkung
10	Prüfungen
11	Prüfmittelüberwachung
12	Prüfstatus
13	Lenkung fehlerhafter Produkte
14	Korrektur- und Vorbeugemaßnahmen
15	Handhabung, Lagerung, Verpackung, Konservierung und Versand
16	Lenkung von Qualitätsaufzeichnungen
17	interne Qualitätsaudits
18	Schulung
19	Wartung
20	statistische Methoden

M 2   Strategisches Qualitätsmanagement

Das strategische Qualitäts-Controlling stellt sicher, daß Qualität in der
frühestmöglichen Stufe entwickelt und produziert und nicht erst in einer
späteren Phase (z. B. in der Fertigung) geprüft wird. Diese **vorbeugende**
Qualitätssicherung wird immer wichtiger, weil von einer Phase im Pro-
duktlebenszyklus (Bild M-1) zur nächsten die Kosten für die Fehlerbe-
seitigung um den Faktor 10 zunehmen.

M 2.1   Ganzheitliche Qualitätsplanung
(QFD: Quality Function Deployment)

Mit diesem Werkzeug werden gezielt **Kundenwünsche** entwickelt
(QFD: Quality Function Deployment, d. h. die Entwicklung von Qualitätsanforderungen). Die Systematik von QFD ist in Bild M-2 dargestellt.
Es werden die Marktbedürfnisse (waagerechte Achse) technisch umgesetzt (senkrechte Achse). Dabei werden auch die Wettbewerbsvorteile
aus Kundensicht und aus technischer Sicht betrachtet.

Man geht in folgenden Schritten vor:

1. Schritt: Festlegen des Teams
Das fachübergreifende Team wird zusammengestellt. In ihm werden die
Ziele, die Einzelaktivitäten, die Zeiten, die Kosten und die Verantwort-
lichkeiten festgelegt.

2. Schritt: Festlegen des Kundenkreises
Es werden die Hauptkunden und deren Entscheider festgelegt.

3. Schritt: Kundenbefragung
Die Kundenanforderungen (Punkt 1 und 2: Was? in Bild M-2) werden
nach ihrer Priorität gewichtet und erfragt.

4. Schritt: Qualitätsmerkmale ableiten
Zu jedem Kundenwunsch werden die zugehörigen Konstruktions- und
Qualitätsmerkmale (Punkt 3: Wie? in Bild M-2) abgeleitet, die Ziele und
die Meßgrößen für Qualität bestimmt (Punkt 4 in Bild M-2). Ferner
werden die Beziehungen zwischen den Kundenanforderungen und Kon-
struktionsmerkmalen festgelegt.

5. Schritt: Marktbewertung und technischer Konkurrenzvergleich
Die Bewertung der Produkte aus Kundensicht (Marktbewertung, Punkt 9
in Bild M-2) ergibt eine Stärken-Schwächen-Analyse, aus der die Ver-
kaufsschwerpunkte (Punkt 12 in Bild M-2) abzulesen sind. Auch ein Vergleich der technischen Konkurrenz (Punkt 10 in Bild M-2) ist möglich,
indem man vergleicht, welche Unternehmen die Qualitätsziele am besten
erreichen.

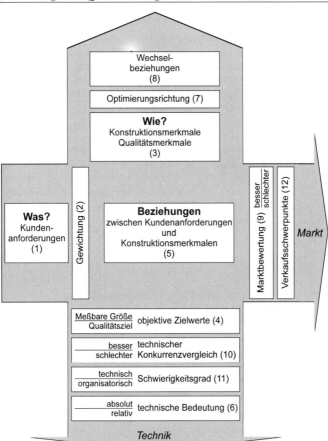

Bild M-2: Systematische Vorgehensweise bei QFD

6. Schritt: Schwierigkeit und technische Bedeutung

Bei der Umsetzung der Kundenwünsche in Produktmerkmale kann es Schwierigkeiten geben. Bei großen Problemen, die lange Entwicklungszeiten und -kosten bedeuten, ist zu prüfen, ob die Lösung technisch bedeutsam ist oder nicht (Punkte 11 und 6 in Bild M-2).

7. Schritt: Planung der Umsetzung

Ergebnis dieser Untersuchungen ist ein Plan, der die gewonnen Erkenntnisse so umsetzt, daß verkaufsfähige, am Kundennutzen orientierte Produkte entwickelt werden.

M 2.2   Fehlermöglichkeiten- und -einflußanalyse (FMEA)

Bei der FMEA werden **mögliche Fehler** und ihre Auswirkungen im Vorfeld der Produktentstehung entdeckt. Diese Fehler werden durch entsprechende Maßnahmen vermieden. Diese Methode der vorbeugenden **Qualitätssicherung** ist auf ganze Systeme anwendbar (**System-FMEA**), auf Produktentwicklungen (**Konstruktions-FMEA**) und auf Prozesse (**Prozeß-FMEA**). Bild M-3 zeigt ein FMEA-Formblatt.

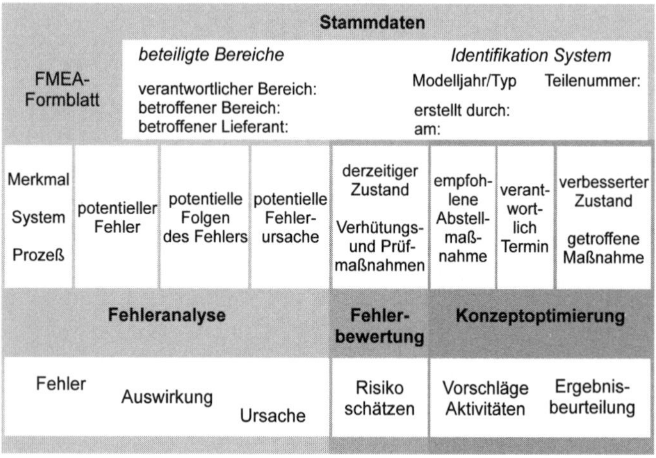

Stammdaten							
FMEA-Formblatt	beteiligte Bereiche verantwortlicher Bereich: betroffener Bereich: betroffener Lieferant:			Identifikation System Modelljahr/Typ Teilenummer: erstellt durch: am:			
Merkmal System Prozeß	potentieller Fehler	potentielle Folgen des Fehlers	potentielle Fehler-ursache	derzeitiger Zustand Verhütungs- und Prüf-maßnahmen	empfoh-lene Abstell-maß-nahme	verant-wort-lich Termin	verbesserter Zustand getroffene Maßnahme
Fehleranalyse				**Fehler-bewertung**	**Konzeptoptimierung**		

Fehler
   Auswirkung
         Ursache
				Risiko schätzen	Vorschläge Aktivitäten	Ergebnis-beurteilung	

Bild M-3: Aufbau eines FMEA-Formblatts

Bild M-3 zeigt, daß man bei der FMEA in folgenden Schritten vorgeht:

1. Ermitteln der **Stammdaten** (Kopf des FMEA-Formblatts)

2. **Fehleranalyse** nach möglichen Fehlern, Auswirkungen der Fehler und Ursache der Fehler

3. **Bewertung der Fehler** mit einer **Risikoprioritätszahl** (RPZ). Sie errechnet sich als Produkt aus:
    RPZ = Auftreten (A) · Bedeutung (B) · Entdeckungswahrscheinlichkeit (E)
    Fehler mit einer Einzelbewertung größer als 8 und einer Risiko-prioritätszahl größer als 125 sind als kritisch einzustufen.

4. **Konzeptoptimierung**, d.h. Maßnahmen zur Verbesserung des Zustandes und eine Ergebnisbeurteilung

M 3   Operatives Qualitätsmanagement

Mit den operativen Methoden wird die Qualität der täglichen Arbeit sichergestellt. Die wichtigsten Methoden werden im folgenden kurz aufgeführt.

M 3.1 Maschinen- und Prozeßfähigkeits-Untersuchung (MFU, PFU)

Bei diesen Analysen wird festgestellt, ob die Maschinen bzw. die Prozesse in der Lage sind, die gewünschten Qualitätsanforderungen zu erbringen. Dabei werden die einzelnen Kennwerte und ihre oberen und unteren Toleranzgrenzen festgelegt. Die **Maschinenfähigkeit** *cm* (capability machine) ist folgendermaßen definiert:

$$cm = \frac{\text{Toleranz } T}{\text{Maschinenstreuung}} = \frac{T}{6\,s}$$

Dabei bedeuten:
T (Toleranz) = OGW (oberer Grenzwert T_o) – UGW (unterer Grenzwert T_u)

s ist die Standardabweichung. Die Maschinenfähigkeitsuntersuchung umfaßt die Bestätigung der angenommenen statistischen Verteilungsform der Meßwerte und die Ermittlung von normierten statistischen Kennwerten zur Beschreibung des Erfüllungsgrades.

Zur Ermittlung der **Prozeßfähigkeit** *cp* (capability process) dient folgende Formel:

$$cp = \frac{\text{Toleranz } T}{\text{Prozeßstreuung}} = \frac{T}{6\,s}$$

T (Toleranz) = OGW – UGW und der Standardabweichung s

Für beherrschte Prozesse ist *cp* mindestens 1,33. Bild M-4 zeigt die Zusammenhänge zwischen Prozeßfähigkeit und -beherrschung.

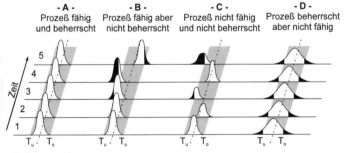

- A -
Prozeß fähig
und beherrscht

- B -
Prozeß fähig aber
nicht beherrscht

- C -
Prozeß nicht fähig
und nicht beherrscht

- D -
Prozeß beherrscht
aber nicht fähig

T_u: Toleranz-Untergrenze
T_o: Toleranz-Obergrenze

Bild M-4: Fähige und beherrschte Prozesse

M 3.2 Statistische Prozeßsteuerung (SPC: Statistical Process Control)

Maschinen- und Prozeßfähigkeit ist die notwendige Voraussetzung für eine statistische Prozeßsteuerung. Bei der statistischen Prozeßsteuerung (SPC) werden die vorgegebenen Werte während der Fertigung in einer **Qualitätsregelkarte** (QRK) erfaßt. Man erkennt, ob die Werte innerhalb der Toleranzgrenzen liegen. Werden die Werte statistisch ausgewertet, kann man feststellen, ob die Mittelwerte sich im Zeitverlauf nach oben oder unten verschieben. In diesem Fall muß man Gegenmaßnahmen einleiten (z.B. das Werkzeug auswechseln). Bild M-5 zeigt die Auswertung der Meßergebnisse durch eine QRK. Man sieht, daß sich der **Mittelwert** (größte Häufigkeit am rechten Rand) zur unteren Toleranzgrenze hin verschiebt. Es empfiehlt sich, die Maschinenparameter entsprechend anzupassen.

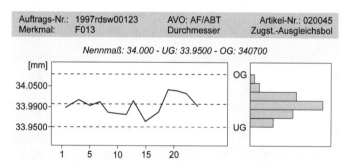

Bild M-5: Qualitätsregelkarte als Werkzeug für SPC

M 3.3 Qualitätsbezogene Kosten

Kosten, die durch Qualitätsanforderungen bedingt sind, nennt man qualitätsbezogene Kosten. Zu den Kosten gehören, wie Bild M-6 ausführlich zeigt, die Kosten der **Fehlerverhütung**, der **Qualitätsprüfung** sowie der **Behebung von internen bzw. externen Fehlern**. Steigendes Bewußtsein für Qualität und das Ergebnis der ständigen Qualitätsverbesserung sind am Verlauf und an der Zusammensetzung der qualitätsbezogenen Kosten zu erkennen. Typischerweise werden die gesamten Qualitätskosten geringer: die Fehlerverhütungskosten nehmen zwar zu, die Prüfkosten werden nur geringfügig kleiner, aber die gesamten Fehlerkosten nehmen stark ab.

Die Qualitätskosten können in ihrer Zusammensetzung nach Organisationseinheiten des Unternehmens (z.B. Werke oder Unternehmensfunktio-

nen), nach Produkten, nach Kunden oder nach sonstigen Kriterien ausgewertet werden (Bild M-6). Wichtig ist, daß nach der Auswertung der
Qualitätskosten die Ursachen erforscht und Maßnahmen zur Kostensenkung eingeleitet werden.

Bild M-6: Gliederung der qualitätsbezogenen Kosten

Es ist sinnvoll, Kennzahlen für qualitätsbezogene Kosten auszuwählen
und deren Größe zu verfolgen. Solche Kennzahlen können beispielsweise sein:

$$relative\ Fehlerkosten\ (intern) = \frac{interne\ Fehlerkosten}{direkte\ Arbeitskosten} \cdot 100\ \%$$

$$relative\ Fehlerkosten\ (intern\ und\ extern) = \frac{interne\ und\ externe\ Fehlerkosten}{Herstellkosten} \cdot 100\ \%$$

$$umsatzbezogene\ Fehlerkosten = \frac{gesamte\ Qualitätskosten}{Netto - Umsatz} \cdot 100\ \%$$

$$umsatzbezogene\ Garantiekosten = \frac{Garantiekosten}{Nettoumsatz} \cdot 100\ \%$$

$$Prüfkosten\ je\ Stück = \frac{Prüfkosten}{Stückzahl} \cdot 100\ \%$$

$$relative\ Kosten\ der\ Änderungen = \frac{Qualitätskosten\ der\ Änderungen}{Entwicklungskosten} \cdot 100\ \%$$

M 3.4   Reklamationsmanagement

Im Sinne von TQM ist die Zufriedenheit des Kunden oberstes Gebot, weil unzufriedene Kunden zur Konkurrenz abwandern und über das Produkt und das Unternehmen schlecht reden. Wenn der Kunde den erwarteten Nutzen eines Produktes oder einer Dienstleistung nicht erhält, dann ist er unzufrieden und hat Grund zur Reklamation. Unter diesem Gesichtspunkt muß man eine Reklamation positiv bewerten. Sie stellt die **Stimme des Marktes** dar und gibt **Anlaß zu Verbesserungen**. Bild M-7 zeigt den Ablauf einer Kundenreklamation. Besonders wichtig ist die Bearbeitung der Reklamation, die sich an den **8D-Report** von Ford anlehnt. Mit diesen Informationen können gezielt Verbesserungen (kurz-, mittel- und langfristig) eingeleitet und die Kunden zufriedengestellt werden.

Reklamations-bereich	• intern (Kunden) • Lieferanten
Reklamations-annahme	• Beanstandungsgrund • Fehlerursache

Reklamations-bearbeitung	• 8D-Report mit - Beanstandungsbeschreibung
	  - Fehlerursachen
	  - sofortige (mittelfristige) Maßnahmen
	  - langfristige Maßnahmen
	  - Erfolgskontrolle
	  - statistischer Nachweis
	  - Vorhersage
	  - Bemerkungen
	• Kostenerfassung

Reklamations-verfolgung	• offene Reklamationsschritte • kritische Termine
Reklamations-auswertung	• Gesamt • ABC-Analyse Kosten • Artikelübersicht • Reklamationsentwicklung • Historie der Reklamation • eigene Listen • ABC-Analyse Fehlerart

Bild M 7: Kundenreklamation

Hering, E., Triemel, J., Blank, H.-P.: Qualitätsmanagement für Ingenieure. Düsseldorf: VDI-Verlag 1996
Masing, W.: Handbuch Qualitätsmanagement. München, Wien: Carl Hanser Verlag 1994

Kamiske, G. F., Brauer, J.-P.: Qualitätsmanagement von A bis Z. München Wien: Carl Hanser Verlag 1995

Pfeifer, T.: Praxishandbuch Qualitätsmanagement. München Wien: Carl Hanser Verlag 1996

Pfeifer, T.: Qualitätsmanagement. München Wien: Carl Hanser Verlag 1996

Brunner, F. J., Wagner, K.: Taschenbuch Qualitätsmanagement. München Wien: Carl Hanser Verlag 1997

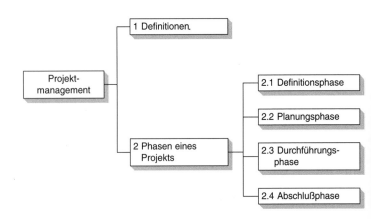

N   Projektmanagement

N 1   Definitionen

In DIN 69900 bzw. DIN 69901 sind Projekt und Projektmanagement definiert.

> Ein **Projekt** ist gekennzeichnet durch Einmaligkeit, eindeutige Zielvorgabe und zeitliche, finanzielle und personelle Begrenzungen.

Um ein Projekt erfolgreich durchzuführen, nutzt man das **Projektmanagement**. Es besteht aus:

- Führungsaufgaben (Zielsetzung, Planung und Controlling)
- Projektorganisation
- Führungsstil
- Führungsmittel

N 2   Phasen eines Projektes

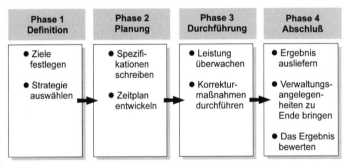

Bild N-1: Projektphasen und Phasenaktivitäten

N 2.1   Definitionsphase

In dieser Phase werden **Marktuntersuchungen** und **Machbarkeitsstudien** durchgeführt. Diese Vorklärungsphase des Projekts dient zur genauen Definition des Projektziels und der Auswahl geeigneter Lösungsstrategien.

N 2.2 Planungsphase

Die Projektplanung besteht aus Einzelstufen (Bild N-2).

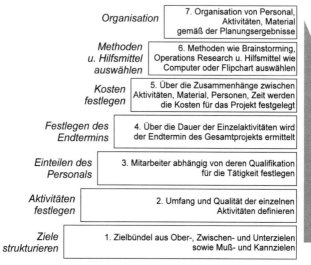

Bild N-2: Stufen der Projektplanung

Im folgenden werden die wichtigsten Planungswerkzeuge erläutert.

N 2.2.1 Aufgliederung von Ziel und Aktivitäten

Um den Überblick über das Gesamtprojekt zu gewährleisten, wird das Projekt in **Unterziele** und die entsprechenden **Einzelaktivitäten** zerlegt. Dabei wird sowohl der erforderliche Aufwand zur Zielerreichung als auch das Projekt nach folgenden **Risiken** untersucht:

■ technische Risiken

■ personelle Risiken

■ methodische Risiken

■ kommunikative Risiken

■ sonstige Risiken

N 2.2.2 Kostenplanung

Die Kosten (Tabelle N-1) müssen nach folgenden Gesichtspunkten geplant werden:

Tabelle N-1: Kostenplanung eines Projektes

Projekt-Einzelkosten	Projekt-Gemeinkosten
Personal	Verwaltung
Material	zentrale Dienstleistungen
Maschinen	Miete
Fremdleistungen	Sonstiges
Reisekosten	Kostenstellen
Ausbildungskosten	Kostenträger
Kosten für EDV	zeitliche Zuordnung

N 2.2.3 Zeitplanung

Für die Terminplanung (Tabelle N-2) haben sich folgende Methoden bewährt:

Tabelle N-2: Methoden der Terminplanung

Meilensteinliste	Terminplan	Gantt-Diagramm
Meilensteine markieren wichtige Etappenziele eines Projekts, an denen die Einhaltung der Vorgaben überprüft wird.	Den Einzelaktivitäten des Projekts werden Personen und Zeiten zugeordnet.	Die Zeiten der Aktivitäten werden als Balken dargestellt. Dadurch wird die Zeitfolge der Projektschritte veranschaulicht.

N 2.2.4 Projektplanung mit Netzplantechnik

Die Netzplantechnik nach DIN 69900 bietet die optimale Abstimmung von Menschen, Maschinen, Material, Mitteln (Kapital) und Methoden auf die vorgesehene Zeit, die erforderliche Menge und Qualität und den richtigen Ort.

Der Netzplan bietet somit eine anschauliche und **klare Gliederung** der Einzelaktivitäten des Gesamtprojekts und ermöglicht die **sichere Planung** von Zeiten, Kosten und Kapazitäten.

Vorteile:

- Planabweichungen lassen sich schnell erkennen
- Deren Auswirkungen lassen sich sicher beurteilen.
- Erfolgversprechende Gegenmaßnahmen können rechtzeitig in die Wege geleitet werden.
- Die Netzplantechnik unterstützt sowohl die Planung als auch das Controlling des Projekts.

Die Netzplantechnik durchläuft folgendes Schema (Bild N-3):

Im folgenden wird auf die wichtigsten Punkte bei der **Erstellung** des Netzplanes eingegangen:

- **Aufstellen der Aktivitätenliste mit Zeitfolge und Dauer**
  Die einzelnen Aktivitäten werden im Hinblick auf die Bearbeitungszeiten und eine optimale Reihenfolge (möglichst parallele) unter-

sucht und in eine Vorgangsliste übertragen (Tabelle N-3). Diese
Vorgangsliste läßt sich am besten mit Hilfe folgender Fragen unter-
suchen:

1. Welche Aktivitäten müssen unmittelbar vorher abgeschlossen
   sein (direkter Vorgänger)?
2. Welche Aktivitäten folgen unmittelbar (direkte Nachfolger)?
3. Welche Aktivitäten können parallel ablaufen?
4. Wie lange dauern die einzelnen Aktivitäten?

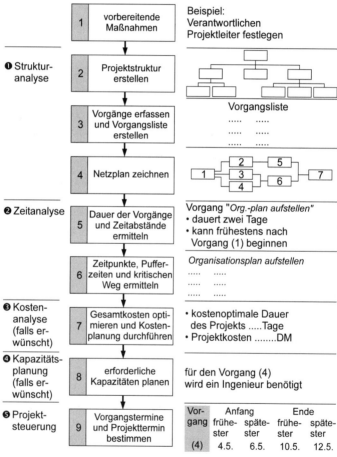

Bild N-3: Schema der Netzplantechnik (Quelle: REFA)

Tabelle N-3: Vorgangsliste

Vorgangs-Nr.	Beschreibung	Vorgänger	Nachfolger	Dauer
1	Vorgangsbezeichnung 1	---	5	4
2	Vorgangsbezeichnung 2	---	3	2
3	Vorgangsbezeichnung 3	2	6, 7	5
4	usw.	usw.	usw.	usw.

Aus dieser Vorgangsliste wird der **Netzplan** entwickelt. Er besteht aus:

■ **Knoten** (in Form eines Kreises oder eines Kastens, sie bezeichnen die Ereignisse).

■ **Pfeilen** (sie verbinden die Knoten und bezeichnen die Vorgänge).

Die beiden wichtigsten Netzplanarten sind:

■ **Vorgangs-Knoten-Netzplan (VKN)**
Die Vorgänge werden dabei durch Knoten beschrieben. Diese Netzplanart wird als Metra-Potential-Methode (MPM) oder Precedence-Methode (PM) bezeichnet.

■ **Vorgangs-Pfeil-Netzplan**
Auch hier werden die Vorgänge durch Knoten beschrieben. Die Bezeichnung dafür lautet Critical-Path-Method (CPM) oder Kritischer-Pfad-Methode.

Der **kritische Pfad** bezeichnet den längsten Weg durch einen Netzplan. Die dabei zu berücksichtigenden Pufferzeiten (P) geben den zeitlichen Spielraum an, um den sich die späteste Anfangszeit eines Vorgangs verschieben kann, ohne die gesamte Projektdauer zu verlängern. Sie wird berechnet aus der Differenz der spätesten Anfangszeit (SAZ) und der frühesten Anfangszeit (FAZ): $P = SAZ - FAZ$.

Die **Pufferzeiten** sind auf dem kritischen Weg gleich null. Das bedeutet, daß eine zeitliche Verzögerung auf diesem Weg zu einer Verlängerung der Projektdauer führt. Grafisch wird der kritische Weg am besten mit einer abstechenden Farbe oder einer dickeren Linie markiert. Die Knoten enthalten die in der folgenden Grafik dargestellten Informationen (Bild N-4):

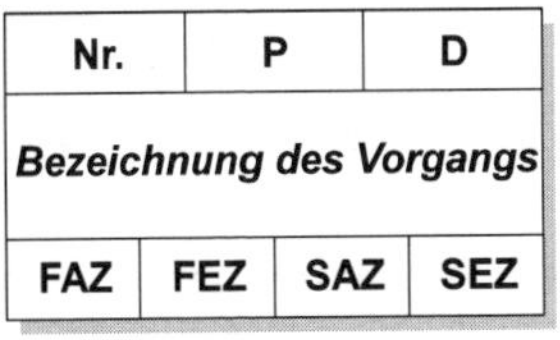

Nr.	P	D
Bezeichnung des Vorgangs		
FAZ	FEZ	SAZ	SEZ

Nr. Nummer des Vorgangs
P Pufferzeit
D Dauer des Vorgangs
FAZ Früheste Anfangszeit
FEZ Früheste Endzeit
SAZ Späteste Anfangszeit
SEZ Späteste Endzeit

Bild N-4: Knoten in Kastenform

Die in der Vorgangsliste aufgeführten Aktivitäten werden in diese Knotenform übertragen. Der daraus resultierende Netzplan ergibt folgendes Bild (Bild N-5).

N 2.3 Durchführungsphase

In der Durchführungsphase werden die Aktivitäten von den eingeteilten Mitarbeitern in den geplanten Zeit- und Kostengrenzen durchgeführt. In dieser Phase greift auch das **Projekt-Controlling**, das der Überwachung und Steuerung der verwendeten Ressourcen dient. Die wichtigsten Controlling-Werkzeuge sind:

- **Netzplan** zur Zeitüberwachung

- **Balkenplan** zur Zeitüberwachung (Gantt-Diagramm)

- **Kosten-Zeit-Kurve**

- **Meilensteinbericht**

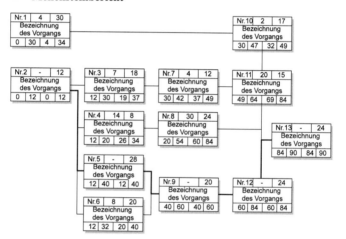

Bild N-5: Netzplan eines Projekts

Das Termin-Controlling wird mit Hilfe des **Netzplanes** (Bild N-5) bzw. des **Gantt-Diagrammes** (Tabelle N-2) durchgeführt. Die Kosten-Zeit-Kurve wird sowohl für den Soll-Wert laut Planungsphase als auch den Ist-Wert der Durchführungsphase erstellt. Diese werden dann miteinander verglichen (Bild N-6).

Verbrauchte Zeit und Kosten sind nicht proportional. **Die Kosten-Zeit-Kurve** ist somit ein wertvolles Controlling-Werkzeug, um zu ermitteln:

- wieviel Kosten bereits angefallen sind und wieviel Geldmittel bis zum Projektende noch gebraucht werden

- wieviel Zeit bereits verstrichen ist und wieviel von dieser Ressource noch bis zum Projektende verbraucht werden wird

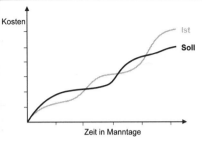

Bild N-6: Kosten-Zeit-Kurve

Bei der Kosten-Zeit-Kurve werden zwei Situationen unterschieden:

- **Ist-Kurvenverlauf unter Soll-Kurvenverlauf**
  Es wurden zu wenig Kosten verbraucht, was darauf hindeutet, daß das Projekt nicht intensiv genug bearbeitet worden ist. Zum Ende des Projektes wächst der finanzielle Aufwand, um die Versäumnisse einzuholen.

- **Ist-Kurvenverlauf über Soll-Kurvenverlauf**
  Es werden mehr Kosten als geplant verbraucht. Es muß auf eine Kostendisziplin geachtet werden bzw. das Budget erhöht werden.

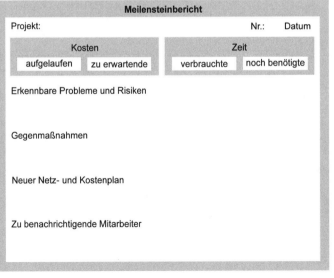

Bild N-7: Meilensteinbericht

Der **Meilensteinbericht** (Bild N-7) dient zur Verfolgung des Projektstatus. Dabei wird die Kosten- und Terminsituation erfaßt, es werden die erkennbaren Risiken und Probleme aufgezeichnet sowie die zu einem erfolgreichen Projektende notwendigen Korrekturmaßnahmen notiert.

N 2.4 Abschlußphase

In der Abschlußphase wird das Ergebnis ausgewiesen und der endgültigen Verwendung zugeführt. Gleichzeitig werden die Aufzeichnungen über die einzelnen Phasen des Projekts zusammengeführt, um sie für Folgeprojekte zu verwenden. Schließlich werden das Ergebnis des Projekts sowie der Projektverlauf bewertet. Am Ende dieser Phase steht der Abschlußbericht, der folgendermaßen aussehen kann (Bild N-8).

Abschlußbericht			

Abschlußbericht

Projekt: Nr.:   Datum

Kosten		Zeit	
Soll	Ist	Soll	Ist

Gründe für die Kostendifferenz   Gründe für die Zeitdifferenz

Ergriffene Gegenmaßnahmen   Ergriffene Gegenmaßnahmen

Anmerkungen   Ja   Nein
Gab es Engpässe im Mitarbeiterbereich des Teams?   ☐   ☐
War die Zusammenarbeit des Teams zufriedenstellend?   ☐   ☐
Wurden die erforderlichen Projektunterlagen geführt?   ☐   ☐
Weitere Fragen...?

Bild N-8: Abschlußbericht

Litke, H.-D.: Projektmanagement. München Wien: Carl Hanser Verlag 1995

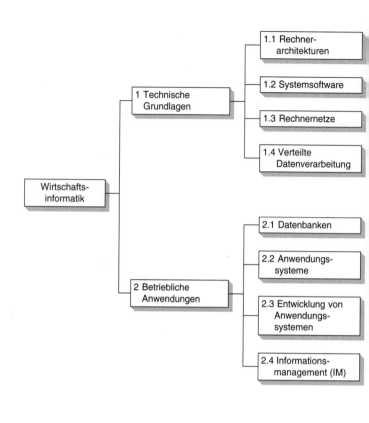

O Wirtschaftsinformatik

Die Wirtschaftsinformatik stellt allen Bereichen eines Unternehmens die notwendigen Informationen mit moderner Informationstechnik aktuell und effizient zur Verfügung. Aufgaben der Wirtschaftsinformatik sind dabei die Prüfung der Möglichkeiten der Informationstechnik für den betrieblichen Einsatz, die Analyse des betrieblichen Informationsbedarfs sowie die Konzeption und die Entwicklung betrieblicher Anwendungssysteme und deren Einführung und Betrieb.

O 1 Technische Grundlagen

O 1.1 Rechnerarchitekturen

Rechner (Rechenanlagen, Rechnersysteme) bestehen aus verschiedenen materiellen technischen Geräten und Komponenten (**Hardware**) sowie Programmen (**Software**), die die Geräte und Komponenten steuern und koordinieren. Je nach Kapazität und Leistung von Hardware und Software unterscheidet man verschiedene **Rechnerklassen**.

In der Grundstruktur bestehen die gängigen Rechner aus Komponenten zur Eingabe, Verarbeitung und Ausgabe von Daten. Die auf dieser Struktur beruhende Arbeitsweise wird als **EVA-Prinzip** (Eingabe – Verarbeitung – Ausgabe) bezeichnet (Bild O-1). Die Verarbeitung von Daten erfolgt in der **Zentraleinheit**. Im **Hauptspeicher** sind alle notwendigen Programme und Daten gespeichert, das **Steuerwerk** des Prozessors liest und interpretiert Programmschritte und Daten aus dem Hauptspeicher, bringt diese im **Rechenwerk** zur Ausführung und gibt die Ergebnisse zurück an den Hauptspeicher. Programme und Daten werden über **Ein- und Ausgabegeräte** sowie **externe Speichergeräte** in den Hauptspeicher ein- bzw. ausgelesen. Externe Speichergeräte übernehmen dabei sowohl Eingabe- als auch Ausgabefunktionen.

Wichtige und gängige Geräte sind:

- **Eingabegeräte:** Tastatur, Maus, Lichtstift, Mikrofon, Kamera, Meßgeräte und Sensoren, Karten- und Formularleser, Scanner

- **Ausgabegeräte:** Bildschirm, Drucker, Plotter, Lautsprecher, Mikrofilmgerät

- **externe Speichergeräte:** (Magnet-)Plattenlaufwerk, Diskettenlaufwerk, Magnetbandeinheit, CD-ROM-Laufwerk

Traditionell werden Rechner nach ihrer Kapazität und Leistung den **Rechnerklassen** Mikro-, Mini-, Groß- und Superrechner zugeordnet. Diese Klassifizierung ist allerdings nicht genau und die Aussagekraft nur bedingt, da durch die seit Jahrzehnten anhaltende große **Leistungs-steigerung** der Geräte und starke **Miniaturisierung** aller technischen Komponenten heute moderne Kleinrechner ähnliche Leistungen wie die Großrechner vor 20 Jahren bringen können.

■   **Mikrorechner**, auch **PC (Personal Computer)** genannt: stehen dem Benutzer an seinem Arbeitsplatz zur Verfügung. Neben den klassischen PCs sind auch **Laptops** oder **Notebooks** zu dieser Klasse zu zählen. Die Verarbeitungskapazität und die Leistung der Rechner sind auf die DV-Unterstützung eines Arbeitsplatzes (z.B. im Büro) ausgerichtet. Rechner dieser Klasse gibt es seit Beginn der 80er Jahre, der Anschaffungspreis pro Rechner beträgt heute zwischen 1.000 und 10.000 DM;

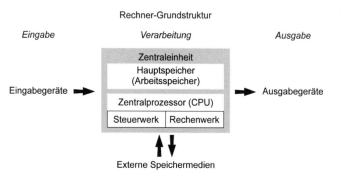

Bild O-1: Grundstruktur eines Rechners

■   **Minirechner**, auch **Midrange-Rechner** genannt: werden als zentrale Rechner für mehrere Benutzer einer Abteilung (**Abteilungs-rechner**) bzw. eines kleinen bis mittleren Unternehmens eingesetzt und übernehmen dabei alle DV-Aufgaben, oder sie sind auf einzelne Funktionen spezialisiert (z.B. **Server** für Druckfunktion). Zum anderen werden dieser Klasse die **Workstations** zugeordnet, deren Leistungsfähigkeit deutlich höher als bei Mikrorechnern ist und die zur DV-Unterstützung technisch-wissenschaftlicher Arbeitsplätze eingesetzt werden. Hierbei wird oft ihre große Leistungsfähigkeit auf dem Gebiet der graphischen Datenverarbeitung genutzt. Rechner dieser Klasse gibt es seit Beginn der 70er Jahre, der Preis pro Rechner beträgt zwischen 10.000 und 100.000 DM.

■   **Großrechner**, auch **Mainframe** oder **Host** genannt: können bis zu mehrere tausend Arbeitsplätze unterstützen, deren Bildschirme an diese Rechner angeschlossen sind. Großrechner werden bei (größeren) Unternehmen und Organisationen von speziell ausgebildeten Mitarbeitern in **Rechenzentren** betrieben und dienen der zentralen Datenverarbeitung. In den 60er und 70er Jahren wurde in den Unternehmen nahezu ausschließlich auf diese Art der zentralen, funktionsübergreifenden DV-Unterstützung sehr vieler Benutzer durch einen (großen) Rechner Datenverarbeitung betrieben. Durch das Aufkommen leistungsstarker Mikro- und Minirechner können heute in manchen Bereichen zentrale Großrechner durch dezentrale, spezialisierte Mikro- und Minirechner abgelöst werden. Der Preis pro Großrechner liegt über 500.000 DM

- **Superrechner**: besitzen spezielle Rechnerarchitekturen, die vom EVA-Prinzip abweichen können. Superrechner können in kurzer Zeit sehr große Datenmengen nach komplexen Verarbeitungsregeln bewältigen und werden eingesetzt für **technisch-mathematische Aufgabenstellungen** in Wissenschaft (z.B. Astronomie, Meteorologie, Physik) und Praxis (z.B. Aerodynamik, Simulationen, Luftraumüberwachung und -steuerung, Wetterprognose). Der Preis pro Rechner liegt über 1 Million DM.

O 1.2 Systemsoftware

Datenverarbeitungs-Anlagen (DV-Anlagen) bestehen aus verschiedenen technischen Geräten und Komponenten, die – aufeinander abgestimmt – unterschiedliche Aufgaben erfüllen. Die Koordination und Synchronisation dieser Aufgaben übernimmt ein komplexes Softwarepaket, das **Betriebssystem**. Neben diesem Grundsystem gibt es eine Reihe von weiteren Softwarepaketen, die die Arbeit der Anwender nicht unmittelbar unterstützen, sondern primär für die Organisation von Arbeitsaufträgen an die DV-Anlage verantwortlich sind. Diese Software faßt man unter dem Begriff **Systemsoftware** zusammen.

Soll ein Rechnerprogramm ausgeführt werden, so sind eine Reihe vorbereitender und begleitender Aufgaben durchzuführen, die von dem Programm selbst nicht übernommen werden. Dazu gehören:

- Bereitstellung von Hauptspeicher, in den das auszuführende Programm und die benötigten Daten geladen werden könne

- Bereitstellung von Rechnerzeit (CPU-Zeit)

- Bereitstellung von Ein- und Ausgabegeräten

- Laden von Programm und benötigten Daten in den Hauptspeicher

- Überführen der einzelnen Programmbefehle in die CPU (Zentralprozessor)

- Zurückschreiben von Daten in externe Speicher

- Freigeben der beanspruchten Ressourcen für nachfolgende oder parallel arbeitende Programme

Ausführung und Koordinierung dieser Aufgaben wird von einem eigens dafür entwickelten Softwarepaket übernommen, dem **Betriebssystem**. Von der Aufgabenstellung her ist es klar, daß

- kein Rechner ohne Betriebssystem funktionsfähig ist,

- das Betriebssystem das erste Programm ist, das mit dem Einschalten eines Rechners gestartet wird.

Insgesamt sind Betriebssysteme die Schnittstelle zwischen Hard- und Software, da alle Programme unter ihrer Kontrolle laufen. Da auch das Betriebssystem beim Einschalten eines Rechners zunächst in den Hauptspeicher geladen werden muß, sind dafür spezielle Mechanismen erforderlich. Durch die enge Bindung zwischen Hardware und Betriebssystem müssen Betriebssysteme speziell für bestimmte Rechnertypen entwickelt werden. Eine Übertragung (**Portierung**) von einem Rechnertyp auf einen anderen ist daher nur eingeschränkt möglich und bedarf eines erheblichen Anpassungsaufwandes.

In Abhängigkeit von (unternehmens-)spezifischen Anforderungen sind Betriebssysteme verschiedener Leistungsklassen entwickelt worden. Im einfachsten Fall hat ein Betriebssystem immer nur einen Auftrag (**Task**) zu verwalten, d.h., ein Auftrag wird ohne Unterbrechung von Anfang bis Ende abgearbeitet, bevor ein nächster Auftrag bearbeitet wird (**Single-Tasking-Systeme**). Ein typischer Vertreter ist das auf Personal-Computern eingesetzte Betriebssystem **MS-DOS**.

Der Wunsch bzw. die Notwendigkeit, viele Aufträge in möglichst kurzer Zeit zu bearbeiten, und die Erkenntnis, daß ein Single-Tasking-System verschiedene Hardware-Ressourcen zeitweise ungenutzt läßt, führt zu sog. **Multi-Tasking-Systemen**, die gleichzeitig mehrere Arbeitsaufträge verwalten können. Dabei konkurrieren mehrere Tasks um die Ressourcen, die vom Betriebssystem nach bestimmten Regeln vergeben werden. Die Zuteilung von Ressourcen geschieht durch Prioritäten oder Time-sharing-Verfahren, bei denen allen Tasks in einer bestimmten Reihenfolge **Verarbeitungskapazität** (Hauptspeicher und CPU-Zeit) zur Verfügung gestellt wird. Typische Vertreter hierfür sind OS/2, Windows NT und – mit Einschränkungen – die MS-DOS-Erweiterung Windows 95.

Über das Multi-Tasking hinaus gibt es die Anforderung an Betriebssysteme, mehrere Benutzer möglichst gleichzeitig zu bedienen (**Multi-User-Betrieb**), etwa in Fällen, in denen Aufträge eines Benutzers Auswirkungen auf Aufträge anderer Benutzer haben. Beispiel dafür sind Buchungssysteme. Solche Anforderungen gehen über Multi-Tasking hinaus. Die Systeme MS-DOS, Windows, Windows NT und OS/2 sind nicht multi-user-fähig, wohl aber z.B. UNIX mit all seinen Varianten.

Neben den beschriebenen grundlegenden Funktionalitäten stellen Betriebssysteme eine Reihe von Hilfsfunktionen (**Utilities**) zur Verfügung, die andernfalls mehr oder weniger umfangreichen eigenen Programmieraufwand erfordern. Dazu gehören beispielsweise Programme zum Anlegen, Löschen, Umbenennen, Kopieren oder Suchen von Dateien. In den meisten Fällen umfaßt ein Betriebssystem auch einen (einfachen) **Editor**, der das Erfassen und Speichern von Texten oder Programmen in Dateien ermöglicht.

Der sinnvolle Einsatz von Computern erfordert u.a. die Erledigung einer Reihe weiterer administrativer Aufgaben, die nicht mehr unmittelbar vom Betriebssystem erfüllt werden. Entsprechende Softwarepakete laufen aber unter Kontrolle des Betriebssystems. Zwangsläufig besteht eine enge Verflechtung zwischen diesen Systemen und dem Betriebssystem, was zu den Bezeichnungen **Systemnahe Software** oder **Systemsoftware** führt. Am Beispiel von **Teilhaber-** und **Teilnehmerbetrieb** wird dies erläutert: Sachbearbeiter einer Fachabteilung nutzen in der Regel gleiche, speziell für sie entwickelte Programme zur Erledigung von Geschäftsvorfällen. Zusätzliche individuelle Anforderungen an den Rechner gibt es nicht. Zur Ressourcenschonung bietet es sich daher an, die Programme nicht für jeden Sachbearbeiter separat, sondern in einer Kopie zur gemeinsamen Nutzung im Hauptspeicher zu halten. Um unerwünschte Beeinflussungen zu vermeiden, müssen die eingehenden Arbeitsaufträge (**Transaktionen**) koordiniert werden. Entsprechende Softwaresysteme heißen **TP-Monitore**, sie sind nicht Bestandteil von Betriebssystemen, gleichwohl jedoch systemnah. Eine derartige gemeinsame Rechnernutzung wird auch **Teilhaberbetrieb** genannt und ist meist in Großrechnerumgebungen realisiert. Steht dagegen jedem Anwender ein eigener Hauptspeicherbereich zur Verfügung, der nach eigenem Ermessen genutzt wird, so spricht man von **Teilnehmerbetrieb**. Die Notwendigkeit besteht z.B. für DV-Abteilungen. Für das IBM-Großrechnersystem MVS beispielsweise übernimmt CICS den Teilhaber- und TSO/ISPF den Teilnehmerbetrieb.

O 1.3 Rechnernetze

> Werden mehrere DV-Anlagen durch Kommunikationswege zum Austausch von Daten verbunden, spricht man von **Rechnernetzen**. Die physikalische Verbindung zwischen den einzelnen Rechnern kann dabei über **Kabel-** oder **Satellitenleitungen**, bei geringen räumlichen Entfernungen aber auch über **Funk** oder **Infrarotübertragung** realisiert werden.

Die Vernetzung mehrerer DV-Anlagen dient im wesentlichen der optimierten Auslastung vorhandener DV-Ressourcen. Dabei lassen sich unterscheiden:

- **Lastverbund** zum Kapazitätsausgleich zwischen DV-Anlagen bei Belastungsschwankungen und als Sicherheitsverbund bei Systemausfällen

- **Geräteverbund** zur gemeinsamen Nutzung teurer peripherer Geräte

- **Funktionsverbund** zur Nutzung von dezentral organisierter Software

- **Datenverbund** zur Nutzung verteilter Daten

- **Kommunikationsverbund** zum Austausch von Daten zwischen Benutzern verschiedener DV-Anlagen

In Abhängigkeit von der Entfernung zwischen den verbundenen Rechnern unterscheidet man **Netzwerktypen**, die spezielle physikalische Eigenschaften aufweisen:

- **Local Area Network** (LAN): Vernetzung zwischen PCs und Workstations als Arbeitsstationen (**Clients**) sowie Rechnern, die zentralen Service vorhalten (**Server**). Charakteristisch ist die enge räumliche Begrenzung (z.B. auf ein Gebäude oder Firmengelände).

- **Metropolitan Area Network** (MAN): Hochleistungsnetz für den Datenaustausch in Ballungsgebieten

- **Wide Area Network** (WAN): zur Vernetzung von Rechnern bei großer geografischer Entfernung. Charakteristisch ist die Nutzung öffentlicher Kommunikationseinrichtungen, wie sie von Telekommunikationsfirmen (z.B. Telekom) bereitgestellt werden;

- **Global Area Network** (GAN): als weltumspannendes Netz, das in der Regel auch Satellitenleitungen nutzt. Zu dieser Gattung zählt das **Internet**, das die Verbreitung von Daten, Sprache und bewegten Bildern ermöglicht.

Unabhängig von dieser Einteilung nach geographischen Gesichtspunkten werden Netze danach unterschieden, wie die einzelnen Rechner logisch miteinander verbunden sind. Zu unterscheiden sind sog. **Netztopologien**, die Rechner als Knoten und Verbindungen als Kanten darstellen:

- **Sternnetze**: Alle Rechner sind mit einem zentralen Rechner verbunden, Verbindungen unter den peripheren Einheiten bestehen nicht.

- **Ringnetze**: Alle Rechner sind in Form eines Kreises untereinander verbunden, unmittelbare Verbindungen bestehen nur zwischen benachbarten Stationen. Die von IBM für LAN entwickelte Netzwerksoftware **Token-Ring** unterstützt Ringnetze.

- **Busnetze**: Die Rechner werden an ein vorhandenes Netz von Kommunikationsleitungen angeschlossen, das unmittelbaren Zugang von einem Rechner zum anderen ermöglicht. Charakteristisch ist, daß keine Ringunterstrukturen entstehen. So ist beispielsweise das Produkt ETHERNET eine speziell für Busnetze entwickelte Netzwerksoftware.

Jede dieser Netztopologien hat Vor- und Nachteile, die es abzuwägen gilt. So fällt der Rechnerverbund im **Sternnetz** komplett aus, wenn der zentrale Rechner nicht in Betrieb ist. Aufwendig ist die Aufnahme weiterer Rechner, da zunächst eine Leitung zum zentralen Rechner aufgebaut werden muß. Von Vorteil ist der relativ einfache Zugang zum Netz für eine sendebereite Station. **Ringsysteme** sind zunächst nicht betriebsbereit, wenn auch nur ein beteiligter Rechner ausfällt. Nur durch technische Zusatzeinrichtungen (z.B. Ringleitungsverteiler) läßt sich ein Netzbetrieb realisieren, in dem nicht alle Stationen angeschlossen sind. Der Aufbau der Kommunikation zwischen zwei Rechnern ist relativ komplex. Steuerungsaufgaben werden meist von einer Station übernommen, die nicht ausfallen darf. Von Vorteil ist die einfache Verkabelung, da nur eine Verbindung zu den nächsten Nachbarn erforderlich ist. Für Busnetze ist der Aufbau eines Übertragungsvorgangs ebenfalls sehr aufwendig. Der Vorteil liegt in der einfachen Verkabelung und der hohen Ausfallsicherheit, da nur die an der Kommunikation beteiligten Rechner benötigt werden und keine weiteren Steuerungsmechanismen greifen müssen.

Netztopologien

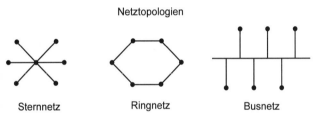

Sternnetz   Ringnetz   Busnetz

Bild O-2: Netztopologien

Verstärkt ist der Trend zu beobachten, nicht mehr nur einzelne Rechner als Knoten in Rechnernetze aufzunehmen, sondern ganze Netze auch unterschiedlicher Topologien. So entsteht ein **Netz von Netzen**, das vom Großrechner bis zum PC verschiedene Rechnerklassen in verschiedenen Netztopologien verbindet. Insbesondere diese heterogene Struktur erfordert umfassende Konventionen, die den Austausch von Daten organisatorisch und technisch regeln. Solche Konventionen heißen in Netzwerkumgebungen **Protokolle** und beschreiben Schnittstellen zwischen den einzelnen Netzkomponenten. Das Bestreben, möglichst durchgängige Strukturen für verschiedene Hardware-, Software- und Netzspezifika zu schaffen, hat zu weitgehenden Standardisierungsbemühungen geführt. Als Architektur wurde das **ISO/OSI-7-Schichtenmodell** entwickelt, das als Kommunikationsstandard gilt.

O 1.4   Verteilte Datenverarbeitung

> Bei der verteilten Datenverarbeitung werden die für einen Verarbeitungs-
> vorgang benötigten Daten und/oder Programme nicht zentral auf einer
> DV-Anlage, sondern verteilt auf mehreren Rechnern vorgehalten. Damit
> setzt die verteilte Datenverarbeitung technisch ein Rechnernetz voraus.

Die Situation in der kommerziellen Datenverarbeitung war bis in die
Mitte der 80er Jahre durch den Einsatz von zentralen Großrechnern
(**Hosts**) gekennzeichnet, die sowohl der Datenhaltung als auch der Datenverarbeitung dienten. Die Benutzer waren über **Terminals**, die über
keine „Intelligenz" im Sinne einer CPU verfügten, über Datenleitungen
und Steuereinheiten an den Host angebunden. Mit dieser Art zentraler
DV ist eine Reihe gravierender Nachteile verbunden:

■ absolute Abhängigkeit von der Verfügbarkeit des Hosts und der
   Datenleitungen

■ hohe Übertragungskosten

■ schlechtes Antwort-Zeit-Verhalten

■ keine grafikorientierten Bildschirmmasken mit der Folge nur einge-
   schränkter Akzeptanz

Mit der Verfügbarkeit leistungsfähiger und kostengünstiger Mikro- und
Midrange-Rechner wird eine Möglichkeit geschaffen, DV-Kapazitäten
auch **dezentral** in einzelnen Organisations- und/oder Funktionseinheiten
vorzuhalten, die eine weitgehende Unabhängigkeit von externen Einflüssen im obigen Sinne ermöglicht: Daten und Programme liegen beim Benutzer. Als nachteilig erweist sich aber, daß bei einer solchen Konstellati-
on auch dezentral DV-technisches Know-how für einen reibungslosen
Rechnerbetrieb zur Verfügung gestellt werden muß und Softwarepakete
mehrfach zu installieren und damit zu betreuen sind. Die Notwendigkeit
einer konsistenten, d.h. einer widerspruchsfreien Datenhaltung erfordert
auch weiterhin die Konsolidierung lokaler Datenbestände in einem zentralen Bestand und bedeutet daher auch die Abhängigkeit von einem
Großrechner. Eine Synergie der Vorteile dezentraler Datenverarbeitung
mit den Notwendigkeiten einer zumindest partiellen Zentralisierung wird
mit dem sog. **Client-Server-Konzept** unter Ausnutzung verteilter Datenhaltungskonzepte angestrebt und in der Praxis erfolgreich umgesetzt. Das
Client-Server-Konzept beruht auf folgenden Ideen:

■ Einzelne Rechner in einem Netzwerk stellen Dienstleistungen
   (**Services**) in Form von Datenbeständen oder Programmpaketen zur
   Verfügung (**Datenserver** bzw. **Applikationsserver**).

■ Die Dienstleistungen werden von anderen Rechnern (**Clients**) in
   Form von Anforderungen (**Requests**) in Anspruch genommen.

- Bestimmte Server übernehmen zentralisierbare Aufgaben wie z.B. den Druck von Dokumenten (**Druckserver**).

- Verteilte Datenhaltungskonzepte erlauben die physisch dezentrale Ablage logisch zusammengehörender Datenbestände auf mehreren Rechnern.

- Durch Kommunikation zwischen den Rechnern müssen die einzelnen Verarbeitungsschritte einer Anwendung nicht mehr auf einem Rechner erfolgen, sondern können auf mehrere verteilt werden. Analog zur verteilten Datenhaltung entstehen verteilte Anwendungen.

Das Client-Server-Konzept ist unabhängig von der eingesetzten Hardware und dem benutzten Netzwerk und wird damit zu einer Softwarearchitektur, das folgende Vorteile bietet:

- schneller Zugriff auf lokal vorhandene Daten

- Unabhängigkeit von einem Zentralrechner

- reduzierter Aufwand für Installation und Wartung von Software

- erhöhte Ausfallsicherheit

- gute Lastverteilung innerhalb des Rechnernetzes

- vergleichsweise einfach zu etablierende Kontrollmechanismen

- schnelle Anpassung an den technischen Fortschritt

- flexible Reaktion auf sich ändernde Benutzeranforderungen

- erhebliche Kostenvorteile im Vergleich zu Großrechnerlösungen

Eine gewisse Rezentralisierung findet sich in sog. **Applets**: Ein Client bezieht nicht nur Daten von einem Server, sondern auch gleichzeitig Programmteile, die erst eine Verarbeitung der Daten ermöglichen. Auf dem Client selbst wird nur eine Art Rahmenprogramm benötigt, in das die Applets „eingeklinkt" werden können. Auf diese Weise werden Inkonsistenzen zwischen Daten und Programmen vermieden, da sie immer parallel geliefert werden. Versuche dieser Art werden im Internet unter der Programmiersprache **Java** realisiert.

O 2   Betriebliche Anwendungen

O 2.1   Datenbanken

> Im eigentlichen Sinne versteht man unter einer Datenbank eine Sammlung von Daten. In der Regel ist jedoch in der (Wirtschafts-) Informatik mit diesem Begriff ein Softwarepaket gemeint, das besser als **Datenbanksystem** (DBS) bezeichnet wird. Ein DBS setzt sich zusammen aus einem **Datenbank-Managementsystem** (DBMS) und einer Anzahl von **Datenbanken**, die vom DBMS verwaltet werden.

Die Entwicklung von Datenbanksystemen trägt dem verstärkten Einsatz von DV-Anlagen in Wirtschaft und öffentlichen Verwaltungen Rechnung. Im Gegensatz zum ursprünglichen DV-Einsatz in Wissenschaft und Technik, bei dem die Ausführung komplexer Berechnungen im Mittelpunkt stand, ist der DV-Einsatz heute durch die Verarbeitung großer Datenmengen gekennzeichnet. Die bis weit in die 70er Jahre vorherrschende programmorientierte Vorgehensweise bei der Entwicklung von Anwendungen führte dazu, daß meist jede Anwendung ihre eigene Datenhaltung besitzt. Daraus resultieren jedoch kaum beherrschbare Mehrfacherfassung und -speicherung identischer Daten (**Redundanzen**) und sich widersprechende Datenbestände (**Inkonsistenzen**), so daß eine **Datenintegrität** nicht mehr gewährleistet werden kann.

Technische Sicht eines Datenbanksystems

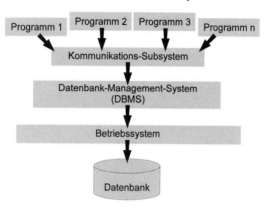

Bild O-3: Technische Sicht eines Datenbanksystems

Bei gleichzeitiger Nutzung gemeinsamer Datenbestände durch verschiedene Benutzer ergeben sich gegenseitige Beeinflussungen (Seiteneffekte) und inkonsistente Zustände in der Datenhaltung. Charakteristische Probleme sind in diesem Zusammenhang „**Lost Update**", „**Dirty Read**" und das „**Phantom-Problem**". Aber auch Forderungen nach Zugriffskontrollen für die sensiblen Daten und Sicherungsmechanismen bei Systemabstürzen führten zu einer intensiven Auseinandersetzung über die Struktur und sinnvolle Behandlung von Daten. Mit Datenbanksystemen werden die skizzierten Probleme in weiten Teilen beherrschbar, da mit ihnen die Datenhaltung logisch und zunächst auch physikalisch zentralisiert und jeder Zugriff auf die Daten nur über ein gemeinsames Medium – das DBMS – möglich wurde (Bild O-3).

Danach ist das DBMS ein komplexes Softwaresystem, für das es einen Architekturvorschlag des American National Standards Institute (ANSI) gibt, das als **ANSI\X3\SPARC 3-Ebenen-Modell** bekannt ist. Dieser

Vorschlag basiert auf Überlegungen zur Datenstrukturierung auf verschiedenen Abstraktionsstufen. So soll jede Anwendung die Daten in der von ihr benötigten Form erhalten (**externe Ebene**). Gleichzeitig sollen die Strukturen unabhängig von den Anforderungen einzelner Anwendungen aus einer Unternehmensgesamtsicht logisch beschrieben werden (**konzeptionelle Ebene**). Schließlich gilt es, die so beschriebenen Strukturen physikalisch auf geeignete Art zu hinterlegen (**interne Ebene**). Diese Ebene muß als einzige der drei Ebenen auf die eingesetzte Hardware und das benutzte Betriebssystem abgestimmt werden (Bild O-4).

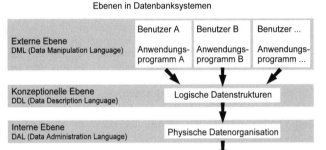

Bild O-4: Ebenen eines Datenbanksystems

Für jede dieser Ebenen muß das DBMS geeignete Sprachen zur Verfügung stellen, die es ermöglichen, Daten in darunterliegenden Datenbanken zu bearbeiten. In der externen Ebene heißt dies, daß Daten eingefügt, gelöscht, verändert oder angezeigt werden müssen. Die entsprechende Sprache wird Data Manipulation Language (**DML**) genannt. Die konzeptionelle Ebene beschreibt Datenstrukturen, die durch die Data Description Language (**DDL**) definiert werden. Die interne Ebene schließlich benutzt eine Data Administration Language (**DAL**).

Wesentliches Merkmal eines sinnvollen Datenbankeinsatzes ist eine umfassende **Datenstrukturierung** bzw. **Datenmodellierung**, die es ermöglicht, Daten und deren Beziehung zueinander herauszuarbeiten. Auf diese Weise erhält man einerseits einen umfassenden Überblick über die wesentlichen Daten eines Unternehmens, andererseits werden Ursachen für Redundanzen und Inkonsistenzen beseitigt. Die Modellierung erfolgt im wesentlichen auf der konzeptionellen Ebene eines DBS. In diesem Zusammenhang existieren verschiedene Modellierungstechniken. Je nachdem welche Modellierungstechnik durch das DBMS unterstützt wird, unterscheidet man:

- hierarchische DBS

- netzwerkartige DBS

- relationale DBS

Relationale Systeme haben sich heute als Standard durchgesetzt; objekt-orientierte Datenbanksysteme sind für kommerzielle Anwendungen noch nicht verfügbar, allenfalls sind es objektorientierte Erweiterungen der relationalen Systeme. Relationale Systeme besitzen als einziges Struktur-element Tabellen, auf denen als Sprache Structured Query Language (**SQL**) operiert, die alle Sprachebenen wieder zusammenführt. Der Vor-zug relationaler Datenbanksysteme besteht in einer guten theoretischen Begründbarkeit der zugrunde liegenden Konzepte sowie in der nicht-prozeduralen Sprache SQL, die das Navigieren in einer Datenbank stark vereinfacht. Die ursprüngliche Vorstellung, mit SQL auch eine Sprache zur Verfügung zu stellen, die Anwendern unmittelbar Ad-hoc-Abfragen ermöglicht, erwies sich dennoch als falsch, da SQL erhebliche Ansprü-che an die Programmierkenntnisse des Benutzers stellt.

Da die Strukturierungsmöglichkeiten eines relationalen DBS ausschließlich auf Tabellen beschränkt sind, bedient man sich häufig der **Entity-Rela-tionship-Modellierung,** durch die die Datenobjekte und deren Beziehungen bzw. Abhängigkeiten untereinander besser dargestellt werden können. Das Ergebnis ist ein Entity-Relationship-Diagramm, das den Vorteil einer leich-ten Interpretierbarkeit sowohl für die Fachabteilung als auch für die Anwen-dungsentwicklung hat. Eine Überführung eines solchen Diagramms in eine Tabellenstruktur ist unter Verlust bestimmter Informationen möglich.

Relationale Datenbanksysteme sind für alle Rechnerklassen verfügbar. Zur Verbesserung der Performance und Verfügbarkeit der Daten wurde die phy-sikalische Zentralisierung der Daten auf einem Rechner aufgegeben. Die Verteilung der Daten auf mehrere Rechner bleibt dem Benutzer meist verborgen, so daß die Daten logisch weiterhin zentral verwaltet werden. Entsprechende Konzepte firmieren unter dem Begriff der „**verteilten Datenhaltung**".

O 2.2   Anwendungssysteme

Anwendungssysteme sind Programme, die betriebswirtschaftliche oder tech-nische Funktionen und Tätigkeiten unterstützen (etwa im Gegensatz zu Programmen der Systemsoftware für Betrieb und Steuerung der Hardware). In der Wirtschaftsinformatik stehen betriebswirtschaftliche Systeme im Vordergrund: **betriebliche Anwendungssysteme**. Diese Systeme dienen der Abbildung der Leistungsprozesse und der Austauschbeziehungen im und zwischen Unternehmen. Anwendungssysteme bilden dabei die Infor-mations-, Güter- oder Geldströme in und zwischen Unternehmen ab.

In der Übersichtstabelle sind klassische Aufgabengebiete betrieblicher Anwendungssysteme aufgezählt; dabei sind viele der für Industriebetriebe ausgewiesenen Felder auch in den anderen Branchen relevant.

Tabelle O-1: Aufgabengebiete betrieblicher Anwendungssysteme

Gebiet		Einzelne Aufgaben
Industrie	Forschung und Entwicklung	Zeichnungen beim Produktentwurf mit **CAD** (Computer Aided Design); Berechnungen beim Produktmodell mit **CAE** (Computer Aided Engineering); Erstellung der Arbeits- und Fertigungspläne mit **CAP** (Computer Aided Planning)
	Marketing und Verkauf	Bearbeitung von Kundenanfragen, Angebotsbearbeitung mit **CAS** (Computer Aided Selling); elektronische Produktkataloge; Auftragserfassung und -abwicklung, Außendienststeuerung
	Material- und Lagerwirtschaft	Bestandsführung; Materialverwaltung und -bewertung; Bestelldisposition und -überwachung; Beschaffung/Einkauf, Wareneingangsprüfung; Materialbewegungen
	Produktion	Absatzprognose für Enderzeugnisse (Primärbedarf); Materialbedarfsplanung (Sekundärbedarf); Mengen- und Terminplanung; *Produktionsplanung mit* **CAM** (Computer Aided Manufacturing): Fertigungsplanung, Arbeitsvorbereitung, Terminierung von Produktionsaufträgen und -durchläufen, Kapazitätsausgleich, Auftragsfreigabe und -steuerung, Transport, Lagerung; Qualitätssicherung mit **CAQ** (Computer Aided Quality Assurance); Betriebsdatenerfassung (**BDE**) für Rückmeldungen aus Produktion, Instandhaltung, Wartung
	Versand	Lieferfreigabe; Versandlogistik; Versanddokumentation; Rechnungserstellung/ Fakturierung
	Rechnungswesen	*Kosten- und Leistungsrechnung*: Kostenstellen, Betriebsabrechnungsbogen (**BAB**), Kostenträger, Vor- und Nachkalkulation; *Buchhaltung*: Kostenarten, Finanzbuchhaltung, Zahlungsverkehr, Debitoren- und Kreditorenbuchhaltung, Anlagenbuchhaltung, Abschluß/Bilanzierung
	Personal	Lohn- und Gehaltsabrechnung, Arbeitszeitverwaltung, gesetzliche Meldungen, Personalkapazitätsplanung, Reisekostenabrechnung, Zutrittskontrolle
	Planung	Unternehmens- und Finanzplanung, Projektmanagement, Entscheidungsunterstützung
Handel	Warenwirtschaft	Warenein-/-ausgang, Disposition und Bestellung, Warenbewegungen; *Verkaufsabwicklung*: Kassieren und Datenerfassung mit **POS** (Point of Sale Systems)
	Beratung	Angebotspräsentation und -erklärung mit **POI** (Point of Information Systems); *Marketing*: Verkaufsanalysen pro Verkaufsstelle, Artikelgruppe, Artikel
Logistik, Spedition, Transport	Zuordnungen	Sendungen zu Ladungen, Fahrzeugen zu Touren, Fahrer zu Touren; Touren- und Streckenplanung
	Datenaustausch mit Geschäftspartnern	Bestellungen, Transportaufträge und -angebote, Statusinformationen zu Transporten, Abrechnungen

Gebiet		Einzelne Aufgaben
Dienst-leistungen		spezifische Funktionen bei Versicherungen, Banken, Gast-stätten und Hotels, Touristik, Beratungsunternehmen, Unter-haltungs- und Freizeitindustrie, Bildungs- und Gesundheits-wesen, Verwaltung, Handwerk

Ferner gibt es Anwendungssysteme mit **übergreifenden Funktions-umfang**, die in verschiedenen Branchen und Unternehmensbereichen eingesetzt werden (wie Textverarbeitung, Dokument- und Adreßverwal-tung, Tabellenkalkulation, Präsentations- und Geschäftsgrafiken). Bei Beschaffung und Einsatz betrieblicher Anwendungssysteme ist zu ent-scheiden, ob ein spezifisches, für die Zwecke eines Unternehmens indi-viduelles Anwendungssystem entwickelt und eingesetzt werden soll. Alternativ gibt es für viele Funktionen und Aufgabenstellungen heute **Standardsoftware**, die von Systemanbietern (Softwarehäuser) entwik-kelt wird und standardisierte Lösungen für generelle Aufgabenstellungen bietet (Tabelle O-2). Zwischen individueller und standardmäßiger Unter-stützung einer betrieblichen Aufgabe kann nur nach sorgfältiger Analyse des Einsatzgebietes und -umfeldes sowie des Marktes für Standardsoft-ware entschieden werden. Dies entspricht der klassischen Entscheidung der Betriebswirtschaftslehre zwischen „Make or Buy". Dabei müssen die **betrieblichen Anforderungen** an das Anwendungssystem genau fest-gestellt werden.

Tabelle O-2: Unterschied zwischen Standard- und Individual-Software

Kriterien	Standard-Software	Individual-Software
Ansatz	vorgefertigte Software; mehrmalige Installation in vielen Unternehmen	einmalige Installation; spezifisch entwickelt für ein Unternehmen
Funktionsumfang	große Abdeckung der funktio-nalen Anforderungen angestrebt, jedoch meist Verzicht und Ergänzung nötig	vollständige Abdeckung aller funktionalen Anforderungen
Nutzungsgrad	generelle, allgemeine Lösung	spezifische, individuelle Lösung
Beschaffung	Bestellung und Kauf; Probe-installation und Test möglich	Entwicklungsauftrag
Beschaffungs-kosten	Kauf und Anpassung bei Stan-dards geringer, da Entwick-lungskosten auf mehrere Unter-nehmen verteilt werden	bei individueller Entwicklung einer spezifischen Lösung meist höher
Einführungsdauer	Beschaffung, Lieferung, Anpas-sung, Einführung meist kürzer	Entwurf, Realisierung, Einführung meist länger
Schulung der Benutzer	durch Externe (etwa durch Soft-ware-Anbieter)	nur intern möglich
Erfolgsmaßstab	Umsatz, Marktanteil, Image	Akzeptanz und Zufriedenheit der Benutzer
Entwicklung der Software	Entwicklung meist durch Externe (Systemhaus, Softwareanbieter)	Entwicklung intern im Unter-nehmen oder extern durch Entwicklungsauftrag

Kriterien	Standard-Software	Individual-Software
Entwickler und Benutzer	kennen sich nicht, Benutzer ist unbekannter Kunde; spezifische Anforderungen sind unbekannt	kennen sich, sind Kollegen, kooperieren bei Entwicklung; spezifische Anforderungen sind bekannt
Entwicklungs-kapazitäten	Nutzung externer Kapazitäten	Belastung interner Kapazitäten
Know-how zur Entwicklung der Software	bleibt beim Software-Anbieter, Abhängigkeiten daher möglich	bleibt/kommt ins Unternehmen
Reifegrad der Software	geringere Fehlerquote, da mehrfach im Einsatz; Bewährung in anderen Unternehmen erhöht Qualität	höhere Fehlerquote, da Ersteinsatz
Zwischenbetriebliche Integration	wird erleichtert, wenn allgemeine Standards verwendet werden	wird erschwert, wenn spezifische Lösungen gekoppelt werden sollen
Wettbewerb	Wettbewerbsposition des Unternehmens nicht nachhaltig beeinflußt	spezifische, individuelle Lösung kann Wettbewerbsposition verbessern

Eine Entscheidung für eine Standardsoftware setzt voraus, daß eine derartige passende Lösung am Markt gefunden wird. In die **Entscheidung Individual-** oder **Standardlösung** ist eine Reihe von Aspekten einzubeziehen, die in Tabelle O-2 zusammengestellt sind.

O 2.3 Entwicklung von Anwendungssystemen

> Die Entwicklung von Anwendungssystemen hat zum Ziel, im Unternehmen Systeme bereitzustellen, die alle Unternehmensstellen die notwendigen Informationen mit moderner Informationstechnik aktuell und effizient verfügbar machen.

Die Entwicklung betrieblicher Anwendungssysteme ist ein zentraler Gegenstand der Wirtschaftsinformatik. Für ein gegebenes Anwendungsproblem ist es dabei notwendig, die **fachlichen und organisatorischen Anforderungen** der (zukünftigen) Benutzer eines Anwendungssystems genau zu erheben und zu analysieren. Daneben müssen die technischen Möglichkeiten der betrieblichen Infrastruktur zur Informationsverarbeitung geprüft werden und gegebenenfalls Erweiterungen bzw. Änderungen der Infrastrukur betrieben werden. Diese notwendige Abstimmung zwischen fachlichen und organisatorischen Anforderungen der Benutzer eines Anwendungssystems sowie den technischen Möglichkeiten zur Realisierung einer Lösung bestimmt die wesentliche Komplexität bei der **Anwendungsentwicklung**. Eine **Zusammenarbeit** (Kooperation, Partizipation) zwischen Entwicklern und Benutzern ist unumgänglich.

Die Aufgaben der Anwendungsentwicklung werden auch unter dem Begriff **Software Engineering** zusammengefaßt. Danach beschäftigt sich

Software Engineering mit der Entwicklung, der Verbreitung und dem Einsatz von Methoden und Techniken für die Anwendungsentwicklung und -wartung auf der Basis wissenschaftlicher Erkenntnisse und praktischer Erfahrungen sowie unter Berücksichtigung ökonomischer und technischer Bedingungen. Der Begriff Software Engineering weist auf den Anspruch hin, Anwendungssysteme mit ähnlich fundierten Methoden und Techniken und mit ähnlichen Qualitätsansprüchen zu entwickeln, wie sie in anderen Ingenieurwissenschaften lange bekannt sind. Unter der Überschrift „Software-Krise" werden alle jene **Qualitätsmängel** aufgeführt, die zur Forderung nach mehr ingenieurwissenschaftlichen Vorgehensweisen geführt haben. Die Ergebnisse der Anwendungsentwicklung seien oft benutzerunfreundlich, unflexibel, funktional unbefriedigend, fehlerhaft und unzuverlässig, nicht nachvollziehbar. Daneben sei der Prozeß der Anwendungsentwicklung oft zu lange und zu teuer.

Da diese Mängel erst beim Einsatz der Anwendungssysteme erkannt werden, führen die notwendigen Korrekturen und Nachbesserungen in der Einsatzphase zu sehr hohen **Pflege- und Wartungskosten**. Um die Qualität der Anwendungsentwicklung zu verbessern und (insbesondere) die Wartungskosten zu verringern, werden heute folgende **Prinzipien des Software Engineerings** postuliert:

Prinzip der Abstraktion

Die Lösung des Anwendungsproblems geschieht durch Verringerung der Komplexität des realen Problems durch die Abstraktion. Abstrahiert wird vom realen Problem durch Verallgemeinerung und durch Überführung in ein Modell, das beispielsweise ein mathematisches Modell ist. Dies bewirkt, daß nicht eine einzelne, singuläre Aufgabe, sondern eine Aufgabenklasse gelöst wird. Die Beschreibung der Modelle geschieht durch grafische Abbildungen wie Datenflußdiagramme, Strukturdiagramme.

Prinzip der Strukturierung und Hierarchisierung

Durch Strukturierung werden die wichtigsten Elemente eines Anwendungssystems und ihre Beziehungen zueinander identifiziert und beschrieben. Dies dient dem besserem Verständnis des Problems und der Übersicht bei der Lösung. Strukturierung im Sinne von **Dekomposition** zerlegt das Problem in kleinere, überschaubare, leichter bewältigbare Teilaufgaben. Wichtigste Form der Strukturierung ist die **Hierarchie** zur Beschreibung der Elemente von Anwendungssystemen und deren Beziehungen. Hierarchisch aufgebaut heißt, daß Elemente in Rangfolge geordnet sind, bei der Elemente gleicher Ordnung auf einer Ebene stehen. Hierarchien werden meist durch **Baumstrukturen** dargestellt.

Prinzip der Modularisierung

Module bilden eine günstige Aufteilung des Gesamtproblems in Teilprobleme. Module sind geschlossene funktionale Einheiten, selbständig untereinander und einzeln lösbar. Alle modernen Entwicklungstechniken unterstützen die Modularisierung. Modularisierung führt u.a. dazu, daß Systemteile getrennt entwickelt, ausgetauscht, einfacher gepflegt und leichter gewartet werden können.

Prinzip der Standardisierung und Mehrfachverwendung

Bei arbeitsteiliger Anwendungsentwicklung und jahrelangen Anwendungseinsatzes ist standardisierte Vorgehensweise wünschenswert. Zudem fördert Standardisierung Mehrfachverwendung von Systemteilen.

Prinzip der Lokalität und integrierten Dokumentation

Lokalität fordert, daß alle Informationen, die zum Verständnis eines Teilsystems notwendig sind, lokal (z.b. auf einer Bildschirmseite, in einem Programm-Modul) verfügbar sind. Die Dokumentation sollte zudem möglichst „integriert" (in engem Zusammenhang) sein, um Verständnis schnell und im Kontext zu unterstützen.

Anwendungssysteme werden meist in mehrstufigem Vorgehen (**Phasen**) entwickelt. Das Vorgehen sollte sich dabei nach einem **Vorgehensmodell** (Bild O-5) richten, auf das sich die Beteiligten einer Anwendungsentwicklung (z.B. Auftraggeber, Benutzer oder Entwickler) vorher geeinigt haben. Dieses Vorgehensmodell beschreibt die notwendigen Arbeitsschritte und deren Reihenfolgen sowie die erforderlichen Zwischenergebnisse. Derartige Vorgehensmodelle gibt es in großer Anzahl, die meist mit Handbüchern, Arbeitsanweisungen und Formularsammlungen beschrieben werden und teilweise DV-gestützt eingesetzt werden können.

In der Abbildung ist ein allgemeines Vorgehensmodell grob beschrieben. Bei Vorgehensmodellen darf die Reihenfolge der Arbeitsschritte nicht so verstanden werden, daß Ergebnisse von Vorphasen unverändert bleiben müssen („Wasserfluß" der Ergebnisse in eine Richtung). Vielmehr wird heute davon ausgegangen, daß **iteratives Vorgehen** bei der Anwendungsentwicklung schneller zu besseren Ergebnissen kommt. Insbesondere der Einsatz von (Software-)**Prototypen** in den Phasen Definition und Entwurf kann früh zu genaueren Vorstellungen über das Anwendungssystem führen und die Kommunikation zwischen Benutzern und Entwicklern unterstützen.

Aufgaben des **Projektmanagements** begleiten dabei alle Entwicklungstätigkeiten und steuern und kontrollieren vor allem die Einhaltung von Kosten- und Terminplänen. Die sorgfältige **Dokumentation** der Entwicklungstätigkeiten und -ergebnisse ist notwendig, um Anwendungssysteme während des Einsatzes pflegen und weiterentwickeln zu können.

Projektmanagement für Programmentwicklung

Planung	Definition	Entwurf	Realisierung	Einführung	Betrieb u. Wartung
Zieldefinition und Planung/ Projektierung von Programmen	Anforderungs-analyse, Konzeption	Strukturierung, Evaluation	Programmier-ung, Imple-mentierung, Testläufe,	Schulung von Trainern und Benutzern	Kontrolle, Betreuung, Wartung, Abrechnung
	Projekt-auftrag	Pflichten-heft	Fach-/DV Entwurf	Programm-struktur	Benutzer-führung

Dokumentation

Bild O-5: Vorgehensmodell bei der Anwendungsentwicklung

O 2.4   Informationsmanagement (IM)

> Das Informationsmanagement (IM) umfaßt alle Managementaufgaben (Steuerung, Planung, Kontrolle) zur effizienten Beschaffung und Verarbeitung von betrieblichen Informationen. Dabei wird insbesondere die Ausrichtung von Informationsverarbeitung an den Unternehmenszielen und der Unternehmensorganisation angestrebt.

Die Aufgaben des IM beziehen Situation und Ziele eines Unternehmens bei Gestaltung und Betrieb betrieblicher Anwendungssysteme ein. Informationen sind heute für Unternehmen die **Produktionsfaktoren** (wie Personal, Kapital, Betriebsmittel), deren gezielter und ökonomischer Einsatz zum **Unternehmenserfolg** beiträgt (Bild O-6).

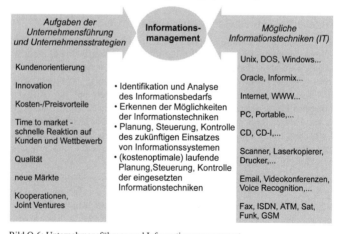

Bild O-6: Unternehmensführung und Informationsmanagement

Situation und Ziele der Unternehmen sind geprägt durch einen starken **Wandel**, dessen Ausprägungen täglich unter solchen Schlagworten beschrieben werden, wie:

- Internationalisierung und Globalisierung von Märkten und Unternehmen

- zunehmender Wettbewerb

- neue Wettbewerbsregeln

- geringeres Wirtschaftswachstum

- zunehmende Kundenorientierung

- Wertewandel

- Innovationsdynamik oder Umgestaltung der Leistungsprozesse (Business Re-Engineering)

Der gezielte Einsatz des Produktionsfaktors **Information** kann Unternehmen bei der Bewältigung dieses Wandels unterstützen, da eine schnelle, sichere und kostengünstige Verarbeitung und Übertragung von Informationen in und zwischen Unternehmen deren Wettbewerbsposition stärken kann. Dies gilt insbesondere für **informationsbasierte Industrien** (z.B. Banken, Versicherungen, Börsen oder Verlage) und **logistikbasierte Industrien** (z.B. Speditionen, Airlines, Reiseveranstalter oder Bahn). Die ursprüngliche Rolle der Informationsverarbeitung in Unternehmen besteht darin, durch Standardisierung, Formalisierung, und Automation Rationalisierungseffekte und damit Kostenvorteile durchzusetzen. Diese Rolle wird im IM um **strategische Aufgaben** zur Stärkung der Wettbewerbsposition der Unternehmen erweitert. Anwendungssysteme können neben operativen und administrativen auch strategische Wirkungen verursachen. Besonderes Augenmerk gilt im IM dem Aufdecken und Freisetzen dieser strategischen Potentiale von Anwendungssystemen, damit die wirksame und wirtschaftliche Informationsversorgung aller Stellen im Unternehmen das Erreichen der Unternehmensziele unterstützt.

Formalziele des Informationsmanagement sind dabei:

- **Produktivität**: Verbesserung des mengenmäßigen Input/Output-Verhältnisses beim Einsatz von Produktionsfaktoren

- **Effizienz**: Verbesserung des wertmäßigen Input/Output-Verhältnisses (Kosten zu Leistung) beim Einsatz von Produktionsfaktoren

- **Effektivität**: Optimierung der Informationsversorgung aller Stellen im Unternehmen; Abwägung bei der Informationsverarbeitung zwischen notwendigen bzw. nützlichen Funktionen und tatsächlichen, d.h. verfügbaren Leistungen

■ **Flexibilität**: Aufrechterhaltung und Verbesserung der Möglichkeiten der Informationsverarbeitung, auf qualitative und quantitative Änderungen im Unternehmen zu reagieren

■ **Durchdringung**: möglichst umfassende Unterstützung aller Unternehmensstellen durch Informationsverarbeitung und Informationstechnik

■ **Sicherheit**: Verhinderung bzw. Verringerung von Schäden, die durch Ausfall oder Fehlbetrieb von Anwendungssystemen verursacht werden

Strategische Aufgaben des IM

Informationsbedarfsanalyse, Planung der Informationsinfrastruktur (Personal, Organisation, IV-Architektur, Hardware, Software); Entwicklung langfristiger Systemkonzeptionen; Beobachtung und Bewertung neuer Technologien, Organisationsmanagement (Zentralisierung bzw. Dezentralisierung, Outsourcing, Sicherheit), Personalmanagement (Entwicklung und Weiterbildung).

Dispositive Aufgaben des IM

Entwicklung von Anwendungssystemen, Management von Entwicklungsprojekten, Standardisierung und Kontrolle der Vorgehensweisen, Konfigurationsmanagement, HW- und SW-Beschaffung, Rechtsfragen (Datenschutz, Lizenzrecht, Arbeitsrecht, Urheberrecht, Wettbewerbsrecht), interne Leistungsverrechnung.

Operative Aufgaben des IM

Betrieb und Betreuung von Hard- und Software, Aufbau und Pflege von Geräten und Netzen, Anwenderbetreuung, Sicherungsverfahren, Abrechnungsverfahren.

Gumm, H.-P., Sommer, M.: Einführung in die Informatik. Bonn: 1995
Stahlknecht, P.: Einführung in die Wirtschaftsinformatik. Berlin: 1991
Abts, D., Mülder, W.: Grundkurs Wirtschaftsinformatik. Braunschweig-Wiesbaden: 1996
Mertens, P., Bodendorf, F., König, W., Picot, A., Schumann, M.: Grundzüge der Wirtschaftsinformatik. Berlin: 1992
Vossen, G.: Datenmodelle, Datenbanksprachen und Datenbank-Management-Systeme. Bonn: 1994
Horn, C., Kerner, I.: Lehr- und Übungsbuch Informatik. 4 Bände. Leipzig: Fachbuchverlag 1995-1997
Werner, D.: Taschenbuch der Informatik. Leipzig: Fachbuchverlag, 1995

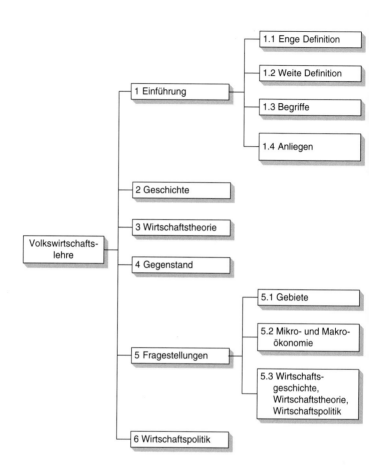

P   Volkswirtschaftslehre

P 1   Einführung

Die Volkswirtschaftslehre (Nationalökonomie) gehört gemeinsam mit der Finanzwissenschaft, der Wirtschaftsgeschichte und der Betriebswirtschaftslehre zu den **Wirtschaftswissenschaften**, die wiederum ein Teilgebiet der Sozialwissenschaften bilden. In einem engem Kontakt zu den Wirtschaftswissenschaften steht u.a. auch die Wirtschaftsgeographie. Eine Unterscheidung wird im englischen Sprachbereich nicht getroffen. Hier wird als Oberbegriff lediglich von „Economics" gesprochen, was deckungsgleich mit „Volkswirtschaftslehre" ist. Im deutschen Sprachgebiet wird die Volkswirtschaftslehre unterteilt in

- **Volkswirtschaftstheorie** (Gründe volkswirtschaftlicher Zusammenhänge)

- **Volkswirtschaftspolitik** (Formulierung von Zielen und Möglichkeiten und Maßnahmen, diese zu erreichen) und

- **Finanzwissenschaft** (wirtschaftliches Handeln des Staates).

P 1.1   Enge Definition

Die Volkswirtschaftslehre erklärt die realen Erscheinungen des Wirtschaftslebens in ihrem gegenseitigen Zusammenwirken innerhalb eines durch Grenzen abgetrennten Landes (**Nationalwirtschaft**).

P 1.2   Weite Definition

Die Volkswirtschaftslehre erklärt die realen wirtschaftlichen Erscheinungen und Zusammenhänge ohne Berücksichtigung von Ländergrenzen (**Weltwirtschaft**).

Die Volkswirtschaftslehre beschäftigt sich mit der Fragestellung, wie Menschen die begrenzt vorhandenen Ressourcen (Produktionsfaktoren) zur Befriedigung ihrer unbegrenzt vorhandenen Bedürfnisse einsetzen.

P 1.3   Begriffe

Wirtschaftliche Fragestellungen führen zu Entscheidungen, die die knappen Ressourcen berücksichtigen. Die Entscheidung (Auswahl) ist dabei stets mit volkswirtschaftlichen Kosten verbunden. Volkswirtschaftliche Problemstellungen lassen sich auf folgende Begriffe zurückführen:

- **Bedürfnis** (want)

ist das Empfinden eines Mangels, verbunden mit dem Wunsch, diesen Mangel zu beseitigen. **Bedarf** (demand, need) stellt die Summe aller objektivierbaren Bedürfnisse dar, die meßbar und in Zahlen ausdrückbar sind. **Nachfrage** (demand) entsteht, wenn für ein Bedürfnis **Kaufkraft** (Geld) eingesetzt wird.

- **Knappheit** (scarcity)

Die Summe der individuellen Bedürfnisse übersteigt die zur Verfügung stehenden Ressourcen (wirtschaftliche Güter und freie Güter).

- **Wirtschaftliche Tätigkeit** (economic activity)

ist die Art und Weise, wie Menschen mit der Knappheit fertig werden und diese zu überwinden suchen.

- **Wahlmöglichkeit** (choice)

Die Knappheit zwingt die Menschen zu Wahlhandlungen innerhalb der zur Verfügung stehenden Alternativen (Volkswirtschaftslehre ist die Wissenschaft der Wahlentscheidungen). Als **rationale Entscheidung** (rational choice) wird der bestmögliche Aktionspfad aus der Sicht des Entscheidungsträgers bezeichnet.

- **Opportunitätskosten** (opportunity cost)

Wahlentscheidungen, die angesichts von Knappheit zu treffen sind, verursachen Kosten. Die Opportunitätskosten jeder Entscheidung errechnen sich als die Kosten der besten, jedoch nicht ausgewählten Alternative (**volkswirtschaftlicher Kostenbegriff**).

- **Wettbewerb und Kooperation** (competition and cooperation)

Wenn Bedürfnisse die zur Verfügung stehenden Ressourcen übersteigen, müssen die Menschen um das Erreichbare konkurrieren (**Wettbewerb**) oder zusammen mit anderen arbeiten, um ein gemeinsames Ergebnis zu erzielen (**Kooperation**).

- **Produktionsfaktoren** (factors of production)

sind Güter und Leistungen, die zur Erstellung anderer Güter und Leistungen eingesetzt werden. Es werden **Faktoreinsatzmengen** (Inputs) im Rahmen eines Produktionsprozesses miteinander kombiniert, um an dessen Ende zu einem angestrebten **Produktionsergebnis** (Output) zu gelangen. Wenn die Faktoreinsatzverhältnisse technisch vorgegeben und nicht veränderbar sind, liegt eine mikroökonomische **limitationale Produktionsfunktion** (Leontief-Funktion) vor. Sind hingegen verschiedene Einsatzverhältnisse zur Erlangung des Outputs möglich, ist von einer **substitutiven** (ertragsgesetzlichen) **Produktionsfunktion** auszugehen.

Makroökonomische Produktionsfunktionen (Cobb-Douglas-Funktion, CES-Funktion) werden für einzelne Industrien, Branchen oder die gesamte Volkswirtschaft (Sozialprodukt = Output) aufgestellt. Die klassische Volkswirtschaftslehre unterscheidet die beiden ursprünglichen (originären) Produktionsfaktoren **Boden** und **Arbeit** sowie den aus ihnen abgeleiteten (derivativen) Produktionsfaktor **Kapital** (Real-, Geld-, Human- und Sozialkapital). Die moderne Volkswirtschaftslehre kennt einen weiteren, vierten Produktionsfaktor, der üblicherweise mit „**Technischer Fortschritt**" umschrieben wird. Im englischsprachigen Bereich wird als vierter Produktionsfaktor mitunter von **Entrepreneurism** gesprochen, um damit auf die Rolle der risikobereiten und investierenden Unternehmerpersönlichkeit einzugehen.

P 1.4 Anliegen

Innerhalb einer Volkswirtschaft werden knappe Ressourcen auf miteinander und untereinander konkurrierende Entscheidungsträger (**Wirtschaftssubjekte; Pole; Wirtschaftssektoren, d.h. Haushalte, Unternehmen, Staat, Ausland**) verteilt. Der diesem Vorgang zugrunde liegende Mechanismus hat Lösungen auf drei Fragestellungen zu erbringen:

■ **Was** ?

Welche Güter und Dienstleistungen werden in welcher Menge hergestellt und angeboten?

■ **Wie** ?

Mit welcher Technologie und welcher Einsatzmenge der Produktionsfaktoren werden die unterschiedlichen Güter und Dienstleistungen hergestellt?

■ **Für wen** ?

Für wen werden Güter und Dienstleistungen hergestellt und wie werden die Ergebnisse auf die an der Herstellung Beteiligten verteilt?

P 2 Geschichte

Die Volkswirtschaftslehre besitzt Wurzeln im Bereich von Philosophie, Rechtswissenschaft und Naturwissenschaft. Aus der **Antike** (Aristoteles, Epikur, Platon, Xenophon, Cicero) sowie der **frühchristlichen Theologie** (Johannes Chrysostomos, Augustinus, Benedikt von Nursia), der **Scholastik** (z. B. Albertus Magnus, Thomas von Aquin, Johannes Buridanus, Nikolaus von Oresme, Antonin von Florenz, Konrad von Megenberg, Gabriel Biel), der **Schule von Salamanca** (Luis de Molina) sowie von den **Reformatoren** (Martin Luther, Johannes Calvin) sind zahlreiche Texte überliefert, in denen sich die Autoren zu wirtschaftlichen

Problemstellungen äußern. J.A. Schumpeter schrieb den scholastischen Gelehrten des 13. Jh. gar die „Begründung der Wirtschaftswissenschaften" zu und sah bei ihnen bereits den frühen Ansatz von **utilitaristischem** (nur auf die Nützlichkeit gerichtet) und **individualistischem** (nur auf das Einzelwesen bezogen) **Denken**, das verbunden war mit dem Gemeinwohlgedanken. Gleichwohl sieht die Mehrheit der nationalökonomischen Literatur den eigentlichen Beginn der Analyse ökonomischer Zusammenhänge (Dogmengeschichte) erst im 16. und 17. Jh. Begründet.

Danach lassen sich folgende **Hauptrichtungen** volkswirtschaftlicher Lehrmeinungen unterscheiden:

■ **Merkantilismus bzw. Kameralismus** (etwa 17. bis 18. Jh)

Die Wirtschaft eines Landes wird als eine vom Landesherrn zentral gelenkte Staatswirtschaft verstanden, wobei Geld, Beschäftigung, aktive Handelsbilanz, einseitige Handelsförderung, Bevölkerungszahl, Steuern, Staatsausgaben, Landesausbau und Manufakturgründungen die zentralen Themenbereiche bilden.

■ **Physiokratie** (etwa 1750 bis 1776)

Francois Quesnay erregte mit seinem 1758 vorgelegten Tableau économique – einer ersten volkswirtschaftlichen Kreislaufidee – großes Aufsehen. Die um ihn versammelten französischen Ökonomen wollten die Herrschaft der Natur (Produktionsfaktor Boden) im Wirtschaftsprozeß und in der Wirtschaftspolitik durchsetzen und die staatliche Wirtschaftslenkung des Merkantilismus überwinden. Die Physiokratie bildete die erste geschlossene Lehre innerhalb der Wirtschaftstheorie und stand in Gegenposition zum Merkantilismus.

■ **Ökonomische Klassiker** (1776 bis 1869)

Obwohl diese Lehrmeinung keine einheitliche Theorie aufweist, besteht die Gemeinsamkeit der zahlreichen Autoren jedoch in der starken Betonung einer individualistischen Wirtschaftsverfassung, in deren Rahmen dem Staat lediglich eine Ordnungs- und Schutzfunktion obliegt. Der aus dem Selbstinteresse der Individuen resultierende Wettbewerb kennzeichnet ebenso wie die Arbeitsteilung das System. Mit dem Buch von Adam Smith „Wealth of Nations" beginnt und mit der Aufgabe der Lohnfondstheorie durch John Stuart Mill endet die klassische Epoche der Nationalökonomie.

■ **Sozialismus - Marxismus** (etwa 1800 bis heute)

Mit den Erfahrungen aus der Industrialisierung und der hergestellten Verbindung zur Situation der abhängig Beschäftigten einher geht die Forderung der Sozialisten nach Überführung der Produktionsfaktoren in Gemeineigentum, um dadurch die Arbeiter gegen Ausbeutung zu schützen und eine Massenverelendung infolge von Kapitalakkumulation und -konzentration zu verhindern.

■ **Historische Schulen** (1850 bis etwa 1950)

Sammelbezeichnung für eine insbesondere in Deutschland wirkende Richtung, die betonte, nur durch faktengenaue Erforschung der Vergangenheit wirtschaftlich bedeutende Gesetzmäßigkeiten auf dem Weg der empirisch-induktiven Methode erkennen zu können (Wirtschaftsstufenkonzepte). Die Vertreter der jüngeren historischen Schule betonten die historische Einmaligkeit wirtschaftlicher Erscheinungen und stellten sich gegen die Befürworter der logisch-deduktiven Methode der Grenznutzenschule, was im sog. älteren Methodenstreit mündete. Zu Beginn des 20. Jahrhunderts wird der jüngere Methodenstreit, der in der Sache ein Werturteilsstreit ist, ausgetragen. Im Neoinstitutionalismus finden u.a. diese Schulen bis in die heutige Zeit ihre Anhängerschaft.

■ moderne Preis- und Kostentheorie (1838 bis heute)

Während die objektiven Preistheorien auf der Arbeitswerttheorie beruhen, stellen die subjektiven Preistheorien die subjektive Wertschätzung (Nutzen) von Käufer und Verkäufer ins Zentrum der Überlegung. Moderne Preistheorien beziehen objektive (Marktformen, Preisbedingungen) und subjektive (Bedürfnisse, Präferenzen, Zielsetzungen, Verhaltensweisen) Elemente in ihr Konzept ein. Unter anderem auf A. A. Cournot und A. Marshall geht die Methode des partiellen Gleichgewichts, auf L. Walras und V. Pareto die totale Gleichgewichtsanalyse zurück. Einen neuen Stellenwert erlangte die Kosten- und Preistheorie in der Transaktionskostentheorie.

■ Keynesianismus (ca. 1936 bis 1970)

Die auf der Lehre von J. M. Keynes beruhende Richtung war insbesondere durch die Erfahrungen mit der Arbeitslosigkeit und der begrenzten Wirksamkeit des Preismechanismus infolge der Weltwirtschaftskrise von 1929 geprägt. Auf der Basis gesamtwirtschaftlicher Größen untersucht Keynes die Höhe und Wirkung der gesamtwirtschaftlichen Nachfrage, wobei er deren unter Umständen notwendige Beeinflussung durch den Staat herausstellt. Im Rahmen seiner Geldtheorie stellt er den Zusammenhang zwischen geldwirtschaftlichem und güterwirtschaftlichem Bereich her. Die Konsumausgaben werden als vom Einkommen, die Investitionen als von der Zinshöhe, die Geldnachfrage als von Einkommen und Zinssatz (IS-LM-Modell von J. R. Hicks) abhängig bezeichnet. Aufgrund der Bevorzugung der Fiskalpolitik zur Problemlösung wird im Zusammenhang mit dieser Richtung auch von **Fiskalismus** gesprochen.

■ Wohlfahrtsökonomik (ca. 1920 bis heute)

Wirtschaftliche Wohlfahrt einer Volkswirtschaft wird durch den Grad der individuellen Wohlfahrt angegeben. Formal wird Wohlfahrt in sozialenWohlfahrtsfunktionen gemessen, die als Zusammenfassung der individuellen Nutzen hinsichtlich der ausgewählten alternativen Güter gelten. Während die ältere Richtung dieses Zweiges der Neoklassik von einem kardinal meßbaren Nutzen ausgeht, betont die jüngere Richtung die ordinale Nutzenmessung (Pareto-Kriterium).

■ Grenznutzenschule (ca. 1870 bis 1920)

Im Rahmen der Weiterentwicklung der Nutzentheorie beschäftigen sich die Vertreter dieser Richtung insbesondere mit dem Grenznutzen, d.h. dem Nutzenzuwachs, den eine letzte verbrauchte Einheit beim Konsumenten stiftet. Der individuelle Wert des Gutes hängt vom subjektiven Bedürfnis des Wirtschaftssubjektes ab, d.h., im Grenznutzen wird das Kriterium des Wertes eines Konsumgutes gesehen. Jede zusätzliche Einheit eines Gutes stiftet einen geringeren Grenznutzen als das vorangegangene (1. Gossensche Gesetz). Das Maximum der Bedürfnisbefriedigung ist erreicht, wenn die Grenznutzen der Güter ihren jeweiligen Preisen entsprechen (2. Gossensche Gesetz). Als wichtiger Beitrag dieser Theorie gilt die Einführung der Marginalanalyse in die Volkswirtschaftstheorie.

■ Ordoliberalismus (ca. 1930 bis heute)

Diese deutsche Variante der Neoklassik (Neoliberalismus) betont die Notwendigkeit ordnungspolitischer Konstellationen durch den Staat bei der Herstellung einer marktwirtschaftlichen Wirtschaftsordnung. Nach W. Eucken, der dieser Richtung den Namen gab, muß der Staat u.a. die freie Preisbildung sichern und den Geldwert stabil halten, sich gegen Marktbeschränkungen wenden, Vertragsfreiheit und Privateigentum gewährleisten sowie eine Korrektur der primären Einkommensverteilung unter sozialpolitischen Überlegungen vornehmen. Das u.a. auch von L. Erhard, A. Müller-Armack, W. Röpke und A. Rüstow verfolgte Konzept bildet die gedankliche Grundlage für die Soziale Marktwirtschaft der Bundesrepublik.

■ **Neoklassik** (ca. 1900 bis heute)

Nach M. Neumann ist die Neoklassik, die ihre Gegenposition im Keynesianismus findet, hervorgegangen aus der „marginalistischen Revolution" (Grenznutzenschule) und mündet ein in die moderne ökonomische Theorie, die sich durch immer stärkere Verwendung mathematischer Analysemethoden auszeichnet. Zwei zentrale Ideen charakterisieren die Neoklassik: **der methodologische Individualismus** und sein **Gleichgewichtskonzept.** Basierend auf dem Gedankenmodell der klassischen Nationalökonomie widmeten sich die Vertreter dieser Richtung nun, anstatt über die Ursachen von Produktionsmengen und Kapitalakkumulation wie die frühen Klassiker zu forschen, in Besonderheit den Bestimmungsgründen der Nachfrage und den Tausch- und Preisrelationen. Später wurden innerhalb dieses Systems u.a. auch Verteilungs-, Wachstums-, Institutionen-, Konjunktur- und moderne Außenhandelstheorien entwickelt. Damit einher ging der Wechsel von der objektiven Wertlehre (Warenwert entspricht den Produktionskosten) zur subjektiven Wertlehre (Warenwert entspricht dem subjektiven Nachfrageempfinden). Die neuere Wirtschaftstheorie wendet sich u.a. Fragestellungen unvollkommener und asymmetrischer Informationssystemen sowie der Anwendung wirtschaftstheoretischer Überlegungen auf nichtökonomische Gebiete zu).

P 3   Wirtschaftstheorie

Die Volkswirtschaftslehre läßt sich als das Bestreben kennzeichnen, die Gesetzmäßigkeiten wirtschaftlicher Abläufe und Zusammenhänge zu erarbeiten. Dabei wird die Realität sorgfältig und systematisch beobachtet und gemessen, woraus eine Theorie entwickelt wird. Nur das wird in der Theorie berücksichtigt, was **wesentlich** ist, nur das beschrieben, was **wahrscheinlich** ist. Die notwendige Abstraktion der Wirklichkeit im Theoriegefüge muß im logischen Sinn richtig sein und sich auf die modellhafte Darstellung der Realität beschränken. Aussagen zu der Frage „Was ist?" werden als **positive Aussagen**, Aussagen auf die Fragestellung „Was sollte sein?" als **normative Aussagen** bezeichnet. Die Volkswirtschaftstheorie bemüht sich in besonderem Maße um positive Aussagen. Nach K. Häuser kann von „Gesetzen" in der Volkswirtschaftslehre nicht mit dem Anspruch objektiver Geltung, sondern nur im Sinne von Tendenzen, Wahrscheinlichkeiten oder zwingender Logik gesprochen werden. Da die Erwartungs- und Entscheidungsverhalten der Wirtschaftssubjekte nicht direkt meßbar oder beobachtbar sind, werden in der Volkswirtschaftstheorie **Hypothesen** über die **Verhaltensweisen** eingesetzt, die heute zunehmend als mathematische Gleichungen oder Ungleichungen formuliert sind. Ein aus Definitionen und Hypothesen zusammengesetztes Modell besteht aus **Verhaltensgleichungen** (z.B. der Konsum- oder der Investitionsfunktion), aus **technischen Relationen** (z.B. Produktionsfunktionen) und aus **Definitionsgleichungen** (z.B. Einkommensfunktionen). Folgende Begriffe sind im Rahmen der Theoriebildung zu unterscheiden:

■ **Prämissen und Hypothesen**

Prämissen sind Annahmen über Fakten und Verhaltensweisen, aus denen unter Zuhilfenahme geeigneter Begriffe ein Beziehungsgeflecht (Hypothesen) formuliert wird, mittels dessen vermutete Abhängigkeiten und Reaktionsweisen als Theorien aufgestellt werden.

■ **Theorie**

Ein sprachliches Gebilde (bzw. ein gedankliches Experiment), das zur zuverlässigen Vereinfachung der Wirklichkeit eingesetzt wird, um zum Verständnis und zur Vorhersage wirtschaftlicher Handlungsweisen von Menschen zu gelangen. Theorien werden durch die Bildung ökonomischer Modelle strukturiert und überprüft. Die aufgestellte Theorie gilt so lange als (vorläufig) richtig, wie sie durch ständige Überprüfung mit der Realität nicht widerlegt wurde.

■ **Modell**

ist die Anwendung von Theorien auf bestimmte Tatbestände. Der Zweck von Modellen ist, verstehen zu lernen, warum Menschen im Angesicht von Knappheit Wahlentscheidungen treffen. Modelle enthalten Annahmen („Was ist wichtig?", „Was kann weggelassen werden?") und gelangen anschließend durch logische Deduktion zu Schlußfolgerungen. Die Konfrontation von Erklärungsmodellen mit der Wirklichkeit ergibt die Überprüfung der zugrunde gelegten Theorie. Beschreibungsmodelle beschreiben die Realität. In Entscheidungsmodelle fließen die formulierten Zielvorstellungen der Modellersteller ein. Das gedankliche ökonomische Experiment zur Entwicklung von Theorien und Modellen bedient sich häufig der „Ceteris-paribus-Methode".

■ **Ceteris-paribus-Klausel**

Die nimmt bis auf eine variable Größe alle anderen Einflußfaktoren als konstant an, analysiert so einen Zusammenhang und entwickelt schließlich mittels dieser Vorgehensweise die Theorie.

■ **Ökonomische Theorie**

Ökonomische Theorien stellen den Brückenschlag zwischen dem „ökonomischen Modell" und der „realen Wirtschaftswelt" her. Das wirtschaftliche Handeln von Menschen in realen Wirtschaftssystemen kann grundsätzlich dann vorhergesehen werden, wenn auf Modelle zurückgegriffen wird, in denen rational entscheidende Menschen eine Gleichgewichtssituation anstreben.

P 4   Gegenstand

Beschäftigungsgegenstand der Volkswirtschaftslehre sind Wahlhandlungen (Entscheidungen), die mit wirtschaftlichen Problemstellungen zu tun haben. Der zugrunde liegende Lösungsansatz wird als **ökonomisches Prinzip** (Wirtschaftlichkeitsprinzip, Rationalprinzip) bezeichnet, und kann als **Maximalprinzip** oder **Minimalprinzip** definiert werden.

> **Maximalprinzip:** Ein gegebener Güter- oder Mittelvorrat wird so eingesetzt, daß sich ein Maximum an Bedürfnisbefriedigung (Erfolg) ergibt.

> **Minimalprinzip**: Ein bestimmtes Bedürfnis (Erfolg) soll mit einem möglichst geringen Güter- oder Mitteleinsatz erfüllt werden.

Darüber hinaus ist die Volkswirtschaftslehre mit der Tatsache konfrontiert, daß Menschen **Präferenzen** (Vorlieben und Abneigungen) entwickeln und aufgrund dieser Präferenzen ihre Entscheidungen treffen, je nachdem, ob eine Handlungsweise individuell für sie besser, schlechter oder gleichwertig zu einer anderen ist. Entscheidungen der Wirtschaftssubjekte werden auf der Grundlage der zu diesem Zeitpunkt zur Verfügung stehenden Informationen getroffen.

P 5   Fragestellungen

Die umfassenden Fragestellungen der Volkswirtschaftslehre kann man nach W. Eucken in fünf Einzelfragen auflösen. Aus diesen Fragen ergeben sich die wesentlichen Teilgebiete der Wirtschaftstheorie:

- Was soll produziert werden?
- Wofür (für wen) soll produziert werden?
- Wann soll produziert werden?
- Wie soll produziert werden?
- Wo soll produziert werden?

Die Antworten und Probleme, die diesen Fragestellungen zugrunde liegen, treten in jedem idealtypischen Wirtschaftssystem auf, in zentralverwalteten Wirtschaften ebenso wie in einzelwirtschaftlichen (marktwirtschaftlichen) Systemen. In einer Marktwirtschaft regelt der **Marktmechanismus** (Markt- und Preistheorie) über die sich in ihm bildenden Preise den Umfang von Produktion, Verteilung und die Standortfrage.

Konsumenten (Nachfrager) und Produzenten (Anbieter) als die marktwirtschaftlichen Planträger treffen in diesem Rahmen freie Entscheidungen
zur Realisierung ihrer individuellen Wirtschaftspläne. In Zentralverwal-
tungswirtschaften (Planwirtschaften) hingegen werden grundsätzlich alle
Entscheidungen durch eine (staatliche) **Planbehörde** vorgenommen. Die
heute real existierenden (realen) Wirtschaftssysteme lassen sich als **mi-
xed economies** kennzeichnen, in denen in unterschiedlicher Ausprägung
Merkmale der beiden genannten idealtypischen Systeme zu finden sind.

P 5.1 Gebiete

Aus der von Eucken vorgegebenen Fragestellung lassen sich folgenden
Theoriegebiete der Volkswirtschaftstheorie ableiten und in die Unterscheidung nach Mikro- und Makroökonomie übernehmen (Tabelle P-1).

Tabelle P-1: Bereiche der Volkswirtschaftslehre

Fragestellung	Theoriegebiet
1. Warum, in welcher Menge, wird nachgefragt?	Nachfragetheorie
2. Nach welchen Kriterien wird produziert?	Angebotstheorie
3. In welchen Mengen, zu welchem Preis wird angeboten?	Markt- und Preistheorie
4. Was bestimmt die Verteilung des Ergebnisses?	Distributionstheorie
5. Unter welchen Umständen erfolgt Wettbewerb?	Wettbewerbstheorie
6. Wie entsteht und mißt man sich Wohlfahrt?	Wohlfahrtstheorie
7. Wo liegt der optimale Standort eines Betriebes?	Standorttheorie
8. Wovon hängt der Ausgang einer Entscheidungssituation ab?	Entscheidungs- und Spieltheorie
9. Welche Rolle und Aufgaben übernimmt Geld?	Geld- und Währungstheorie
10. Welche Rolle spielt die Staatstätigkeit?	Finanztheorie
11. Welches sind Bedingungen für Preissteigerungen?	Inflationstheorie
12. Wovon hängt die Beschäftigung ab?	Einkommens- und Beschäftigungstheorie
13. Wie ist das Sozialprodukt verteilt?	Verteilungstheorie
14. Wie läßt sich die Gesamtwirtschaft beeinflussen?	Konjunkturtheorie
15. Wie wird der Arbeitsmarkt beeinflußt?	Arbeitsmarkttheorie
16. Gründe und Bedingungen für Wachstum?	Wachstumstheorie
17. Wie stellen sich außenwirtschaftliche Verflechtungen dar?	Außenwirtschaftstheorie

P 5.2 Mikro- und Makroökonomie

Aus dem angelsächsischen Bereich stammt die zwischenzeitlich auch im
deutschsprachigen Raum weit verbreitete Unterteilung der Volkswirtschaftslehre in Mikroökonomie und Makroökonomie.

Mikroökonomie: Dieses Teilgebiet der Volkswirtschaftstheorie setzt sich
mit dem Verhalten **einzelner** Wirtschaftssubjekte und deren einzelwirtschaftlichen Handlungsweisen auseinander.

> **Makroökonomie**: Dieses Teilgebiet der Volkswirtschaftstheorie beschäftigt sich mit **zusammengefaßten** (aggregierten) Wirtschaftssektoren vor dem Hintergrund **gesamtwirtschaftlichen** Verhaltens.

Die volkswirtschaftlichen Fragestellungen, die sich mit dem technologischen Wandel, den Kosten und der Produktion (das Unternehmen gilt stets als die produzierende Einheit), dem Verbrauch (der Haushalt wird stets als die Einheit des Konsums betrachtet, die ihre Arbeitskraft anbietet), den Preisen und der Verteilung, den Löhnen und dem Einkommen beschäftigten, sind **mikroökonomische Problemfelder**.

Die mit Arbeitslosigkeit, Geldversorgung, Staatsaktivität, Inflation, Wirtschaftskreislauf und Wirtschaftswachstum sowie der Messung und dem Gefälle von Wohlstand zwischen Volkswirtschaften einhergehenden Fragestellungen hingegen sind **makroökonomische Themengebiete**.

Als Grundlage der Makroökonomie kann der Wirtschaftskreislauf (Kreislauftheorie) gelten, da durch diesen die einzelnen Wirtschaftssektoren mit den zwischen ihnen fließenden realen Strömen (Produktionsfaktor- bzw. Leistungsströme) und nominalen Strömen (Geld- bzw. Zahlungsströme) aufgezeigt werden. Durch wirtschaftliches Handeln ausgelöste umweltrelevante Fragestellungen fließen zunehmend in die mikro- und makroökonomische Diskussion und Theoriebildung ein.

P 5.3   Wirtschaftsgeschichte, -theorie, -politik

An den Grundfragen der Wirtschaft bzw. an die Dimension „Zeit" angelehnt, orientiert sich eine andere, heute nur noch wenig beachtete Unterteilung der Volkswirtschaftslehre als einer Einheit von:

■   **Wirtschaftsgeschichte**

Was war? – Vergangenheit – Informationen über historische (wirtschaftliche) Abläufe sind für das Verständnis und Entscheiden gegenwärtigen Geschehens hilfreich.

■   **Wirtschaftstheorie**

Was ist und weshalb ist es so? – Gegenwart – Es werden raum- und zeitungebundene Aussagen aufgrund empirischer Beobachtung formuliert (nomologische Hypothesen).

■   **Wirtschaftspolitik**

Was kann sein und wie lassen sich bestimmte Ziele erreichen? – Zukunft – Ziele und Mittel der Wirtschaftspolitik werden beschrieben und nach den Gestaltungsmöglichkeiten konkreten wirtschaftlichen Handelns auf der Grundlage der theoretisch formulierten Gesetzmäßigkeiten gefragt.

P 6 Wirtschaftspolitik

Die Volkswirtschaftslehre hat sich der Erarbeitung von Grundlagen für die Wirtschaftspolitik nur in ungenügender Weise gewidmet. Die Wirtschaftspolitik im Rahmen der Sozialen Marktwirtschaft der Bundesrepublik läßt sich nach wie folgt definieren:

> Die **Wirtschaftspolitik** untersucht die Aktivitäten des Staates, die darauf gerichtet sind, die Wirtschaftsordnung nach bestimmten politisch bestimmten Zielen zu gestalten und zu sichern sowie auf den Ablauf und die Ergebnisse des arbeitsteiligen Wirtschaftsprozesses Einfluß zu nehmen.

In eine theoretische Gesamtkonzeption von Wirtschaftspolitik müssen vier Überlegungen einfließen:

■ **Lageanalyse**

Analyse des Standorts und des Zustands einer Volkswirtschaft

■ **Zielanalyse**

Aus gesamtgesellschaftlich anerkannten Grundwerten wird ein Zielsystem für die Wirtschaftspolitik definiert. Dabei können, wie das Beispiel des Stabilitätsgesetzes von 1967 zeigt, Zielkonflikte entstehen, wenn ein Ziel nur zu Lasten eines anderen erreichbar ist.

■ **Ordnungsanalyse**

Im System der Sozialen Marktwirtschaft der Bundesrepublik Deutschland ist die ständige Diskussion über das Verhältnis von Markt und Staat zu führen, um einerseits die gewünschte marktwirtschaftliche Funktion der Wirtschaftsordnung zu gewährleisten und andererseits der Frage marktwirtschaftlicher Eigenwertigkeit bzw. dem Selbstzweck des Wirtschaftssystems nachzugehen.

■ **Instrumentenanalyse**

Die formalen Voraussetzungen für einen wirksamen Instrumenteeinsatz sind ebenso wie die Ziel- oder Ordnungskonformität der Instrumente herauszustellen. Schließlich ist in diesem Rahmen zu klären, ob die Instrumente zur Bildung eines widerspruchsfreien wirtschaftlichen Gesamtmodells oder zur pragmatischen Methode der Politik der kleinen Schritte einsetzbar sind.

Folgende Tätigkeitsfelder haben sich im Rahmen der Wirtschaftspolitik herausgestellt:

■ Ordnungspolitik

■ Allokationspolitik

■ Stabilisierungspolitik

- Verteilungspolitik

- Wirtschaftspolitisches Steuerungswissen (Lenkungswissen)

- Wirtschaftspolitisches Steuerungsverhalten

Im Gegensatz zur Wirtschaftstheorie, die spätestens seit dem Werturteilsstreit in ihrem Beschäftigungsfeld weitgehend auf persönliche Meinungen verzichtet, kommen weder die theoretische noch die praktische Wirtschaftspolitik ohne Werturteile aus. Unterschiedlich zur haushalts- und unternehmerischen Sphäre ist weiterhin die Zahl und der Einfluß der an einem wirtschaftspolitischen Entscheidungsprozeß direkt oder indirekt beteiligten Entscheidungsträger. In der Bundesrepublik Deutschland unterscheidet man folgende öffentliche Entscheidungsträger:

- **Bund**

- **Bundesländer**

- **Kommunen** (Landkreise, Gemeinden, Städte)

Jede dieser drei Ebenen ist wiederum aufgeteilt in:

- **Parlament** (Bundestag, Landtag, Kommunalparlamente (mit Einschränkung, da diese im Regelfall Teil der Verwaltung sind)

- **Regierung** (Bundes-, Landesregierungen, Landräte, Bürgermeister)

- **Verwaltung** (Bundes-, Länder-, Kommunalverwaltungen)

Hinzu kommen weitere Institutionen, die entweder aufgrund eines gesetzlichen Auftrags (z.B. Deutsche Bundesbank) oder aus organisierter Interessenlage (z.B. Verbände) heraus Einfluß auf wirtschaftspolitische Entscheidungen nehmen. Zu unterscheiden sind insbesondere:

- **Deutsche Bundesbank** (Zentralnotenbank)

- **Internationale Organisationen** (z. B. Europäische Union)

- **Verbände** (z. B. Gewerkschaften, Arbeitgeberverband, Lobbyisten)

- **Kirchen**

- **sonstige** (z. B. Bundesämter, Sachverständigenrat, Kommissionen)

Bartling, H.; Luzius, F.: Grundzüge der Volkswirtschaftslehre. München Vahlen Verlag 1995

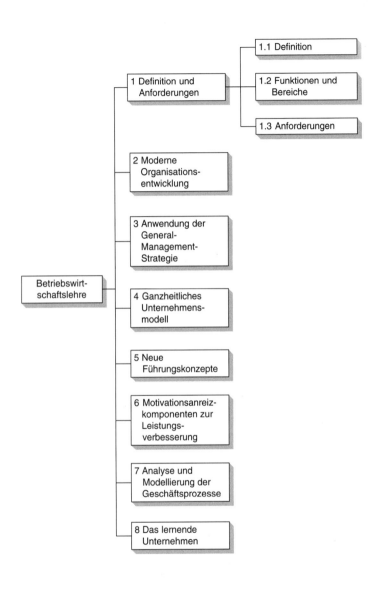

Q   Betriebswirtschaftslehre

Q 1   Definition und Anforderungen

Q 1.1   Definition

Die Betriebwirtschaftslehre (BWL) ermöglicht es, **Güter** so bereitzustellen, daß die menschlichen Bedürfnisse befriedigt werden. Dies geschieht nach dem **Maximum-Prinzip** (maximaler Ertrag bei gegebenen Gütern), dem **Minimum-Prinzip** (minimaler Aufwand, um einen Ertrag zu erzielen) oder dem **Optimal-Prinzip** (optimales Verhältnis zwischen Aufwand und Ertrag) (Bild Q-1).

Bei allen Prinzipien geht es darum, die Produktionsfaktoren (**6 M**): **Menschen, Maschinen** und **Material** im entsprechenden Umfeld (**Milieu**) mit den entsprechenden **Methoden** zu kombinieren und **Mittel** bereitzustellen, damit die Ziele erreicht werden (Bild Q-2).

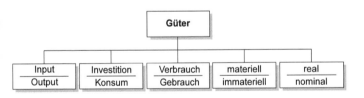

Bild Q-1: Definition der Betriebswirtschaft

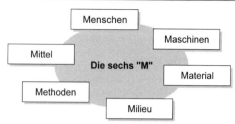

Bild Q-2: Kombination der Produktionsfaktoren zur Erreichung der Ziele

Q 1.2 Funktionen und Bereiche

Die BWL umfaßt verschiedene **Funktionen** (Aufgabenfelder) innerhalb eines Unternehmen und ist auf unterschiedliche **Bereiche** (Branchen) anwendbar (Bild Q-3).

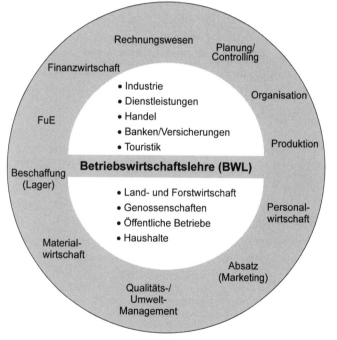

Bild Q-3: Funktionen und Bereiche der BWL

Q 1.3 Anforderungen

Steigende Kundenforderungen, die Globalisierung der Märkte, die fortschreitende Konzentration innerhalb der einzelnen Branchen, die immer kürzer werdenden Produktlebenszyklen, verbunden mit individuellen Produktausführungen, zwingen die Unternehmen zu einem ständigen Anpassen an die gesamtwirtschaftlichen Rahmenbedingungen.

Entscheidend für den Erfolg eines Unternehmens sind relative **Wettbewerbsvorteile**. Sie können beschaffungsseitig durch einen kostengünstigeren Einkauf, marktseitig durch einen höheren Verkaufspreis oder produktseitig durch ein Alleinstellungsmerkmal gegenüber der Konkurrenz erreicht werden. Entscheidend sind aber vor allem **optimierte interne Wertschöpfungsprozesse**. Sie werden unter Nutzung des internen Mitarbeiter-Know-hows, aber auch unter Einbindung des Zulieferer- und Kunden-Know-hows, erreicht (Bild Q-4).

Bild Q-4: Möglichkeiten für relative Wettbewerbsvorteile

Q 2 Moderne Organisationsentwicklung

Klassischerweise werden die Unternehmen nach ihren Aufgabenbereichen (Funktionen) gegliedert. Dies ist die **Aufbauorganisation**, die in einem **Organigramm** dokumentiert wird (Bild Q-5).

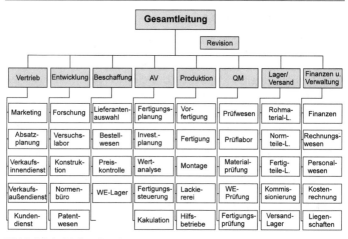

Bild Q-5: Beispiel eines Organigramms

Die **Funktionsorientierung** zerlegt die Aufgaben in Einzelaufgaben und delegiert sie an unterschiedliche Funktionsträger. Dabei treten Informationsverluste zwischen den Spezialisten in den Fachabteilungen (wie Konstruktion, AV oder Fertigung) auf. Die Folgen der Arbeitsteilung mit ihren funktionalen Barrieren ergeben lange Durchlaufzeiten bei der Auftragsbearbeitung. Das vorhandene Qualifikations-Know-how der Mitarbeiter wird nicht genügend genutzt. Es entstehen in der Regel hohe Gemeinkosten, und die tief verästelten hierarchischen Strukturen lassen eindeutige externe oder interne Kunden-Lieferanten-Beziehungen nicht mehr zu. Die Folge ist eine mangelnde Transparenz bei der Aufgabenerfüllung. Die Mitarbeiter können nicht mehr ausreichend kundenorientiert und schnell arbeiten. Die für den Wettbewerbserfolg erforderlichen Informationen bezüglich Kosten, Zeit, Flexibilität, Qualität und Service sind nicht mehr optimal zu steuern.

Die **Ablauforganisation** sorgt dafür, daß die Abläufe im Unternehmen optimal gesteuert werden, d. h., man erreicht

- geringe Kosten
- kurze Durchlaufzeiten
- höchstmögliche Qualität, Service und Flexibilität

> Die **Ablauforganisation** ist für den Erfolg des Unternehmens **wesentlicher** als die Aufbauorganisation (Bild Q-6).

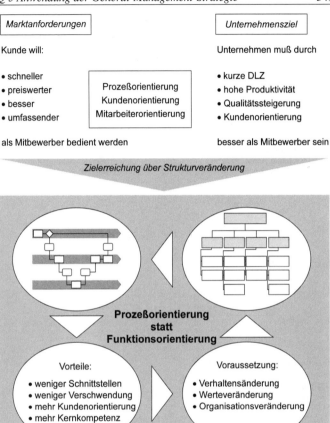

Marktanforderungen		Unternehmensziel
Kunde will:		Unternehmen muß durch
• schneller	Prozeßorientierung	• kurze DLZ
• preiswerter	Kundenorientierung	• hohe Produktivität
• besser	Mitarbeiterorientierung	• Qualitätssteigerung
• umfassender		• Kundenorientierung
als Mitbewerber bedient werden		besser als Mitbewerber sein

Zielerreichung über Strukturveränderung

**Prozeßorientierung
statt
Funktionsorientierung**

Vorteile:
• weniger Schnittstellen
• weniger Verschwendung
• mehr Kundenorientierung
• mehr Kernkompetenz

Voraussetzung:
• Verhaltensänderung
• Werteveränderung
• Organisationsveränderung

Bild Q-6: Unterschiede zwischen Funktions- und Prozeßorientierung

Q 3 Anwendung der General-Management-Strategie

Oberstes Ziel einer Unternehmung ist die Sicherung relativer Wettbewerbsvorteile in einem sich schnell veränderten Umfeld. Die einzelnen Herausforderungen zeigt Bild Q-7.

Die **unternehmensinternen Kernprozesse** müssen sich hinsichtlich Flexibilität und Produktivität den externen Veränderungen anpassen, damit der Unternehmenserfolg abgesichert wird. Dafür ist ein ganzheitlicher Ansatz als eine **General-Management-Strategie** nötig. Sie besitzt folgende drei Strategiefelder:

- Kundenorientierung

- Mitarbeiterorientierung

- Prozeßorientierung

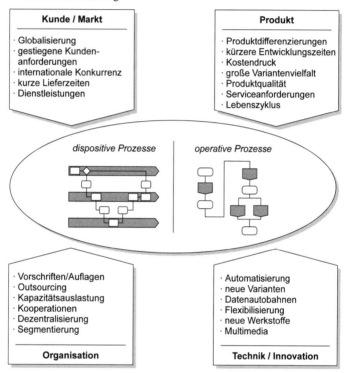

Kunde / Markt

· Globalisierung
· gestiegene Kunden-
  anforderungen
· internationale Konkurrenz
· kurze Lieferzeiten
· Dienstleistungen

Produkt

· Produktdifferenzierungen
· kürzere Entwicklungszeiten
· Kostendruck
· große Variantenvielfalt
· Produktqualität
· Serviceanforderungen
· Lebenszyklus

dispositive Prozesse | *operative Prozesse*

· Vorschriften/Auflagen
· Outsourcing
· Kapazitätsauslastung
· Kooperationen
· Dezentralisierung
· Segmentierung

Organisation

· Automatisierung
· neue Varianten
· Datenautobahnen
· Flexibilisierung
· neue Werkstoffe
· Multimedia

Technik / Innovation

Bild Q-7: Herausforderungen der Unternehmen im strukturellen Wandel

In erster Linie kommt es bei der Stärkung der Erfolgspotentiale durch das Prozeßmanagement darauf an, die **Kernkompetenz** zu verbessern. Merkmale dieser Kernkompetenz sind das vorhandene Lernpotential, der langfristige Aufbau des unternehmensspezifischen Wissens sowie die beschränkte Mobilität bzw. Übertragbarkeit dieses Wissens in andere Bereiche. Da sich die Kernkompetenz auf unverwechselbare Organisationsstrukturen und eine besondere Kultur des Unternehmens bezieht, ist sie in der Regel auch schwer kopierbar. Die Kernkompetenz stärkt die kritischen Erfolgsfaktoren, die für den Wettbewerbserfolg wesentlich sind.

Die **Mitarbeiter** sind diejenigen im Unternehmen, die für die Einhaltung der Kosten, der Termine, der Flexibilität, der Qualität und des Service verantwortlich sind. Die Mitarbeiter stehen deshalb im Mittelpunkt des **Prozeßmanagements**.

Ausgangssituation ist die umfassende **Erfüllung des Kundenwunsches** (Kundenorientierung), die in erster Linie durch die Mitarbeiter im Unternehmen erreicht werden kann (**Mitarbeiterorientierung**). Eine wichtige Rolle spielt dabei die **Unternehmenskultur**. Ein Unternehmensleitbild ist dabei ganz wichtig. Es vermittelt Zugehörigkeit, die Verpflichtung und die Identifikation der Mitarbeiter zum Unternehmen. Dadurch wird die Selbstdarstellung des Unternehmens nach außen bezüglich Corporate Design, Produktdesign und Unternehmensverhalten verbessert.

Q 4   Ganzheitliches Unternehmensmodell

Das Unternehmen muß, wie Bild Q-8 zeigt, als ganzheitlicher Organismus aufgefaßt werden.

Bei diesem Modell steht nicht mehr die funktionsorientierte Gliederung des Betriebes im Vordergrund, sondern die **prozeßorientierte Organisation**, d.h. die Einrichtung von **Sparten** und **Profitcentern** mit wenigen Hierarchieebenen. Diese Sparten- und Profitcenter (Business Units) sind ergebnisverantwortlich für die von ihnen vertretenen Produkte bzw. Produktgruppen und können sich flexibel den sich verändernden Marktanforderungen anpassen.

Die oberste Hierarchiestufe bildet der **Geschäftsbereich** bzw. die Direktion. Hier liegt die übergeordnete Ergebnisverantwortung für das Unternehmen. Zielsetzungen sind beispielsweise, die Ertragskraft des Unternehmens zu steigern, die flachen Hierarchien von der Unternehmensspitze her einzuführen und die Umweltverträglichkeit zu fördern.

Im **Leistungscenter** auf der zweiten Stufe trägt der Centerleiter für sein Produkt die Ergebnisverantwortung. Unternehmerisches Denken und Handeln ist gefordert, um kundenorientiert zu agieren und damit den Gesamtgeschäftsbereich bei seiner Zielerfüllung zu unterstützen.

Die **Produktions**- und **Servicecenter** sind in Stufe 3 für das Erreichen der Qualitäts-, Kosten- und Terminziele verantwortlich. Es schließt sich in Stufe 4 die **Gruppenorganisation** an. Die Gruppen sind ebenfalls für Termine, Qualität und Kosten innerhalb ihres Arbeitsbereiches verantwortlich. Ihre Eigenverantwortung ist zu stärken, und über eine Vertrauensorganisation ist die Anbindung an das Unternehmen zu fördern. Mitarbeiterziele und Unternehmensziele kommen dabei zur Deckung.

Über die flache Hierarchiestruktur mit den vier Ebenen Direktion, Centerleitung, Sub-Centerleitung bis zum Team werden die aus der Unter-

nehmenspolitik abgeleiteten Zielvorgaben, angefangen von strategischen
Zielsetzungen auf der Konzernebene bis zum Arbeitsplatz auf der Prozeß-
ebene, heruntergebrochen. Über eine Verdichtung der Rückmeldungen
nach dem gleichen Schema bilden sich **durchgängige Informations-
Regelkreise**. Der Grund der Zielerreichung auf der jeweiligen Stufe wird
feststellbar.

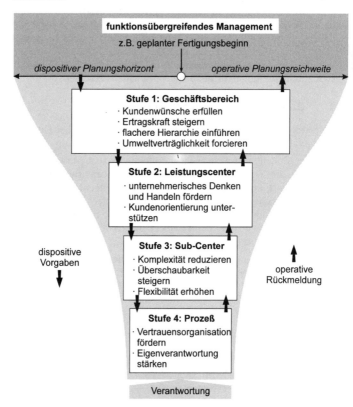

Bild Q-8: Ganzheitliches Unternehmensmodell

Q 5   Neue Führungskonzepte

Das ganzheitliche Unternehmen bedarf neuer **Führungskonzepte** und
Führungsstile. Die Kennzeichen des neuen Führungsstils sind beispiels-
weise Kritikbereitschaft, Delegation, Offenheit, Integration, Kooperation,
Vertrauensvorschuß, Kommunikationsfähigkeit und noch weitere Kom-

ponenten der Sozialkompetenz. Erst wenn die Mitarbeiter ihr vorhandenes Kreativ- und Fähigkeitspotential selbstbestimmt ausschöpfen können, werden die Synergien für den Unternehmenserfolg freigesetzt.

In Tabelle Q-1 sind die entsprechenden Managementtechniken vergleichend zusammengestellt.

Tabelle Q-1: Management-by-Techniken

Management by	Methode	Das soll erreicht werden	Nur so funktioniert es	Tauglichkeit
Objektives (Zielsetzung)	klare Ziele vorgeben, jeder kennt sein Ziel und kann seine Leistung beurteilen	Firmeninteressen sollen zu Mitarbeiterinteressen werden	Firmenspitze muß sagen, was sie will (und es auch wissen)	bestdurchdachte Managementmethoden
Delegation (Vollmachten, Status)	möglichst viele Mitarbeiter dürfen selbst Entscheidungen treffen	Untergebene sollen eigenes Verantwortungsbewußtsein entwickeln	Jeder muß wissen, was er darf und was er nicht darf	durch Zielvorgabe ergänzen
Motivation (Anreize)	Förderung der Arbeitszufriedenheit durch Geld, Anerkennung, Einfluß	Mitarbeiter sollen aus eigenem Antrieb mehr leisten	Firmenleitung muß auf Bedürfnisse der Mitarbeiter Rücksicht nehmen	Vorbildfunktion ist nötig
Participation (Mitsprache)	Mitarbeiter wird informiert und um Rat gefragt	Spezialkontakt der Mitarbeiter nutzen	Vorgesetzte müssen mit Mitarbeitern kollegial zusammenarbeiten	kann zu Konflikten führen, wenn Rat übergangen wird
Innovation	alles besser machen wollen	Firma konkurrenzfähig halten	Führungskräfte müssen bereit sein umzudenken	zeitraubend (Konfererenzen, Diskussionen)
Communication (Kontakte)	fast jeder wird über jeden informiert	bessere Arbeit durch bessere Information	Jeder muß die Information weitergeben	Jeder denkt auch an die Probleme der anderen
Results (vereinfachte Zielsetzung)	Führung anhand erzielter Ergebnisse	Mitarbeiter sollen sich selbst steuern	Mitarbeiter müssen selbständig entscheiden dürfen	
Exception (nach dem Annahme-Prinzip)	Normalfälle nach Vorschrift, nur in Ausnahmefällen den Vorgesetzten fragen	der Vorgesetzte soll von Routinearbeit befreit werden	Jeder muß Ausnahmefälle erkennen können	Gefahr: alles Interessante macht der Vorgesetzte selber

Wichtig ist das Führungsprinzip **Management by Objectives** (Führung durch Zielvorgaben). Die Betriebsleitung und die Mitarbeiter auf den nachgeordneten Führungsebenen bestimmen die Ziele, welche die jeweilige Führungskraft in seinem Aufgabenbereich realisieren soll. Die Aufgabenbereiche jedes einzelnen Mitarbeiters mit seiner Verantwortung werden nach dem Ergebnis festgelegt, das von ihm erwartet wird. Der Mitarbeiter kann im Rahmen des mit dem Vorgesetzten gemeinsam abgegrenzten Aufgabenbereiches selbst entscheiden, auf welchem Weg er die Ziele erreichen will. Nicht der Weg dorthin, sondern das Ergebnis wird kontrolliert. Der Grad der Zielerfüllung dient als Grundlage der Beurteilung der Mitarbeiter.

Eine ähnliche Aussage gilt auch in Bezug auf das **Führungsprinzip Management by Results** (Führung durch Ergebnisorientierung). Bei diesem Prinzip wird angenommen, daß eine effiziente Führung nur durch eine ständige Ergebniskontrolle bei den Mitarbeitern möglich ist. Andererseits wird davon ausgegangen, daß die Höhe der Anforderungen an die Mitarbeiter auch die Qualität ihrer Leistung steigert.

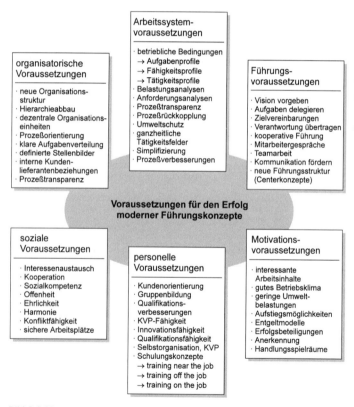

Bild Q-9: Voraussetzungen für den Erfolg moderner Führungskonzepte

Das Prinzip **Management by delegation** (Führung durch Aufgabendelegation) besagt, daß klar abgegrenzte Aufgabenbereiche mit entsprechender Verantwortung und Kompetenz auf nachgeordnete Mitarbeiter übertragen werden, damit einerseits die übergeordneten Führungsstellen von Routinearbeiten entlastet sind, andererseits schnellere Entscheidungen getroffen werden können.

Das **Personalmanagement** muß diesen Lösungsweg für die praktische Umsetzung der prozeßorientierten Organisations- und Führungsstrukturen durch Bereitstellung geeigneter Mitarbeiter unterstützen (s. Abschn. V).

Dadurch erhält das Personalmanagement einen herausragenden Stellenwert innerhalb der Unternehmensstrategie, da nur motivierte und qualifizierte Mitarbeiter sich den Veränderungen auf den Märkten erfolgreich anpassen können. Die **dauernde Anpassung und Optimierung** der internen Geschäftsprozesse an diesen Wandel ist der Schlüssel für das Überleben am Markt.

Damit diese **Führungskonzepte** erfolgreich umgesetzt werden können, müssen folgende Voraussetzungen erfüllt sein:

- organisatorische
- methodische
- personelle
- soziale
- führungsseitige
- motivatorische (Bild Q-9)

Q 6 Motivationsanreizkomponenten zur Leistungsverbesserung

Eine wichtige Komponente des integrierten Führungssystems ist es, **Motivationsanreize** für die Beteiligten zu schaffen, damit sie den Erfolg der Gruppenarbeitseinführung absichern (Bild Q-10).

Materielle Anreize leiten sich aus der Leistungsentgeltbemessung ab. Die Mitarbeiter müssen das Gefühl bekommen, daß sie bei Erfüllung der vereinbarten Vorgaben am Erfolg beteiligt sind. Als Erfolgsbeteiligungsmodelle haben sich insbesondere bei gruppenorientierten Arbeitsformen **Prämienentlohnungen** bewährt. Individuelle Mitarbeiterentwicklungsgespräche mit dem Vorgesetzten sollen den Mitarbeitern zeigen, daß an seiner persönlichen Karriereplanung mitgearbeitet wird. Die Mitarbeiterziele sind Leistungs- bzw. Beurteilungsmerkmale, die für die Erreichung der Unternehmensziele von Bedeutung sind und deshalb für die Leistungsentgeltbemessung herangezogen werden. Werden mehrere Merkmale nebeneinander vereinbart, umfaßt ein weiterer Inhalt von Zielvereinbarungen zumeist auch die Regelung der Gewichtung dieser einzelnen Leistungs- und Bewertungsmerkmale untereinander.

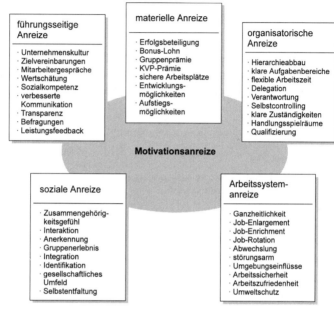

führungsseitige Anreize
· Unternehmenskultur
· Zielvereinbarungen
· Mitarbeitergespräche
· Wertschätzung
· Sozialkompetenz
· verbesserte Kommunikation
· Transparenz
· Befragungen
· Leistungsfeedback

materielle Anreize
· Erfolgsbeteiligung
· Bonus-Lohn
· Gruppenprämie
· KVP-Prämie
· sichere Arbeitsplätze
· Entwicklungsmöglichkeiten
· Aufstiegsmöglichkeiten

organisatorische Anreize
· Hierarchieabbau
· klare Aufgabenbereiche
· flexible Arbeitszeit
· Delegation
· Verantwortung
· Selbstcontrolling
· klare Zuständigkeiten
· Handlungsspielräume
· Qualifizierung

Motivationsanreize

soziale Anreize
· Zusammengehörigkeitsgefühl
· Interaktion
· Anerkennung
· Gruppenerlebnis
· Integration
· Identifikation
· gesellschaftliches Umfeld
· Selbstentfaltung

Arbeitssystemanreize
· Ganzheitlichkeit
· Job-Enlargement
· Job-Enrichment
· Job-Rotation
· Abwechslung
· störungsarm
· Umgebungseinflüsse
· Arbeitssicherheit
· Arbeitszufriedenheit
· Umweltschutz

Bild Q-10: Möglichkeiten für Motivationsanreize

Folgende vier Schritte sind dabei erforderlich:

1. Zielvorgaben entwickeln (**plan**),

2. Zielvorgaben anwenden (**do**),

3. Zielbewertungsgrad prüfen (**check**)

4. Zielvorgaben einhalten (**action**)

Organisatorische Anreize sind klare Aufgabenzuordnungen mit Übertragung von Handlungsspielräumen und Übertragung von Verantwortungen. Die Organisationsstruktur muß Selbstmanagement und Selbstorganisationsausübung zulassen. Flexible Arbeitszeiten und Qualifizierungsmaßnahmen zur Weiterentwicklung stellen ebenfalls organisatorische Anreize dar. Bei den **sozialen Anreizen** steht das Gruppenergebnis mit dem Zusammengehörigkeitsgefühl und der gegenseitigen Anerkennung im Vordergrund. Interaktionen und Selbstentfaltung in der Gruppe, verbunden mit dem Gefühl, einen sicheren Arbeitsplatz zu besitzen, verstärken die

Verbundenheit mit dem Unternehmen. Der Mitarbeiter fühlt sich in das gesellschaftliche Umfeld integriert.

In Bezug auf das Arbeitssystem führen ganzheitliche, abwechslungsreiche und störungsarme Abläufe zur Zufriedenheit des Mitarbeiters. **Menschengerechte Arbeitsgestaltung** unter Berücksichtigung ergonomischer Erkenntnisse, sowie die Beachtung der Arbeitssicherheitsregeln sind weitere Motivationsanreize, die sich aus dem Arbeitssystem ergeben.

Q 7   Analyse und Modellierung der Geschäftsprozesse

Die Aufgabe der BWL, die Produktionsfaktoren (6M) optimal einzusetzen, zwingt zu einer möglichst vollständigen Erfassung der betrieblichen Zusammenhänge. Grundlage dafür ist eine Analyse der Elemente des Betriebes und der zwischen diesen Elementen bestehenden Beziehungen, die Verknüpfungen des Betriebes mit seiner Umwelt sowie die Abbildung der ablaufenden Betriebsprozesse. Bild Q-11 zeigt die **strukturierte Geschäftsprozeßdarstellung**. Sie enthält alle Elemente einer durchgängigen Organisations-, Funktions-, Tätigkeits-, Vorgangs-, Dokumenten-, Daten- und Verantwortungsanalyse für definierte Geschäftsprozesse.

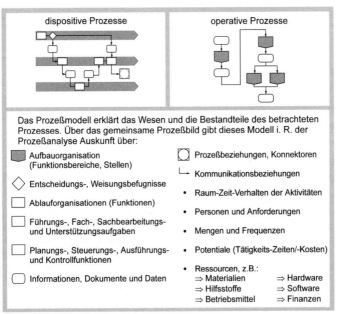

Bild Q-11: Darstellung der Geschäftsprozesse

Bei der Prozeßdarstellung werden zwei Darstellungsformen unterschieden. Einmal geht es um **dispositive**, d.h. planende und steuernde Geschäftsprozeßabbildungen, zum anderen geht es um **operative**, d.h. ausführende Betriebsprozeßdarstellungen. Die Funktionsbereiche bzw. die Prozeßbeteiligten werden beim Geschäftsprozeß in Form von Zeitgraphen abgebildet. Hierbei kann nach **Entscheidungs- und Ausführungsfunktion** unterschieden werden. Die Prozeßfunktionen bzw. Tätigkeiten der Prozeßbeteiligten werden in Kästchenform innerhalb der **Zeitgraphen** dargestellt. Über die Art der Darstellung werden die organisatorischen, funktionalen, personellen, informationellen und zeitlichen Abhängigkeiten im Prozeß deutlich. Durch die transparente graphische Darstellung können auch Außenstehende die Abläufe sehr leicht nachvollziehen. Die saubere Schnittstellendarstellung ermöglicht eine eindeutige Zuordnung der Prozeßparameter. Es sind **klare interne** oder **externe Kunden-** oder **Lieferantenbeziehungen** zu definieren. Dieses gemeinsame Prozeßbild ist gleichzeitig für sich eine objektive und neutrale Prozeßdarstellung. Auf dieses gemeinsame Prozeßbild können dann die einzelnen Managementsichten gelegt werden, wie beispielsweise die Logistik (Abschn. K) oder die QM-Systemeinführung (Abschn. M).

Q 8   Das lernende Unternehmen

Die Erfolgsfaktoren eines Unternehmen beruhen auf:

- Vertrauenskultur

- Glaubwürdigkeit

- Mitarbeiterorientierung (Mitarbeiterzufriedenheit)

- Prozeßorientierung (Durchgängigkeit)

- Kundenorientierung (Nutzenmaximierung)

- Veränderungsfähigkeit (Akzeptanz gegenüber Veränderungen)

- Änderungsbereitschaft des einzelnen

Die Entwicklung zur lernenden Organisation ist in Bild Q-12 in Anlehnung an das kybernetische Regelkreismodell, aber auch in Analogie zu stattfindenden KVP-Prozessen in vier Schritten dargestellt. In Schritt 1 entsteht die **Bewußtseinsbildung** auf der Grundlage der stattfindenden Veränderungsprozesse. Diese Bewußtseinsbildung muß zum Erkennen von Veränderungen und den daraus folgenden neuen Einsichten führen. Daraus abgeleitete Visionen bewirken durch das Begreifen dieser neuen Einsichten notwendige Verhaltensänderungen. Dies ist die Aufgabe des **Change-Management**. Über die Analyse der Prozesse mit der Ermittlung der neuen Anforderungen ergeben sich die Qualifizierungsprogramme und Anreizsysteme im Rahmen neuer **Führungsmodelle**, bei denen die Delegation der Verantwortungs- und Entscheidungsbefugnisse an die Mitarbeiter im Mittelpunkt steht. Die Umsetzung dieser Organisations- und Führungsveränderungen geht einher mit Konfliktbewältigung, Kommunikation der Ergebnismessung und der Korrektur bei Abweichungen von den Vorgaben. Hier ist sehr stark das Personalmanagement (Abschn. V) gefordert.

Hering, E., Draeger W.: Führung und Management. Düsseldorf: VDI-Verlag 1997
Wöhe, G.: Einführung in die Allgemeine Betriebswirtschaftslehre. München: Verlag Vahlen 1996

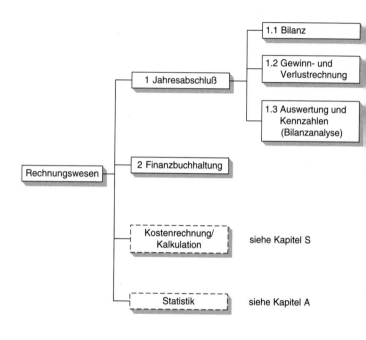

R   Rechnungswesen

> Das Rechnungswesen besteht aus vier Bereichen: **Jahresabschluß, Kostenrechnung und Kalkulation** sowie **Statistik** und **Finanzbuchhaltung.** Es erfaßt, verwaltet und kontrolliert die Vermögenswerte und die Geldströme in einem Unternehmen.

Das Rechnungswesen liefert auf der einen Seite Grundlagen und Zahlen für die Kalkulation, für die Entwicklung des Unternehmens und für das Controlling, und auf der anderen Seite erfüllt es die rechtlichen Anforderungen, wie ordnungsgemäße Buchführung und Erstellung des Jahresabschlusses. In diesem Kapitel werden die Bereiche **Jahresabschluß** und **Finanzbuchhaltung** beschrieben. Die **Kostenrechnung** ist im Kapitel S Kostenrechnung und Controlling erläutert, die **Statistik** im Kapitel A Mathematik, Statistik, Operations Research.

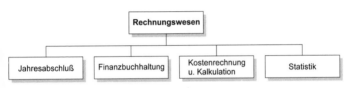

Bild R-1: Gliederung des Rechnungswesens

R 1   Jahresabschluß

Das Handelsgesetzbuch (HGB) unterscheidet Kaufleute und Kapitalgesellschaften. Beide müssen eine **Bilanz** und eine **Gewinn- und Verlustrechnung** (GuV) erstellen, die Kapitalgesellschaften zusätzlich noch einen **Lagebericht** und einen **Anhang**.

Jahresabschluß siehe § 242 Abs. 3 HGB
Kapitalgesellschaften siehe § 264 Abs. 1 HGB

R 1.1   Bilanz

> Die Bilanz ist eine Aufstellung des **Vermögens** (Aktiva) und des **Kapitals** (Passiva). Man erkennt, mit welchen Finanzmitteln (Eigen- und Fremdkapital) das Vermögen (Anlage- und Umlaufvermögen) erwirtschaftet wird.

Es gibt verschiedene Arten von Jahresabschlußbilanzen (Tabelle R-1).

362   R Rechnungswesen

Tabelle R-1: Wichtige Arten von Abschlußbilanzen.

Bilanzarten	Erläuterungen
Handelsbilanz	Grundlage und Informationsquelle für die Anteilseigner und für die Kapitalgeber, maßgeblich für alle anderen Bilanzen, Gliederung von der Unternehmensgröße abhängig
Steuerbilanz	Grundlage zur Berechnung der Gewerbe-, der Einkommens- und der Körperschaftssteuer
Sozialbilanz	Aufstellungen des Unternehmens über erbrachte Sozialleistungen und verursachte Sozialkosten
Öko-Bilanz	Aufzeigen von ökologischen Wirkungen durch eine Input-Output-Betrachtung: Rohstoffe und Ressourcen werden im Unternehmen eingesetzt und verlassen es wieder in Form von Produkten und Schadstoffen (z. B. Abfällen, Emissionen).

Bilanz der Firma Huber

Aktiva		zum 31.12.19..	Passiva	
A. Anlagevermögen	101		A. Eigenkapital	135
B. Umlaufvermögen	175		B. Rückstellungen	61
C. Rechnungsabgrenzungsposten	5		C. Verbindlichkeiten	80
			D. Rechnungsabgrenzungsposten	2
			Bilanzgewinn	3
Summe Aktiva	281		Summe Passiva	281

Bild R-2: Kurzbilanz

R 1.1.1 Bilanzierungsgrundsätze

■ **Bilanzidentität**
Die Abschlußbilanz des abgeschlossenen Jahres ist die Eröffnungsbilanz des Folgejahres. Die Anfangswerte des neuen Geschäftsjahres sind identisch mit den Endwerten des Vorjahres.

■ **Bilanzklarheit und -übersichtlichkeit**
systematische Gliederung der Bilanz und der Gewinn- und Verlustrechnung sowie die Erläuterung des Jahresabschlusses.

Gliederung der Bilanz siehe §266 HGB
Gliederung der GuV siehe §275 HGB
Anhang zur Bilanz und GuV siehe §§ 284-288 HGB

■ **Grundsätze ordnungsgemäßer Buchführung (GOB)**
Für die kaufmännische Buchführung müssen die erforderlichen Bücher geführt werden. Deren Inhalt muß förmlich und sachlich in Ord-

nung sein. Es müssen alle Geschäftsvorfälle erfaßt werden, und man muß die Entstehung und die Abwicklung verfolgen können, ebenso muß sich ein sachkundiger Dritter ohne Probleme darin zurecht finden können. Es besteht eine **Beleg-** oder **Unterlagenpflicht**. Geschäftsbriefe und Belege müssen 6 Jahre, alle anderen Unterlagen 10 Jahre aufbewahrt werden.

Buchführungspflicht siehe § 238 HGB, §§ 242-245 HGB
Führung der Handelsbücher siehe § 239 HGB
Aufbewahrungsfristen siehe § 257 HGB

■ **Bilanzwahrheit**
Die Bilanzwahrheit umfaßt die Bewertungen des Vermögens und der Verbindlichkeiten. Es darf weder zu hoch noch zu niedrig bewertet werden. Es ist verboten, Positionen wegzulassen bzw. hinzuzufügen. Saldierungen und Zusammenfassungen von nicht zusammengehörigen Bilanzposten und Konten sind nicht zulässig, ebenso die Falschbenennung der Positionen. Schwebende Geschäfte dürfen erst nach Abschluß gebucht werden. Bilanzverschleierungen oder Bilanzfälschungen sind nicht gestattet.

Bewertungsgrundsätze siehe §§252-256 HGB
Bewertungsvorschriften siehe §§ 279-283 HGB
einheitliche Bewertung sieh §308 HGB

■ **Bilanzierungsvorsicht**
Der Kaufmann bewertet seine Vermögensgegenstände eher geringer als zu hoch und seine Schulden eher zu hoch als zu niedrig. Er erscheint lieber ärmer als reicher. Diese Vorsicht dient auch zum Schutz der Gläubiger, die sich durch ein besseres Bilanzbild zu sicher fühlen.

Bewertung von Vermögensgegenständen siehe § 340e HGB
Bewertungsgrundsätze siehe §§252-256 HGB
Bewertungsvorschriften siehe §§ 279-283 HGB

■ **Grundsätze der wirtschaftlichen Betrachtungsweisen**
Unter der wirtschaftlichen Betrachtungsweise versteht man das wirtschaftliche Eigentum über Waren und Forderungen. Bilanzieren muß der wirtschaftliche Eigentümer, nicht der juristische Eigentümer. Dies trifft bei Krediten, Leasing, Eigentumsvorbehalt und verlängertem Eigentumsvorbehalt zu.

■ **Grundsatz exakter Periodenzurechnung**
Unter Periodenzurechnung versteht man die Zuordnung von Aufwendungen und Erträgen zu den jeweiligen Rechnungsperioden. Dies geschieht durch Rechnungsabgrenzungsposten, Rückstellungen, sonstige Forderungen oder Vermögensgegenstände und sonstige Verbindlichkeiten.

R 1.1.2 Aktiv - und Passivseite

Die Aktiv- und Passivseite ist in jeder Bilanz gleich. Die **Aktivseite** (Vermögen) ist nach **steigender Liquidität** geordnet, die **Passivseite** (Kapital) nach **kürzeren Fälligkeiten**. Eine Ausnahme bildet die Bilanz einer Bank, hier ist es genau umgekehrt. Die liquidesten Mittel stehen auf der Aktivseite oben und die am frühesten fälligen Verbindlichkeiten auf der Passivseite oben.

Aktivseite

A. Anlagevermögen:
  I. Immaterielle Vermögensgegenstände
     1. Konzessionen, gewerbliche Schutzrechte und ähnliche Rechte und Werte sowie Lizenzen an solchen Rechten und Werten
     2. Geschäfts- oder Firmenwert
     3. geleistete Anzahlungen
  II. Sachanlagen
     1. Grundstücke, grundstücksgleiche Rechte und Bauten einschließlich der Bauten auf fremden Grundstücken
     2. technische Anlagen und Maschinen
     3. andere Anlagen, Betriebs- und Geschäftsausstattung
     4. geleistete Anzahlungen und Anlagen im Bau
  III. Finanzanlagen
     1. Anteile an verbundenen Unternehmen
     2. Ausleihungen an verbundene Unternehmen
     3. Beteiligungen
     4. Ausleihungen an Unternehmen, mit denen ein Beteiligungsverhältnis besteht;
     5. Wertpapiere des Anlagevermögens
     6. sonstige Ausleihungen

B. Umlaufvermögen:
  I. Vorräte
     1. Roh-, Hilfs-, und Betriebsstoffe
     2. unfertige Erzeugnisse, unfertige Leistungen
     3. fertige Erzeugnisse und Waren
     4. geleistete Anzahlungen
  II. Forderungen und sonstige Vermögensgegenstände
     1. Forderungen aus Lieferungen und Leistungen
     2. Forderungen gegen verbundene Unternehmen
     3. Forderungen gegen Unternehmen, mit denen ein Beteiligungsverhältnis besteht
     4. sonstige Vermögensgegenstände
  III. Wertpapiere
     1. Anteile an verbundenen Unternehmen

    2. eigene Anteile

    3. sonstige Wertpapiere

  IV. Schecks, Kassenbestand, Bundesbank- und Postgiroguthaben, Guthaben bei Kreditinstituten.

C. **Rechnungsabgrenzungsposten**

Passivseite

A. **Eigenkapital**

  I. Gezeichnetes Kapital

  II. Kapitalrücklagen

  III. Gewinnrücklagen

    1. gesetzliche Rücklage

    2. Rücklage für eigene Anteile

    3. satzungsmäßige Rücklagen

    4. andere Gewinnrücklagen

  IV. Gewinnvortrag/Verlustvortrag

  V. Jahresüberschuß/Jahresfehlbetrag

B. **Rückstellungen**

    1. Rückstellungen für Pensionen und ähnliche Verpflichtungen

    2. Steuerrückstellungen

    3. sonstige Rückstellungen

C. **Verbindlichkeiten:**

    1. Anleihen

    2. Verbindlichkeiten gegenüber Kreditinstituten

    3. erhaltene Anzahlungen auf Bestellungen

    4. Verbindlichkeiten aus Lieferungen und Leistungen

    5. Verbindlichkeiten aus der Annahme gezogener Wechsel und der Ausstellung eigener Wechsel

    6. Verbindlichkeiten gegenüber verbundenen Unternehmen

    7. Verbindlichkeiten gegenüber Unternehmen, mit denen ein Beteiligungsverhältnis besteht

    8. sonstige Verbindlichkeiten

      - davon aus Steuern

      - davon im Rahmen der sozialen Sicherheit

      - davon mit einer Restlaufzeit von bis zu einem Jahr

D. **Rechnungsabgrenzungsposten**

Erklärung der Bilanzposten (aktiv)

■   **Anlagevermögen**

    Im Anlagevermögen sind nach § 247 Abs. 2 HGB alle Gegenstände aufgeführt, die auf Dauer dem Geschäftsbetrieb dienen. Dazu zählen Sachanlagen (z.B. Maschinen) und immaterielle Vermögensgegenstände (z.B. Patente und Lizenzen. Der Anlagespiegel im Anhang der Bilanz zeigt die Entwicklung des Anlagevermögens auf.

- **Umlaufvermögen**
  Im Umlaufvermögen befindet sich das nicht langfristig festgelegte Betriebsvermögen, das sich durch die Produktion und den Verkauf der Güter ständig umschlägt (z.b. Rohstoffe, Material, Halbzeuge und Betriebsstoffe).

- **Rechnungsabgrenzungsposten (aktiv)**
  Dazu gehören alle Ausgaben, die vor dem Abschlußstichtag der Bilanz liegen, die aber einen Aufwand nach dem Stichtag betreffen (z.B. Vorauszahlung von Mieten).

Erklärung der Bilanzposten (passiv)

- **Eigenkapital**
  Eigenkapital ist das Kapital der Eigentümer (z.b. Stammkapital bei der GmbH oder Grundkapital bei der AG).

- **Rückstellungen**
  Rückstellungen sind Verbindlichkeiten, deren Höhe und Zeitpunkt unbekannt sind. Man weiß nur, daß sie im Folgejahr fällig werden, aber dem alten Jahr zuzurechnen sind (z.b. Pensionen und Prozeßkosten).

- **Rechnungsabgrenzungsposten (passiv)**
  Dazu gehören alle Einnahmen, die vor dem Abschlußstichtag der Bilanz eingegangen sind, die aber einen Ertrag nach dem Stichtag betreffen (z.B. im voraus erhaltene Miete).

Wertveränderungen der Bilanz

Da jeder Geschäftsvorfall doppelt gebucht werden muß (doppelte Buchführung) aber nicht jede Buchung eine Wertveränderung der Bilanz mit sich zieht, spricht man auch von **Aktiv-** oder **Passivtausch, Aktiv-Passiv-Mehrungen** und **Aktiv-Passiv-Minderungen.**

- **Aktiv- oder Passivtausch**
  Diese Buchungen betreffen nur die jeweilige Bilanzseite. Es ändert sich nichts an der Bilanzsumme. *Beispiel:* Eine Firma kauft einen neuen Computer und bezahlt mit einem Scheck. Auf dem Bankkonto tritt eine Minderung ein, wenn der Scheck eingelöst wird. Auf dem Konto Sachanlagen, welches zum Anlagevermögen gehört, tritt nach der Eingangsbuchung eine Mehrung auf. Es wurden auf der Aktivseite Vermögensteile (Geld gegen Computer) getauscht, ein Aktivtausch fand statt. Dasselbe gilt auch für die Passivseite (Passivtausch). *Beispiel:* Tauschen von Gewinnrücklagen gegen Anteile des Unternehmen oder Umbuchen eines Kredits von kurzfristig auf langfristig.

■ **Aktiv-Passiv-Mehrung**
Diese Buchungen betreffen beide Seiten der Bilanz. *Beispiel:* Wird ein Kredit für eine größere Investition aufgenommen, vermehrt sich die Aktivseite bei den Sachanlagen und die Passivseite bei den Verbindlichkeiten. Beide Seiten sind mehr geworden, die Bilanzsumme hat sich vergrößert.

■ **Aktiv-Passiv-Minderung**
Hier verhält es sich genau anders herum. *Beispiel:* Die monatlichen Kreditraten werden vom Bankkonto an die Bank überwiesen. Der Bestand auf dem Bankkonto wird vermindert (Aktivseite). Im Gegenzug vermindert sich die Höhe des Kredites auf der Passivseite.

> Egal welche Buchung vorgenommen wird, die Bilanzseiten müssen immer gleich sein: **Aktiva = Passiva**.

R 1.1.3 Anhang und Lagebericht

Nach § 264 Abs. 1 HGB sind Lagebericht und Anhang Pflichtbestandteile des Jahresabschlusses.

■ **Anhang**
Im Anhang werden Erläuterungen zu den einzelnen Bilanzposten gegeben. Dazu gehören Angaben zur Bewertung und zur Währungsumrechnung.

Anhang, Erläuterungen, Pflichtangaben siehe §§284-288 HGB

■ **Lagebericht**
Der Lagebericht stellt den Geschäftsverlauf und die Lage des Unternehmens am Markt dar. Er berichtet von Vorgängen, die von besonderer Bedeutung sind oder waren und gibt einen Ausblick auf die zukünftige Entwicklung des Unternehmens in bezug auf Produkte, Märkte, Personal und Aufwendungen für Forschung und Entwicklung.

Lagebericht siehe § 289 HGB

R 1.2 Gewinn- und Verlustrechnung (GuV)

Die Aufgabe der GuV ist es, den Gewinn oder den Verlust gesondert von der Bilanz darzustellen. Die GuV ist eine Gegenüberstellung der **Erträge** und der **Aufwendungen** des entsprechenden Geschäftsjahres. Es gibt zwei verschiedene Verfahren: das Gesamtkosten- und das Umsatzkostenverfahren. Meist wird das **Gesamtkostenverfahren** verwendet (s. Tabelle R-2).

Gewinn- und Verlustrechnung siehe §§ 275-278 HGB

Tabelle R-2: Gliederung der GuV

1.		Umsatzerlöse
2.	+/–	Erhöhung oder Verminderung des Bestandes an fertigen und unfertigen Erzeugnissen
3.	+	andere aktivierte Eigenleistungen
4.	+	sonstige betriebliche Erträge
		Summe Gesamterlöse
5.	–	Materialaufwand - für Roh-, Hilfs- und Betriebsstoffe und für bezogene Waren - für bezogene Leistungen
		Summe Materialaufwand
		Rohertrag (Gesamterlöse – Materialaufwand)
6.	–	Personalaufwand - Löhne und Gehälter - soziale Abgaben und Aufwendungen für Altersversorgung und Unterstützung
		Summe Personalaufwand
7.	–	Abschreibungen - auf immaterielle Vermögensgegenstände Sachanlagen - auf Umlaufvermögen
		Summe Abschreibungen
8.	–	sonstige betriebliche Aufwendungen
		Summe betrieblicher Aufwendungen außer Materialaufwand
		Betriebsergebnis (Gesamterlöse - Gesamtaufwand)
9.	+	Erträge aus Beteiligungen
10.	+	Erträge aus anderen Wertpapieren
11.	+	sonstige Zinsen und ähnliche Erträge
12.	–	Abschreibungen auf Finanzanlagen und Wertpapiere
13.	–	Zinsen und ähnliche Aufwendungen
		Finanzergebnis (Erträge – Abschreibungen und Zinsaufwendungen)
14.		Ergebnis der gewöhnlichen Geschäftstätigkeit
15.	+	außerordentliche Erträge
16.	–	außerordentliche Aufwendungen
17.		außerordentliches Ergebnis
18.	–	Steuern vom Einkommen und vom Ertrag
19.	–	sonstige Steuern
		Summe Abgaben
20.		Jahresüberschuß/Jahresfehlbetrag

R 1.3   Auswertung und Kennzahlen (Bilanzanalyse)

R 1.3.1 Aufgabe der Kennzahlenanalyse

Die Aufgabe der Bilanzanalyse ist es, aus der Bilanz, der GuV, dem Anhang und dem Lagebericht **Kennzahlen** zu entwickeln. Aussagen zu folgenden Bereichen sind möglich:

■ **Vermögensaufbau** (Untersuchung der Aktivseite; vertikale Bilanzanalyse)

- **Kapitalstruktur** (Untersuchung der Passivseite; vertikale Bilanzanalyse)
- **Finanzlage** (horizontale Bilanzanalyse: Vergleich der Vermögens- und Kapitalseite),
- **Ertragskraft** (Kostenstrukturen und Rentabilitäten)
- **Wachstum** (Entwicklung von Umsätzen)

R 1.3.2 Kennzahlenanalyse

Im folgenden werden einige wichtige Kennzahlen vorgestellt.

- **Vermögensstruktur**

$$Anlagevermögen - Intensität = \frac{Anlagevermögen}{Gesamtvermögen} \cdot 100$$

Gibt den Anteil des Anlagevermögens am Gesamtvermögen an.

- **Kapitalstruktur**
  Hier wird der Anteil des Eigen- und Fremdkapitals untersucht.

$$Eigenkapitalquote = \frac{Eigenkapital}{Gesamtkapital} \cdot 100$$

- **Finanzlage**
  Hier werden hauptsächlich die Liquidität und der Cash-flow des Unternehmens untersucht. Die Liquidität des Unternehmens muß immer > 1 sein, damit die Zahlungsverpflichtungen erfüllt werden können.

$$Liquidität\ 1.\ Grades = \frac{Geldwerte}{kurzfristiges\ Fremdkapital} \cdot 100$$

Geldwerte sind flüssige Mittel wie Schecks, Kassenbestand, Guthaben bei Kreditinstituten und Wertpapiere des Umlaufvermögens.

Der **Cash-flow** sind die flüssigen Mittel, die ein Unternehmen während einer Periode erwirtschaftet hat und die zur Eigenfinanzierung bereitstehen.

Cash-flow = Jahresüberschuß bzw. Jahresfehlbetrag
+ Abschreibungen
± Veränderungen langfristiger Rückstellungen
    (Pensionenrück)
± Einstellungen/Auflösungen des Sonderpostens
    mit Rücklagenanteil

$$Cash\text{-}flow\text{-}Rate = \frac{Cash\text{-}flow}{Umsatz} \cdot 100$$

Die **Cash-flow-Rate** gibt an, wieviel Prozent des Umsatzes zur Selbstfinanzierung beitragen, deshalb ist sie auch eine Kennzahl zur Ertragskraft.

■ **Kostenstruktur**

Die Personal- oder die Materialintensität geben an, wie groß die Aufwendungen in diesem Bereich, gemessen an der Gesamtleistung, sind.

$$Personalintensität \ = \ \frac{Personalaufwand}{Gesamtleistung} \cdot 100$$

$$Materialintensität \ = \ \frac{Materialaufwand}{Gesamtleistung} \cdot 100$$

■ **Ertragskraft**

Hier werden die Rentabilitäten ermittelt.

$$Eigenkapitalrentabilität \ = \ \frac{Jahresergebnis \ vor \ Steuern}{durchschnittlich \ investiertes \ Eigenkapital} \cdot 100$$

$$Gesamtkapitalrentabilität \ = \ \frac{Jahresergebnis \ vor \ Steuern}{Gesamtkapital}$$

■ **Wachstum**

Kennzahlen dafür sind beispielsweise Umsatz- oder Ertragswachstum.

R 2   Finanzbuchhaltung (FiBu)

In der Finanzbuchhaltung werden alle **Geschäftsvorfälle**, Einzahlungen/Auszahlungen, Ausgaben/Einnahmen und Aufwendungen/Erträge erfaßt und nach **Konten** (Kostenarten) verbucht, wobei nur mit tatsächlichen Anschaffungskosten gerechnet wird. Ihre wesentliche Aufgabe ist es, die Geschäftsvorfälle zeitlich geordnet in das Grundbuch und anschließend folgerichtig in das Hauptbuch einzutragen. Das Zahlenmaterial für den Jahresabschluß liefert die Finanzbuchhaltung ebenso wie die Bemessungsgrundlagen für die Berechnung der Steuern. Mit der FiBu hat man auch die Kontrolle über die **Liquidität** und die **Finanzen**.

Die Kosten der Kostenarten (z. B. Personalkosten) werden auf den **Kostenstellen** verbucht. Das sind diejenigen Stellen im Unternehmen, in denen die Kosten anfielen. Die Kostenarten- und Kostenstellenrechnung ist die Grundlage der **Kosten-** und **Leistungsrechung** (Abschn. U Finanzierung) und der **Kalkulation**.

Wöhe, G.: Einführung in die Allgemeine Betriebswirtschaftslehre. München: Verlag Vahlen 1996

Hering, E., Draeger W.: Führung und Management. Düsseldorf: VDI-Verlag 1997

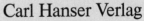

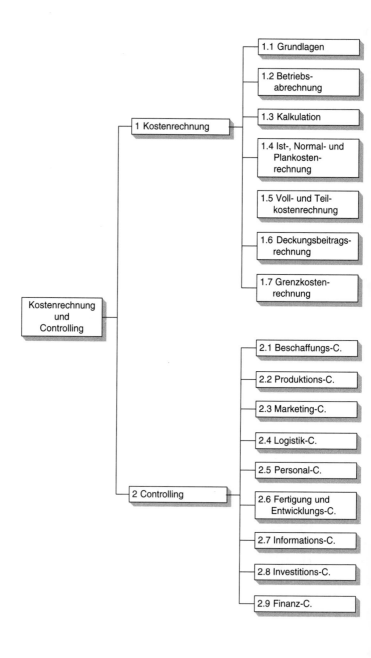

S Kostenrechnung und Controlling

S 1 Kostenrechnung

S 1.1 Grundlagen

S 1.1.1 Aufgaben und Gliederung der Kostenrechnung

Die ständige Veränderung des Vermögens und des Kapitals sowie die Wertschöpfung müssen ständig überwacht und kontrolliert werden, um finanz- und fertigungspolitische Entscheidungen zu ermöglichen. Dies ist die Aufgabe des industriellen Rechnungswesens. Ohne dieses Rechnungswesen ist es nicht möglich, wirtschaftlich vernünftig und erfolgreich und somit den technischen Fortschritt zu garantieren.

Dabei muß man davon ausgehen, daß das Ziel jeder marktwirtschaftlichen Unternehmung ist, **Gewinn** zu erzielen. Es werden dabei zwei Prinzipien unterschieden:

> **Minimalprinzip:** Eine vorgegebene Leistung (Ertrag) soll mit dem **geringsten Aufwand** erzielt werden.
> **Maximalprinzip:** Mit vorgegeben Mitteln (Aufwand) soll der **höchstmögliche Ertrag** erreicht werden.

Aus diesen Prinzipien kann man den sog. **Wirtschaftlichkeitskoeffizienten** W ableiten: $W = E/A$ (E Ertrag, A Aufwand).

Für die Aufgaben der Kostenrechnung ist folgende Gliederung denkbar:

1. **Vergangenheitsorientierte Rechnungen** mit dem primären Ziel der Rechnungslegung und Überwachung. Hierzu gehören die

   - **Betriebsabrechnung**
     Erfassung, Vergleich und Kontrolle der Kosten je Zeitperiode als Kostenarten- und Kostenstellenrechnung

   - **Kostenträgerrechnung**
     Erfassung, Vergleich und Kontrolle der Kosten je Leistungseinheit zur Preisermittlung (Kalkulation).

2. **Zukunftsorientierte Rechnung** mit dem primären Ziel der Unternehmenslenkung und Wirtschaftsgestaltung. Hierzu gehören:

   - **Kostenträgerrechnung**
     Bestimmung der Selbstkosten als Vorkalkulation

   - **Plankostenrechnung**
     Aufstellung von Abteilungsbudgets und Kostenvorgaben mit Sollcharakter

Weitere Aufgaben wären beispielsweise:

- ■ Kontrolle des Betriebsgeschehens

- ■ Kontrolle der Preisgestaltung

- ■ Bereitstellung von Informationen für andere Teile des Rechnungswesens

S 1.1.2 Begriff und Wesen der Kosten

Ausgaben - Einnahmen

> Ausgaben und Einnahmen knüpfen an Zahlungsvorgänge an. Zahlungen sind Vorgänge des Kassen- und Giroverkehrs, ebenso die Einnahmen. Privatausgaben erfolgen nicht im Interesse des Betriebes, sondern dienen der privaten Lebenserhaltung.

Vermehren Anschaffungen von Vermögensgegenständen das Vermögen für einen längeren Zeitraum, dann ist es **Anlagevermögen**, ansonsten **Umlaufvermögen**.

Fertigungsausgaben umfassen alles, was bezahlt werden muß, um die Fertigungsaufgaben des Betriebes zu erfüllen. Sie haben zahlenmäßig den größten Umfang.

Die Wirkung von **Vorauszahlungen** ist erst in näherer oder fernerer Zukunft zu erwarten.

Aufwand - Ertrag

> Werden die Ausgaben und Einnahmen auf einen zeitlichen Wirkungsbereich bezogen, bezeichnet man diese als Aufwand und Ertrag. Beziehungsgrößen sind Jahr, Monat, Woche, Tag.
> Mit dem Begriff Aufwand ist aber zugleich die Bedeutung des Verbrauchs verbunden. Aufwand ist stets auf einen Aufgabenträger bezogen.

Der Betriebsaufwand deckt sich zeitlich meist nicht mit den Betriebsausgaben. Ein wesentlicher Teil des Betriebsaufwandes ist der Verbrauch von Vermögenswerten (z.B. Abschreibungen).

Kosten - Leistung

> Wird der Aufwand auf das zu erstellende Erzeugnis und die verursachende Betriebsstätte bezogen, entstehen die dafür im Leistungsprozeß des Betriebes entstehenden Kosten (betriebsbedingter Werteverzehr).

- ■ Durch die Abrechnung der Kosten nach den Erzeugnissen entstehen **Kostenträger**.

- Durch die Abrechnung der Kosten nach den verursachenden Orten der Kostenentstehung entstehen **Kostenstellen.**

- Durch die Unterscheidung zwischen einzelnen Kostentypen entstehen **Kostenarten.**

Gliederung der Kosten nach deren Verhalten bei der Änderung der Kapazitätsauslastung

Kapazität ist das Leistungsvermögen einer Betriebswirtschaft in einer Zeit-einheit, gemessen in Leistungseinheiten.

Maximale Kapazität: maximales Leistungsvermögen aufgrund technischer Gegebenheiten.

Normale Kapazität: Leistungsvermögen einer Betriebswirtschaft bei normaler Inanspruchnahme.

Optimale Kapazität: Kapazität, bei deren Inanspruchnahme die größte Effektivität der Leistungserstellung erreicht wird.

Die Kapazitätsausnutzung (**Beschäftigungsgrad**) setzt sich wie folgt zusammen:

$$Beschäftigungsgrad = \frac{effektiv\ genutzte\ Kapazität\ \cdot\ 100}{zur\ Verfügung\ stehende\ Kapazität}$$

Will man die Kapazität durch den Einsatz der Produktionsfaktoren messen, so muß auch die Intensität des jeweiligen Faktors berücksichtigt werden, z.B.:

$$Beschäftigungsgrad = \frac{effektive\ Arbeitsstunden\ \cdot\ Leistungsgrad}{Arbeitsstunden\ bei\ Vollbeschäftigung}$$

Beeinflussung der Kosten durch den Beschäftigungsgrad:

- leistungsunabhängige Kosten (fixe Kosten)

- leistungsabhängige Kosten (variable Kosten)

- proportionale Kosten

- überproportionale Kosten

- unterproportionale Kosten

Bezieht man die fixen und variablen Kosten eines Betriebes auf eine Leistungseinheit, ergibt sich bei steigender Ausbringung folgendes:

- Fixen Kosten entsprechen degressive Stückkostenanteile.

- Proportionalen Kosten entsprechen konstante Stückkostenanteile.

- Überproportionalen Kosten entsprechen progressive Stückkostenanteile.

- Unterproportionalen Kosten entsprechen degressive Stückkostenanteile.

Die einzelnen Kostenverläufe zeigt Bild S-1.

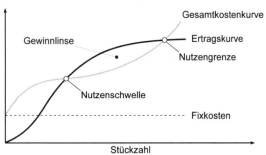

Bild S-1: Abhängigkeit der Kosten von der Stückzahl

Besonders wichtige Punkte sind:

Nutzenschwelle: Erster Schnittpunkt der Ertragsgeraden mit der Gesamt-kostenkurve im Gesamtkostendiagramm oder der Ertragsgeraden mit der Stückkostenkurve im Stückkostendiagramm.
Ertragsgerade: $E = ex$.

Nutzengrenze: Zweiter Schnittpunkt der Ertragsgeraden mit den Kosten-kurven.

Der **optimale Kostenpunkt** liegt dort, wo die Stückkosten am niedrigsten sind. Das ist der Berührungspunkt einer Tangente mit der Gesamt-kostenkurve, für die $\dfrac{dK}{dx} = \dfrac{K}{x}$ ist.

Im maximalen Nutzenpunkt ist der Gesamtgewinn am höchsten. An dieser Stelle berührt die Parallele zur Erlösgeraden die Gesamtkostenkurve. Die von der Kostenkurve und der Ertragsgeraden eingeschlossenen Fläche heißt **Gewinnlinse**.

Gliederung der Kosten nach Zurechenbarkeit auf den Kostenträger

> Kostenträger sind Produkte, bei deren Herstellung die Kosten angefallen sind. Daher haben diese die Kosten zu tragen.

Einzelkosten und Gemeinkosten

■ **Einzelkosten**
Diese könne je nach Leistungseinheit genau erfaßt und unmittelbar zugerechnet werden (direkte Kosten). Dazu gehören Fertigungsmaterial, Fertigungslöhne und Sondereinzelkosten der Fertigung und des Vertriebes.

■ **Gemeinkosten**
Diese können einzelnen Leistungen nicht direkt zugerechnet werden. Sie werden erfaßt und mit einem Verteilungsschlüssel auf die einzelnen Kostenstellen verteilt (indirekte Kosten).

Vollkosten und Teilkosten

■ **Vollkostenrechnung** (absorpting costing): Alle Kosten, sowohl die Einzelkosten wie die Gemeinkosten oder die fixen Kosten wie die variablen Kosten, sind in der Berechnung der Selbstkosten eines Produktes enthalten.

■ **Teilkostenrechnung** (direct-costing): Es werden nur die direkt zurechenbaren Kosten berücksichtigt.

Durchschnittskosten und Grenzkosten

■ **Durchschnittskosten:** $\emptyset k = \dfrac{K}{x}$

K Gesamtkosten, x Ausbringung

■ **Grenzkosten:** $k' = \dfrac{\mathrm{d}K}{\mathrm{d}x}$

$\mathrm{d}K$ Kostenzuwachs, $\mathrm{d}x$ Produktionszuwachs

S 1.2 Betriebsabrechnung

> Die Betriebsabrechnung hat sich mit den Wertbewegungen zwischen dem Betrieb und anderen Teilen des Unternehmens zu befassen und diese aufzuzeichnen.

S 1.2.1 Kostenartenrechnung

Diese hat die Aufgabe, die in einem Betrieb anfallenden Kosten zu sammeln und nach Kostengruppen zu ordnen.

Materialkosten

Diese sind vom Materialverbrauch abhängig. Zur Ermittlung des monatlichen Materialverbrauchs gibt es folgende Möglichkeiten:

■ Material wird entsprechend den Eingangsrechnungen übernommen (bei sofortigem Verbrauch).

■ Der monatliche Lagerabgang ist festzustellen (falls Material vorher auf Lager genommen wurde). Dabei ist eine Mengenerfassung und eine Preiserfassung nötig.

Methoden der Mengenerfassung

■ direkte Methode (Materialentnahmescheine)

- indirekte Methode (Anfangsbestand + Zugänge – Endbestand = Verbrauch)

- kombinierte Methode (Verbrauch und Bestand werden gleichzeitig erfaßt)

Bewertung des Lagerabganges

- Durchschnittspreis

- FIFO (first in, first out)

- LIFO (last in, first out)

- HIFO (highest in, first out)

- Zonenpreisverfahren

Lohnkosten

Bruttolohnabrechnung: Ermittlung der dem Unternehmen entstehenden Lohn- und Gehaltskosten (ohne Berücksichtigung der Sozialleistungen) und ihre Verteilung auf die Kostenstellen.

Nettolohnabrechnung: Ermittlung der für jeden Beschäftigten auszuzahlenden Nettolöhne mit Berücksichtigung der Sozialabgaben und der Lohnsteuer.

Kalkulatorische Kosten

Hierbei handelt es sich um Zusatzkosten, die in der Gewinn- und Verlustrechnung und in der Bilanz nicht auftreten. Sie ermöglichen es, den tatsächlichen entstandenen Wertverzehr richtig zu berechnen.

Kalkulatorische Abschreibungen

Ursachen für alle **Abschreibungen** (AfA = Absetzung für Abnutzung) sind: die Abnutzung, die Substanzverringerung, die wirtschaftliche Überholung, Preisschwankungen, der Zeitablauf befristeter Rechte und bilanz- und finanzpolitische Ziele. Bei den kalkulatorischen Abschreibungen handelt es sich um tatsächliche Abschreibungskosten. Deshalb werden die Wiederbeschaffungswerte durch die tatsächliche betriebliche Nutzungsdauer dividiert. Folgende Begriffe sind von Bedeutung:

- **Abschreibungswert:** Anschaffungswert oder Herstellungswert

- **Abschreibungssatz:** der Prozentsatz, der auf den Abschreibungsgrundwert angewendet wird

- **Abschreibungsbetrag:** Abschreibungssatz, in Währungseinheiten ausgedrückt

- **Abschreibungsrestwert:** Abschreibungsgrundwert abzüglich Abschreibungsbeträge

Die unterschiedlichen Abschreibungsarten sind in Bild S-2 zusammengestellt.

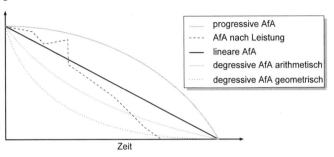

Bild S-2: Zeitlicher Verlauf verschiedener Abschreibungsraten

S 1.2.2 Kostenstellenrechnung

Sie hat die Aufgabe, die Kosten an den Stellen zu erfassen, an denen sie auftreten (z.b. in der Entwicklung, Fertigung oder Vertrieb). Die Kostenstellenrechnung dient der Betriebsüberwachung durch Beobachtung der Kostenentwicklung in jeder Kostenstelle und der genaueren Kostenträgerrechnung.

Einteilung der Kostenstellen

Die Kostenstellen werden üblicherweise nach dem folgenden Schema aufgeteilt:

- allgemeiner Bereich (Allgemeinkostenstellen)
- Hilfskostenbereich (Hilfskostenstellen)
- Materialbereich (Hauptkostenstellen)
- Fertigungsbereich (Hauptkostenstellen)
- Forschung und Entwicklungsbereich (Hauptkostenstellen)
- Verwaltungsbereich (Hauptkostenstellen)
- Vertriebsbereich (Hauptkostenstellen)

Gesamtkostenverfahren (GKV)

Die Gesamtkosten werden dem Umsatz gegenübergestellt. Bestandsveränderungen bei Halb- und Fertigprodukten sind zu berücksichtigen:

> *Gesamtkosten der Periode*
> *– Herstellkosten Bestandserhöhung*
> *+ Herstellkosten Bestandsminderung*
> *= Umsatzkosten der Periode*

Umsatzkostenverfahren (UKV)

Es ist von den eingesetzten Produkten auszugehen; es werden nur die Kosten der eingesetzten Produkte verrechnet.

Kosten (Verrechnungspreis)

= eingesetzte Menge · Selbstkosten je Mengeneinheit

Voraussetzung für dieses Verfahren ist aber eine sehr genaue Kenntnis der Selbstkosten der Erzeugnisse. Daher ist das Umsatzkostenverfahren auch stets mit der Nachkalkulation verbunden; denn durch sie ist eine genaue Berechnung der Selbstkosten erst möglich.

S 1.3 Kalkulation

> Die Kalkulation erfaßt die Kosten pro Erzeugniseinheit. Zielsetzung ist die Ermittlung der **Selbstkosten** eines Produktes (Selbstkostenermittlung).

Der Wert eines Wirtschaftsgutes kann nicht allein von den Selbstkosten hergeleitet werden, vielmehr entsteht der Preis eines Wirtschaftsgutes in einer Markwirtschaft durch Angebot und Nachfrage (**Marktpreis**).

Die Kalkulation hat die Aufgabe, die Preise zu ermitteln (**Vorkalkulation**) und zu kontrollieren (**Nachkalkulation**). Es ist daher unumgänglich zu erforschen, was ein Kunde für ein Erzeugnis zu zahlen bereit ist. Ebenso ist zu versuchen, die absetzbare Menge realistisch zu schätzen. Aus der Kalkulation lassen sich verkaufspolitische Entscheidungen ableiten.

S 1.3.1 Kalkulationsprinzipien

Verursachungsprinzip

Darunter versteht man die Zurechnung der Kosten auf die Produkte, die diese Kosten verursacht haben. Das Problem besteht dabei in der Verteilung der Gemeinkosten und der fixen Kosten nach einem verursachergerechten Schlüssel.

Tragfähigkeitsprinzip

Das bedeutet, daß die Kosten nach der Tragfähigkeit der Kostenträger verteilt werden. Man kann bei diesem Prinzip denjenigen Kostenträgern, die am Markt gute Preise erzielen, mit höheren Kosten belasten, als sie verursacht haben. Die anderen Produkte werden günstiger kalkuliert. Mit dieser **Mischkalkulation** wird häufig im Handel gearbeitet.

S 1.3.2 Selbstkostenermittlung auf Vollkostenbasis

Divisionskalkulation

> Bei der Divisionskalkulation handelt es sich um die einfachste Form der Kalkulation. Eine Unterscheidung der Kosten eines Zeitraumes nach Einzel- und Gemeinkosten erfolgt nicht, ebenso erfolgt auch keine Unterscheidung nach Kostenarten. Das Ziel der Divisionskalkulation ist eine **gleichmäßige Verteilung** der Gesamtkosten auf alle Kostenträger.

Die **einstufige Divisionskalkulation** ist nur bei einem einheitlichen Produktionsprozeß anwendbar:

$$Kosten\ je\ Leistungseinheit = \frac{Gesamtkosten\ je\ Periode}{Leistungseinheiten\ je\ Periode}$$

Wird die Produktion nicht sofort abgesetzt, sondern eine Fertigung auf Lager durchgeführt, ist folgendermaßen zu rechnen:

Kosten je Leistungseinheit

$$= \frac{Gesamtkosten\ je\ Periode + Herstellkosten - Lagerbestände}{umgesetzte\ Leistungseinheiten\ je\ Periode}$$

Die **mehrstufige Divisionskalkulation** findet Anwendung, wenn ein Erzeugnis mehrere Produktionsstufen durchläuft und von verschiedenen Produktionsstufen aus verkauft werden kann. Nunmehr muß die Divisionskalkulation auf jeder Stufe getrennt, also mehrstufig, durchgeführt werden. Es sind infolgedessen die Fertigungslöhne und Fertigungsgemeinkosten auf den verschiedenen Bearbeitungsstufen getrennt zu erfassen. Die Verwaltungsgemeinkosten und die Vertriebsgemeinkosten müssen auf das Produkt in den verschiedenen Produktionsstufen aufgeschlüsselt werden.

Die **Divisionskalkulation mit Äquivalenzziffer** ist nur anwendbar, wenn es sich um ähnliche Produkte sowohl vom Rohstoff, der Form, der Verwendung, der Ausstattung und der Fertigung handelt. Die Äquivalenzziffernrechnung wird auch **Sortenkalkulation** genannt.

Das Verfahren besteht darin, daß man einem der gleichartigen Erzeugnisse die Bezugs- oder Recheneinheit 1 zuordnet und alle anderen Erzeugnisse nun in bezug zu dieser Recheneinheit bringt. Man sucht also eine Einflußgröße, zu der sich die Kosten proportional verhalten.

Zuschlagskalkulation

> Bei der Zuschlagskalkulation handelt es sich um das gebräuchlichste Kalkulationsverfahren in der Industrie. Die von einem Erzeugnis direkt verursachten Kosten werden aus Einzelbelegen ermittelt, die indirekt durch ein Erzeugnis verursachten Kosten werden dann prozentual den Einzelkosten zugeschlagen.

Die Schwierigkeit besteht bei diesem Verfahren darin, daß geeignete Zuschlagsgrundlagen gefunden werden müssen, zu denen die Gemeinkosten möglichst proportional sind. Normalerweise wird die Zuschlagskalkulation auf Basis der Materialkosten und Lohnkosten durchgeführt, jedoch ist sie auch als Zuschlagskalkulation auf Zeitbasis (**Maschinenstundensatz-Rechnung**) bekannt.

Bei der **summarischen Zuschlagskalkulation** wird nur eine Bezugsgröße als Basis für den Gemeinkostenzuschlag verwendet (z.b. die Fertigungslöhne oder die Materialeinzelkosten).

Die **differenzierte Zuschlagskalkulation** verwendet mehrere Bezugsgrößen als Zuschlagsbasis. Es kann eine Differenzierung nach Kostenarten erfolgen (Materialeinzel- und Fertigungseinzelkosten als Zuschlagsbasis für die Gemeinkosten Material und Fertigung, und die Herstellkosten als Basis für die Gemeinkosten Verwaltung und Vertrieb). Eine Differenzierung nach Kostenstellen ist ebenfalls möglich; das bedeutet, daß für die einzelnen Kostenstellen verschiedene Zuschlagsätze zur Anwendung kommen.

Kalkulation mit Maschinenstundensätzen

> Zu dieser Form der Kalkulation führt die Erkenntnis, daß der Hauptbestandteil der Fertigungsgemeinkosten maschinenabhängige Kosten sind.

Die Verrechnung der Fertigungsgemeinkosten auf die Kostenträger nach dem bisherigen Verfahren berücksichtigt aber nicht:

- daß die benötigten Maschinenstunden je nach Auftrag von den durchschnittlichen Maschinenstunden abweichen können,

- daß Maschinen mit hohen und solche mit niedrigen Kosten in den gleichen Fertigungsstellen eingesetzt und je nach Auftrag verschieden beansprucht werden.

Daher gliedert man bei der Kalkulation mit Maschinenstundensätzen die maschinenabhängigen Fertigungsgemeinkosten aus und faßt diese zu **Maschinenstundensätzen** zusammen. Die noch verbleibenden Restgemeinkosten der Fertigungsstellen bzw. deren Zuschlagsätze liegen dann meist nahe beieinander und werden dem Fertigungslohn oder dem Maschinenstundensatz zugerechnet.

$$Maschinenstundensatz = \frac{maschinenabhängige\ Gemeinkosten\ pro\ Jahr}{Maschinenlaufzeit \cdot Stunden\ pro\ Jahr}$$

Im folgenden wird die Berechnung der maschinenabhängigen Kosten durchgeführt.

Abschreibungsbetrag je Maschinenstunde:

$$jährlicher\ Abschreibungsbetrag = \frac{Wiederbeschaffungskosten}{Nutzungsdauer}$$

$$Abschreibungsbetrag\ je\ Stunde = \frac{jährlicher\ Abschreibungsbetrag}{Laufstunden\ pro\ Jahr}$$

Zins je Maschinenstunde:

$$Zins\ je\ Stunde = \frac{\frac{1}{2}Wiederbeschaffungskosten \cdot Zinsfuß}{Laufstunden\ pro\ Jahr}$$

Instandhaltungskosten je Maschinenstunde:

$$Instandhaltungskosten\ je\ Stunde = \frac{Instandhaltungskostensumme}{Nutzungsdauer \cdot Laufstunden\ pro\ Jahr}$$

Raumkosten je Maschinenstunde:

$$Raumkosten\ je\ Stunde = \frac{Raumbedarf\left(m^2\right) \cdot m^2 Satz}{Laufstunden\ pro\ Jahr}$$

Energiekosten je Maschinenstunde:

$$Stromkosten\ je\ Stunde = Strombedarf\ je\ Stunde \cdot Strompreis$$

S 1.4 Ist-, Normal- und Plankostenrechnung

S 1.4.1 Istkostenrechnung

Die Istkostenrechnung verrechnet die in einem Abrechnungszeitraum tatsächlich angefallenen Kosten. Die ermittelten Zuschlagssätze für die Gemeinkosten sind Istzuschläge.

Die Istkostenrechnung ist vergangenheitsorientiert. Die in der Istkostenrechnung verwendeten Daten schwanken (und sind meist nicht repräsentativ), da sie die effektiven Zahlen aus der vorangegangenen Abrechnungsperiode darstellen.

Für die Kalkulation und die Preisermittlung benötigt eine Betriebswirtschaft aber gleichbleibende Zuschlagssätze. Daher verwendet man in der Kalkulation **Sollzuschläge** (Normalzuschläge).

S 1.4.2 Normalkostenrechnung

Die Normalkostenrechnung verwendet anstelle der von Abrechnungszeitraum zu Abrechnungszeitraum schwankenden Zuschlagssätzen sog. Normalzuschläge, die für längere Zeit in unveränderter Höhe bestehen bleiben.

Normalzuschläge errechnen sich meist aus den Durchschnittssätzen der Istzuschläge vergangener Perioden:

$$Normalzuschlag\ lfd.\ Jahr = \frac{Jan + Feb + \cdots + Dez\ lfd.\ Jahr}{12}$$

Im Verlauf der weiteren Entwicklung wurden aus den Normalkosten Standard-, Soll- und Richtwerte.

Die Normalkostenrechnung kann wie die Istkostenrechnung auf Konten oder auf statistischen Blättern durchgeführt werden. Die Deckungsdifferenzen werden als Unterdeckung (–) bzw. Überdeckung (+) bezeichnet.

Unterdeckung:	Ist-Gemeinkosten	>	Normalgemeinkosten
Überdeckung:	Ist-Gemeinkosten	<	Normalgemeinkosten

Starre Normalkostenrechnung

Die Gemeinkosten werden zur Untersuchung der Abweichung zwischen verrechneten Normalgemeinkosten und tatsächlichen Istkosten nicht in fixe und variable Bestandteile aufgegliedert, sondern als ein Block behandelt. Multipliziert man den Normalverrechnungssatz mit der Anzahl der geleisteten Fertigungsstunden, so erhält man die verrechneten Normalgemeinkosten, die man den Ist-Gemeinkosten gegenüberstellt, um die Abweichungen zu erkennen.

Flexible Normalkostenrechnung

Die flexible Normalkostenrechnung analysiert die Abweichungen und untersucht die Ursachen der Über- bzw. Unterdeckung. Dabei geht man so vor, daß man die Gesamtabweichung aufgliedert in eine beschäftigungsabhängige Abweichung der Gemeinkosten und eine Restabweichung. Dies geschieht, weil der Beschäftigung eine sehr große Bedeutung für das Verhalten der Gemeinkosten zugemessen wird. Die Abweichungen errechnen sich wie folgt:

■ *Gesamtabweichung*
    = verrechnete Normalgemeinkosten – Ist-Gemeinkosten

■ *Beschäftigungsabh. Abweichung*
    = verrechnete Normalgemeinkosten – Normalgemeinkosten

■ *Restabweichung*
    = Gesamtabweichung – beschäftigungsabhäng. Abweichung

■ *Restabweichung*
    = Normalgemeinkosten – Ist-Gemeinkosten

■ *verrechnete Normalgemeinkosten*
    = Normalbeschäftigung · Normalverrechnungssatz

- *Normalgemeinkosten*

  = *(fixe Gemeinkosten + Istbeschäftigung) · Normalverrechnungssatz*

- $Normalverrechnungssatz = \dfrac{Beschäftigungsabh.\ Normalgemeinkosten}{Istbeschäftigung}$

S 1.4.3 Plankostenrechnung

Sie stellt eine Weiterentwicklung der Normalkostenrechnung dar, hervorgerufen durch das Eindringen von Planungsdenken und Budgetierungsdenken in die Kostenrechnung. Es werden nicht mehr einfache Durchschnitte verwendet, sondern geplante, standardisierte Kosten.

Die Plankostenrechnung unterscheidet sich von der Normalkostenrechnung

- durch die unterschiedliche Ermittlung der zu verrechnenden Kosten (Plankosten) und

- durch die eingehende Analyse der Kostenüber- und -unterdeckung.

Starre Plankostenrechnung

Die Einzel- und Gemeinkosten werden zu Planwerten abgerechnet. Deshalb werden für jede Kostenstelle die Plankosten monatlich getrennt ermittelt. Zu diesem Zweck muß für jede Kostenstelle eine Planbeschäftigung angenommen werden.

$$Beschäftigungsgrad = \dfrac{erzeugte\ Produktmenge}{höchstmöglich\ erzeugte\ Produktmenge}$$

Für jede Kostenstelle wird nun eine solche Bezugsgröße gewählt und für jede Abrechnungsperiode eine **Planbeschäftigung** festgelegt. Nun wird ermittelt, welche Menge von dem zu planenden Kostengut zur Erzeugung der geplanten Leistung benötigt werden. Bewertet man diese Menge mit dem **Planpreis**, erhält man die **Plankosten** für die geplante Beschäftigung.

$$Plankostensatz = \dfrac{Plankosten\ der\ Planbeschäftigung}{geplante\ Leistungsmenge}$$

Die Ermittlung der Gesamtkostenabweichung erfolgt über die Gegenüberstellung von Ist- und Plankosten. Zudem müssen erst die **Plankosten der Istbeschäftigung** (Plankosten$_{IST}$) ermittelt werden:

$Plankosten_{IST} = Plankostensatz \cdot Istbeschäftigung$

Jetzt können die tatsächlich entstandenen Istkosten der Plankosten der Rechnungsperiode gegenübergestellt werden, woraus sich die Kostenabweichung ergibt:

$Kostenabweichung = Istkosten - Plankosten_{IST}$

Flexible Plankostenrechnung

Der Zweck der flexiblen Plankostenrechnung ist, die Plankosten, die ursprünglich bei einer bestimmten, als gegeben angesehenen Planbeschäftigung errechnet worden sind, der jeweils herrschenden Ist-Beschäftigung anzupassen.

Die Plankosten werden in fixe und variable Bestandteile aufgespalten. Sodann ermittelt man die Plankosten und die Istkosten und stellt etwaige Abweichungen fest. Die wichtigsten Abweichungen sind:

- Preisabweichungen

- Beschäftigungsabweichungen

- Verbrauchsabweichungen

- Programmabweichungen

- Verfahrensabweichungen

Zur Ermittlung der Abweichungen ist das Berechnen der Planpreis-Istkosten und der Sollkosten erforderlich:

$$Planpreis\text{-}Istkosten = Istmenge \cdot Planpreis$$

$$Sollkostensatz = \frac{proportionale\ Plankosten\ der\ Planbeschäftigung}{Planbeschäftigung}$$

$$Sollkosten = Istbeschäftigung \cdot Sollkostensatz$$
$$+ fixe\ Plankosten\ der\ Planbeschäftigung$$

Es ergeben sich folgende Kostenabweichungen:

$$preisbedingte\ Kostenabweichung = Istkosten - Planpreis\text{-}Istkosten$$

$$beschäftig.bedingte\ Kostenabweichung = Sollkosten - Plankosten$$

$$verbrauchsbed.\ Kostenabweichung = Planpreis\text{-}Istkosten - Sollkosten$$

$$Gesamtabweichung = Istkosten - Plankosten$$

S 1.5   Voll- und Teilkostenrechnung

Die Unterscheidung zwischen Voll- und Teilkostenrechnung liegt im Umfang der Kostenzurechnung auf den Kostenträger.

Die **Vollkostenrechnung** rechnet grundsätzlich alle Kosten auf die Kostenträger zu. Die **Teilkostenrechnung** beschränkt die Zurechnung der Kosten auf die Kostenträger auf die direkt zurechenbaren Kostenarten, während der Rest der Kosten erst in der abschließenden Betriebsergebnisrechnung Berücksichtigung findet.

Die wichtigste Form der Teilkostenrechnung ist die **Deckungsbeitrags-** oder **Grenzkostenrechnung.** Dabei werden die proportionalen Kosten den Kostenträgern zugerechnet. Sowohl Voll- als auch Teilkostenrechnungen lassen sich als zukunfts- und vergangenheitsorientierte Rechnungen, als Ist-, Normal- und Plankostenrechnung sowie in der Kalkulation als Divisions- und Zuschlagsrechnung durchführen.

Direct costing

Beim Direct costing wird versucht, in der Kostenrechnung das strenge **Verursacherprinzip** zu realisieren, d.h., daß die Erzeugnisse in einer Kostenträgerrechnung nur mit den von ihnen verursachten Kosten belastet werden dürfen. Dazu unterscheidet man zwischen **variablen** (von der Produktionsmenge abhängigen) und **fixen Kosten** (stellen die Kosten der Betriebsbereitschaft dar und sind unabhängig von der Produktionsmenge). Während die variablen Kosten den Erzeugnissen zugerechnet werden, werden die fixen Kosten als Ganzes verrechnet.

Fixkostendeckungsrechnung

Bei dieser Methode werden die Fixkosten aufgeteilt. Die aufgeteilten Fixkosten müssen möglichst verursachungsgerecht durch die Deckungsbeiträge der einzelnen Erzeugnisse oder Erzeugnisgruppen gedeckt werden.

Einzelkostenrechnung

Einzelkosten sind Kosten, die von der einzelnen Leistung verursacht werden. In der Einzelkostenrechnung werden möglichst viele Kosten als Einzelkosten definiert. In diesem Fall ist eine verursachungsgerechte Kostenzuordnung möglich. Die Erzeugnisse werden nur mit den direkt zurechenbaren Einzelkosten belastet, und die Unterteilung in fixe und variable Kosten wird unterlassen.

Dies erfolgt meist in einem System der **stufenweisen Einzelkostenrechnung.** Dabei sind folgende Prinzipien zu beachten:

- Möglichst alle Kosten werden als Einzelkosten erfaßt und ausgewiesen, und zwar so, daß sie in der Hierarchie betrieblicher Bezugsgrößen an der untersten Stelle ausgewiesen werden, an der man sie gerade noch als Einzelkosten erfassen kann.

- Es wird völlig darauf verzichtet, Gemeinkosten aufzuschlüsseln und sie nach den Prinzipien der traditionellen Kostenrechnung auf die Endkostenstellen und die Kostenträger zu überwälzen.

- Alle Kosten, die einer Periode nicht eindeutig zurechenbar sind, werden gesondert als **Soll-Deckungsbeiträge** oder **Deckungsraten** ausgewiesen.

S 1.6   Deckungsbeitragsrechnung

> Während die Plankostenrechnung eine Rechnung auf Vollkostenbasis
> darstellt, ist die Deckungsbeitragsrechnung eine Plankostenrechnung auf
> Teilkostenbasis.

Es wird davon ausgegangen, daß sich die Gemeinkosten, insbesondere
die fixen, nie ganz richtig auf den Kostenträger zurechnen lassen. Daher
werden nur die variablen Kosten direkt zugeordnet. Es gibt zwei wichtige Verfahrensweisen:

- Es werden die Einzelkosten und die variablen Gemeinkosten auf den
  Kostenträger verrechnet. Dabei werden für die variablen Gemeinkosten Schlüssel wie in der herkömmlichen Kostenrechnung verwendet.

- Es werden nur die Einzelkosten auf die Kostenträger verrechnet.
  Dabei wird angestrebt, möglichst alle Trägergemeinkosten als Stel-
  leneinzelkosten einer Kostenstelle zuzurechen.

Deckungsbeitrag

Der **Deckungsbeitrag** ist definiert als:

Deckungsbeitrag = Nettoumsatz – variable Kosten

Dabei wird davon ausgegangen, daß die gesamten variablen Kosten auf die
Kostenträger verrechnet werden. Die gesamten Fixkosten müssen durch
die Deckungsbeiträge aller Produkte gedeckt werden; sie werden also den
einzelnen Kostenträgern zugerechnet. Sind die Deckungsbeiträge größer
als die Fixkosten, dann entsteht ein **Gewinn**, im anderen Falle ein **Verlust**.

Der Deckungsbeitrag pro Stück gibt an, welcher Teil des Erlöses pro Stück
zur Deckung der fixen Kosten und darüber hinaus als Gewinn übrig bleibt:

$$Deckungsbeitrag \ pro \ Stück = \frac{Deckungsbeitrag}{Stückzahl}$$

Nur auf der Grundlage der Deckungsbeitragsrechnung ist eine genaue
Preisgestaltung und eine genaue Planung des Produktprogrammes möglich. Für die Kontrolle der Kostenstellen kann man jedoch auf die Kostenrechnung in der herkömmlichen Form nicht verzichten.

S 1.7   Grenzkostenrechnung

S 1.7.1 Grenzkosten

> Als Grenzkosten werden die Kosten der letzten zusätzlich produzierten
> Einheit bezeichnet. Demnach sind Grenzkosten der Kostenzuwachs, der
> entsteht, wenn eine weitere Einheit produziert wird.

In der Kostenrechnung geht man stets davon aus, daß die variablen Kosten proportional verlaufen. Grenzkosten verhalten sich daher immer proportional. Bezieht man diese Feststellung auf die Unterteilung der Kosten in Einzelkosten und Gemeinkosten, ergibt sich, daß Einzelkosten stets **variable Kosten** sind, Gemeinkosten können sich dagegen **fix** oder **variabel** verhalten.

Unterscheidet man Voll- und Teilkosten, gilt folgendes:

Vollkosten enthalten alle Kosten einer Periode oder eines Stückes. Teilkosten umfassen aber nicht alle Kostengrößen. Daraus folgt:

$$Vollkosten = Einzelkosten + Gemeinkosten \qquad \text{oder}$$

$$Vollkosten = Grenzkosten + fixe\ Kosten$$

S 1.7.2 Kostenauflösung

Es müssen alle Kosten abgesondert werden, die sich entweder nur fix oder nur proportional verhalten. Bleiben also nur solche Kosten übrig, die sowohl fixe als auch variable Bestandteile enthalten (**Mischkosten**).

Diese Mischkosten sind nun aufzulösen in proportionale und fixe Kosten. Eines der wichtigsten Verfahren ist die **Methode der Kostenplanung**.

Für jede Gemeinkostenart einer Kostenstelle kann man sog. **Variatoren** in der Plankostenrechnung verwenden. Diese geben an, um wieviel Prozent sich die geplanten Gesamtkosten der Planbeschäftigung ändern, wenn sich die Beschäftigung um 10 % ändert:

$$Variator = \frac{variable\ Plankosten\ der\ Planbeschäftigung}{gesamte\ Plankosten\ der\ Planbeschäftigung} \cdot 10$$

Sind alle Kosten fix, hat der Variator den Wert 0, sind alle Kosten variabel, nimmt er den Wert 10 an.

S 1.7.3 Verfahren der Grenzkostenrechnung

Direct costing

Die Aufteilung der Kostenarten muß in **fixe** und **variable** Bestandteile erfolgen. Im **BAB** (Betriebsabrechnungsbogen: eine Tabelle, in der die Kosten nach Kostenarten und Kostenstellen gegliedert sind) müssen für jede Kostenstelle die Gesamtkosten, die fixen Kosten und die proportionalen Kosten ausgewiesen werden. In der Praxis wird für jede Kostenstelle ein besonderes Blatt, der **Kostenstellenbogen**, verwendet.

In der Kostenträgerrechnung werden neben den Einzelkosten nur die proportionalen Gemeinkosten auf die Kostenträger verrechnet.

- **Einzelkosten:**   Stoffkosten + Fertigungslöhne
                   + Sondereinzelkosten Vertrieb

- **Gemeinkosten:**   proportionale Materialgemeinkosten
                   + proportionale Fertigungsgemeinkosten
                   + proportionale Verwaltungsgemeinkosten
                   + proportionale Vertriebsgemeinkosten

Bestandsveränderungen werden nur mit den proportionalen Kosten bewertet. Fixkosten werden nicht verrechnet.

Die **Betriebserfolgsrechnung** gestaltet sich nunmehr folgendermaßen:

> *Verkaufserlöse*
> *– proportionale Kosten des Umsatzes*
>
> *= Deckungsbeitrag*

Für die **Absatzerfolgsrechnung** gilt:

> *Verkaufserlöse*
> *– proportionale Kosten des Umsatzes*
>
> *= Deckungsbeitrag*
> *– Fixkosten*
>
> *= Erfolg*

Für die **Produktionserfolgsrechnung** gilt:

> *Verkaufserlöse*
> *+ Bestandsveränderung*
> *(Zunahme +, Abnahme –)*
>
> *= Ertrag der Periode*
> *– proportionale Kosten der Periode*
>
> *= Deckungsbeitrag*
> *– Fixkosten*
>
> *= Erfolg*

Grenzplankostenrechnung

Die Plankostenrechnung läßt sich auch auf die Grenzkostenrechnung anwenden. Dies wird dann als **Grenzplankostenrechnung** bezeichnet.

Die fixen Kosten werden in die Rechnung nicht einbezogen, da sie nicht weiterverrechnet werden. Daher enthalten jetzt auch die Selbstkosten keine fixen Plankostenanteile mehr und fallen mit den verrechneten Plankosten zusammen. Folglich gibt es in der Grenzplankostenrechnung auch keine Beschäftigungsabweichung. Deshalb muß nur noch die Verbrauchsabweichung in der Grenzkostenrechnung ermittelt werden.

Für jede Kostenstelle wird ein Kostenplan aufgestellt. Dieser enthält die geplanten Kosten der Planbeschäftigung, und zwar aufgeteilt in fixe und variable Plankosten.

Gestufte Fixkostenrechnung

Die Gleichbehandlung aller Fixkosten, wie bisher dargestellt wurde, führt dazu, daß wesentliche Informationen über die Kosten in der Abrechnung verlorengehen. Diese Nachteile werden durch die Fixkostenrechnung vermieden. Die fixen Kosten werden in folgende Komponenten aufgespalten:

- Erzeugnisfixkosten

- Erzeugnisgruppenfixkosten

- Kostenstellenfixkosten

- Bereichsfixkosten

- Unternehmungsfixkosten

Durch diese Aufspaltung der Fixkosten wird es möglich, den Deckungsbeitrag des Direct costing im mehrere aussagekräftige Deckungsbeiträge aufzuspalten. Für die Betriebserfolgsrechnung gilt:

> *Erlöse*
> *– proportionale Kosten des Umsatzes*
> *= Deckungsbeitrag I*
> *– Erzeugnisfixkosten*
> *= Deckungsbeitrag II*
> *– Erzeugnisgruppenfixkosten*
> *= Deckungsbeitrag III*
> *– Stellenfixkosten*
> *= Deckungsbeitrag IV*
> *– Bereichsfixkosten*
> *= Deckungsbeitrag V*
> *– Unternehmungsfixkosten*
> *= Betriebserfolg*

S 2   Controlling

Controlling ist ein zielorientiertes Führungskonzept. Seine Aufgaben sind:

- Ziele planvoll anzusteuern

- die eigenen Fähigkeiten und Ressourcen optimal einzusetzen

- die Engpässe auf dem Weg zur Erreichen des Zieles erfolgreich auszuräumen

Controlling ist deshalb eine umfassende unternehmerische Aufgabe und wird in allen Funktionen des Unternehmens angewandt.

S 2.1 Beschaffungs-Controlling

Die Aufgabe des Einkaufs ist die Bereitstellung von Material

- in der richtigen Menge
- in der richtigen Qualität
- am richtigen Ort
- zum richtigen Zeitpunkt
- zu einem angemessenen Preis

S 2.1.1 Aufgaben des Beschaffungs-Controllings

Bild S-3: Aufgaben des Beschaffungs-Controllings

S 2.1.2 Operative Methoden

Untersuchung des **Materials**:

- **ABC-Analyse** (Erkennen von teurem und billigem Material: kumulierter Gesamtwert wird gegen die kumulierten Gesamtmengen aufgetragen)
- **XYZ-Analyse** (Verfeinerung der ABC-Analyse nach Gängigkeit)

Untersuchung der **Lieferantenstruktur**:

- **Lieferantenanalyse** (Gegenüberstellung von Alternativlieferanten, Auswertung mit Nutzwertanalyse oder Profilmatrix)
- **Beschaffungsmarktforschung** (Management von Beschaffungsrisiken, z.B. politische Instabilität, Lieferantenkonkurs, Lieferantenmonopol, Lieferfehler, Preisexplosion, Beschaffungsfehler)

Anwendung von **Beschaffungsformeln:**

- **optimale Bestellmenge** (Gesamtkostenoptimum zwischen den fixen Bestellkosten und den variablen Lagerkosten)

- **optimale Bestellhäufigkeit** (abgeleitet aus der optimalen Bestellmenge)

Beschaffungs-Kennzahlen:

$$Lieferantenmahnquote = \frac{\sum Liefermahnungen}{\sum Bestellungen}$$

$$Materialreichweite = \frac{\varnothing Lagerbestand}{Materialeinsatz}$$

als Maßgröße für Teilevielfalt und Sicherheitsbestand:

$$Bestellkosten = \frac{Kosten\ des\ Einkaufs}{\sum Bestellungen}$$

$$Bestellgröße = \frac{Einkaufsvolumen}{\sum Bestellungen}$$

S 2.1.3 Strategische Methoden

Versorgungslücke (GAP-Analyse): Es wird langfristig mehr oder ein anderes Material benötigt, als verfügbar ist. Mögliche Lösungen dafür sind:

- effizienterer Materialeinsatz

- neue Lieferanten

- neue Werkstoffe

- Diversifikation

Beschaffungs-Portfolio

Gegenüberstellung von Lieferanten- und Unternehmensstärke. Es ergeben sich verschiedene Strategien:

Selektive Strategie

- gleichbleibende Einkaufsmengen

- Rahmenverträge

- teils neue Lieferanten

- Pufferlager

- fallweise Eigenproduktion oder Substitution

Ausschöpfungsstrategie

- Menge und Preis ausreizen

- Einzelverträge

- niedrige Lagerhaltung

Diversifikation

- Menge konzentrieren, Preise halten

- neue Lieferanten oder Eigenproduktion

- Lagerhaltung ausbauen

- Substitutionsmöglichkeiten suchen

S 2.2   Produktions-Controlling

Die Aufgabe der Produktion ist:

- hohe Auslastung

- mit niedrigen Beständen

- einer hohen Termintreue

- in kurzen Durchlaufzeiten

Heute stehen im Vordergrund: Bestandssenkung und kurze Durchlaufzeiten (DLZ).

S 2.2.1 Aufgaben des Produktions-Controllings

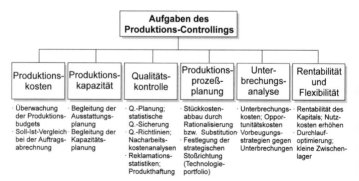

Bild S-4: Aufgaben des Produktions-Controllings

S 2.2.2 Operative Methoden

Kostenanalysen

Soll-Ist-Vergleich:	mit Analyse, Gegensteuerung und evtl. Plananpassung
Nutz- u. Leerkostenanalyse:	$Nutzkosten = \dfrac{Fixkosten \cdot Istausbringung}{Kapazität}$
Herstellkosten-Controlling:	Kapazitäts- und Leistungsplanung zur Bildung von Fixkostenverrechnungssätzen; Kostenartenanalyse

Produktions-Kennzahlen

$$Kapazitätsauslastungsgrad = \frac{Istfertigungsstunden}{Sollfertigungsstunden}$$

$$Fertigungsstundensatz = \frac{Fertigungskosten}{Fertigungsstundenzahl}$$

$$Nacharbeitsquote = \frac{Nacharbeitsstunden}{Gemeinfertigungsstunden}$$

S 2.2.3 Strategische Methoden

Planung der Fertigungstechnologie

Die Fertigungstechnologie muß an den Produktionsprozeß der einzelnen Produkte angepaßt werden. Das heißt, daß in Abhängigkeit von Stück- und Variantenanzahl zwischen allen Möglichkeiten, von der vollautomatischen Transferstraße bis zur flexiblen Fertigungszelle, entschieden werden muß.

Planung der Produktionskapazität

Langfristige Planung und Steuerung der Kapazitäten durch Investitionen (Ersatz- und Erweiterungsinvestitionen) und Desinvestitionen.

Planung der Investitionsintensität

Das Investitionsverhalten wird auch über die Analyse des Altersaufbaus der Anlagen gesteuert:

$$Investitionsintensität = \frac{Anlagevermögen + Working\ Capital}{Umsatz} \cdot 100 \quad \text{oder}$$

$$Investitionsintensität = \frac{Umlaufvermögen - kurzfristige\ Verbindlichkeiten}{Umsatz} \cdot 100$$

S 2.3   Marketing-Controlling

An erster Stelle des Marketing-Controllings steht die generelle Einordnung des Marketing, z.B. nach dem Produkt-Markt-Portfolio.

S 2.3.1 Aufgaben des Marketing-Controllings

> Das Marketing-Controlling hat die Informations- und Koordinationsaufga-
> be zur Sicherstellung der Effizienz von Marktplanung, Marktbearbeitung
> und Marktkontrolle.

Bild S-5 zeigt eine Übersicht über die Marketing-Instrumente (Marketing-Mix).

Bild S-5: Marketing-Mix

S 2.3.2 Operative Methoden

■ **Deckungsbeitragsrechnung** (Direct costing und mehrstufige DB-
  Rechnung)

■ **Break-even-Analyse** (Ermittlung des kritischen Umsatzes bzw. der
  kritischen Stückzahl)

■ **Umsatzplanung** (mathematisch-statistische Methoden, quantitative
  Schätzung und qualitative Schätzung)

Marketing-Kennzahlen

$$Vertriebskostenquote = \frac{Vertriebskosten}{Umsatz}$$

$$Preiselastizität = \frac{\% - Absatzänderung}{\% - Preisänderung}$$

$$Lagerumschlag = \frac{Lagerabgang}{Lagerbestand}$$

$$Auftragsreichweite = \frac{Lagerabgang}{Lagerbestand}$$

$$Kundenkredit = \frac{Kundenforderungen}{Umsatz + MWSt}$$

S 2.3.3 Strategische Methoden

■ **Portfolio-Analysen** (z. B. BCG-Matrix und McKinsey-Portfolio)

■ **Produktlebenszyklus-Analyse**

■ **GAP-Analyse** (Marktdurchdringung, Produkt- und Marktentwicklung, Diversifikation)

■ **Potentialanalyse** (Stärken-Schwächen-Profil und Stärken-Schwächen-Nutzwertanalyse)

S 2.4   Logistik-Controlling

Logistik umfaßt alle Planungs- und Steuerungsmaßnahmen bei der Lagerhaltung und beim Transport von Gütern in allen Bereichen des Unternehmens. Die Aufgabe des Logistik-Controllings ist die Suche nach der optimalen Lager- und Transportkonzeption. Die Logistikkette umfaßt: Einkauf – Eingangslager – Transport – Fertigung – Zwischenlager – Transport – Fertigwarenlager – Versand – Gebrauch/Verbrauch – Rückführungslogistik.

S 2.4.1 Aufgaben des Logistik-Controllings

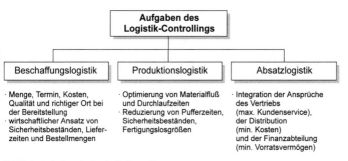

Bild S-6: Aufgaben des Logistik-Controllings

S 2.4.2 Bestandsverursachende Faktoren in den einzelnen Bereichen

- **Beschaffung**: Lieferantenzuverlässigkeit, Rahmenverträge (Abnahmemengen)

- **Entwicklung**: Typen- und Variantenvielfalt, Konstruktionsänderungen

- **Disposition**: Dispositionszyklen, Sicherheitsbestand, Lagerstufen, Losgrößen

- **Fertigung**: Fertigungsorganisation, Störanfälligkeit und technischer Stand der Betriebsmittel

- **Vertrieb**: Bestellverhalten, Lieferzeiten, Prognosequalität, Produktvielfalt, Innovationszeiten

S 2.4.3 Operative Methoden

Materialbedarfsplanung

Nachfragemodelle zur verbrauchsgesteuerten Vorratshaltung (gleichbleibender, trendförmiger, saisonaler Bedarf). Basis sind statistische Methoden (z.b. gleitender Durchschnitt oder exponentielle Glättung).

Losgröße und Durchlaufzeiten

Verkürzung der Durchlaufzeiten durch verschiedene Ansätze zur Fertigungsorganisation:

- **Fertigungsinseln** (Komplettbearbeitung, erleichtert kurzfristige Programmänderungen, weniger Gemeinkostenpersonal wegen Aufgabenintegration, Motivation, Selbstverantwortung)

- **Familienfertigung** (Bildung ähnlicher Teilefamilien, Reduzierung von Rüstzeiten, verkürzte Bearbeitungszeit durch Lerneffekte)

- **Übergangszeitenverkürzung** (Verkürzung der Transportzeiten durch Prioritätenvergabe)

- **Arbeitsgangzusammenführung** (flexible Fertigungssysteme können mehrere Arbeitsgänge zusammenführen)

- **Kanban-Prinzip** (für einfache Fertigungsstrukturen und geringe Variantenzahl, siehe Abschn. K)

- **JIT** (just in time: bedarfsgerechte Anlieferung; Vermeidung eines Lagers, siehe Abschn. K)

Logistik-Controlling - Kennzahlen

$$Lagerumschlag = \frac{Materialverbrauch}{Materialbestand}$$

$$Logistikkosten = \frac{Gesamtlogistikkosten}{Umsatzeinheit}$$

$$Kapitalbindung = Bestandswert \cdot Lagerzeit \cdot Zinssatz$$

S 2.4.4 Strategische Methoden

Integration der gesamten Fabrikabläufe über EDV (CIM- und PPS-Konzeptionen) und Distributionskanal-Management (z.B. über Vertriebsfirma, Verkaufsfilialen, Vertreter; vom Regionallager über Großhandel zum Einzelhandel)

S 2.5 Personal-Controlling

Aufgabe des Personalbereichs ist die Sicherstellung des zur Leistungserstellung notwendigen Personalbestandes hinsichtlich Menge, Qualifikation und Zeitpunkt. Darüber hinaus sind rechtliche, soziale und verwaltungstechnische Fragestellungen zu beachten.

Vier Bereiche der Personalarbeit

- Personalpolitik
- Personalentwicklung
- Personalverwaltung
- Sozialwesen

S 2.5.1 Aufgaben des Personal-Controllings

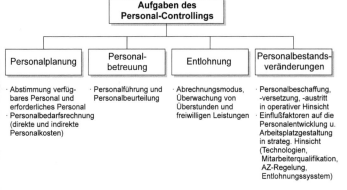

Bild S-7: Aufgaben des Personal-Controllings

S 2.5.2 Operative Methoden

Personal-Controlling-Kennzahlen

Im Personal-Controlling haben Kennzahlen eine besonders hohe Bedeutung:

$$Personal_{SOLL/IST} = \frac{vorhandenes\ Personal}{notwendiges\ Personal}$$

$$Fluktuationsrate = \frac{Zahl\ der\ Austritte}{Mitarbeiter}$$

$$Fehlzeitquote = \frac{Fehlzeiten\ in\ Tagen}{Arbeitstage}$$

Die Kennzahlensysteme sind für die Bereiche Belegschaftsstruktur (Alter, Geschlecht, Qualifikation), Lohn- und Gehaltsstruktur, Ausfallzeiten und Fluktuation besonders ausgeprägt.

Personalbeurteilung

Die Personalbeurteilung dient zur vor allem zur **Lohn-** und **Gehaltsdifferenzierung**, aber auch zur Weiterbildungsplanung oder Mitarbeiterberatung. Die Methoden dazu sind z.B. Polaritätsprofil, Rangreihenverfahren oder Kennzeichnungsverfahren.

S 2.5.3 Strategische Methoden

Personalbedarfsplanung

- **quantitative Bedarfsplanung** (Methoden: Interpolation, Extrapolation, Korrelationsanalyse, Regressionsanalyse).

- **qualitative Bedarfsplanung** (Kataloge von Leistungsanforderungen oder Stellenbeschreibung).

S 2.6   FuE-Controlling

Für das Controlling von Forschung und Entwicklung (FuE) sind der zunehmende Innovationswettbewerb, schrumpfende Produktlebenszyklen, zunehmende Qualitätsansprüche und steigende Variantenzahl bei kleineren Losgrößen von Bedeutung.

S 2.6.1 Aufgaben des FuE-Controllings

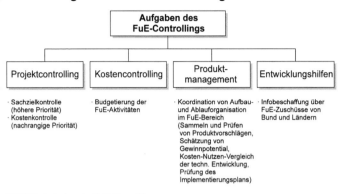

Bild S-8: Aufgaben des FuE-Controllings

S 2.6.2 Operative Methoden

Wertanalyse

Die Wertanalyse ist ein kreatives und anwendungsneutrales Verfahren, um die Funktionen eines Produktes bzw. einer Dienstleistung für den Kunden zu verbessern und gleichzeitig den Qualitätsstandard nicht zu senken und die Kosten zu verringern. Die Wertanalyse läuft in folgenden Schritten ab:

- vorbereitende Maßnahmen
- Ermitteln des Ist-Zustands
- Prüfen des Ist-Zustands
- Ermitteln von Lösungen
- Prüfen der Lösungen
- Vorschlag und Verwirklichung der Lösung

Kreativitätstechniken

Methoden der Ideenfindung			
Intuitiv - Kreativ		*Analytisch - Systematisch*	
	systematische Problemspezifizierung	systematische Strukturierung	
Brainstorming			
Brainwriting (Ideen-Delphi und Methode 635)	Relevanzbaumverfahren	morphologischer Kasten	Funktionsanalyse
Synektik und Bionik			

FuE-Controlling-Kennzahlen

$$Neuentwicklungsquote = \frac{Kosten\ Neuentwicklung}{Kosten\ Serienprodukte}$$

$$Einsparungsquote\ der\ Wertanalyse\ je\ Produkt = \frac{Einsparung\ Produkt}{Gesamtkosten}$$

$$Deckungsbeitrag\ neuer\ Produkte = \frac{DB\ Produkt\ A}{Gesamt\ DB}$$

S 2.6.3 Strategische Methoden

- **Produkttransfer** (Eigennutzung, Vorratspatente, Lizenzvergabe, Verkauf von fertigen Entwicklungen)

- **Substitution** (Innovation führt zu Substitution alter Produkte und Verfahren)

S 2.7 Informationsverarbeitungs-(IV-)Controlling

Informationsverarbeitung ist eine der bedeutendsten Produktionsfaktoren. IV-Controlling ist wegen folgender Aspekte sehr wichtig geworden:

- Kosten der IV bilden einen beträchtlichen Anteil an den steigenden Gesamtkosten der Unternehmen.

- Wirtschaftlichkeit, Rentabilität und Flexibilität des Unternehmens hängen im wesentlichen vom IV-System ab.

- Hohe Investitionssummen im IV-Bereich. Daher ist ein großes Risiko der Fehlinvestition gegeben.

- Einbettung der IV in komplexe Unternehmensumgebung (Ablauforganisation, Mitarbeitermotivation) erschwert zunächst die wirtschaftliche Planung und Kontrolle.

S 2.7.1 Aufgaben des IV-Controllings

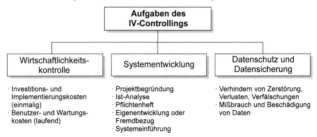

Bild S-9: Aufgaben des IV-Controllings

S 2.7.2 Methoden

IV-Controlling - Kennzahlen

$$Mitarbeitereinsatz = \frac{IV\ Mitarbeiter}{Angestellte}$$

$$Anteil\ IV\ Investitionen = \frac{IV\ Investition}{Gesamtinvestition}$$

$$IV\ Qualität = \frac{jährlicher\ Wartungsaufwand}{Entwicklungsaufwand}$$

Die IV-Qualität gibt eine Aussage über Folgekosten und Anlagengütegrad.

Die Betrachtung im IV-Bereich bezieht sich insbesondere auf die Vorbereitung, Alternativenwahl, Absicherung und Kontrolle von IV-Investitionsentscheidungen. Es bestehen drei Problemfelder:

- **Auswahlproblem** (Welche Faktoren bestimmen die Wirtschaftlichkeit?).

- **Erfassungsproblem** (Wie können die Informationen gesammelt werden?).

- **Bewertungsproblem** (Wie werden die Faktoren gemessen / beurteilt?).

Ablauf der Wirtschaftlichkeitsbetrachtungen:

- **Ist-Analyse** (Strukturen, Tätigkeiten, Abläufe, Ressourcen; Tätigkeits-, Ablauf-, Schwachstellenanalyse)

- **Kostendarstellung** (quantitativ / qualitativ, einmalige / laufende Kosten, Kostenvergleichsrechnung, Nutzwertanalyse)

- **Nutzendarstellung** (quantitativ / qualitativ, Nutzwertanalyse)

- **Kosten-Nutzen-Gegenüberstellung** (Abgleich)

Datenschutz und Datensicherung

Datenschutz nach Bundesdatenschutzgesetz bezüglich personenbezogener Daten (unberechtigte Benutzung, Einsichtnahme geschützter Daten, Verfälschung von Daten und Programmen) ist notwendig.

Datensicherung soll Risiken und Störungen verhindern, ordnungsgemäße IV-Abläufe garantieren, Daten, Programme, EDV-Anlagen und Nebeneinrichtungen vor Katastrophen, technischen Störungen, menschlichem Versagen und willentlicher Beschädigung schützen.

S 2.8 Investitions-Controlling

Investitionen binden auf lange Zeit Kapital. Daher sind Fehlentscheidungen diesbezüglich mit negativen Konsequenzen auf Rentabilität und Liquidität des Unternehmens behaftet.

Investitionsplanung: Investitionsmöglichkeiten und Anforderungen klären.

Investitionssteuerung: Alternativenbeurteilung (Datenerfassung, Investitionsrechnung, Risikobeurteilung), Investitionsentscheidung.

Investitionskontrolle: Projektkontrolle, Nachkontrolle, Soll-Ist-Vergleich, Dokumentation.

S 2.8.1 Aufgaben des Investitions-Controllings

Bild S-10: Aufgaben des Investitions-Controllings

S 2.8.2 Methoden der Investitionsrechnung

Die statischen und dynamischen Methoden der Investitionsrechnung sind in Abschnitt T zusammengestellt.

S 2.8.3 Nutzwertanalyse

Folgende Beurteilungskriterien sind denkbar:

- ■ **technisch** (Betriebsmittel, Arbeitsphysiologie, Infrastruktur)

- ■ **sozial** (Streß, Monotonie, Autonomie, Arbeitsplatzerhaltung)

- ■ **rechtlich** (Unfallverhütung, Patente, Lizenzen, Kartellgesetze, Bauvorschriften)

- ■ **umweltbezogen** (Energieverbrauch, Abfallmenge, Umweltsteuern, -auflagen, Recycling)

- ■ **wirtschaftlich** (*absatzbezogen*: Marktanteil, -sättigung, -strategie; *beschaffungsbezogen*: Preis, Zuverlässigkeit, Bonität, Lieferzeit; *finanzbezogen*: Sicherheit, Kursrisiko, Zinsrisiko)

Zusätzlich wichtig bei Entscheidungen unter Unsicherheit ist die **Risikobeurteilung** unter sowohl optimistischen als auch pessimistischen Erwartungen mit beispielsweise einer **Sensitivitätsanalyse**.

S 2.9 Finanz-Controlling

Die klassischen Aufgaben des Finanzmanagements sind:

- Sicherstellung der **Liquidität**
- Erhaltung der **Rentabilität**
- Erreichen einer bestimmten **Wirtschaftlichkeit**

Darüber hinaus muß aktives, zukunftsorientiertes Finanzmanagement auch die optimale Kapitalverwendung und die finanzielle Unabhängigkeit sicherstellen.

S 2.9.1 Aufgaben des Finanz-Controllings

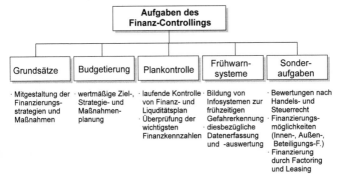

Bild S-11: Aufgaben des Finanz-Controllings

S 2.9.2 Finanzplan

Nach ihrer zeitlichen Struktur werden drei Arten von Finanzplänen unterschieden:

- **langfristiger Finanzplan** (Laufzeit 4 bis 10 Jahre, Fokus auf Kapitalstruktur- und Kapitalbindungsplanung)
- **mittelfristiger Finanzplan** (Laufzeit bis 3 Jahre, detailliert langfristiger Plan mit Ausgaben-/Einnahmen-Plangrößen)
- **kurzfristiger Finanzplan** (Planhorizont 1 bis 12 Monate, dient der Liquiditätssicherung und Feinabstimmung von Ausgaben-/Einnahmenströmen)

Da Finanzplanpositionen vergangenheitsorientiert sind, müssen sie mittels geeigneter Methoden in zukünftige Plan-/Vorgabegrößen transformiert werden (z.B. Mittelwert-Verfahren, exponentielle Glättung, Trendanalyse, Regression).

Systematik der Finanzplanerstellung:

		⇐	⇐	Gewinnverwendungsplan
Umsatzplan (Verkauferlöse)	Betrieblicher Finanzplan (Einnahmen / Ausgaben)			**FINANZPLAN**
Beschaffungsplan (Einkauf + Invest.)				
Kostenplan (sonstige Kosten)			⇒	**(liquide Mittel)**
	Neutraler Finanzplan (außerordent. Einnahmen / Ausgaben)			**(Gewinn oder Verlust)**
Kreditplan (Zinsen + Rückzahlungen)				
		⇐	⇐	Verlustdeckungsplan

S 2.9.3 Cash-flow-Analyse

Der Gewinnausweis ist zur Beurteilung der Liquiditäts- und Ertragslage eines Unternehmens nicht ausreichend. Dies liegt in der zunehmenden Gewinnverschleierung und -verteilung in den Bilanzen und hängt mit steuerlichen Tatbeständen zusammen. Der Cash-flow gibt einen besseren Einblick in die tatsächlichen Verhältnisse.

> Der Cash-flow (CF) ist der Nettozugang an liquiden Mitteln, den eine Unternehmung in einer Abrechungsperiode aus dem Umsatz erwirtschaften kann.

Ermittlung:

> *Bilanzgewinn*
> + / – *Verlust- /Gewinnvortrag*
> + / – *Zuführung zu den Rücklagen u. Sonderposten mit Rücklageanteil*
> + / – *Erhöhung/Auflösung langfristiger Rückstellungen*
> +   *Abschreibungen und Wertberichtigungen*
> + / – *außerordentlicher Aufwand/Erträge*
> = *Cash-flow*

Finanz- und ertragswirtschaftliche Aussagefähigkeit

Finanzkraft ist die zukünftige Verfügbarkeit von Finanzmitteln. Damit eng verbunden ist die zukünftige Liquiditätssituation. CF berücksichtigt die ausgeschütteten und nicht ausgeschütteten Gewinne (gesamte offene Selbstfinanzierung). Die versteckte Selbstfinanzierung wird teils berücksichtigt (überhöhte Abschreibungen, Rückstellungen), teils aber auch nicht berücksichtigt (Bildung stiller Reserven in den Aktiva).

Ertragskraft ist die Fähigkeit, auf Dauer Erfolge zu erzielen. Die erwirtschafteten Mittel einer Unternehmung sind überwiegend im CF enthalten. Es ergeben sich daraus Hinweise auf die unterschiedliche Abschreibungskraft und damit auch auf **Ertrags-** und **Expansionskraft**.

CF eignet sich gut, um einen Überblick über die finanzielle Situation zu erlangen, obwohl er lediglich einen Trend abbilden kann.

S 2.9.4 Finanzkennzahlen und Kennzahlensysteme

Kennzahlen werden insbesondere für folgende Bereiche ermittelt:

- **Rentabilität** (Umsatz-R., Eigenkapital-R., Gesamtkapital-R., ROI)
- **Liquidität** (Liquidität 1., 2., 3. Grades)
- **Finanzierung** (Verschuldungsgrad, Anlagendeckungsgrad)
- **Investition** (Anlagenintensität, Investitionsquote)

Kennzahlensysteme sind Mengen von Kennzahlen, die zueinander in einem sinnvollen hierarchischen Zusammenhang stehen. Dadurch wird die Aussagefähigkeit von Kennzahlen erhöht. Bekannte Systeme sind:

- **Du Pont-Kennzahlensystem** (Zielgröße ist der ROI)
- **ZVEI-Kennzahlensystem** (gegliedert in Wachstumsanalyse und Strukturanalyse)
- **Rentabilitäts-Liquiditäts-(RL-)Kennzahlensystem** (gegliedert in vier Abschnitte: allgemeiner Teil Rentabilität, Sonderteil Rentabilität, allgemeiner Teil Liquidität, Sonderteil Liquidität)

S 2.9.5 Frühwarnsysteme

Frühwarnsysteme sind eine Sonderform der Informationssysteme, die es ermöglichen, Entwicklungen rechtzeitig zu erkennen und Gegenmaßnahmen einzuleiten.

Frühindikatoren	
- externe	ökonomische, branchenbezogene, politische, technologische, ökologische, soziale
- interne	Fluktuation, Krankenstand, Auftragsbestands- und Kostenentwicklung, Lieferfristen, Reklamationsraten, Fixkostenentwicklung
Lösungsansätze	
- gesamtunternehmensbezogen	Kennzahlensysteme, Produktlebenszyklen
- bereichsbezogen	BERI-Index, Wirtschaftswachstum, Geldentwertung, Infrastruktur, Verfügbarkeit von Expertenwissen, Möglichkeiten der Kreditaufnahme

Warnecke, H. J.: Kostenrechnung für Ingenieure. München Wien: Carl Hanser Verlag 1996
Viebahn, U.: Kaufmännisches Basiswissen für Ingenieure. München Wien: Carl Hanser Verlag 1997

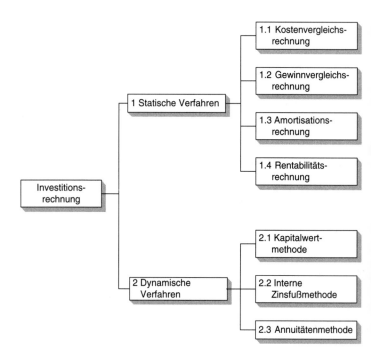

T Investitionsrechnung

Die Investitionsrechnung bietet die Möglichkeit, aus verschiedenen Investitionsalternativen die vorteilhafteste auszuwählen. Bei der **dynamischen Investitionsrechnung** werden die Kapitalströme (Einnahmen und Ausgaben) entsprechend ihres zeitlichen Anfalls verzinst, bei der **statischen Investitionsrechnung** spielt der zeitliche Verlauf von Einnahmen und Ausgaben keine Rolle.

T 1 Statische Verfahren

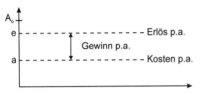

Bild T-1: Besonderheit der statischen Verfahren

T 1.1 Kostenvergleichsrechnung

Die verschiedenen Investitionen werden durch **Vergleich** ihrer anfallenden **Kosten** in einer Periode bei gegebener Kapazität beurteilt, dabei ist die Alternative mit den geringsten Kosten die günstigste. Die Kosten können auf einen **Zeitabschnitt** oder auf die **Stückzahl** bezogen werden.

■ **anfallende Kosten**
- Anschaffungswert
- Kapitalkosten (kalkulatorische Abschreibung und Zinsen)
- fixe Kosten (Personalkosten und Rüstkosten)
- variable Kosten (Material-, Fertigungslohn-, Werkzeug-, Energie-, Strom-, Wasser- und Wartungskosten).

■ **Mängel**
- keine Berücksichtigung der Erträge
- keine Berücksichtigung der Veränderungen der Einflußgrößen
- keine Berücksichtigung des Restwertes der alten Anlage
- keine Aussage über Rentabilität des eingesetzten Kapitals.

Die Kostenvergleichsrechnung ist zur Beurteilung einer Erweiterungsinvestition ungeeignet. Sie eignet sich ausschließlich für den **Alternativen-** und **Ersatzvergleich** (Zeitpunkt der Investition). Sie ist neben der Amortisationsrechnung das beliebteste statische Verfahren.

T 1.2   Gewinnvergleichsrechnung

Die **Gewinnvergleichsrechnung** ist eine Erweiterung der **Kostenvergleichsrechnung**, d.h., es werden die durch die Investition erzielten Erlöse pro Zeitperiode oder die erzielbaren Marktpreise je Stück zusätzlich berücksichtigt. Hier werden die zu erwartenden **Jahresgewinne** der Investitionsalternativen verglichen.

■ **Vorteile** gegenüber der Kostenvergleichsrechnung:
  - Aussage über Erträge und Gewinne
  - eignet sich auch für Erweiterungsinvestitionen

■ **Mangel**
  Zuordnung des Gewinnes zu der einzelnen Investition

T 1.3   Amortisationsrechnung

Diese Methode, auch **Kapitalrückflußrechnung**, **Pay-back-**, oder **Pay-off-Methode** genannt, baut ebenfalls auf Kosten- und Gewinnvergleich. Es wird hier die **Amortisationsdauer** bestimmt. Dies ist der Zeitraum, in dem das eingesetzte Kapital über die Erlöse wieder in das Unternehmen zurückfließt.

■ Die Amortisationsdauer wird nach folgender Formel berechnet:

$$Amortisationsdauer = \frac{Kapitaleinsatz - Restwert}{durchschnittlicher\ Rückfluß}$$

durchschnittlicher Rückfluß = Umsatz − Kosten + Abschreibung

■ Es gilt: Je **kürzer** die **Amortisationsdauer**, desto **geringer** das **Risiko** oder desto vorteilhafter die Investition.

■ **Mängel**
  - Die Kürze der Amortisationsdauer garantiert nicht die Vorteilhaftigkeit einer Investition.
  - Gleiche Amortisationsdauer heißt nicht, die Investitionen sind gleich gut.
  - Investitionen, die die gewählte Dauer übersteigen, können trotzdem lohnende Investitionen sein.

In der Praxis wird die Amortisationsrechnung häufig zusätzlich zu einem dynamischen Verfahren verwendet. Anwendung findet sie ausschließlich bei kleinen und mittleren Investitionsgütern (keine Immobilien).

T 1.4 Rentabilitätsrechnung

> Rentabilitätsrechnung ist die verbesserte Form der Gewinnvergleichsrechnung. Hier werden die **absolute Gewinnhöhe** und auch die **Rentabilität** (Quotient aus Gewinn und Kapital) des eingesetzten Kapitals berücksichtigt.

■ Es werden auch häufig die Umsätze bei dieser Rechnung mit einbezogen, d.h., die **Umsatzrentabilität** (Gewinn/Umsatz) und die **Umschlagshäufigkeit** (Umsatz/eingesetztes Kapital) werden mit ausgedrückt.

■ **Rentabilitätskriterien**: Bei einer Einzelinvestition wird als Rentabilitätskriterium eine **Mindestrentabilität** vorgegeben ($rent_{alt} \geq rent_{min}$), bei dem **Alternativenvergleich** werden die alternativen Investitionen verglichen ($rent_1 > rent_2$ und $rent_1$, $rent_2 \geq rent_{min}$), bei den **Ersatzproblemen** gilt das gleiche Kriterium wie bei den Einzelinvestitionen.

■ Bei einer **Rationalisierungsinvestition** sind die eingesparten variablen Kosten die Gewinne, sie werden auf die Kosten der Investition bezogen.

■ **Mängel**
   - Gewinn muß geschätzt werden.
   - Kapitaleinsatz muß festgelegt werden.

Tabelle T-1: Beispiel zu einem statischen Investitionsverfahren

Kosten in TDM	Maschine 1	Maschine 2	Maschine 3
Anschaffungswert	560	300	220
Lebensdauer in Jahren	10	8	5
Summe Kapitalkosten	84	52,5	55
Summe Fixkosten	210	315	318
Summe der variablen Kosten	63	61	54,2
Kostenvergleichsrechnung	**357**	428,5	427,2
Summe Gesamtkosten			
Geschätzter Umsatz	270	550	625
Gewinnvergleichsrechnung			
Gewinn	-87	121,5	**197,8**
Rentabilitätsrechnung			
Umsatz-Rentabilität in %	-32,22	22,09	**31,65**
Umschlagshäufigkeit	0,48	1,83	**2,84**
Rentabilität in %	-15,54	40,5	**89,91**
Amortisationsrechnung			
Durchschnittlicher Rückfluß	215	474	551
Amortisationsdauer in Jahren	1,24	0,74	**0,65**

T 2 Dynamische Verfahren

Bei diesem Verfahren wird die Investition über die gesamte Lebensdauer oder über einen festgelegten Zeitraum untersucht. Man geht von unterschiedlichen (schwankenden) Einnahmen (e), bzw. Ausgaben (a) aus.

Die Differenz von Einnahmen und Ausgaben (**Rückfluß**) wird je nach zeitlichem Anfall verzinst, und es wird entweder der Gegenwartswert (**Barwert**) errechnet oder der Endwert (**Zukunftswert**).

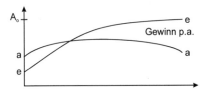

Bild T-2: Besonderheit der dynamischen Verfahren

Folgende finanzmathematischen Begriffe/Faktoren sind von Bedeutung:

■ **Barwert**, Gegenwartswert oder Kapitalwert.
Eine einmalige Zahlung K_n oder mehrmalige Zahlungen e werden auf den Gegenwartswert K_0 **abgezinst** (n = Anzahl der Perioden, i = Zinssatz).

einmalige Zahlung: $K_0 = K_n \dfrac{1}{(1+i)^n}$

Abzinsungsfaktor (AbF)

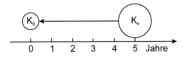

mehrmalige Zahlung: $K_0 = e \dfrac{(1+i)^n - 1}{i(1+i)^n}$

Diskontierungssummenfaktor (DSF)

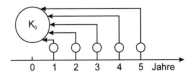

■ Endwert
Eine einmalige Zahlung K_0 oder mehrmalige Zahlungen e werden mit **Zins** und **Zinseszins aufgezinst**
(n = Anzal der Perioden, i = Zinssatz).

einmalige Zahlung: $K_n = K_0 (1+i)^n$

Aufzinsungsfaktor (AuF)

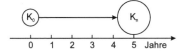

mehrmalige Zahlung: $K_n = e \dfrac{(1+i)^n - 1}{i}$

Endwertfaktor (EWF)

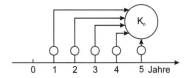

- **Jahreswert oder Annuität**

  Die regelmäßigen konstanten Jahresbeiträge dienen zur Bezahlung des Zinses und der Tilgung einer Schuld.

  Anfangswert: $e = K_0 \dfrac{i(1+i)^n}{(1+i)^n - 1}$

Kapitalwiedergewinnungsfaktor (KWF)

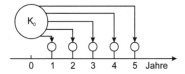

Endwert: $e = K_n \dfrac{i}{(1+i)^n - 1}$

Restwertverteilungsfaktor (RVF)

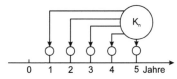

T 2.1   Kapitalwertmethode

Bei der Kapitalwertmethode werden alle Einzahlungen mit allen Auszahlungen eines Objektes verglichen. Dabei werden alle Zahlungsströme auf den Investitionsbeginn abgezinst (Barwert ermittelt). Die Summe aller dieser Barwerte ist der **Kapitalwert** C_0.

■ Der Kapitalwert nimmt mit steigenden Zinsen ab und mit fallenden Zinsen zu.

■ Kapitalwertkriterium: C_0

$C_0 > 0$ Investition ist **vorteilhaft**, sie lohnt sich.

$C_0 < 0$ Investition ist **unvorteilhaft**, sie ist unwirtschaftlich.

$C_0 = 0$ Es ist egal, ob man sein Geld investiert oder zum Kalkulationszinsfuß anlegt.

In der Praxis wird die Kapitalwertmethode sehr häufig eingesetzt. Sie dient meist als Vorstufe zu den anderen zwei Methoden der dynamischen Investitionsrechnung.

T 2.2   Interne Zinsfußmethode

> Die interne Zinsfußmethode ermittelt die **Verzinsung der Kapitalströme**. Man spricht auch beim internen Zinsfuß von der **Effektivrendite** der Investition vor Abzug der Zinszahlung.

■ **Internes Zinsfuß-Kriterium:** $r \geq i$
(r = erwartete Rendite; i = kalkulatorischer Zins)

$r > i$ Investition ist **vorteilhaft**, sie lohnt sich.

$r < i$ Investition ist **unvorteilhaft**, sie ist unwirtschaftlich.

$r = i$ Es ist egal, ob man sein Geld investiert oder zum Kalkulationszinsfuß anlegt.

■ Die Berechnung kann auf zwei verschiedenen Wegen erfolgen, grafisch durch Interpolation oder mit finanzmathematischen Verfahren.

■ Es gibt 4 Sonderfälle (Tabelle T-2):

Tabelle T-2: Sonderfälle zur Berechnung des internen Zinsfußes

Allgemeiner Fall (**beliebiger** Zahlungsverlauf)	1. Grafische Lösung (Kapitalwertkurve mit drei Kapitalwerten) 2. Rechnerische Lösung (Regula falsi - zwei Wertepaare müssen bekannt sein) $r = i_1 - K_{01} \dfrac{i_2 - i_1}{K_{02} - K_{01}}$
Sonderfall 1 (**ewige Rente**)	$r = \dfrac{(e - a)}{A}$
Sonderfall 2 (**restwertgleiche** Anschaffungsauszahlung)	$r = \dfrac{(e - a)}{A}$
Sonderfall 3 (**Restwert null**)	$\dfrac{A}{(e - a)} = DSF \; ; \quad \dfrac{(e - a)}{A} = KWF$

Sonderfall 4 (**Zweizahlungsfall**)	$r = \left(\dfrac{R}{A}\right)^{\frac{1}{n}} - 1 \quad ; r = \sqrt[n]{\dfrac{R}{A}} - 1$

T 2.3 Annuitätenmethode

Bei dieser Methode werden die Zahlungen (Ein-, Auszahlungen) bei einer Investition **gleichmäßig** auf die **Nutzungsjahre** verteilt. Diese Annuitäten ermittelt man mit Hilfe der Zinseszinsrechnung. Der Vergleich der durchschnittlichen jährlichen Einzahlungen (DJE) und Auszahlungen (DJA) – bei gegebenem Kapitalzinsfuß – ist das Entscheidungskriterium.

- **Annuitätenkriterium: DJE ≥ DJA**

  DJE > DJA Investition ist vorteilhaft, lohnt sich.

  DJE < DJA Investition ist unwirtschaftlich,

  DJE = DJA Es ist egal, ob man sein Geld investiert oder zum Kalkulationszinsfuß anlegt.

- Das Annuitätenverfahren ist eine Variante der Kapitalwertmethode.

  Zusammenhang von K_0 (Kapitalwert) und A (Annuität):

  Annuität $= K_0 \times$ Kapitalwiedergewinnungsfaktor (KWF)

Ein Beispiel zu den dynamischen Verfahren zeigt Tabelle T-3.

Tabelle T-3: Beispiel zu dynamischen Verfahren der Investitionsrechnung

	Investitionskosten	Einnahme E	Ausgabe A	Rückfluß (E-A)	**Kapitalwert**	**Annuität**	**interner Zinsfuß**
4. Qu. 0	120		40	-160			
1. Qu. 01	(Objekt 1)	0	35	-35			
2. Qu. 02		120	90	30	49,26	13,66	10,93%
3. Qu. 03		180	60	120			
4. Qu. 04		240	120	120			
4. Qu. 0	160		50	-210			
1. Qu. 01	(Objekt 2)	0	40	-40			
2. Qu. 02		160	90	70	32,6	9,04	7,47%
3. Qu. 03		180	60	120			
4. Qu. 04		240	120	120			
4. Qu. 0	200		20	-220			
1. Qu. 01	(Objekt 3)	0	25	-25			
2. Qu. 02		120	50	70	**71,54**	**19,85**	**12,09%**
3. Qu. 03		180	60	120			
4. Qu. 04		240	80	160			

Däumler, K-D.: Grundlagen der Investitions- und Wirtschaftlichkeitsrechnung. Berlin: Verl. Neue Wirtschafts-Briefe 1994

Hering, E., Draeger W.: Führung und Management. Düsseldorf: VDI-Verlag 1996

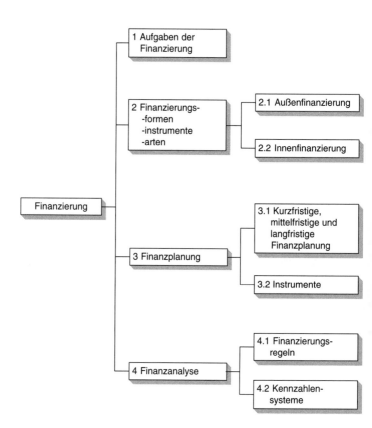

U   Finanzierung

Die Finanzierung umfaßt alle Maßnahmen der Beschaffung von Kapital-
mitteln. Die betriebliche Leistungserstellung erfordert Kapital.

Die **Zahlungsströme** in einem Unternehmen zeigt Bild U-1.

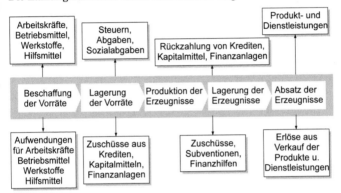

Bild U-1: Zahlungsströme in einem Unternehmen

Den Zahlungsströmen stehen die **Kapitalströme** eines Unternehmens
gegenüber. Diese bestehen aus Kapitalbeschaffung, Kapitalverwendung,
Kapitalfreisetzung oder Kapitalrückfluß und Kapitalabfluß (Bild U-2).

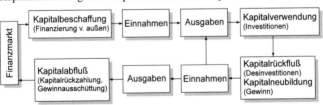

Bild U-2: Kapitalströme in einem Unternehmen

U 1   Aufgaben der Finanzierung

Die Aufgaben sind in Tabelle U-1 zusammengestellt.

Tabelle U-1: Aufgaben der Finanzierung

Aufgaben	Bemerkung
Liquidität und finanzielles Gleichgewicht	Gewährleistung des Fortbestandes des Unternehmens durch Sicherung der Liquidität

Aufgaben	Bemerkung
Zahlungsverkehr	rationelle, schnelle, sichere und billige Abwicklung des kompletten Bargelds und des bargeldlosen Zahlungsverkehrs
Finanzmittelverwendung	Verwendung der Geldmittel als Investitionen oder Anlagen in Form von Wertpapieren, Darlehen oder Barvermögen
Finanzmittelbedarf	Ermittlung des Bedarfs bei einer Investition nach der Höhe und der Zeitdauer
Finanzmittelbeschaffung	nach der Bedarfsermittlung folgt die Beschaffung nach der Wahl der Finanzierungsform und Finanzierungsart
Risikosicherung	Absicherung gegen Währungs- und Kursrisiken
Vermögens- und Kapitalstrukturierung	ausgewogene vertikale und horizontale Vermögens- und Kapitalstruktur und Ausgewogenheit zwischen Forderungen und Verbindlichkeiten
Finanzorganisation	Aufbau der Organisation

Zur Erfüllung seiner Verpflichtungen muß das Unternehmen stets gewährleisten, daß immer ausreichend Geld- oder Zahlungsmittel bereitstehen, sonst ist die **Liquidität** bzw. die **Zahlungsfähigkeit** gefährdet (Imageverlust, Konkurs). Bei der Liquiditätsplanung ist zu berücksichtigen, daß Einnahmen und Ausgaben meist zeitlich versetzt sind.

U 2   Finanzierungsformen, -instrumente und -arten

Die Finanzierungsarten sind in Tabelle U-2 zusammengestellt.

Tabelle U-2: Arten der Finanzierung

Finanzierungsarten	Bemerkungen
Art der Kapitalmittel	Unterscheidung auf der Passivseite in Eigen- und Fremdkapital
Rechtsstellung des Kapitalgebers	bei Eigenfinanzierung als Eigentümer mit Anteilen mit Gewinn und Verlust, bei Fremdfinanzierung als Gläubiger oder als Miteigentümer, mit Anspruch auf Verzinsung
Einfluß auf Vermögens- und Kapitalbereich	(s. Bild U-3)
Dauer der Bereitstellung	Die Dauer der Finanzierung richtet sich nach der Dauer der Investition. kurzfristige Investition → kurzfristige Finanzierung mittelfristige Investition → mittelfristige Finanzierung langfristige Investition → langfristige Finanzierung
Anlaß der Finanzierung	Gründung eines Unternehmens, Erhöhung des Kapitals, Zusammenführung, Gesellschaftsfusionen, Unternehmensumwandlung (Rechtsform), Großinvestitionen
Häufigkeit	zu häufige Kreditaufnahme verändert das Verhältnis von Fremd- zu Eigenkapital

Wie die Finanzierungsarten die Bilanz beeinflussen, zeigt Bild U-3.

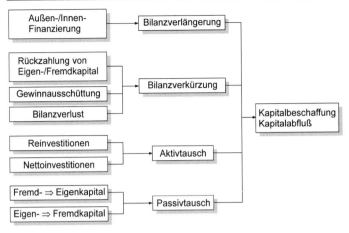

Bild U-3: Einfluß der Finanzarten auf die Bilanz

Bei den **Finanzierungsformen** unterscheidet man nach **Außenfinanzierung** (Kapital stammt von außerhalb des Unternehmens) und **Innenfinanzierung** (kommt von innerhalb des Unternehmens), Eigenfinanzierung (Eigenkapital) oder Fremdfinanzierung (Fremdkapital). Dabei ist zu beachten, daß die Außenfinanzierung bei verschiedenen Rechtsformen unterschiedlich sein kann (z.B. Kapitalerhöhung bei einer Aktiengesellschaft oder bei einer GmbH). Die verschiedenen Arten der Außen- und Innenfinanzierung sind in Bild U-4 zusammengestellt.

U 2.1 Außenfinanzierung

U 2.1.1 Beteiligungsfinanzierung

Hier werden dem Unternehmen langfristige Mittel **von außen** zugeführt, z.B. Geldeinlagen, Sacheinlagen oder Rechte (immaterielle Vermögensgegenstände). Man kann das Eigenkapital erhöhen oder neue Gesellschafter aufnehmen. Folgende Fragen sind dabei zu klären: die Haftung, der Einfluß auf die Geschäftsführung, die Vertretbarkeit der Beteiligung, die Publizitätspflichten und die Bewertung. Je nach Betriebsart sieht die Beteiligungsfinanzierung anders aus.

Einzelunternehmen

Die Erhöhung erfolgt aus dem Privatvermögen des Unternehmers, wobei es keine gesetzliche Vorschrift gibt, wie oft man Kapitalmittel dem Gesellschaftsvermögen zuführt oder entnimmt. Bei dieser Rechtsform kann eine Erweiterung des Eigenkapitals nur durch einen stillen Gesellschafter erfolgen, der lediglich einen Anspruch auf den Gewinn hat und nur in Höhe seiner Anlage am Verlust beteiligt ist. Er tritt nach außen in keiner Weise auf. Eine zweite Möglichkeit für die Aufnahme von neuen Gesellschaftern wäre die Wahl einer neuen Rechtsform, wie OHG (Offene Handelsgesellschaft), KG (Kommanditgesellschaft), GmbH (Gesellschaft mit beschränkter Haftung) oder auch AG (Aktiengesellschaft).

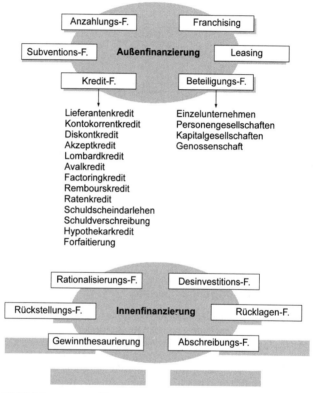

Bild U-4: Instrumente und Formen der Finanzierung

Personengesellschaften

Bei dieser Rechtsform unterscheidet man die OHG und die KG. Die Gesellschaftsformen unterscheiden sich darin, daß bei der KG ein sogenannter **Kommanditist** Gesellschafter ist, der bei der Haftung auf seine

Einlage beschränkt und von der Geschäftsführung ausgeschlossen ist. Die Gesellschafter der OHG und die Komplementäre der KG können im Rahmen ihres Gesellschaftsvertrages bei der Erhöhung des Eigenkapitals genauso verfahren wie der Einzelunternehmer. Hier wird die Erweiterung durch die Aufnahme neuer Gesellschafter erreicht.

Kapitalgesellschaften

Die beiden wichtigsten Vertreter dieser Rechtsform sind die GmbH und die AG. Die **GmbH** vergrößert ihr Eigenkapital durch die Erhöhung der Stammeinlage der Gesellschafter und erweitert es durch Aufnahme eines neuen Gesellschafters. Dieses beiden Methoden können sich aber unter Umständen äußerst schwierig gestalten, wenn im Gesellschaftsvertrag keine eindeutige Regelung festgelegt wurde. Bei der **AG** gibt es verschiedene Möglichkeiten, eine Erhöhung des Eigenkapitals zu erlangen (Bild U-5).

Genossenschaften

Die Finanzierung geschieht nahezu auf die gleiche Weise wie bei der GmbH. Hier ist aber nicht die Höhe der Einlage ausschlaggebend. Jeder Genossenschafter hat, unabhängig von der Anzahl der Anteile, nur eine Stimme.

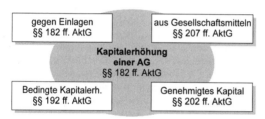

Bild U-5: Kapitalerhöhung einer Aktiengesellschaft

U 2.1.2 Kreditfinanzierung

Die Fremdfinanzierung über Kredit ist die häufigste Finanzierungsform. Hierbei überläßt der Kreditgeber dem Unternehmen einen bestimmten Geldbetrag für eine festgelegte Dauer und erhält als Gegenleistung eine Tilgungssumme und eine marktübliche Verzinsung der Schulden. Meist verlangt der Kreditgeber (Banken, Versicherungen oder sonstige Finanzierungsinstitute, aber auch Lieferanten, andere Unternehmen und öffentliche Einrichtungen) eine **Kreditsicherung** und eine **Bonitätsprüfung** (Bild U-6). Die Beurteilung der Bonität erfolgt durch persönliche (Zuverlässigkeit, berufliche Qualifikation, fachliche Qualifikation und Vertrauen in die unternehmerische Fähigkeit) oder materielle Kreditwürdigkeit (wirtschaftliche Verhältnisse, d.h. gegenwärtige und zukünftige Ertragslage, Liquiditätslage und die Vermögens- und Kapitalstruktur). Zur Bemessung der wirtschaftlichen Verhältnisse ziehen die Kreditgeber verschiedene Unterlagen heran: Jahresabschlüsse, Lageberichte, Steuerbescheide, externes und internes Zahlenmaterial, Auskünfte der Kontoführung, Wirtschaftsauskunfteien, Handelsregister- und Grundbuchauszüge und Gesellschaftsverträge.

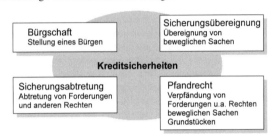

Bild U-6: Kreditsicherheiten

Lieferantenkredit

Das sog. Skonto ist ein Lieferantenkredit, der, auf das Jahr gerechnet, überaus günstig ist. Dabei lohnt es sich häufig, sogar einen kurzfristigen Bankkredit in Kauf zu nehmen. Die Sicherheit wird durch den Eigentumsvorbehalt gewährleistet. Das Skonto ist bereits vom Verkäufer im Preis einkalkuliert worden. Selbst wenn das Skonto nicht ausgenutzt werden kann, gewährt der Lieferant meist einen Zahlungsaufschub von 2 bis 3 Wochen. Dieser Zahlungsaufschub bzw. die Zahlungsbedingungen können aber auch individuell ausgehandelt werden.

Beispiel: Die Zahlungsbedingung von 30 Tagen ohne Abzug (oder von 10 Tagen mit 2% Skonto) ergibt eine jährliche Verzinsung von 36,72%. Das entspricht einem Lieferantenkredit mit einem Zinssatz von 36,72%. Mit Hilfe folgender Formeln errechnet sich der Jahreszinsaufwand:

$$Zinsaufwand\ (\%) = \frac{Skontobetrag}{Nettobetrag} \cdot 100$$

$$Jahreszinsaufwand = \frac{Zinsaufwand}{Zahlungsziel - Skontofrist} \cdot 360$$

Kontokorrentkredit

Ein Kontokorrentkredit erlaubt es dem Unternehmen, sein Konto innerhalb eines Kreditrahmens oder Limits zu überziehen. Dieser Kredit dient zur kurzfristigen Finanzierung von Engpässen, beispielsweise von Lohnzahlungen oder Skontozahlungen. Dieser Kredit ist für Unternehmen sehr teuer. Es fällt nicht nur ein höherer Zinssatz an, sondern auch Bereitstellungsprovision und bei Überschreitung des Limits auch noch eine Überziehungsprovision. Dieser Kredit sollte wirklich nur bei Spitzenbelastungen verwendet werden, da die Sollzinsen in der Regel um das 1,5fache höher sind als bei einem langfristigen Kredit.

Die Konditionen eines Kontokorrentkredits sind Verhandlungssache zwischen dem Unternehmen und der kontoführenden Bank.

Diskontkredit (Wechsel)

Wechsel sind auch heute noch eine der gebräuchlichsten Finanzierungsformen (Bild U-7). Dem Wechselgeschäft liegt ein ganz normaler Kauf zugrunde. Statt dem Verkäufer (Aussteller) die Ware zu bezahlen, akzeptiert der Käufer (Bezogener) einen Wechsel. Diesen Wechsel verkauft der Verkäufer nun an seine Hausbank, die ihm den **Barwert** (Diskonterlös) des Wechsels gutschreibt. Die Differenz zwischen Barwert und Nennwert des Wechsel ist der **Zins** (Diskont) des Wechsels. Der **Diskontkredit** ist ein kurzfristiger Kredit, da er maximal 90 Tage (Höchstlaufzeit eines Wechsels) dauert. Als Sicherheit gilt hier die Unterschrift aller Beteiligten (des Bezogenen, des Ausstellers und der Indossataren) auf dem Wechsel. Wird ein Wechsel notleidend, wird Protest erhoben. Eine Besonderheit des Wechsel ist nun, daß man jetzt Rückgriff gegen die anderen Wechselgläubiger nehmen kann. Ist dies auch ohne Erfolg, erlangt man relativ schnell einen **Wechselprozeß** bzw. einen **Wechselmahnbescheid** (spart Kosten gegenüber dem Prozeß), d.h., der Gläubiger kommt schnell zu seinem Geld.

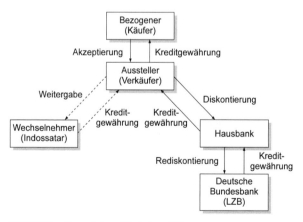

Bild U-7: Vorgänge bei einem Wechselgeschäft

Akzeptkredit

Dieser Kredit ist formal ein Wechsel, bei dem das Kreditinstitut der Bezogene ist und gleichzeitig dem Unternehmen den Wechsel diskontiert. Dabei fallen die gleichen Kosten an wie bei einem Diskontkredit, nur zusätzlich noch die Akzeptprovision (etwa 3%). Verwendung findet diese Art des Wechselkredits im Außenhandelsgeschäft. Banken stehen sehr kritisch zum Akzeptwechsel, da sie mit ihrem guten Namen haften, d.h., es werden nur mit Unternehmen einwandfreier Bonität solche Geschäfte getätigt.

Lombardkredit

Bei diesem kurzfristigen Darlehen werden beweglichen Sachen und Rechte verpfändet. Die Beleihungsgrenze liegt zwischen 50 und 80 Prozent des Gesamtwertes. Als Pfandobjekte kommen Waren, Warendokumente, Edelmetalle, Forderungen und hochwertige und verpfändbare Effekten in Frage. Das größere Risiko wird durch einen höheren **Lombardsatz** abgedeckt, der meist einen Prozentpunkt höher als der Diskontsatz liegt.

Avalkredit

Dieses Finanzierungsinstrument wird hauptsächlich von Unternehmen genutzt, wenn sie Importgeschäfte tätigen, sich an Ausschreibungen oder Großaufträgen beteiligen. Die Bank bürgt für die Verbindlichkeiten des Unternehmen gegenüber Dritten. Man unterscheidet zwischen einer **Bürgschaft** und einer **Garantie**. Der Unterschied liegt darin, daß eine Bürgschaft akzessorisch (abhängig vom Bestehen der Schuld) ist und eine Garantie abstrakt (vom Grundgeschäft gelöst) ist. An Kosten fallen lediglich Provisionen an. Bürgschaften werden verlangt, um importbezogene Aufwendungen gegenüber der Zollbehörde bzw. bei Ausschreibungen und Großinvestitionen eventuelle Vertragsstrafen oder Zahlungsleistungen bei Nichterfüllung des Vertrages zu sichern.

Factoringkredit

Den Ankauf von Forderungen aus Warenlieferungen oder Dienstleistungen durch ein Finanzierungsinstitut (Factor) nennt man **Factoring**. Der **Factor** übernimmt für das Unternehmen die Finanzierung, das Ausfallrisiko, den Forderungseinzug, das Mahnwesen, die Debitorenbuchhaltung und die Rechnungsstellung. Die Kosten für das Unternehmen sind Sollzinsen, Risikoprämie und die Factoringgebühr. Den hohen Kosten, dem Vertrauensbruch bei den Kunden, dem eventuellen Prestigeverlust und der Abhängigkeit vom Factor stehen der sofortige Fluß der Geldmittel und die Entlastung in der Verwaltung gegenüber.

Ratenkredit

Banken gewähren auch Unternehmen Ratenkredite für kurz- oder mittelfristige Investitionen, jedoch ist das eher die Ausnahme. Die monatlichen

Tilgungen werden über **Wechsel** abgewickelt, die das Unternehmen akzeptiert. Der gewerbliche Ratenkredit wird über eine **Sicherungsübereignung** gesichert.

Schuldscheindarlehen

Große Investitionen werden meist über Schuldscheindarlehen finanziert. Kreditsammelstellen (Versicherungsgesellschaften, Sparkassen oder Girozentralen), die diese Kredite gewähren, refinanzieren sich über die Abtretung von Teilbeträgen an andere Gesellschaften oder Großbanken. Im **Darlehensvertrag** werden Darlehenssummen (ab einer Million DM), Rückzahlung (meist in einer Summe), Sicherheiten und Verzinsung (0,25...0,5 % höher als bei Schuldverschreibungen) festgelegt. Die Kosten sind weitaus günstiger als bei Schuldverschreibungen, da Emissionskosten, Verwaltungskosten und Publizitätskosten entfallen.

Schuldverschreibungen (Obligationen)

Sie werden von namhaften Unternehmen aus Industrie (Industrieobligationen), Handel und Verkehr sowie von Realkreditinstituten (Pfandbriefe) und der öffentlichen Hand (Bundes-, Länder- und Kommunalanleihen) zur Finanzierung langfristiger Investitionen und Umschuldungen ausgegeben. Für die Bonität des Emittenten (ausgebendes Unternehmen) sind in erster Linie der gute Ruf, die wirtschaftliche Lage und die Ertragskraft maßgebend. Die Schuldverschreibungen müssen staatlich genehmigt werden und sind börsenfähig. Der Gläubiger hat Anspruch auf Zinsen und auf Rückzahlung. Die Kosten sind hoch, man hat Emissionskosten, Publizitätskosten und einen hohen Verwaltungsaufwand.

Hypothekarkredit

Dieser Kredit ist durch die Eintragung einer **Hypothek** oder **Grundschuld** gesichert. Heute werden überwiegend nur noch Grundschulden eingetragen. Der Unterschied ist der, daß die Hypothek vom Bestand der Forderung abhängig ist (akzessorisch), die Grundschuld jedoch nicht (abstrakt). Die Kosten bestehen zum größten Teil aus Zinsen und Bearbeitungsgebühren. Der **Beleihungswert** ermittelt sich aus dem Bodenwert, dem Bauwert, dem Sachwert und dem Ertragswert.

Rembourskredit

Hier handelt es sich um einen **Akzeptkredit** durch eine ausländische Bank (Bild U-8). Die Grundlage dieses Kreditgeschäfts ist ein **Dokumentenakkreditiv**. Durch die räumliche Trennung des Verkäufers (Exporteur) und des Käufers (Importeur) entsteht ein Risiko für beide Seiten. Hier bedient man sich der Hausbanken. Nachdem der Kaufvertrag geschlossen ist, beantragt der Importeur bei seiner Bank die Eröffnung eines **Akkreditivs**. Die Importbank wiederum schließt mit der

Hausbank des Exporteurs eine **Kreditlinie** ab, d.h., die Bank des Exporteurs (Remboursbank) verpflichtet sich, bei der Vorlage der vereinbarten Papiere zu bezahlen. Der Exporteur verschifft die Ware und reicht die Papiere (Rechnung, Transportpapiere und Transportversicherung) bei seiner Bank ein. Nach Prüfung der Papiere veranlaßt die Bank die Zahlung durch **Diskontierung**. Nun werden die Dokumente an die Importbank geschickt. Diese gibt die Papiere erst nach Abdeckung der Schuld an den Importeur weiter. Die Exportbank löst den Wechsel bei der Importbank ein, die dem Importeur den Wechsel zum Einlösen vorlegt. Dies ist eine der wichtigsten Exportfinanzierungen und hat mit der Bank einen einwandfreien Schuldner. Wie jeder Wechsel ist auch der Akzeptkredit vom eigentlichen Warengeschäft losgelöst.

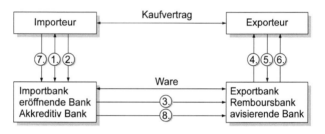

1. Kreditvertrag
2. Akkreditivauftrag
3. Eröffnung des Akkreditivs
4. Avisierung
   (Bestätigung der Eröffnung)

5. Vorlage der Dokumente
6. Diskontierung
7. Abdeckung des Kredits
8. Anschaffung des Gegenwertes

Bild U-8: Rembourskredit

Forfaitierung

Diese Finanzierungsform entstand in den sechziger Jahren, als die deutsche Exportwirtschaft führend im Investitionsgütersektor war. Sie mußte ihren Käufern teilweise mittel- bis langfristige Zahlungsziele einräumen. Diese Forderungen wurden mit allen Rechten und Risiken an den **Forfaiteur** verkauft. Die Finanzierungsinstitute können bei Zahlungsunfähigkeit keinen Rückgriff auf den Forderungsverkäufer nehmen. Deshalb werden solche Kredite nur bei guter Sicherheit (Wechsel, Akkreditiv, Bankaval, ausreichende Bonität des Importlandes, Ausfuhrgarantie oder Ausfuhrbürgschaft des Bundes) gewährt. Der Exporteur muß seine verbesserte Liquidität, die Befreiung des Kreditrisikos und die Entlastung der Bilanz von langfristigen Forderungen teuer bezahlen, da die Gebühren sehr hoch sind. Ein wesentlicher Unterschied zum Factoring liegt darin, daß hier auch einzelne Forderungen verkauft werden können.

U 2.1.3 Leasing

Eine Sonderform der Finanzierung ist das Leasing. Anstelle eines Kaufes wird der bewegliche oder unbewegliche Gegenstand gemietet oder gepachtet (geleast).

Leasing-Gegenstände

Geleast werden kann alles, was sich nicht verbraucht, d.h. Immobilien, Mobilien und auch Personen. Immobilien sind nicht nur Gebäude und Grundstücke, sondern auch Schiffe und Betriebsanlagen; sie müssen nur wirtschaftlich selbständig verwertbar und nutzbar sein. Nach Beendigung (bis zu 30 Jahren) des Leasingvertrages muß das Mietobjekt ohne Verlust verwertbar sein, z.B. Parkhäuser, Lagerhäuser, Verbrauchermärkte, Einkaufszentren, auch Kraftwerke, Raffinerien und industrielle Fertigungsanlagen.

Mobilien sind Maschinen und Ausrüstungsgegenstände. Als Mobilie dürfen sie nicht Grundstückszubehör oder -bestandteil sein. Sie müssen einzeln wirtschaftlich genutzt werden können, wie beispielsweise Produktionsmaschinen, Kraftfahrzeuge oder EDV-Anlagen. Die Leasingdauer ist kurz- bis mittelfristig.

Personen-Leasing ist ein wenig gebrauchter Name, der geläufigere ist **Zeitarbeit**. Hier wird die Arbeitskraft zur Überbrückung von personellen Engpässen geleast.

Arten des Leasings

Das Leasing hat eine mittel- bis langfristige Laufzeit. Der Leasinggegenstand ist in der Grundmietzeit unkündbar. Da das Objekt meist nach den Wünschen und Bedürfnissen des Leasingnehmers angeschafft worden ist, hat der Mieter häufig ein Kaufrecht nach Beendigung des Vertrages. Während der Mietdauer amortisiert sich die Investition des Leasinggebers, zum größten Teil durch die Höhe der Miete, der Rest stellt sich bei der Weiterverwertung ein.

Das **Operating-Leasing** betrifft kurzfristige Vertragszeiten. Hier besteht durch den Leasingnehmer nur ein kurzes Interesse am Objekt, oder es lohnt sich für den Mieter nicht, eine eigene Investition zu tätigen.

Beim **Direkten Leasing** ist der Vermieter auch gleichzeitig der Hersteller. Dieser hat nicht nur Interesse, sein Hauptprodukt langfristig zu vermieten, sondern auch seine Dienstleistungen zu verkaufen, wie Wartung und Lieferung von Betriebsstoffen.

Beim **Indirekten Leasing** ist eine Leasinggesellschaft der Vertragspartner, die nach den Bedürfnissen der Mieter das Objekt beim Hersteller bezieht.

Dienstleistungen und Sonderformen des Leasings

Alle Leasinggesellschaften oder Hersteller bieten dem Mieter verschiedene Dienstleistungen an. Man unterscheidet drei Möglichkeiten:

Zum **Full-Service-Leasing** gehören Wartung, Reparaturdienst, Versicherung und sonstige Serviceleistungen. Beim **Teil-Service-Leasing** werden die Service-Leistungen vertraglich festgelegt, und beim **Net-Leasing** wird der Gegenstand ohne Service geleast.

Folgende drei mögliche Sonderformen gibt es:

Revolving-Leasing besagt, daß der Gegenstand nach einer bestimmten Frist ständig gegen einen neuen ausgetauscht wird (z.B. Kopierer). Beim **Special-Leasing** wurde das Objekt speziell und ausschließlich für den Mieter hergestellt, d.h., niemand außer dem Leasingnehmer hat nach Vertragsablauf eine Verwendung dafür. Der Verkauf eines Wirtschaftsgutes an eine Leasinggesellschaft und das gleichzeitige Leasen dieses Gegenstandes (meist Immobilien), nennt man **Sale-and-lease-back**. Der Vorteil liegt in der Liquidität durch den Verkauf des gebundenen Kapitals.

Vor- und Nachteile des Leasings

Die Vorteile beim Leasing sind groß. Es bietet Entlastung des Eigenkapitals: liquide Mittel können in anderen Bereichen investiert werden, Leasingzahlungen sind plan- und kalkulierbar, durch kurzfristige Verträge kann mit der technisch-wirtschaftlichen Entwicklung Schritt gehalten werden. Dadurch, daß der Leasingnehmer keinen Ausweis in der Bilanz tätigen muß, kann er die Leasingraten steuerlich absetzen. Zudem fallen keine investitionsbezogenen Steuern an, und das Investitionsrisiko ist geringer, da Investitionen trotz Fehlen eigener Mittel finanziert werden können. Es werden keine Sicherheiten verlangt, da der Gegenstand Eigentum der Leasinggesellschaft ist.

Die Nachteile sind zum einen die hohen laufenden Leasingkosten, die hochgerechnet zwischen 20 und 40 % über der Kaufsumme liegen. Der Leasingnehmer ist während der Grundmietzeit gebunden. Bei rückläufigen Verkaufszahlen können die hohen Mietkosten zu einem Problem werden. Die Gefahr einer technischen Überalterung während der Grundmietzeit ist auch vorhanden.

 Trotz der vielen Vorteile sollte man sich doch vor einer Investition überlegen, ob Leasing die richtige Entscheidung ist; dies gilt auch für den privaten Bereich.

U 2.1.4 Franchising

Die Franchisingfinanzierung ist für viele Unternehmer eine günstige, langfristige und **risikoarme Fremdfinanzierung**. Die Franchisegeber bieten einen befristeten, lizenzähnlichen und einheitlichen **Koopera-tionsvertrag** an. Dieser Vertrag enthält die Nutzung der Marken, der Warenzeichen, der Geschäftsform, der Schutzrechte, der Vertriebs- und Absatzmethoden, der Ausstattung und die Erfahrung des Franchisegeber. Die Kosten für den Franchisenehmer belaufen sich auf eine einmalige Gebühr und jährliche umsatzabhängige (1...3 %) Zahlungen. Das Risiko des Franchisenehmer ist gering, da er für den Erfolg seines Geschäftes verantwortlich (Geschäftsrisiko) ist und zum Teil oder vollständig die Investitionskosten trägt. Der Franchisegeber stellt sein Know-how, seine Erfahrung, seine Beratung, seine Vertriebsorganisation, seine Absatzwege und ein einheitliches Erscheinungsbild zur Verfügung.

U 2.1.5 Anzahlungsfinanzierung

Bei dieser Finanzierung muß der Käufer zu vertraglich festgelegten Zeitpunkten Vorauszahlungen leisten. Diese Abschlagszahlungen haben zwei Gründe: Erstens wird die Abnahme des für den Kunden speziell hergestellten Erzeugnisses gesichert und zweitens hat man bei einer späteren eventuellen Zahlungsunfähigkeit des Kunden wenigstens etwas Geld erhalten.

U 2.2   Innenfinanzierung

Im Gegensatz zur Außenfinanzierung, bei der Finanz- oder Geldmittel von außen in das Unternehmen fließen, werden bei der Innenfinanzierung die Finanzmittel aus dem Unternehmen aufgebracht. Es gibt verschiedene Möglichkeiten der Finanzierung von innen. Die offensichtlichste ist die Erwirtschaftung von **Gewinn** bzw. Überschuß, eine weitere ist die **überhöhte Abschreibung** des Anlage- und Umlaufvermögens. **Langfristige Rückstellungen** sind ebenfalls eine Alternative, sowie der **Verkauf** von Maschinen bzw. Produktionsanlagen (Desinvestition). Es gibt im Bereich der Produktion eine zweite Finanzierungsmöglichkeit, nämlich durch **Rationalisierung** (z.B. Kosteneinsparungen im Lager, in der Produktion oder im Versand). Die Oberbegriffe sind Finanzierung aus **Umsätzen** (Cash-flow) und Finanzierung aus anderen **Geldfreisetzungen** oder Kapitalfreisetzungen.

U 2.2.1 Desinvestition

Die Desinvestition ist eine Aktivierung von Kapital, das in Investitionen gebunden ist, z.B. durch den Verkauf von nicht mehr benötigten Maschinen. Dies ist bei allen Vermögensgegenständen und Vermögenswerten der Aktivseite möglich.

U 2.2.2 Rationalisierung

Eine Rationalisierung ist eine Verringerung der Kosten durch Verbesserung oder Modernisierung bzw. Automatisierung der Fertigungsanlagen, des ganzen Produktionsablaufes und der Logistik (vom Einkauf bis zum Vertrieb). Durch diese Einsparungen werden die **Wirtschaftlichkeit** und die **Produktivität erhöht**, weil mit weniger Mitteln das gleiche oder ein besseres Produktions- und Umsatzergebnis erreicht wird. Die eingesparten Kapitalmittel können für andere Zwecke (z.b. Investitionen oder Rückzahlung von Schulden) verwendet werden.

U 2.2.3 Rückstellungen

Ein Unternehmen darf für zu erwartende, aber in ihrer Höhe unbestimmte Kosten sog. Rückstellungen bilden. Sie stehen dem Unternehmen bis zu ihrer Auflösung zur Verfügung. Aufgelöst werden sie, wenn der Grund ihrer Bildung eingetreten oder weggefallen ist. Rechtlich gesehen sind Rückstellungen Fremdkapital. Da kurz- und mittelfristige Rückstellungen, wie Steuern, Prozeßkosten, Hauptversammlungskosten oder Abschlußprüfungskosten, zu kurz im Unternehmen verweilen, konzentriert man sich auf die langfristigen Rückstellungen, wie Pensionen, Steuern, Garantieleistungen und Prozeßkosten.

U 2.2.4 Gewinnthesaurierung

Gewinne, die das Unternehmen nicht ausbezahlt, sondern einbehält, werden den Beteiligten als **Eigenkapital** zugerechnet. Diese Gewinne müssen versteuert werden. Diese Form der Finanzierung wird auch **offene** oder **stille Selbstfinanzierung** genannt.

Offene Selbstfinanzierung

Um diese Möglichkeit auszunutzen, muß das Unternehmen einen beträchtlichen Gewinn erwirtschaften, da davon noch Aufwendungen und Steuern abgezogen werden müssen. Durch die Gewinneinbehaltung und die Bildung von offenen Rücklagen baut sich das Unternehmen langfristiges Eigenkapital auf. Dieses so gebildete Kapital verursacht keine Zinsaufwendungen und Beschaffungskosten.

Stille Selbstfinanzierung

Unter dieser Finanzierungsform versteht man die Bildung stiller Reserven. **Stille Reserven** werden durch unterschiedliche Bewertungsmaßstäbe gebildet, d.h., ein Aktivposten erscheint in der Bilanz niedriger als er in Wirklichkeit ist. Beispielsweise werden Edelmetalle niedriger in der Bilanz bewertet als sie in Wirklichkeit wert sind. Auf der Passivseite erscheint ein höherer Wert, als er tatsächlich ist. Beispielsweise werden Verbindlichkeiten höher bilanziert, als ihr tatsächlicher Marktwert ist. Die unterschiedlichen Bewertungsmaßstäbe sind erlaubt. Mit Hilfe der Unterbewertung der Aktivposten und der Überbewertung der Passivposten versuchen die Unternehmen, ihre wahre Gewinnsituation zu verschleiern. Sie verwenden die stillen Reserven, um **Gewinnschwankungen** auszugleichen. In guten Jahren werden stille Reserven aufgebaut, um sie in schlechten, ertragsarmen oder gar verlustreichen Zeiten wieder aufzulösen. Die stillen Reserven sind für einen Außenstehenden nicht zu erkennen und bleiben diese, bis sie aufgelöst werden. Diese Gewinne sind zudem noch nicht versteuert.

Die **Selbstfinanzierung** ist für Einzelunternehmen und Personengesellschaften zu einer wichtigen Finanzierungsform geworden, da sie sich nicht wie Kapitalgesellschaften am Kapitalmarkt Mittel beschaffen können.

U 2.2.5 Abschreibungsfinanzierung

Die **Abschreibung** erfaßt die Wertminderung des Anlagegutes. Diese Wertminderung tritt durch Nutzung, technischen Fortschritt, wirtschaftliche Entwertung und außergewöhnliche Ereignisse ein. In der Gewinn- und Verlustrechnung (GuV) werden sie als Aufwand gebucht. Sie verringern den Gewinn und somit die gewinnabhängigen Steuern. Diese Verringerung des Gewinnes ist aber tatsächlich nicht gegeben, denn die Abschreibungen sind in der Preiskalkulation berücksichtigt und kommen in Form von Umsatzerlösen zurück. Aus der Kapitalfreisetzung durch Abschreibung und Rückfluß über die Umsatzerlöse stehen dem Unternehmen liquide Mittel zur Verfügung. Man sollte aber berücksichtigen, daß diese Kapitalmittel wieder benötigt werden, um die verbrauchten, veralteten und abgeschriebenen Maschinen zu ersetzen. Durch diesen Zyklus ist es dem Unternehmen möglich, ohne Einsatz von erneutem Eigen- oder Fremdkapital eine Ersatzinvestition für die alte Anlagen zu tätigen.

U 3 Finanzplanung

Die wichtigsten Ziele der Finanzplanung sind, die **Zahlungsfähigkeit** (Liquidität) jetzt und in Zukunft sicherzustellen, ferner die Ressourcen **wirtschaftlich** einzusetzen und für das Kapital im Unternehmen eine gute **Rentabilität** zu erwirtschaften. Dies geschieht unter Berücksichtigung von Sicherheit (**Substanzerhaltung**) und Autonomie (**Unabhängigkeit**) des Unternehmens. Weitere Ziele sind, das finanzielle Gleichgewicht des Betriebes aufrechtzuerhalten und zu verhindern, daß sich zu hohe finanzielle Mittel bilden, die nur wenig oder gar keinen Zinsertrag bringen. Um diese Planung durchzuführen, bedient man sich des

Finanzplanes, der sich aus Einnahmen- und Ausgabenplan zusammensetzt. Im **Einnahmenplan** findet man die Zahlungsmittelzuflüsse aus den Umsätzen, im **Ausgabenplan** die Abflüsse aus den Aufwendungen. Durch das Gegenüberstellen dieser beiden Pläne erhält man eine **Unterdeckung**, die durch Kredite oder eigene Mittel gedeckt werden muß, oder eine **Überdeckung**, die man sinnvoll verwenden sollte, beispielsweise als Finanzanlage oder zur Kredittilgung.

U 3.1 Kurzfristige, mittelfristige und langfristige Finanzplanung

Kurzfristige Finanzplanung

Der Zeitraum umfaßt die nächsten Tagen und Wochen. Ziel ist es, die Zahlungsbereitschaft des Unternehmen in diesem Zeitraum zu sichern. Aufgabe ist es, die Einnahmen und Ausgaben zu vergleichen, auf überraschende Zahlungen vorbereitet zu sein und die Kreditlinie zu beachten. Die kurzfristige Finanzplanung ist die Grundlage für finanzielle Entscheidungen. Als Planungsgrundlage dienen Auftragsbestände, Bestellverpflichtungen, Arbeitsverträge, Steuerbescheide und Mietverträge.

Mittelfristige Finanzplanung

Der Zeitraum beträgt ein Geschäftsjahr. Es werden Umsatz- und Ertragspläne verabschiedet, die Grundlage dieses Finanzplanes sind. Dabei werden hauptsächlich die **Liquidität** und die **Ertragsentwicklung** berücksichtigt.

Langfristige Finanzplanung

Durch die Erstellung eines Mehrjahresplans werden wichtige finanzielle Strukturen des Unternehmens vorgeplant. Dazu gehören beispielsweise die Finanzierung von Wachstum, von neuen Produkten und Märkten. Hauptziel ist die Sicherung des Unternehmens.

U 3.2 Instrumente der Finanzplanung

Kapitalbindungsplan, Cash-flow-Prognose-Planung, Finanzbudgetierung und Liquiditätsplanung sind die wichtigsten Instrumente der Finanzplanung.

Liquiditätsplanung

Dieses Instrument dient der Liquiditätssicherung und damit dem Fortbestand des Unternehmens. Durch Vergleich der zu erwartenden Einnahmen und Ausgaben werden Überschüsse oder Fehlbeträge ermittelt. Um dies aktuell für einen Monat zu erstellen, muß das Zahlungsverhalten der Kunden bekannt sein. Nach Abschluß eines jeden Monats werden die restlichen Monate aktualisiert und fortgeschrieben.

Finanzbudgetierung

Die Budgetierung findet hauptsächlich in großen Firmenverbänden und Konzernen statt. Hierbei werden den einzelnen Abteilungen oder Firmenbereichen **Budgets** zugesprochen, die sie eigenverantwortlich für bestimmte Ziele verwenden können.

Kapitalbindungsplanung

Bei dieser Planung werden die Kapitalverwendung und die Kapitalherkunft gegenübergestellt. Über den Planungszeitraum hinweg wird das Gleichgewicht ermittelt. Es entsteht eine **Deckungslücke** oder ein **Überschuß**. Die Lücke muß im nächsten Planungszeitraum (z.B. durch eine Kreditfinanzierung) geschlossen werden, oder der Überschuß muß sinnvoll verwendet werden.

Cash-flow-Prognose-Rechnung

Hier wird ähnlich wie bei der Kapitalbindungsplanung ein Vergleich der Ein- und Auszahlungen (Cash-flow) bei unterschiedlichen Kapazitätsauslastungen zusammengestellt. Dadurch berücksichtigt man Auftragsschwankungen, die in der Planungsperiode auftreten können. Verglichen wird hier aber die Entstehungsrechnung mit der Verwendungsrechnung.

U 4   Finanzanalyse

Die Finanzanalyse gibt dem Unternehmen die Grundlage zur Kontrolle seiner Finanzen. Sie unterstützt die Steuerung und die zukünftige Planung des Unternehmens. Man erhält auch wertvolle Hinweise, indem man mit anderen Unternehmen der Branche oder anderen Branchen vergleicht. Die Analyse liefert verläßliche Zahlen bezüglich der Liquidität, der Rentabilität, der Wirtschaftlichkeit und der Sicherheit des Unternehmens.

U 4.1   Finanzierungsregeln

Wichtig für die Sicherung des Unternehmensfortbestandes sind die **horizontalen Finanzstrukturkennzahlen**. Bei diesen Kennzahlen hat die Unternehmensliquidität Vorrang. Zur Ermittlung dieser Zahlen benutzt man die klassischen Finanzierungsregeln:

Goldene Bilanzregel

Die goldene Bilanzregel besagt, daß langfristige gebundene Anlagegüter durch langfristiges Kapital und Umlaufvermögen durch kurzfristige

Kapitalmittel gedeckt sein sollen. Der vorhandene Sicherheitsbestand sollte langfristig finanziert sein. Die Bedeutung für die Finanzierung ist, daß kurzfristige Investitionen durch kurzfristige Mittel und langfristige Investitionen durch langfristige Mittel finanziert werden sollten.

Goldene Finanzierungsregel

Langfristige Investitionen dürfen nicht mit kurzfristigen Mitteln finanziert werden.

Two-to-One-Rule (banker´s rule)

Zwischen Umlaufvermögen und kurzfristigem Fremdkapital soll ein Verhältnis von 2:1 bestehen.

One-to-One-Rule

Zwischen baren Mittelbeständen mit kurzfristig liquidierbarem Umlaufvermögen und kurzfristigem Fremdkapital soll ein Verhältnis von 1:1 bestehen.

U 4.2   Kennzahlensysteme

Es gibt auch **vertikale Finanzstrukturkennzahlen**. Diese beziehen sich nur auf die Zusammensetzung des Vermögens oder des Kapitals. Die Kennzahlen für die **Aktiva** behandeln die Vermögensstruktur und das Investitionsverhalten (z.B. Umlaufintensität, Umschlagshäufigkeit, Vorratshaltung). Die Kennzahlen für die **Passiva** beziehen sich auf die Struktur und die Qualität der Finanzierung in dem Unternehmen (z.B. Verschuldungsgrad, Wechselkreditdauer, Kreditanspannung).

Investitionskennzahlen

$$Umlaufintensität = \frac{Umlaufvermögen}{Gesamtvermögen} \cdot 100$$

$$Investitionsquote = \frac{Nettoinvestitionen\ in\ Sachanlagen}{Jahresanfangsbestand\ der\ Sachanlagen} \cdot 100$$

$$Vorratshaltung = \frac{Vorrat}{Umsatz} \cdot 100$$

Finanzierungskennzahlen

$$Eigenkapitalanteil = \frac{Eigenkapital}{Gesamtkapital} \cdot 100$$

$$Bilanzkurs = \frac{Eigenkapital}{Grundkapital} \cdot 100$$

$$Bankkreditdauer = \frac{Geschäftskontenbestand\ (durchschnittlich)}{Wareneingang} \cdot 365$$

Liquiditätskennzahlen

$$Deckungsgrad\ A = \frac{Eigenkapital}{Anlagevermögen} \cdot 100$$

$$Liquidität\ ersten\ Grades = \frac{flüssiger\ Zahlungsmittelbestand}{kurzfristige\ Verbindlichkeiten} \cdot 100$$

Grill, Perczynski: Wirtschaftslehre des Kreditwesens. Bad Homburg: Verlag Gehlen 1990

Hering, E., Draeger, W.: Führung und Management. Düsseldorf: VDI-Verlag 1995

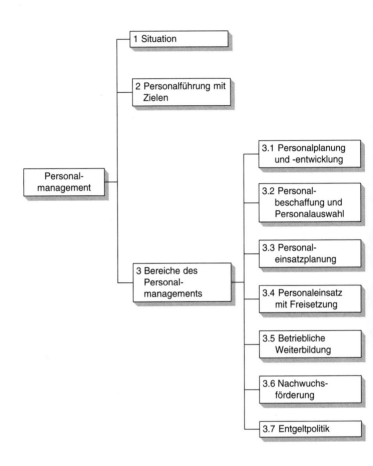

V Personalmanagement

V 1 Situation

Durch die **Lean-Diskussion** wurden Veränderungsprozesse ausgelöst.
Das führte in den Unternehmen zur Streichung von Hierarchieebenen
und zur **Verschlankung** von Geschäftsbereichen, um starre zentralisti-
sche Organisationen in **prozeßorientierte Auftragsabwicklungsseg-
mente** umzuwandeln, die den rasch veränderten Kundenwünschen folgen können. Flexible Produktionssysteme sollen innerhalb **teilautono-
mer Organisationsstrukturen** (fraktale Fabriken) die Voraussetzungen
für die darin beschäftigten **hochmotivierten Mitarbeiter** schaffen, die
Kundenforderungen umfassend zu erfüllen.

Dezentrale Geschäftsbereiche mit dem **Schlüsselfaktor Mensch** im Mittelpunkt, der über Selbstverantwortung, Selbstorganisation, Selbststeue-
rung, Selbst-Controlling, Selbstqualifizierung und Selbstdisziplin diese
Organisationseinheit zum Erfolg führt, werden unterstützt durch ein dezen-
trales Qualitäts-, DV-, Produktions- und Logistikmanagement (Bild V-1).

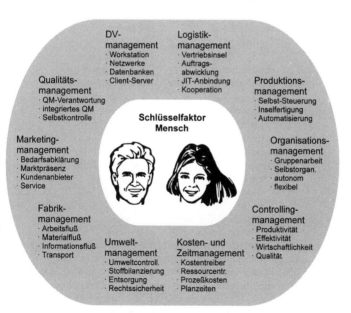

Bild V-1: Vernetzte Dezentralisierungsstrukturen

V 2   Personalführung mit Zielen

> Eine der Hauptaufgaben des Personalmanagements im Unternehmen ist
> die Anwendung einer **Führung mit Zielen** (management by objectives)
> auf der Grundlage eines durchgängigen Zielvereinbarungs- und Zielauflö-
> sungsprozesses.

Diese Aufgabe muß flächendeckend in allen Bereichen nach einer einheitlichen Vorgabe durchgeführt werden. Das Personalmanagement muß
dabei die vom Top-Management vorgegebene **Unternehmens- und Vertrauenskultur** institutionalisieren. Eine partnerschaftliche Zusammenarbeit über den Zielführungsansatz mit Zielvereinbarung kann nur gelingen,
wenn die Mitarbeiter der Führung vertrauen können, daß die Rationalisie-
rungsmaßnahmen **sozial verträglich** durchgeführt werden und daß die
Einführung der Gruppenarbeit in Verbindung mit den **kontinuierlichen
Verbesserungsprozessen** (KVP) die **Arbeitsplätze sicherer** macht.

Gruppenerfolg		Einzelerfolg
Miteinander		Gegeneinander
Wir-Gefühl		Ich-Einstellung
Verständnis für Kollegen		Unverständnis für Kollegen
Kompromißbereitschaft		Unnachgiebigkeit
Anerkennung		Mißgunst
Team		Cliquenbildung
Hilfsbereitschaft		Rücksichtslosigkeit
Aussprache und Vertrauen	**statt**	Klatsch und Tratsch
Offenheit		Verschlossenheit
gemeinsame Zukunftsgestaltung		Angst vor Veränderungen
positive Kritik		negative Kritik
gemeinsame Verantwortung		Schuldzuweisung u. Desinteresse
Gesamtoptimum		Teiloptimum
Selbstbestimmung		Fremdbestimmung
Selbstprüfung		Fremdprüfung
Mitdenker		Mitarbeiter

Bild V-2: Veränderung der Mitarbeiterbeziehungen

Umgekehrt muß sich das Management sicher sein, daß eine Verlagerung
von Handlungskompetenzen und Verantwortung auf die unteren Ebenen
von den Mitarbeitern auch tatsächlich übernommen und zur Durchführung der **Unternehmenszielsetzung** benutzt wird. Das Personalmanagement muß dabei den Vorgesetzten und den Mitarbeitern in der jeweiligen
Hierarchieebene verdeutlichen, daß die vorher anonymisierten Entschei-
dungsketten entfallen und durch **Selbstverantwortung** ersetzt werden.

Aus diesem Grund wird das Vertrauen zwischen der Führung und den Mitarbeitern zur Schlüsselgröße für das Aufbrechen verkrusteter Organisationsstrukturen. Der **Gruppenerfolg** mit dem Gesamtoptimum des Prozesses steht im Vordergrund, nicht der Einzelerfolg. Dies läßt sich nur durch ein Miteinander und nicht durch ein Gegeneinander erreichen. Das Wir-Gefühl muß also die Ich-Einstellung überwinden. Verständnis für Kollegen, Kompromißbereitschaft und Anerkennung im Team stehen dem Unverständnis für Kollegen, der Unnachgiebigkeit, der Mißgunst und der Cliquenbildung, die zu beseitigen sind, gegenüber. Diese Veränderungen der Mitarbeiterbeziehungen sind in Bild V-2 zusammengestellt.

V 3 Bereiche des Personalmanagements

> Führungsprozesse sind die unternehmerischen Geschäftsprozesse, die die Prozeßvorgaben, Handlungsanweisungen und Erfolgsmessungsaktivitäten für die vorher festgelegten Kernprozesse enthalten.

Die Teilprozesse mit den einzelnen Bereichen des Personalmanagements sind im Bild V-3 dargestellt.

Die klassischen Aufgaben des Personalmanagements in der Reihenfolge der Aufgabenerledigung sind

im Langfristbereich:

- die **Personalplanung** und **-entwicklung** mit der strategischen Planung und Bedarfsabklärung

- die aus den Veränderungsprozessen bzw. den modellierten Kernprozessen abgeleiteten **Qualifikationsanforderungen** mit den dahinterstehenden Stellenbeschreibungen

im mittelfristigen Bereich:

- die **Personalbedarfsermittlung** mit Personalbeschaffung und Personalauswahl auf der Grundlage einer vorher stattgefundenen Personalbemessung

im Kurzfristbereich:

- die **Personaleinsatzplanung** mit der Arbeitsplatzbesetzung und der Betreuung der Mitarbeiter bei der Aufnahme ihrer Tätigkeiten

Der eigentliche Personaleinsatz mit Erhaltung oder Freisetzung der Mitarbeiter sowie mit der Administration der mitarbeiterbezogenen Personalmanagement-Aufgaben ist die logische Folge der Personaleinsatzplanung. Als weiterer Teilprozeß bzw. als Aufgabe schließt sich die **betriebliche Weiterbildung** an. Sie geht bereits in das Gebiet der **Nachwuchsförderung** und **Karriereplanung** mit Mitarbeiterbeurteilung und Laufbahnplanung ein. Abschließend ist als wichtiger Faktor zur

Motivation und Erfolgsbeteiligung die **Entgeltpolitik** zu betrachten. Hier gibt es unterschiedliche Modelle und Formen.

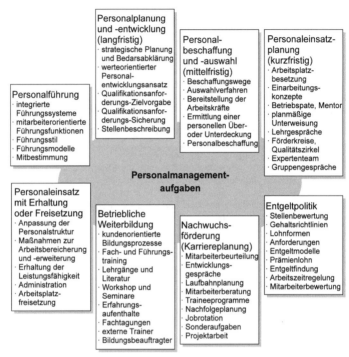

Bild V-3: Bereiche und Aufgaben des Personalmanagements

V 3.1 Personalplanung und -entwicklung

Bild V-4 zeigt, daß dezentrale Strukturen eine **vernetzte Qualifikation** fordern, um individuellere Produkte auf globalen Märkten in Gruppenarbeit bei zunehmender Komplexität mit neuen Technologien in kleinen Losgrößen zu produzieren.

Die Mitarbeiter müssen heute neben einer Fachkompetenz auch eine Methoden- und Sozialkompetenz besitzen. Die **Sozialkompetenz** enthält die Fähigkeit, sich erfolgreich in sozialen Begegnungs- und Kommunikationssituationen auseinandersetzen zu können. **Methodenkompetenz** sind fachübergreifende Problem-, Lösungs- und Entscheidungsfähigkeiten. Die **Fachkompetenz** ermöglicht die fachliche Bewältigung der gestellten Aufgaben. **Lernkompetenz** ist die Fähigkeit, die notwendigen Lernhandlungen selbständig zu verarbeiten und eigenverantwortlich durchzuführen.

Veränderungsprozesse führen zu

⇒ Veränderungen am Markt
· individuelle Produkte, Globalisierung
· Variantenbildung, kleine Losgrößen

⇒ Veränderungen in der Organisation
· Dezentralisierung, Centerkonzepte
· Segmentierung, Gruppenarbeit

⇒ Veränderungen in der Technik
· zunehmende Komplexität, Technologiewandel
· Client-Server-Architekturen

Das erfordert qualifizierte Mitarbeiter, um Kunden richtig zu bedienen und an das Unternehmen zu binden (Nutzenmaximierung).
Fehlende Qualifikation bedeutet: · keine Innovation
    · keine Verbesserung
    · keine Produktivität
    · keine Wettbewerbsfähigkeit

deshalb erforderlich:

Personalmanagement

Ziele: ⇒ Erfolgsfaktor Nr. 1 - der Mitarbeiter - im Prozeß optimal einsetzen
    ⇒ vernetzte Qualifikation für vernetzte Strukturen bereitstellen

prozeßorientierte Qualifikationsschwerpunkte

1. Sozial- und Mitwirkungskompetenz
· Verantwortung übernehmen
· Kommunikation und Kooperation
· Delegieren der Führungsaufgaben

2. Methodenkompetenz
· fachübergreifende Problemlösungs- und Entscheidungsfindung

3. Fachkompetenz
· Technik beherrschen
· Potentiale ausschöpfen

4. Selbstlernkompetenz
· Selbstreflexion mit Erfahrungsspeicheraufbau und KVP

5. Umsetzung
· frühzeitige und systematische Beteiligung
· planvolle QM-Schulung/KVP-Durchführung
· wertorientierte Weiterbildung

Bild V-4: Vernetzte Qualifikation

Ausgangspunkt
Qualifikation der Mitarbeiter ist entscheidend für den Unternehmenserfolg

Ziel
Bildungsbedarf erkennen, um Qualifikation der Mitarbeiter den zukünftigen Anforderungen des Arbeitssystems anzupassen

Maßnahme
Personalentwicklungsplan in fünf Schritten

Personalentwicklungsplan

1. Teilprozeß- und Arbeitssystemanalyse (Anforderungsprofil)
   Ziel: Ermittlung der Anforderungen im Teilprozeß- und Arbeitssystem

2. Mitarbeiter- und Qualifikationsanalyse (Fähigkeitsprofil) - aus den Anforderungen des Arbeitssystems ist das Fähigkeitsprofil abzuleiten (Qualifikationslastenheft)
   Ziel: Grundlage für die Personaleinsatzplanung schaffen

3. Qualifizierungsplan entwickeln (Ausgleich von Fähigkeitsdefiziten)
   Ziel: Vermittlung von Wissen (Kenntnissen, Erkenntnissen, Erfahrungen)

4. Schulungsplan mit Zielvereinbarungen
   Ziel: Entwicklung der Mitarbeiterqualifikation über interne und externe
   - *Ausbildungsmaßnahmen*
   - *Fortbildungsmaßnahmen*
   - *Umschulungsmaßnahmen*

5. Personalbedarfsermittlung für den Teilprozeß mit Zuordnung benötigter Mitarbeiter
   Ziel: Anforderungsgerechte Personalbeschaffung

Bild V-5: Qualifizierungskonzept in fünf Schritten

Da ein Mitarbeiter in der Regel nicht nur an einem Geschäftsprozeß involviert ist, sondern in mehreren Prozessen definierte Aufgaben erledigt, muß sich ein **prozeßorientierter Stellenplan** aus den Anforderungen aller Einzelprozesse zusammensetzen. Dieser prozeßorientierte Stellenplan gibt dabei gleichzeitig noch einmal Anstöße in bezug auf die Optimierung dieser Stelle. Enthalten sind in diesem Stellenplan Informationen über Rangstufen, Über- und Unterstellungen, Vollmachten, Anforderungen bzw. geforderte Fähigkeiten des Stelleninhabers, Ziel der Stelle bzw. Kurzbeschreibung des Aufgabengebietes sowie die Beschreibung der Tätigkeit, die der Stelleninhaber selbständig durchzuführen hat. Auch die einzuhaltenden **Leistungsstandards** in Form von Zielvereinbarungen können in der Stellenbeschreibung prozeßorientiert hinterlegt sein.Der so entwickelte Stellenplan kann für den Stelleninhaber Grundlage eines **Qualifizierungskonzeptes** sein (Bild V-5).

Dieses Qualifizierungskonzept enthält die beschriebene Vorgehensweise mit der **Teilprozeß-** und **Arbeitssystemanalyse** in Schritt 1 zur Ermittlung der Anforderungen im Teilprozeß bzw. im Arbeitssystem, mit der **Mitarbeiter-** und **Qualifikationsanalyse** in Schritt 2, in der das **Fähigkeitsprofil** für den Stelleninhaber abgeleitet wird. Aus der Gegenüberstellung der derzeitigen Fähigkeit (Ist-Profil) mit dem Soll-Fähigkeitsprofil ergeben sich die notwendigen Qualifizierungsmaßnahmen. Sie werden in Schritt 4 in einem **Schulungsplan** mit Zielvereinbarungen fixiert und sind in Schritt 5 die Grundlage für die **Personalbedarfsermittlung**.

Entscheidend ist die Einhaltung der systematischen Vorgehensweise, die eine durchgängige und umfassende Personal-Bedarfsermittlung, -beschaffung und -auswahl garantiert. Bild V-6 zeigt den methodischen Gesamtansatz.

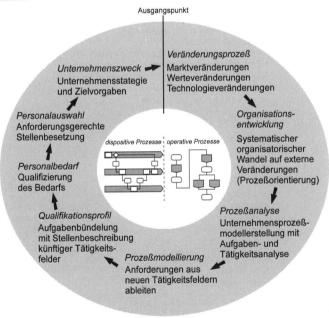

Bild V-6: Durchgängige Personalbedarfsermittlung, -beschaffung und -auswahl

V 3.2   Personalbeschaffung und -auswahl

In quantitativer, qualitativer und zeitlicher Hinsicht müssen durch das Personalmanagement die benötigten Mitarbeiter bereitgestellt werden. Ausgehend vom Unternehmenszweck mit den strategischen Zielvorgaben und Plänen unter Berücksichtigung der Veränderungsprozesse und der notwendigen Maßnahmen zur Organisationsentwicklung als Reaktion auf diese externen Veränderungen, leiten sich mit Hilfe der Prozeßanalyse die **Szenarien** künftiger Tätigkeitsfelder des Unternehmen ab. Über die beschriebene Prozeßmodellierung ergeben sich die Anforderungen aus diesen neuen Aufgaben- und Tätigkeitsfeldern an die Mitarbeiter. Über alle analysierten Prozesse wird eine **mitarbeiterbezogene Aufgabenbündelung** der dazugehörenden Stellenbeschreibung vorgenommen. Danach erfolgt die **Quantifizierung** des Personalbedarfes mit **anforderungsgerechter Personalauswahl** und **Stellenbesetzung**. Die über diesen Weg ausgewählten Mitarbeiter sind in der Lage, die Unternehmensstrategie und Zielvorgaben zu erfüllen.

Personal-Beschaffungswege

- Stellenanzeigen in der Tageszeitung
- Stellenangebote / Stellengesuche
- öffentliche Vermittlung (Arbeitsamt)
- private Vermittlung
- Anwerbung aus Ausbildungsinstitutionen (Uni, FH)
- Empfehlungen (intern, extern)
- Imagewerbung (z.B. Betriebsbesichtigungen)

- Einstellungsgespräch / Interview
- Praxiszeugnisse
- Lebenslauf
- Ausbildungszeugnisse
- Schulzeugnisse
- Gutachten, Referenzen
- Arbeitstest / Arbeitsproben
- graphologische Gutachten
- psychologische Tests

Auswahlverfahren

Bild V-7: Personalbeschaffungswege und Auswahlmethoden

Die Personalbeschaffungswege mit den dazugehörigen Auswahlmethoden für die Stellenbewerber zeigt Bild V-7. Der am meisten beschrittene Weg sind **Stellenanzeigen** in Tageszeitungen und Fachzeitschriften (Stellenangebote des Unternehmens bzw. Stellengesuche von Bewerbern). Weitere Beschaffungswege sind **öffentliche Vermittlungen**, beispielsweise über die Arbeitsämter oder private Vermittlungsbüros, oder speziell bei Führungspersonal die sog. **Headhunter**. Weitere Maßnahmen der Personalbeschaffung ergeben sich durch die **Anwerbung** aus Ausbildungsinstituten, z.B. Universitäten und Fachhochschulen, oder über **Empfehlungen** intern oder extern durch Imagewerbung, beispielsweise auf dem Weg über Kontaktseminare, Betriebsbesichtigungen oder Werbebroschüren.

Die Auswahl selbst wird über **Einstellungsgespräche** unter Berücksichtigung der Schul-, Ausbildungs- und Praxiszeugnisse vorgenommen. Wichtig sind auch Gutachten und Referenzen, insbesondere bei Führungskräften. Arbeitstests, psychologische Tests oder graphologische Gutachten sollen Aufschluß über Intelligenz, Eigenschaften, Charakter und Persönlichkeit des Kandidaten geben. Beim Vorstellungsgespräch kann die Bewerberbefragung über ein freies, strukturiertes oder standardisiertes Interview erfolgen. Beim **freien Interview** sind Inhalt und Ab-

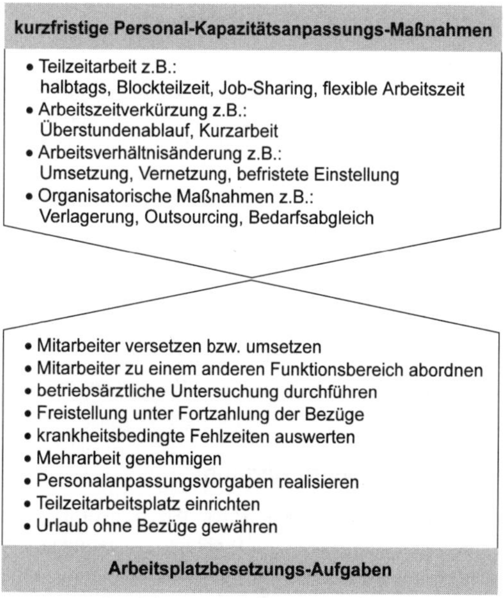

---

kurzfristige Personal-Kapazitätsanpassungs-Maßnahmen

- Teilzeitarbeit z.B.:
  halbtags, Blockteilzeit, Job-Sharing, flexible Arbeitszeit
- Arbeitszeitverkürzung z.B.:
  Überstundenablauf, Kurzarbeit
- Arbeitsverhältnisänderung z.B.:
  Umsetzung, Vernetzung, befristete Einstellung
- Organisatorische Maßnahmen z.B.:
  Verlagerung, Outsourcing, Bedarfsabgleich

- Mitarbeiter versetzen bzw. umsetzen
- Mitarbeiter zu einem anderen Funktionsbereich abordnen
- betriebsärztliche Untersuchung durchführen
- Freistellung unter Fortzahlung der Bezüge
- krankheitsbedingte Fehlzeiten auswerten
- Mehrarbeit genehmigen
- Personalanpassungsvorgaben realisieren
- Teilzeitarbeitsplatz einrichten
- Urlaub ohne Bezüge gewähren

Arbeitsplatzbesetzungs-Aufgaben

Bild V-8: Durchführung der Personaleinsatzplanung

lauf des Gespräches nicht vorgegeben. Der Interviewer paßt sich flexibel dem Interviewten, d. h. dem Bewerber, mit seinen Fragen an. Beim **strukturiertem Interview** werden bestimmte Kernfragen auf jeden Fall gestellt, ansonsten ist die Interviewgestaltung frei.

V 3.3   Personaleinsatzplanung

Bei der Personaleinsatzplanung geht es um die kurzfristige Planung des Personaleinsatzes unter Berücksichtigung des vorhandenen Personals. In der Praxis treten hierbei immer wieder Probleme auf, weil unvorhersehbare Ereignisse auftreten, wie:

■   Bedarfsschwankungen

■   konjunkturell bedingt Umsatzsteigerung oder Produktionsrückgänge

■   strukturell bedingte Schrumpfungsprozesse

Dann sind Kapazitätsanpassungen im Personalbereich notwendig. Für die kurzfristigen Personal-Kapazitätsanpassungen steht, wie Bild V-8 zeigt, ein ganzes Bündel von Instrumentarien und Ansatzpunkten zur Verfügung.

V 3.4   Personaleinsatz mit Freisetzung

Der Schwerpunkt der Personalmanagement-Aufgaben liegt in der Umsetzung der Vorgaben aus der Personaleinsatzplanung und in der Administration der anfallenden Verwaltungsaufgaben, die durch den Einsatz der Mitarbeiter entstehen. In Bild V-9 ist eine ganze Anzahl dieser Verwaltungsaufgaben aufgezählt, die zur Routinetätigkeit des Personalmanagements gehören. Sie beziehen sich beispielsweise auf die Abwicklung von Disziplinarverfahren, Mutterschutzangelegenheiten oder Pfändungsangelegenheiten. Aber auch die Bearbeitung von Arbeitsunfähigkeitsmeldungen, die Auswertung krankheitsbedingter Fehlzeiten oder die Arbeitszeitauswertung der Mitarbeiter gehören zu den Aufgaben. Bei Arbeitsplatzfreisetzungen geht es um die Entlassung aus personen- oder verhaltensbezogenen bzw. betriebsbedingten Gründen, um den Abschluß von Aufhebungsverträgen oder auch um Entlassungen, die auf Wunsch der Mitarbeiter geschehen.

V 3.5   Betriebliche Weiterbildung

Die betriebliche Weiterbildung hat in der Praxis häufig den Nachteil, sehr fachlich bezogen zu agieren. Um Probleme zu erkennen, Problemlösungen zu entwickeln und selbständig abzuarbeiten, sind aber Sozial-, Methoden- und Lernkompetenz neben der eigentlichen Fachkompetenz erforderlich. Die **Zielsetzungen** der betrieblichen Weiterbildung sind

Administration

- Ausscheiden administrativ umsetzen
- Dienstreise planen und abrechnen
- Disziplinarverfahren durchführen
- Einstellung administrativ durchführen
- Jubiläumszahlung abwickeln
- mutmaßlichen Pflichtenverstoß verfolgen
- Mutterschutzangelegenheiten abwickeln
- Pfändungsangelegenheiten abwickeln
- Sonderzahlungen abwickeln
- Arbeitsunfähigkeitsmeldung bearbeiten
- Arbeitszeiten eines Mitarbeiters auswerten
- Einstellungsstop veranlassen
- freiwillige Sozialleistungen einhalten

- Mitarbeiter aus personenbezogenen Gründen entlassen
- Mitarbeiter aus verhaltensbedingten Gründen entlassen
- Mitarbeiter aus betriebsbedingten Gründen entlassen
- Aufhebungsvertrag abschließen
- Mitarbeiter auf eigenen Antrag in den Ruhestand entlassen
- Mitarbeiter durch einseitigen Verwaltungsakt in den Ruhestand versetzen
- Mitarbeiter zu anderen Abteilungen versetzen
- Mitarbeiter auf dessen Wunsch entlassen
- vorzeitige Pensionierung vornehmen
- Sozialplan erstellen
- Abfindungen vergeben

Arbeitsplatz-Freisetzung

Bild V-9: Aufgaben des Personaleinsatzes

deshalb, wie Bild V-10 zeigt, umfassend. Die Mitarbeiter müssen befähigt und motiviert werden

- ■ kundenorientiertes Verhalten zu zeigen

- ■ Servicefunktionen zu übernehmen

- ■ dem technologischen Wandel zu folgen

- ■ Innovationen zu unterstützen

- ■ kontinuierliche Verbesserungen auszuführen

- ■ einen persönlichen Erfahrungsspeicher aufzubauen

- ■ kooperativ zusammenarbeiten

- Kommunikationsfähigkeit zu besitzen
- soziale Handlungskompetenz zu übernehmen.

Ziele von Bildungsmaßnahmen

• kundenorientiertes Verhalten	• Vertiefung der Fachkenntnisse
• sich auf bewegliche Kundenziele einstellen	• Kommunikationsfähigkeit
• Übernahme von Servicefunktionen	• kooperative Zusammenarbeit
• Erhöhung des Flexibilitätsdenkens	• soziale Handlungskompetenz
• technologischen Wandel folgen	• Verantwortungsbereitschaft
• Fähigkeiten zur Problemerkennung	• Selbstcontrolling
• Innovationen unterstützend	• Qualitätsverantwortung
• auslösen von Verbesserungen	• Kostenbewußtsein
• Erhalt der Lernfähigkeit	• Mobilitätserhöhung
• Selektionsfähigkeit	• höhere Leistungsbereitschaft
	• Transformationsfähigkeit

Umsetzung über Mitarbeiterorientierung

⇒ Selbst-Organisation		⇒ Kundenorientierung
⇒ Selbst-Steuerung		⇒ Flexibilität
⇒ Selbst-Controlling	für mehr	⇒ Produktivität
⇒ Selbst-Qualifizierung		⇒ Kreativität
⇒ Selbst-Disziplin		⇒ Motivation
⇒ Selbst-Wartung		⇒ technisches Wissen

Bild V-10: Zielsetzungen der betrieblichen Weiterbildung

Dies wird bereits bei der **Personaleinsatzplanung** über entsprechende Einarbeitungskonzepte, Betriebspaten und Mentoren erreicht, die eine planmäßige Unterweisung durchführen und dies durch Lehrgespräche, Förderkreise, Expertenteams, Qualitätszirkel und Gruppengespräche unterstützen. Hierbei werden auch die Schwachstellen bzw. Qualifikationsdefizite bei der Arbeitsausführung deutlich. Es können dann entsprechend den vorgegebenen detaillierten Stellenplänen gezielt Workshops und Seminare, Fachtagungen durchgeführt oder auch über externe Trainer die Aus- und Weiterbildungsmaßnahmen gesteuert werden. Auch hier gilt, daß die Aufgaben und Anforderungen der Stellen aus der Prozeßanalyse transparent dokumentiert werden, um diese Weiterbildungsmaßnahmen effektiv durchzuführen.

V 3.6 Nachwuchsförderung

Eine periodische und systematisch durchgeführte **Mitarbeiterbeurteilung** gibt Hinweise über den individuellen Bildungsbedarf sowie über die

Entwicklungsmöglichkeiten der einzelnen Mitarbeiter. Damit besteht hier ein direkter Bezugspunkt zu den Weiterbildungsmaßnahmen. Mitarbeiterbeurteilungen sind darüber hinaus auch die Grundlage für die Beförderung, Versetzung und/oder Entlassung. Häufig ist diese Beurteilung auch eine Vorgabe für die individuelle Leistungsentlohnung (Abschn. V 3.7).

Tabelle V-1: Schema zur Mitarbeiterbeurteilung

Bewertung ist Grundlage für eine individuelle Leistungsprämie.

Mitwirkungskompetenz	Beurteilungsstufen					Σ
	sehr gut	gut	befriedigend	ausreichend	nicht ausreichend	
Führungsfähigkeit						
Entscheidungsfähigkeit						
Organisationsfähigkeit						
Überzeugungsfähigkeit						
Koordinations-/Innovationsfähigkeit						
Soziale Kompetenz						
Teamfähigkeit						
Verantwortungsbereitschaft						
Kosten(abhängigkeit)						
Verläßlichkeit, Selbstkritik						
Loyalität						
Offenheit						
Diskretion						
Ehrlichkeit						
Hilfsbereitschaft						
Methodische Kompetenzen						
Problemlösefähigkeit						
Flexibilität						
Abstraktionsfähigkeit						
komplexes Denken						
Selbständigkeit						
variable Arbeitsweise						
Transferfähigkeit						
Kreativität						
systematisches Vorgehen						
Moderieren						
Prioritätsvorgabe						
Fachkompetenz						
Qualitätsverbesserung						
Eigeninitiative						
Fachwissen						
Arbeitseffizienz						
Erfahrung						
Selbständigkeit						
Fertigkeiten						
Kenntnisse						
Sorgfalt						
Teamverantwortung						
Ausführungsverantwortung						
Ergebnis:				Gesamtpunktzahl:		

In Tabelle V-1 ist ein Schema zur Mitarbeiterbeurteilung dargestellt, das nach den bereits geforderten Sozial-, Methoden-, Fach- und Lernkompetenzen gegliedert ist. In der Praxis sind viele Beurteilungssysteme im Einsatz, wobei die unterschiedlichsten Beurteilungsmerkmale untereinander kombiniert werden.

V 3.7   Entgeltpolitik

Die Anforderungen an ein ganzheitliches, prozeßorientiertes Entlohnungsmodell sind vielfältig. Sie sollen das vorhandene Entlohnungssystem aber nicht komplizieren, sondern vereinfachen. Grundlage sind gemeinsam getroffene Zielvereinbarungen mit gültigen, von der Gruppe akzeptierten **Meß-** und **Bewertungskriterien**. Diese müssen einfach, verständlich, nachvollziehbar und transparent sein. Sie sollten eine enge zeitliche Verknüpfung zwischen Lohn und Leistung herstellen. Das Entlohnungssystem soll die Zusammenarbeit zwischen den Gruppenbetei-

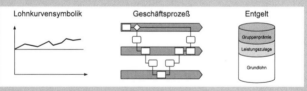

- Bereitstellung der Grundinformationen
  - klare Entlohnungsgrundlagen herausarbeiten
  - umfassende Aufgabenprofile erarbeiten
  - Grad der Arbeitsbeherrschung festlegen
  - Arbeitswertungsschema entwickeln
- enge zeitliche Verknüpfung von Lohn und Leistung
- gültige und von der Gruppe akzeptierte Meß- bzw. Bewertungskriterien
- Berücksichtigung der Gruppenpflichten und Verantwortlichkeiten
- Einfachheit, Verständlichkeit, Nachvollziehbarkeit, Transparenz
- Qualitäts- und Flexibilitätsbetonung
- Zusammenarbeits- statt Wettbewerbsförderung

| Lohnkurvensymbolik | Geschäftsprozeß | Entgelt |

Gruppenprämie
Leistungszulage
Grundlohn

- effektive und effiziente Beteiligungsstrategien (KVP)
- definierte Standards als Meßgrößen
- Pflege aktueller Standards (Niveauanhebung)
- Berücksichtigung von Mechanismen zur Standardkorrektur
- Garantie der Grundlöhne / -einkommen
- Anreize für indirekte Mitarbeiter / Angestellte (Service)
- Sicherheitsgarantie für Arbeitsplätze
- funktionierende vorgelagerte Absatz- und Produktionsplanung

Bild V-11: Anforderungen an ein prozeßorientiertes Entlohnungsmodell

ligten fördern und keine Konkurrenzsituationen schaffen. Dabei soll es effiziente und effektive Beteiligungsstrategien, wie KVP, unterstützen. Die Gruppenpflichten und Verantwortlichkeiten sind mit zu berücksichtigen, ebenso die Mechanismen zur Korrektur von aktuellen Leistungsstandards. Eine Garantie der Grundlöhne bzw. Grundeinkommen sollte enthalten sein. Durch die Betonung von Qualitäts-, Produktivitäts- und Flexibilitätskomponenten muß die Sicherung der relativen Wettbewerbsvorteile für das Unternehmen im Vordergrund stehen. In Bild V-11 sind die Grundsätze zusammengestellt.

Das Leistungsentgelt sollte sich auf tatsächlich erbrachte Leistungen beziehen. Eine klare Trennung zwischen dem **Grundgehalt** und der **leistungsabhängigen Komponente** ist sinnvoll. Weiter sollte dieses Entlohnungssystem differenzierte Leistungsziele und Standards für die verschiedenen Gruppen vorsehen. Durch das neue Entlohnungssystem sollten die Mitarbeiter das Vertrauen erhalten, daß die an sie gestellten Anforderungen, ihre Bereitschaft zur Übernahme von Verantwortung und Selbst-Controlling und ihr persönlicher Leistungseinsatz angemessen honoriert werden. Wesentlich ist auch die Transparenz der Entlohnungsmethode, damit die Ergebnisse leicht nachvollziehbar werden. Eine als gerecht empfundene Entlohnung ist eine wesentliche Grundlage für die Mitarbeiterzufriedenheit und damit für die Motivation.

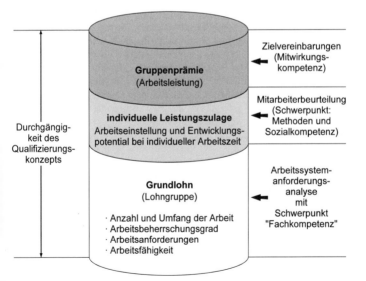

Bild V-12: Gruppenorientiertes Entlohnungsmodell (Entgeltsäule)

In Bild V-12 ist ein **gruppenorientiertes Entlohnungsmodell** beschrieben, das den oben genannten Anforderungen genügt. Es besteht aus drei aufeinander aufbauenden Entlohnungsblöcken. Über die bereits beschriebene Prozeßanalyse leitet sich in Block 1 das individuelle Tätigkeitsprofil des Mitarbeiters in der Gruppe ab. Dies betrifft hauptsächlich die Fachkompetenz. Im folgenden Schritt können über eine teilprozeß- und arbeitsbezogene Anforderungsanalyse die Arbeitsanforderungen festgestellt werden, die der Mitarbeiter bei der Ausübung dieser ihm zugeordneten Tätigkeiten zu erfüllen hat. Hierfür gibt es spezielle im Rechner hinterlegte Anforderungskataloge mit verschiedenen Einzelkomponenten, beispielsweise:

- Betriebsorganisationsanforderungen

- Führungsanforderungen

- Arbeitsanforderungen

- Arbeitsbeanspruchungen

- Umweltbedingungen

- Unfall- und Berufserkrankungsgefahren

Die Ergebnisse der Anforderungsanalyse mit der Zuordnung zu den Umfängen und Arbeitsinhalten ergeben jetzt neutrale Tätigkeitsprofile als Grundlage für die Bildung von **Ecklohngruppen**. Diese Ecklöhne beziehen sich also auf die Arbeitsanforderungen und auf die Arbeitsfähigkeit bzw. -tätigkeit in der Gruppe.

Die zweite Lohnkomponente ist die **individuelle Leistungsentlohnung**, die eine Differenzierung nach der persönlichen Leistung des einzelnen Mitarbeiters zuläßt. Die Ermittlung der individuellen Leistungszulage wird im zweiten Block in Verbindung mit der Erfassung der individuellen Arbeitszeit über eine Mitarbeiterbeurteilung durchgeführt. Auch diese Ermittlung kann wieder über eine Bewertungsmatrix erfolgen, und zwar mit folgenden Bewertungskomponenten:

- betriebliches Zusammenwirken

- Gruppenfähigkeit

- Verantwortung

- Informationsaustausch

- Flexibilität

- Arbeitsverhalten

- persönliches Verhalten

- Ausdauer

- Problemlösung

- Qualitätsverbesserung

Die **Bewertung** bei dieser individuellen Leistungszulage liegt im Schwerpunkt bei der Methoden- und Sozialkompetenz der betrachteten Mitarbeiter. Ein durchgängiges Qualifizierungssystem und das darauf angepaßte durchgängige Entlohnungssystem können zu diesem Zeitpunkt über Beurteilungsgespräche zwischen dem Vorgesetzten und dem Mitarbeiter abgeglichen werden. Ziel des Beurteilungsgespräches ist es, den Mitarbeiter weiter zu motivieren und ihn zu Höchstleistungen anzuspornen. Über die transparente Vorgehensweise mit den detaillierten **Profilvorgaben** wird immer sehr konkret auf die jeweiligen Arbeitssituationen im Prozeß eingegangen. Schwachstellen und Hinweise auf Leistungsverbesserungen lassen sich so objektiv und unvoreingenommen diskutieren. Wichtig ist es auch, die Selbsteinschätzung des Mitarbeiters zu erfahren, um gegebenenfalls Korrekturen in den Vorgaben vorzunehmen. Hilfreich ist bei diesem Gespräch die präzise Vorgabe eines **Mitarbeiter-Eignungsprofils** durch das Personalmanagement. In Form einer Stellenbeschreibung sind die Soll-Anforderungen an die Arbeitsausführung durch die Mitarbeiter in der definierten Prozeßstufe detailliert beschrieben. Über diesen Soll-Ist-Abgleich können weitere Qualifikationsmaßnahmen und Ansatzpunkte zur Verbesserung ermittelt werden.

Im letzten Block dieses Modells wird dann die eigentliche **Gruppenprämie** auf der Basis von gemeinsam erarbeiteten Zielvereinbarungen mit den dazugehörenden Leistungskennzahlen entwickelt. Die Gruppenprämie erhält jeder Mitarbeiter, je nach Gruppenleistungsergebnis, in der gleichen Höhe.

Diese von den Mitarbeitern akzeptierten Meß- und Bewertungskriterien der Zielvorgaben lassen eine aktuelle Zielüberprüfung und damit eine Erfolgskontrolle durch die Mitarbeiter zu. Gleichzeitig sind sie die Grundlage für die Verknüpfung von Leistung und Entgelt durch die Festlegung des dahinter stehenden **Prämienlohnmodells** bzw. der **Prämienkennlinien**. Hierbei können verschiedene Einzelkomponenten zu einem Gesamtprämienmodell zusammengesetzt werden. Damit sind beispielsweise Mengen-, Qualitäts-, Nutzungs- oder Ersparnisprämienbestandteile gemeint.

In der betrieblichen Praxis werden bei Entwicklung dieser Prämienmodelle relativ kurze Laufzeiten für die Vereinbarung gewählt, die vielfach zwischen 3 und 6 Monaten liegen. Hierdurch soll insbesondere erleichtert werden, auf zwischenzeitlich auftretende Veränderungen schneller zu reagieren und beispielsweise eine den geänderten Umständen angepaßte Ziel-Leistungsgröße neu festlegen zu können. Wichtig ist, daß bei der Festlegung bzw. Veränderung dieses Entlohnungsmodells die Mitarbeiter intensiv mit eingebunden werden.

 Wunderer, R., Gerig, V., Hauser, R.: Qualitätsorientiertes Personalmanagement. München Wien: Carl Hanser Verlag 1997

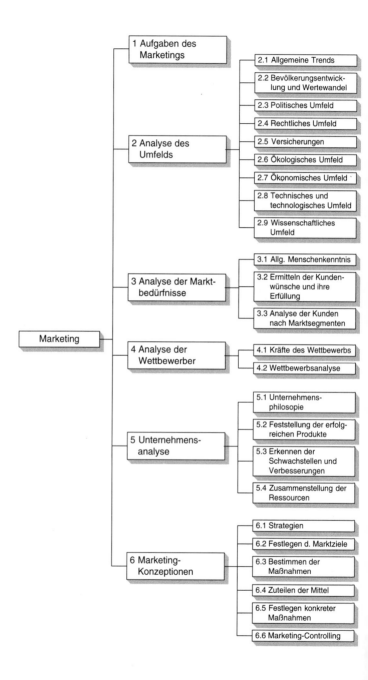

W   Marketing

W 1   Aufgaben des Marketings

> Marketing sind alle Aktionen, um die Produkte und/oder Dienstleistungen eines Unternehmens zum Nutzen des Kunden und des Unternehmens zu vermarkten.

Marketing ist ein vernetztes System, das sich mit den aufgeführten Grundfragen analysieren läßt (Bild W-1).

Bild W-1: Elemente und Grundfragen des Marketings

W 2   Analyse des Umfeldes

Die Produkte und Dienstleistungen der Unternehmen werden auf den Märkten verkauft. Je nach Typ des Marktes und seinen Spielregeln von Angebot, Nachfrage und Preisfindung sind andere Strategien erfolgreich.

Produkte und Dienstleistungen haben dabei nur Erfolg, wenn sie dem Trend entsprechen. Deshalb ist es von erheblicher Bedeutung, das Umfeld des Unternehmens zu kennen. Bild W-2 zeigt, in welchen Bereichen die einzelnen Trends untersucht werden müssen.

Um einen schnellen Überblick zu erhalten, sollten alle Informationen in diese Rubriken eingeordnet und gesammelt werden. Am Ende jedes Bereiches wird festgestellt, welche Einflußfaktoren besonders wichtig sind und mit welchen Maßnahmen die sich ergebenden Chancen genutzt werden können. Die einzelnen Informationen können bezogen werden von

- den statistischen Landes- und Bundesämtern
- den Fachzeitschriften
- den Tageszeitungen
- den Berufsverbänden (z.B. VDI, ZVEI und VDW),

- den Industrie- und Handelskammern (IHK)
- speziellen Informationsbanken und Wirtschaftsdiensten

Die bezogenen Informationen müssen mindestens jedes halbe Jahr auf ihre Bedeutung für das Unternehmen geprüft und gegebenenfalls aktualisiert werden.

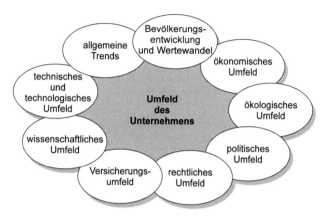

Bild W-2: Umfeld des Unternehmens

Es ist absolut notwendig, dieses Informationssystem für die externen Einflußfaktoren aufzubauen. Das Unternehmen ist damit in der Lage, sich den Veränderungen des Marktes schnell anzupassen, darin die Chancen zu erkennen und sie zum Nutzen der Kunden und zum Vorteil der eigenen Unternehmung wahrzunehmen.

W 2.1 Allgemeine Trends

Folgende Haupttrends sind zu beobachten (Tabelle W-1):

Tabelle W-1: Allgemeine Trends

Trend	Ausprägung
Trend zur Selbstverwirklichung	Die Kunden streben in ihrem Beruf und in ihrer Freizeit an, sich selbst zu verwirklichen, sie wollen sich nicht vorgegebenen Regeln unterordnen.
Neue Rolle der Frau	Vermehrt möchten junge Frauen nach der Kinderpause wieder in das Arbeitsleben zurückkehren. Immer mehr Frauen streben in höhere Positionen.
Trend zum Genießen	Vor allem junge Menschen möchten einen Teil ihres Lebens genießen und möglichst viel erleben.

Trend	Ausprägung
Zunehmende Individualisierung	Der einzelne Kunde will seine ganz persönlichen Wünsche befriedigt wissen.
Schneller Wandel der Wünsche und Anforderungen	
Zunehmende Bedeutung sozialer und kultureller Belange	Produkte und Dienstleistungen werden nicht mehr nur nach dem Preis-Leistungs-Verhältnis beurteilt. Vielmehr werden auch Aspekte der Gesundheit und Umwelt, des Sinns und der Beziehungen immer wichtiger. *Folge:* Die Produktentwicklungen und die Marketing-Konzeptionen haben diese Bereiche immer intensiver zu berücksichtigen.

Aus diesen allgemeinen Trends ergeben sich für das Marketing folgende Konsequenzen (Tabelle W-2):

Tabelle W-2: Konsequenzen aus den allgemeinen Trends für das Marketing

Konsequenzen	Ausprägung
Fragmentierung der Märkte	Es ist ein Trend zu Teilmärkten und Spezialmärkten feststellbar, die immer weniger in Kategorien einteilbar sind. Eine Marktsegmentierung, d. h. eine Aufteilung in bestimmte Marktgruppen, die sich ähnlich verhalten, ist schwer möglich, da sich die Kunden zunehmend unterschiedlich verhalten.
Differenzierung der Produkte	Die verschiedenen Produkte und Dienstleistungen unterscheiden sich immer mehr voneinander, und die Vielfalt der Produkte und Dienstleistungen steigt.
Zeit als Wettbewerbsfaktor	Schnelle Veränderungen verlangen auch schnelle Reaktionen. Der Schnellere wird vor dem Langsameren siegen.
Mittelmaß verliert an Bedeutung	Wurden früher die preiswertesten Produkte am häufigsten und die teuersten am wenigsten verkauft. Nun werden zunehmend teure und billige Produkte sehr häufig gekauft werden. Die Produkte der mittleren Preisklasse hingegen finden immer weniger Käufer.

W 2.2 Bevölkerungsentwicklung und Wertewandel

Die Bevölkerungsentwicklung (demographische Entwicklung) zeigt, nach Geschlechtern getrennt, wieviele Personen in bestimmten Altersgruppen leben. Dies kann sich sowohl auf eine ganze Volkswirtschaft beziehen (z.B. Deutschland) oder auf kleinere Märkte (z.B. Bundesländer, Kreise, Städte). Bestimmte Altersgruppen besitzen erfahrungsgemäß eigene Wertvorstellungen. Kunden verschiedenen Alters haben deshalb eine ganz unterschiedliche Kaufmotivation, die es anzusprechen gilt. Deshalb sind Informationen über die Größe der Marktsegmente in den Altersgruppen und deren Wertvorstellungen von großer Bedeutung für ein erfolgreiches Vermarkten von Gütern und Dienstleistungen. Dabei muß man stets berücksichtigen, daß die Altersgruppen ständig älter werden (das Alter verschiebt sich nach oben) und oft die gleichen Personen ihre Wertvorstellungen ändern. Um die bedeutendsten Informationen zusammenzufassen, benutzt man eine Checkliste nach Tabelle W-3.

Tabelle W-3: Checkliste zu relevanten globalen Trends

Bereiche	Ergebnisse
Bevölkerungsentwicklung • global • Alterspyramide	mehr alte Menschen
Veränderungen der Haushalte	mehr Single- und Zwei-Personen-Haushalte
Freizeitverhalten	mehr Freizeit
Wertewandel	

W 2.3 Politisches Umfeld

Die möglichen Chancen und Risiken, die sich bei Änderungen im politischen Umfeld ergeben, können systematisch in folgender Checkliste zusammengestellt werden (Tabelle W-4). Dabei handelt es sich um politische Änderungen in der unmittelbaren Umgebung (z.B. im Gemeinderat einer Stadt) bis hin zu größeren politischen Umwälzungen (z.B. gemeinsamer europäischer Binnenmarkt oder offene Grenzen zu Osteuropa).

W 2.4 Rechtliches Umfeld

In diesem Bereich werden alle Gesetze und Vorschriften systematisch gesammelt, die für das Unternehmen von Bedeutung sind. Ferner wird zusammengestellt, welche Auswirkungen diese Gesetze auf das Unternehmen, die Mitarbeiter und die Kunden haben.

Tabelle W-4: Checkliste zum politischen Umfeld

Bereiche	Chancen
Gemeinderat • Steuersätze • Gewerbegebiete • Infrastruktur • Stadtentwicklung • Vergünstigungen • Auflagen	
Kreistag • regionale Planung • Infrastrukturplanung • Steuern, Abgaben	
Landtag des Bundeslandes • Wirtschafts- und Abgabenpolitik • Investitionsanreize • Steuervergünstigungen • Subventionen	
Regierung • Steuerpolitik • Gesetze • Investitionsvergünstigungen • Kredithilfen • Subventionspolitik	

Bereiche	Chancen
Gewerkschaften • Arbeitszeit • Lohnforderungen • Sicherheitsmaßnahmen	
Europäischer Binnenmarkt • keine Zölle • freier Arbeitsmarkt • Zuschüsse • günstige Löhne • zusätzliche Märkte	

W 2.5 Versicherungen

Hier sind die Versicherungen für das Unternehmen, die Mitarbeiter und auch für die Kunden zusammengestellt. Es ist ratsam, den Umfang des Versicherungsschutzes und die Höhe der Prämien regelmäßig zu prüfen. Es ist zu beachten, daß Versicherungen für die Unternehmen auch ein Service-Angebot sein können.

W 2.6 Ökologisches Umfeld

In diesem Bereich wird erfaßt, welche **Umwelttrends** und **Umweltgesetze** für das Unternehmen gelten, welche Auswirkungen sie für das Unternehmen haben und welche Maßnahmen ergriffen werden müssen (Tabelle W-5). Das Verhalten zum Umweltschutz und die Maßnahmen eines Unternehmens in diesem Bereich sind sehr bedeutsam, da die öffentliche Meinung die Industrie danach beurteilt.

Tabelle W-5: Checkliste zum ökologischen Umfeld

Umweltbereich	Auswirkungen/Maßnahmen
Produktpolitik	
Fertigung	
Verpackung	
Abfallvermeidung	
Abfallverwertung	
Transportmittel	

W 2.7 Ökonomisches Umfeld

In diesem Bereich werden die volkswirtschaftlichen Rahmendaten gesammelt, die für das Unternehmen von Wichtigkeit sind. Die Sammlung dieser Daten und die erwarteten Auswirkungen auf das Unternehmen kann man nach Tabelle W-6 erstellen.

Tabelle W-6: Checkliste zum ökonomischen Umfeld

Bereich	Auswirkungen
Arbeitsmarktlage	
Kaufkraft	
Inflationsrate	
Teuerungen des Materials	
Abhängigkeit von Banken	
Konjunkturentwicklung	

W 2.8   Technisches und technologisches Umfeld

Das technische und technologische Umfeld bietet die Möglichkeit, Maschinen und Prozesse so einzurichten, daß sie einer umweltorientierten Unternehmensführung (Abschn. W 2.6) entsprechen und trotzdem eine rentable und wirtschaftliche Fertigung bzw. Angebote von Dienstleistungen ermöglichen. Ein Beispiel für die Zusammenstellung dieser Informationen bietet Tabelle W-7.

Tabelle W-7: Checkliste zum technologischen Umfeld

Technische Neuerungen	Vorteile
neue Werkstoffe	
neue Prozeßverfahren	
neue Fertigungsverfahren	
neue Lagersysteme	
Kommunikationssysteme	

W 2.9   Wissenschaftliches Umfeld

Die neuesten Erkenntnisse der Wissenschaft sollten übersichtlich erfaßt werden, damit man sie in der Entwicklung rechtzeitig berücksichtigen kann. Oftmals ist es auch zweckmäßig, zu den Forschungseinrichtungen und Hochschulen Kontakte zu unterhalten, um gezielt Entwicklungen vorantreiben zu können. Die Einteilung wird entsprechend den wichtigen fachlichen Bereichen vorgenommen.

Vorgehensweise bei der Umfeldanalyse:
Wichtigste Erkenntnisse entsprechend der vorgeschlagenen Kategorien systematisch zusammenstellen und nach den verschiedenen Gebieten die Chancen und die entsprechenden Maßnahmen beschreiben. Auf einen Blick ist zu erkennen, welche Chancen sich dem Unternehmen bieten, wenn das Umfeld sich ändert, und welche Maßnahmen ergriffen werden sollten.

W 3   Analyse der Marktbedürfnisse (Kundenwünsche)

Ein Unternehmen ist immer dann erfolgreich, wenn es die Kundenwünsche rasch erkennt und sie schneller und besser erfüllen kann als die Konkurrenz. Deshalb ist es von größter Wichtigkeit, die folgenden beiden Fragen richtig beantworten zu können:

- ◼ Welches sind die wichtigsten Probleme und Wünsche der Kunden?

- ◼ Wie löst das Unternehmen die Probleme und erfüllt die Kundenwünsche am schnellsten und besten?

Es muß mit allem Nachdruck darauf hingewiesen werden, daß sich alle Mitarbeiter eines Unternehmens in erster Linie und kompromißlos nach den Kundenwünschen zu orientieren haben. Dies betrifft alle Funktionen des Unternehmens: den Einkauf, die Konstruktion, die Fertigung und den Vertrieb.

W 3.1   Allgemeine Menschenkenntnis

Um sich auf den Kunden einzustellen und mit ihm richtig umzugehen, ist Menschenkenntnis erforderlich. Es gibt eine Fülle von Methoden, Eigenschaften von Menschen einzuschätzen. In Bild W-3 sind die wichtigsten Methoden zusammengestellt.

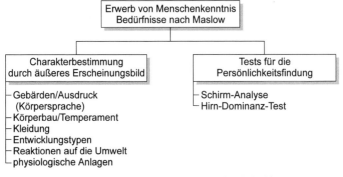

Bild W-3: Menschenkenntnis, bestimmt nach den Maslowschen Bedürfnissen

Nach Maslow liegt die Besonderheit der Bedürfnisse eines Menschen darin, daß eine Hierarchie vorliegt, d. h., die höheren Bedürfnisse kommen erst zur Geltung, wenn die nachgeordneten bereits weitgehend befriedigt sind. Die sog. Maslowsche Bedürfnispyramide sollte im Einzelfall auf das Unternehmen, seine Sparten oder Produkte abgestimmt werden. Bild W-4 zeigt dies am Beispiel eines zu produzierenden Geräts.

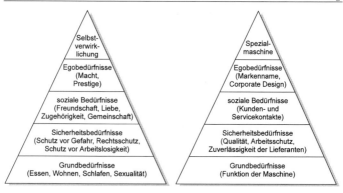

Bild W-4: Maslowsche Bedürfnispyramide

W 3.2 Ermittlung der Kundenwünsche und ihre Erfüllung

Die Kundenwünsche sind bei unterschiedlichen Produkten verschieden. Üblicherweise werden die Produkte in die Bereiche **Investitionsgüter** und **Konsumgüter** eingeteilt. Der Nutzen für den Kunden kann in einen **Gebrauchsnutzen**, d. h. objektiver Gebrauchszweck, und in einen **Geltungsnutzen**, d. h. subjektiver Gebrauchszweck, eingeteilt werden (Bild W-5).

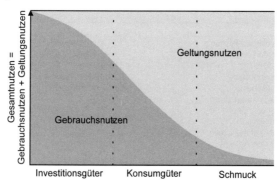

Bild W-5: Gebrauchs- und Geltungsnutzen

In der Marketing-Konzeption muß man auf diesen unterschiedlichen Nutzen eingehen. Der Erfolg eines Unternehmens hängt davon ab, ob es die **Kundenwünsche** erkannt hat. Wichtige Möglichkeiten, Kundenwünsche zu erfahren, sind **Umfragen** bei Lieferanten, Kunden und auf

Messen. Von enormer Wichtigkeit ist es, die Vertriebsmitarbeiter anzuhalten, die Kundenwünsche zu registrieren und zu sammeln. Es ist zu empfehlen, die Kundenwünsche aus den verschiedenen Quellen nach Oberbegriffen zu ordnen, festzuhalten, von welcher Firma (oder Branche) sie kommen, und Möglichkeiten zur Erfüllung anzugeben.

Kreativitätstechniken, wie Brainstorming und die Einordnung der Ideen in einen morphologischer Kasten, dienen dazu, nach Möglichkeiten zu suchen, wie die Kundenwünsche erfüllt werden können.

W 3.3   Analyse der Kunden nach Marktsegmenten

Da eine Marktsegmentierung nicht sinnvoll ist, kann je nach Produkt und Dienstleistung eine Aufteilung in Teilmärkte, d. h. Segmente oder Zielgruppen, brauchbare Ergebnisse liefern. Durch eine Marktsegmentierung bieten sich dem Unternehmen folgende Vorteile:

- Strukturierung der Kundenvielfalt

- Senken der Kosten für die Marketing-Maßnahmen

- gezielte Erfüllung klar definierter Wünsche

Bild W-6 zeigt die verschiedenen Möglichkeiten der Marktsegmentierung.

Bild W-6: Möglichkeiten der Marktsegmentierung

W 4   Analyse der Wettbewerber

Die Wettbewerbsverhältnisse auf den Märkten sind für den Unternehmenserfolg entscheidend. Deshalb ist es wichtig, die Wettbewerbskräfte zu kennen und auch die Lage des eigenen Unternehmens relativ zum Wettbewerb (**Wettbewerbsanalyse**).

W 4.1   Kräfte des Wettbewerbs

Die Ertragskraft und der Erfolg des Unternehmens werden durch den Wettbewerb bedroht. Dabei handelt es sich um fünf Wettbewerbskräfte:

- Wettbewerb zwischen **vorhandenen Konkurrenten**
- Gefahr durch **neue Wettbewerber**
- Gefahr durch **neue Produkte**
- Macht der **Lieferanten**
- Macht der **Kunden** (des Käufers)

An der stärksten Wettbewerbskraft müssen die konkreten Erfolgsstrategien ausgerichtet werden.

W 4.2   Wettbewerbsanalyse

In der Wettbewerbsanalyse werden die Wettbewerber erfaßt und ihre Daten gesammelt. Dann ist es möglich, anhand festgelegter Kriterien die Stärken und Schwächen relativ zum Wettbewerb festzustellen, aus denen sich die relativen Wettbewerbsvorteile ableiten lassen. Die Analyse des Wettbewerbes läßt sich in folgenden Schritten durchführen:

- Ermittlung der direkten und potentiellen Wettbewerber
- Chancen und Gefahren durch die Wettbewerbskräfte
- Gefahren durch die potentiellen Wettbewerber
- Bewertung relativ zur Konkurrenz
- Auswertung der Wettbewerbsanalyse
- Reaktionsweise des Wettbewerbers

W 4.2.1 Ermittlung der direkten und potentiellen Wettbewerber

Zunächst werden die direkten und die potentiellen (möglichen) Wettbewerber ermittelt und die Daten systematisch erfaßt. Dies kann beispielsweise nach Tabelle W-8 geschehen.

Tabelle W-8: Checkliste Wettbewerber-Informationen

Firma:	
Adresse:	
Ansprechpartner:	
Telefon:	
Gründungsjahr:	
Gesellschaftsform:	
Kapital:	
Mitarbeiter (Summe):	
Mitarbeiter (Sparte):	
Umsatz (Sparte):	

Branchen:	
Länder:	
Produktbezeichnungen:	
Vertriebsart	
Partner:	
Kundenliste:	
Patente:	
Bemerkungen	

Die einzelnen Informationen werden ausgewertet und möglichst übersichtlich zusammengestellt. Mit der **strategischen Karte** wird das Ergebnis veranschaulicht (Bild W-7). Auf der waagerechten Achse werden die Maschinenarten aufgetragen und auf der senkrechten Achse eine für den Markt wichtige Größe, beispielsweise die Qualität. Die Kreisfläche zeigt den Umsatz der strategischen Gruppe. Am Kreisrand die Anzahl der Unternehmen, die zu dieser strategischen Gruppe gehören.

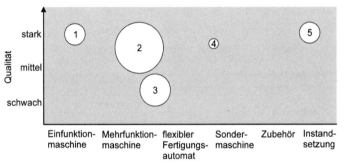

Bild W-7: Strategische Karte

W 4.2.2 Chancen und Gefahren durch die Wettbewerbskräfte

Chancen und Gefahren durch die Konkurrenz lassen sich folgendermaßen feststellen:

Für die Bewertung werden typische Kriterien gewählt, nach denen sich auch die Konkurrenzsysteme beurteilen lassen. Zuerst wird das eigene Unternehmen in einer **Stärke-Schwäche-Analyse** bewertet. Dabei werden Noten vergeben. Anschließend werden die Produkte der Wettbewerber in gleicher Weise untersucht (Tabelle W-9).

Tabelle W-9: Stärken-Schwächen-Analysetabelle

Kriterien	Beurteilung	Note eigenes Unternehmen	Konkurrent 1	Konkurrent 2	...
Kosten	geringe Fixkosten	2	1	1	
Einsatzbereiche	flexibel für kleine und große Teile	1	3	2	
Genauigkeit	+/- 0,001 mm	1	2	1	
Kriterium 4					
Kriterium 5					
Kriterium 6					

Dazu wird das Verfahren der Nutzwert-Analyse angewendet. Die ausgewählten Kriterien werden zuerst gewichtet, und anschließend werden Noten vergeben.

W 4.2.3 Auswertung der Wettbewerbsanalyse

Die Ergebnisse sind in folgendem Diagramm gezeigt. Die größten Stärken stehen dabei am Anfang, die größten Schwächen am Schluß (Bild W-8).

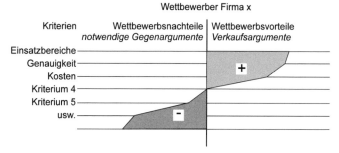

Bild W-8: Auswertung im Stärke-Schwäche-Profil

W 5   Unternehmensanalyse

Nachdem die Trends des Marktes (Umfeld) beobachtet wurden (Abschn. W 2), die Marktbedürfnisse erkannt sind (Kunde, Abschn. W 3) und die Wettbewerber (Abschn. W 4) untersucht wurden, muß man klären, ob das Unternehmen die geforderten Marktbedürfnisse überhaupt befriedigen will und auch kann. Zur Klärung tragen folgende Fragen bei (Bild W-9).

W 5.1   Unternehmensphilosophie

Hier muß man sich im klaren sein, was für ein Unternehmen man ist bzw. welche Visionen man von seinem Unternehmen hat.

Bild W-9: Unternehmensanalyse

W 5.2 Feststellung der erfolgreichen Produkte bzw. Produktgruppen

W 5.2.1 Strategische Geschäftseinheiten

Ein Unternehmen wird nicht als Ansammlung verschiedener Abteilungen, Funktionsbereiche und Produkte verstanden, sondern als eine Vielzahl von in bezug auf Wettbewerber und Märkte gleichartigen Geschäften. Diese werden **strategische Geschäftseinheiten** (SGE) genannt, weil für sie bestimmte Handlungsmöglichkeiten oder Strategien erfolgversprechend sind. Dabei ist es wichtig, daß für verschiedene SGE auch unterschiedliche Strategien erfolgreich sind. SGE sollten so abgegrenzt werden, daß sie

■ den gleichen Kundenwunsch zufriedenstellen und somit in klar definierten Märkten auf bestimmte Wettbewerber treffen und

■ dieselben technischen Funktionen erfüllen und möglichst denselben Herstellungsprozeß durchlaufen.

W 5.2.2 Portfolio-Technik

Der Begriff Portfolio stammt aus der Finanzwissenschaft. Wertpapierbündel (**Portefeuilles**) sollten so zusammengestellt werden, daß deren **Risiko-, Gewinn-** und **Renditeerwartungen** ausgeglichen sind. Dies bedeutet, daß entweder für eine gewünschte Gewinnrate oder Rendite das Risiko minimiert oder für eine gewisse Risikobereitschaft die Gesamtrendite des Wertpapier-Portefeuilles maximiert wird. Diese Idee überträgt man auf das Unternehmen. In einem **Produkt-Portfolio** werden das Produktionsprogramm bzw. die SGEs nach Chancen und Risiken der zukünftigen Ertragsentwicklung eingeteilt. Das Portfolio eines gesamten Unternehmens sollte ausgeglichen sein in bezug auf

- Risiken und Chancen der Erträge

- Cash-Zu- bzw. Abflüsse

- hohe und geringe Renditen

Die Elemente eines Produkt-Portfolios werden von zwei Standpunkten aus beurteilt und grafisch dargestellt:

- ihre **Stärke im Unternehmen** in der waagerechten Achse und

- ihre **Erfolgschancen auf den Absatzmärkten** in der senkrechten Achse.

In der Praxis werden am häufigsten folgende zwei Portfolios verwendet:

- **Marktwachstum-Marktanteil-Portfolio** mit vier Feldern

- **Marktattraktivität-Produktstärke-Portfolio** mit neun Feldern

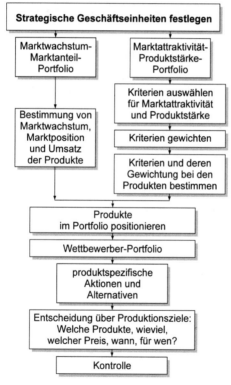

Bild W-10: Schema für die Erstellung eines Portfolios

Wie Portfolios aufgestellt werden und welche Schlüsse daraus für die Entwicklung des Produktionsprogramms gezogen werden können, zeigt Bild W-10.

Die Hauptstärken der Portfolio-Technik liegen in der Einfachheit, der guten Anschaulichkeit und der leichten Handhabbarkeit. Im einzelnen sind folgende Vorteile von Bedeutung:

■ Durch das methodische Einordnen des Produktionsprogramms eines Unternehmens nach den Kriterien, die den größten Einfluß auf die zukünftigen Ertragsmöglichkeiten haben (z. B. der relative Marktanteil und das Marktwachstum), werden völlig verschiedene Produkte oder SGEs für strategische Entscheidungen direkt vergleichbar.

■ Es wird der große Fehler vermieden, daß alle Produkte an einem einzigen, kurzfristigen Erfolgsmaßstab gemessen werden, beispielsweise an der Rendite. Je nach Lage in den einzelnen Feldern des Portfolios sind unterschiedliche Entscheidungsregeln für Investitionen, Kosten, Risiko, Preis- und Absatzpolitik gültig. Diese Regeln werden **Normstrategien** genannt. Dadurch wird erreicht, daß die knappen Finanzmittel gezielt nur in die erfolgversprechenden Produkte investiert werden.

■ Die spezifischen Produkt-Markt-Strategien orientieren sich im wesentlichen an den zukünftigen Ertragschancen und nicht so sehr an gegenwärtigen oder vergangenen Erfolgskennzahlen.

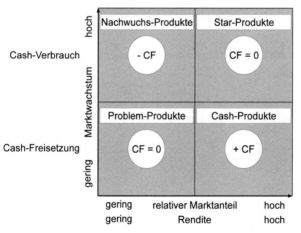

Bild W-11: Schema des Marktwachstum-Marktanteil-Portfolios

Marktwachstum-Marktanteil-Portfolio

In diesem Portfolio werden der **relative Marktanteil** auf der waagerechten Achse und das **Marktwachstum** auf der senkrechten Achse gezeich-
net. Dabei mißt der relative Marktanteil:

$$relativer\ Marktanteil = \frac{eigener\ Marktanteil}{durchschnittlicher\ Marktanteil\ aller\ Unternehmen}$$

die Produktstärke oder die **Wettbewerbsposition** und das Marktwachstum die **Marktattraktivität**. Werden die Achsen jeweils in die Bereiche
niedrig und hoch eingeteilt, dann entsteht das Marktwachstum-Marktanteil-Portfolio mit vier Feldern (Bild W-11).

Bild W-11 zeigt, daß die Trennlinie beim relativen Marktanteil die Produkte mit geringer Rendite (niedriger relativer Marktanteil) von denen
hoher Rendite unterscheidet. Die Mittellinie beim Marktwachstum trennt
zwischen Cash freisetzenden und Cash verbrauchenden Produkten. Es
entstehen vier Felder, die den **Lebenszyklus eines Produkts** (Marktein-
tritt, Marktreife, Marktsättigung und Marktrückzug) beschreiben (Tabelle W-9). Sie heißen:

Tabelle W-9: Einteilung der Produkte

Produkt	Bemerkungen
Nachwuchs-Produkte (hohes Marktwachstum, niedriger Marktanteil) Eintritt Reife Sättigung Rückzug	An dieser Stelle befinden sich meist die neuen Produkte. Sie sind nicht sehr rentabel und benötigen hohe Finanz-mittel, befinden sich aber in einem attraktiven Markt mit überdurchschnittlichen Wachstumsraten. Es muß ent-schieden werden, welche Produkte gefördert werden sol-len und können und welche nicht.
Star-Produkte (hohes Marktwachstum, ho-her Marktanteil) Eintritt Reife Sättigung Rückzug	In diesem Feld befinden sich die besten Produkte des Unternehmens. Häufig ist das Unternehmen mit diesen Produkten Marktführer. Um den relativen Marktanteil bei hohem Marktwachstum halten zu können, sind Investitio-nen nötig, welche die erwirtschafteten Gelder meist auf-zehren.
Cash-Produkte (geringes Marktwachstum, hoher Marktanteil) Eintritt Reife Sättigung Rückzug	Hier befinden sich die rentablen Produkte, die ausgereift und im Markt gut eingeführt sind. Es lassen sich hier Fi-nanzmittel erwirtschaften, die im wesentlichen zur Förde-rung der Nachwuchs-Produkte benötigt werden.

Problem-Produkte (geringes Marktwachstum, geringer Marktanteil) 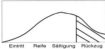 Eintritt Reife Sättigung Rückzug	Produkte in diesem Feld sind weder rentabel, noch setzen sie Finanzmittel frei. Es muß deshalb eine gezielte Sortimentsbereinigung stattfinden. Dadurch werden Finanzmittel frei, die für lohnende, neue Produkte benötigt werden.

Die üblichen Strategien (Normalstrategien) für diese vier Felder sind der Tabelle W-10 zu entnehmen.

Tabelle W-10: Normalstrategien des Marktwachstum-Marktanteil-Portfolio

Strategie-schwerpunkt	Nachwuchs	Star	Cash	Problem
	Marketingstrategien			
	Offensiv-strategie	Investitions-strategie	Abschöpfungs-strategie	Desinvestitions-strategie
Programm-politik	Produkt-spezialisierung	Sortiment ausbauen, diversifizieren	Imitation	Programm-begrenzung
Abnehmer-märkte und Marktanteile	gezielt vergrößern	Gewinnbasis verbreitern: Regionen Aufwendungen	Position verteidigen, Konkurrenzabwehr	Aufgeben: Kundenselektion, regionaler Rückzug
Preispolitik	tendenzielle Niedrigpreise	Preisführerschaft anstreben	Preisniveau stabilisieren	tendenzielle Hochpreispolitik
Vertriebs-politik	stark ausbauen	aktiver Einsatz: Werbung Markennamen Zweitmarken	Produktwerbung, Kundendienst verbessern	zurückgehender Einsatz von Vertriebsmitteln
Risiko	akzeptieren	akzeptieren	begrenzen	vermeiden
Investitionen	hohe Erweiterungs-investitionen	vertretbares Maximum: Investition > Abschreibung	Ersatzinvestitionen Investition = Abschreibung	Minimum Stillegung Investition < Abschreibung

Marktattraktivität-Produktstärke-Portfolio

Das Marktwachstum-Marktposition-Portfolio wird dann genauer, wenn

- eine Vielzahl an Bestimmungsgrößen für die Produktstärke und die Marktattraktivität herangezogen werden

- eine Einteilung der Achsen in drei Teile (niedrig, mittel, hoch) stattfindet. Dadurch ergeben sich neun Felder.

Wie Bild W-12 zeigt, kann man die Marktattraktivität und die Produktstärke unter den Gesichtspunkten **Markt**, **Rentabilität** und **Risiko** betrachten. Innerhalb dieser Bereiche können spezielle, für die betrachteten SGE wichtige Kriterien zur Bewertung ausgewählt werden. Das Bild zeigt das Portfolio mit neun Feldern und den drei Bereichen oder Feldgruppen: **Ernten**, **Selektieren** und **Wachsen**. Die Symbole geben an, ob Finanzmittel erforderlich werden (+), in der Regel nicht notwendig sind (o) oder freigesetzt werden (–). Für die einzelnen Feldgruppen gilt:

- **Ernten** (Felder E1 bis E3)

Das Minus (–) besagt, daß es in diesem Bereich zu einer möglichst großen Finanzmittelfreisetzung kommen sollte, denn hier liegen Produkte, die lediglich eine geringe Produktstärke aufweisen, in einem wenig attraktiven Markt. Je nach Lage der Produkte im Feld E sollte man für sie einen schrittweisen oder einen vollständigen Rückzug aus dem Markt einleiten. Sobald die Produkte keinen Mindest-Deckungsbeitrag mehr abwerfen, ist eine möglichst schnelle **Produktbereinigung** vorzunehmen.

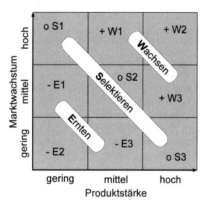

Bild W-12: Schema des Marktattraktivität-Produktstärke-Portfolios

Ein erfolgreiches Ernten wird nur in den Feldern E1 und E3 möglich sein, da hier mittlere Marktattraktivitäten oder mittlere Produktstärken vorliegen und das Produkt zwar in der Sättigungsphase, aber noch nicht in der Rückzugsphase liegt.

- **Selektieren** (Felder S1 bis S3)

Das Symbol "o" zeigt, daß sich in diesem Bereich Produkte in einem Übergangsstadium zwischen Wachsen und Ernten befinden, bei denen weder eine Finanzmittelfreisetzung noch eine -bindung erfolgt. In dieser Diagonalen des Portfolios sind also Produkte zu finden, die sich dadurch auszeichnen, daß entweder eine hohe Marktattraktivität mit einer niedrigen Produktstärke oder umgekehrt kombiniert ist oder daß diese Produkte eine mittelmäßige Marktattraktivität und Produktstärke aufweisen.

Produkte im Feld S1 zeichnen sich durch eine hohe Marktattraktivität, aber geringe Produktstärke aus. Sie sind mit den Nachwuchs-Produkten im Marktwachstum-Marktanteil-Portfolio zu vergleichen. Für Produkte in diesem Feld muß entschieden werden, ob die Produktstärke in diesem attraktiven Markt erhöht werden kann (z.B. durch eine Wertanalyse). Falls dies nicht möglich ist, muß man die Produkte aussondern.

Im Feld S2 befinden sich mittelmäßige Produkte in bezug auf Marktattraktivität und Produktstärke. Hier sind spezielle Überlegungen zur Investition oder Desinvestition anzustellen, die vor allem die Produkte in ihrer Lebenszyklusphase betrachten: Sind es alternde Produkte, so wird eine schrittweise **Produkt-** und **Kundenbereinigung** anzuraten sein. Eine zusätzliche Kostenverringerung (z.B. durch eine Wertanalyse) dürfte in der Regel mit den oben erwähnten Maßnahmen die Produktstärke so erhöhen, daß eine Verlagerung in Richtung S3 stattfinden kann. Befinden sich hier Produkte, deren Marktattraktivität zunehmen könnte, so wird eine gezielte Investition unter zusätzlicher Erhöhung der Produktstärke ratsam sein (Verlagerung in Richtung W2).

In Feld S3 liegen Produkte, die mit den Cash-Produkten des Marktwachstum-Marktposition-Portfolios vergleichbar sind und somit die dort erwähnten Maßnahmen zu ergreifen sind.

■ **Wachsen** (Felder W1 bis W3)
Das Plus (+) bedeutet, daß hier Finanzmittel gebunden sind oder investiert werden müssen, da sich in diesen Feldern Wachstumsprodukte befinden. Diese zeigen mittlere bis hohe Marktattraktivitäten und Produktstärken. Ziele sind: Aufbau von neuen Marktpositionen und Produktanwendungsfelder oder Erhaltung der Marktführerschaft.

Das hat zur Folge: Es müssen hohe Investitionen für die Entwicklung der Produkte und deren wirtschaftliche Herstellungsverfahren vorgenommen werden. Auf hohe augenblickliche Gewinne oder Cash-flows muß zugunsten späterer, wahrscheinlich noch höherer Finanzmittelfreisetzung verzichtet werden können. Für Produkte in diesem Bereich ist ein vertretbares Risiko zu akzeptieren.

Tabelle W-11: Normalstrategien des Marktwachstum-Produktstärke-Portfolio

Aktivitätsbereich	Normalstrategie ernten	Normalstrategie selektieren	Normalstrategie wachsen
Marktanteil	Aufgeben für Ertrag Kundenauswahl	Positionen behalten gezielt wachsen	Hinzugewinnen von neuen Kunden, neuen Gebieten, neuen Technologien
Investitionen	Minimum bis keine Investitionen < Abschreibungen	Ertragsgesteuert Investitionen = Abschreibungen	vertretbares Maximum, Investitionen > Abschreibungen Kapazitätseinwirkung

Aktivitätsbereich	Normalstrategie ernten	Normalstrategie selektieren	Normalstrategie wachsen
Risiko	vermeiden	begrenzen	akzeptieren
Programmpolitik	Programmbereinigung	Spezialisierung	Sortiment ausbauen, Diversifizierung
Kosten	Abbau von Fix- und Personalkosten	Rationalisierung von Personal und Verfahren, Kontrolle des Kapitaleinsatzes	Fixkostendegression, Erfahrungskurve, Lernkurve
Preispolitik	hohe Preise	gleichbleibend	preisbestimmend
Absatzpolitik	kaum Marketingmittel	gezielte Produktwerbung	offensiver Marketingeinsatz

Ist das Marktattraktivität-Produktstärke-Portfolio ausgeglichen, dann werden die Produkte in den Ernten-Feldern soviel Finanzmittel erwirtschaften, daß sie die Wachstumsprodukte der Felder W und ausgewählte Produkte aus den Feldern S finanzieren zu können. Die üblichen Strategien (**Normalstrategien**) für diese vier Felder sind der Tabelle W-11 zu entnehmen.

W 5.2.3 Altersstruktur-Analyse

Aufgrund des Wandels der Kundenwünsche, der Einsatzumgebung der Produkte und des technischen Fortschritts unterliegen die meisten Produkte den Gesetzen des Lebendigen (**Lebenszyklus**): **Geboren werden** (Markteinführung des Produkts), **Wachsen** (Umsatzzunahme), **Reifen** (hohes Umsatzvolumen, ausgereiftes Produkt, keine Umsatzsteigerung

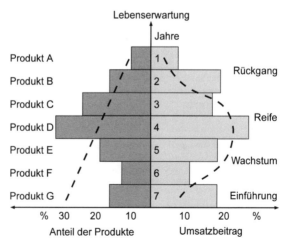

Bild W13: Altersstruktur-Analyse

mehr möglich) und **Sterben** (sinkende Umsätze und Marktrückgang).
Man muß dafür sorgen daß das ganze Produktprogramm aus einer ge-
sunden Mischung von jungen, reifen und alten Produkten besteht.

Die Altersstruktur-Analyse stellt fest, ob genügend reife, Finanzmittel
bringende Produkte und ebenso neue Produkte vorhanden sind. Eine
Überalterung des Angebots an Gütern und Dienstleistungen ist zu vermeiden. Die grafische Auswertung einer Produktanalyse nach dem Al-
tersaspekt ist in Bild W-13 dargestellt.

W 5.2.4 Erfolgsstruktur-Analyse

Der Erfolg eines Produktes/Produktprogramms wird in zweierlei Hinsicht beurteilt, und zwar durch Gegenüberstellung der Umsatzrentabilität
und durch Darstellung der Deckungsbeiträge pro Umsatz.

Umsatz-Umsatzrentabilitäts-Profil

In der senkrechten Achse wird der Umsatz kumuliert aufgetragen. Die
Umsatzrentabilität ist in der Waagerechten so dargestellt, daß links vom
Ursprung die verlustbringenden und rechts die gewinnbringenden Produktgruppen zu sehen sind. Die Produktgruppen werden nach steigenden
Umsatzrentabilitäten geordnet. Deshalb sind zuerst die Produktgruppen
mit den höchsten Verlusten und zuletzt die Produktgruppen mit den
höchsten Gewinnen zu sehen. Die entstehenden Flächen sind ein Maß
für den **Verlust** (links in Bild W-14) oder den **Gewinn** (rechts in Bild
W-14) der einzelnen Produktgruppe.

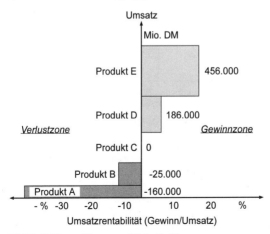

Bild W-14: Umsatz-Umsatzrentabilitäts-Profil

Umsatz-Deckungsbeitrags-Profil

Soll ein Umsatz-Umsatzrentabilitäts-Profil erstellt werden, dann müssen den Produktgruppen oder Produkten **Gewinne** zugeordnet werden können. Eine stückbezogene Fixkostenverteilung ist prinzipiell unmöglich und kann zu schwerwiegenden Fehlern führen. Deshalb wird es häufig besser sein, den Erfolg anhand von **Deckungsbeiträgen** (DB) zu beurteilen. Da der Umsatz und die variablen Kosten relativ leicht zu ermitteln sind, steht mit dem Deckungsbeitrag eine exakt bestimmbare Kennzahl zur Verfügung. Je nach Aussagefähigkeit können spezifische Deckungsbeiträge gewählt werden, beispielsweise:

- Deckungsbeitrag pro Stück

- Deckungsbeitrag pro Engpaßeinheit (z. B. Fertigungsstunde)

- Deckungsbeitrag pro Periode

- Deckungsbeitrag pro Umsatz

Bild W-15 zeigt ein Umsatz-Deckungsbeitrags-Profil eines Beispielunternehmens.

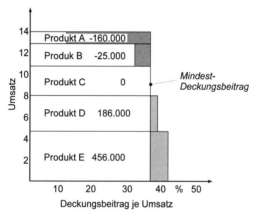

Bild W-15: Umsatz-Deckungsbeitrags-Profil

Der Umsatz ist in der senkrechten Achse aufgezeichnet, in der waagerechten der Deckungsbeitrag pro Umsatz (DB/U) in %. Die Flächen in diesem Profil sind ein Maß für den Deckungsbeitrag, der zur Deckung der Unternehmensfixkosten in den Betrieb fließt. Die Produktgruppen werden dabei so sortiert, daß die umsatzstärksten zuerst und die umsatzschwächsten zuletzt berücksichtigt werden. Da die umsatzstärksten Produktgruppen meist die wichtigsten sind, zeigt Bild W-15 von unten nach oben den Grad der Bedeutung für das Unternehmen an (ABC-Prinzip).

Eine **Pyramidenform** eines solchen Profils zeigt ein **erfolgsträchtiges Unternehmen**, bei dem die umsatzstärksten Produkte auch die meisten Deckungsbeiträge liefern. Eine **Trichterform** zeigt eine für das Unternehmen ungünstige Verteilung der Produktgruppen (die umsatzstärksten Produktgruppen liefern am wenigsten Deckungsbeiträge).

W 5.3 Erkennen der Schwachstellen und Verbesserungen

Um besser als der Wettbewerber die Marktprobleme lösen zu können, müssen Schwachstellen erkannt und das ganze Unternehmen ständig verbessert werden (**KVP: Kontinuierlicher Verbesserungsprozeß**). Die folgende Checkliste kann benutzt werden, um diese Schwachstellen systematisch zu erkennen.

Tabelle W-12: Checkliste zur Erkennung von Schwachstellen

Schwachstelle	Abhilfe	Nutzen	Kosten	Zeit

Zur systematischen Analyse der Schwachstellen kann auch das schon beschriebene Stärke-Schwäche-Profil herangezogen werden.

W 5.4 Zusammenstellung der Ressourcen

Um auf dem Markt die Kundenwünsche befriedigen zu können, muß man einen Überblick besitzen über die Möglichkeiten bzw. die Engpässe. Es sind dies im wesentlichen:

- Mitarbeiter
- technische Ausrüstung (Maschinen)
- Finanzmittel
- sonstige Engpässe

Diese Ressourcen müssen nach Know-how, Zeit, Kosten, Personal, Wert usw. untersucht werden.

W 6 Marketing-Konzeptionen

Aus den Trends (Abschn. W 2), den zentralen Kundenbedürfnissen (Abschn. W 3), den Positionen der Wettbewerber (Abschn. W 4) und den Möglichkeiten des eigenen Unternehmens (Abschn. W 5) können klare **Marktziele** formuliert, die **Strategien** und **Maßnahmen** zum Erreichen des Zieles festgelegt und die **Mittel** zugeteilt werden. Daraus ergeben sich konkrete Maßnahmen, die klar kontrollierbar sind. Das Vorgehen zeigt Bild W-16.

Bild W-16: Schema zur Erstellung einer Marketing-Konzeption

W 6.1 Strategien

Unter Strategien versteht man die prinzipiellen Stoßrichtungen, mit denen man den Markt bearbeiten will. Die auszuwählenden Strategien hängen zum einen vom Markt ab und zum anderen von den Möglichkeiten
und Erfolgsfaktoren des Unternehmens. Aus den Strategien werden
Maßnahmen abgeleitet. Sie sind die einzelnen Tätigkeiten, die im Rahmen der gewählten Strategien liegen.

W 6.1.1 Strategien für Wettbewerbs-Märkte

Tabelle W-13 stellt die drei grundsätzlichen Strategien den verschiedenen Märkten gegenüber.

Tabelle W-13: Märkte und Strategien

Märkte / Strategien	Konzentration	Differenzierung	Standardisierung
zersplittert	x	x	
stagnierend	x		
Spezialisierung	x	x	
Stückzahl mit Wachstum			x

Nur in einem **wachsenden Markt** können standardisierte Produkte zu
günstigsten Preisen angeboten werden. Setzt man in stagnierenden Märkten
Preise herab, so dient dies zum Erringen höherer Marktanteile und zum
Verdrängen der Konkurrenz. In **stagnierenden Märkten** ist eine Konzentration auf ertragsstarke Produkte und auf Produktgruppen erforderlich,
in denen das Unternehmen sehr große Stärken besitzt. Die Strategie der
Konzentration erfordert eine umfassende **Sortimentsbereinigung**. Dabei
darf nicht nur die interne Ertragssituation eine Rolle spielen, sondern es
muß vor allem darauf geachtet werden, daß die Kundenwünsche optimal
zu erfüllen sind. Vor der Aufgabe von Produkten ist daher zu prüfen, ob
mit den **Methoden der Wertanalyse** Herstellkosten gesenkt werden
können, ohne die Qualität und die Kundenanforderungen zu schmälern.

W 6.1.2 Strategien aus den Portfolios

Für das Marktwachstum-Marktanteil-Portfolio gelten folgende Strategien:

- Offensiv-Strategien für den erfolgversprechenden Nachwuchs
- Investitions-Strategien für die Stars
- Abschöpfungs-Strategien für die Kühe
- Desinvestitions-Strategien für die Sorgenkinder

Für das Marktattraktivität-Produktstärke-Portfolio sind folgende Strategien empfehlenswert:

- Ernte-Strategien
- Selektions-Strategien
- Wachstums-Strategien

W 6.1.3 Strategien und Innovation

Die Innovationen unterscheiden sich darin, ob

- das Produkt
- die Technologie oder/und
- der Markt

neu sind.

Für die Strategien ist es vor allem entscheidend, ob die Märkte und die Produkte neu sind. Das bedeutet, daß es viel teurer und risikoreicher ist, auf neuen Märkten Fuß zu fassen, als in bekannten Märkte zu verkaufen.

W 6.2   Festlegen der Marktziele

Es müssen am Anfang die Marktziele in qualitativer und quantitativer Hinsicht festgelegt werden (Bild W-17).

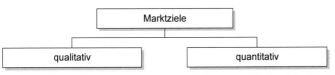

Bild W-17: Qualitative und quantitative Marktziele

W 6.2.1 Geschäftspläne (Umsatzpläne)

Aus den Marktzielen heraus wird der **Umsatzplan** (Geschäftsplan) erarbeitet. Die Planzahlen ermittelt man im Zusammenhang mit den Aussagen der Portfolio-Analyse, denn dort werden die Strategien (Wachsen, Halten und Schrumpfen) festgelegt. Die Jahresumsätze werden für jede Branche monatlich vorgenommen, und zwar nach Erfahrungswerten in Prozent.

W 6.2.2 Mehrstufige Deckungsbeitragsrechnung

Nach der Umsatzplanung werden **Deckungsbeiträge** ermittelt. Zunächst werden die Kosten für den Wareneinsatz (Materialkosten) vom Umsatz abgezogen und der **Deckungsbeitrag 1** ermittelt. Anschließend werden Stufe um Stufe diejenigen Kosten geplant, die direkt mit dem Kunden zu tun haben. Dies sind insbesondere die Kosten für Marketing, Firmenbesuche und Vorführungen, individuelle Anpassung der Maschinen, Installation und Test vor Ort sowie Service und Wartung. Der letzte Deckungsbeitrag pro Umsatz zeigt an, wieviel Prozent die fixen Branchenkosten betragen dürfen, damit kostendeckend gearbeitet werden kann.

W 6.3   Bestimmen der Maßnahmen

Mit Maßnahmen werden die Wege beschrieben, mit denen diese Ziele erreicht werden sollen. Im Marketing ist das der **Marketing-Mix**, d. h. eine Mischung aus den folgenden Möglichkeiten (Tabelle W-14).

Tabelle W-14: Marketing-Mix

Marketing-Mix				
Produkt-Mix	**Konditionen-Mix**	**Distributions-Mix**	**Kommunikations-Mix**	**Kontrahierungs-Mix**

• Produkt
• Sortiments-
  gestaltung
• Service
• zusätzliche
  Dienstleistun-
  gen
	• Preise
	• Konditio-
	  nen
	• Nachlässe
	• Rabatte
		• Absatzwege
		• Logistik
			• PR
			• Verkaufsförde-
			  rung
			• Werbung
				• Verträge

W 6.3.1 Produkt-Mix

Der Produkt-Mix legt fest, mit welchen Produkten das Unternehmen aktiv auf dem Markt auftreten will. Dabei gibt es folgende Punkte zu beachten:

■ **Produktgestaltung**

Es werden alle Informationen, die die Eigenschaften des Produkts beschreiben, systematisch gesammelt und geordnet. Wichtig ist auch, darauf hinzuweisen, daß für die Kaufentscheidung nicht nur die reine Funktion ausschlaggebend ist, sondern auch der Zusatz- oder Geltungsnutzen.

■ **Warenpräsentation und Verpackung**

Mit der Verpackung ist eine gute Warenpräsentation möglich. Prinzipiell hat eine Verpackung produkt- und marktbezogene Aufgaben.

Tabelle W-15: Produkt- und marktbezogene Aufgaben der Verpackung

Produktbezogene Aufgaben	Marktbezogene Aufgaben
Werterhaltung	Design
Lager-, Stapel- und Transportfähigkeit	Werbeträger
Wiederverwendbarkeit	Wertsteigerung
Identifikation	Sortimentsgestaltung
	Service und zusätzliche Dienstleistungen

W 6.3.2 Konditionen-Mix

■ **Preispolitik**

Der Preis ist das Entgelt für die Leistungen. Das Unternehmen möchte einen entsprechenden Preis erzielen und der Käufer einen angemessenen Preis bezahlen. Für die Unternehmen gibt es im wesentlichen folgende vier Ziele:

1. Erhöhung der Rentabilität

2. Erhöhung des Gewinns

3. Erringen von Marktanteilen und

4. Anpassung an den Wettbewerb

Um die **Rentabilität** oder den **Gewinn** zu steigern, können auch die Preise gesenkt werden, denn bei nicht voll ausgelasteten Kapazitäten ist es sinnvoll, zu geringeren Preisen zu verkaufen, um den Absatz zu steigern, der die Kapazitäten auszulasten vermag. **Höhere Marktanteile** werden in der Regel durch niedrige Preise erkauft. Häufig ist es sinnvoll, sich mit der Preispolitik an den Wettbewerber anzupassen. Auf keinen Fall darf man hierbei aber mit dem Wettbewerber vergleichbare Produkte anbieten, da sonst der Preis das alleinige Kaufargument sein wird. In diesen Fällen werden **Preiskämpfe** ausgetragen, die für alle beteiligten Unternehmen nachteilig sind.

In Bild W-18 sind die Methoden zur Preisfindung dargestellt. Es gibt:

■ **staatlich festgelegte oder gebundene Preise** (z. B. bei Büchern)

■ **kalkulierte Preise** (dabei verwendet man die betrieblichen Kosten als Kalkulationsgrundlage)

■ **marktelastische Preise** (man richtet man sich nach den Preisvorstellungen der Käufer)

- **gebrochene Preise** (z.B. statt 1.000 DM nur 999 DM; dienen dazu, den Preis nicht so hoch erscheinen zu lassen).

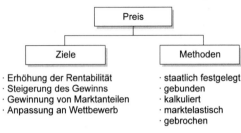

Bild W-18: Ziele und Methoden der Preisfindung

Die bloße Nennung des Preises ist noch keine Marketing-Maßnahme. Mit dem Preis müssen vor allem die Vorteile genannt werden, die der Käufer mit dem Erwerb dieses Produkts erhält. Dem Käufer soll der Eindruck vermittelt werden, daß die Produkte und Dienstleistungen ein gutes Preis-Leistungs-Verhältnis aufweisen.

- **Konditionen**

In diesem Feld geht es vor allem um die Zahlungsbedingungen wie Skonti, Zahlungsziele und Boni.

- **Nachlässe**

Hierbei handelt es sich um die Rabattpolitik eines Unternehmens. Es soll der weitverbreiteten Meinung entgegengetreten werden, nach der gewährte **Rabatte** bereits an anderer Stelle dem Verkaufspreis dazugeschlagen worden seien. Wie Tabelle W-16 zeigt, gibt es betriebswirtschaftliche Gründe zur Gewährung von Rabatten. Rabatte können dazu eingesetzt werden, die Preise unterschiedlich zu gestalten.

Tabelle W-16: Arten und Gründe von und für Rabatte

Art des Rabatts	Gründe für den Rabatt
• Mengenrabatt	• kostengünstiger Mehrabsatz
• Rabattstaffeln	• Erhöhung der Auftragsgröße
• Saisonrabatt	• Senken der Lagerkosten
• Einführungsrabatt	• Gewinnung neuer Kunden
• Umsatzrabatt	• Erhaltung von Dauerkunden
• Abschlußrabatt	• Erleichterung der Planung
• Leistungsrabatt	• Motivation der Händler

W 6.3.3 Distributions-Mix

Bei dieser Strategie sind die Wege der Verteilung der Produkte und Dienstleistungen vom Hersteller zum Käufer zu wählen. Dabei unterscheidet man zwischen den Absatzwegen und der Logistik.

Absatzwege

- direkt (über Einzelhändler) oder indirekt (über Zwischenhändler)
- Franchising (Lizenznehmer)
- Shop-in-the-shop

Logistik

Klein- und Mittelbetriebe sind in der Regel mit derartigen Aufgaben überfordert und werden die Logistik an Speditionsunternehmen abgeben. Für größere Unternehmen kann die Dienstleistung der Logistik ein wirkungsvolles Marketing-Instrument sein.

W 6.3.4 Kommunikations-Mix

Dazu zählen alle Möglichkeiten, den Kunden und die Öffentlichkeit über das Unternehmen zu unterrichten und die Vorteile der Produkte und Dienstleistungen zu zeigen.

Öffentlichkeitsarbeit (Public Relations: PR)

Ein Unternehmen steht mit der Öffentlichkeit in Verbindung. Man unterscheidet dabei zwischen der **äußeren Umgebung** (andere Unternehmen, Gewerkschaften, Verbände, Parteien, Regierungen und Massenmedien) und der **inneren Umgebung** (Familien der Mitarbeiter, Kunden, Lieferanten, Wettbewerber, Behörden, Banken und Freunde). Wichtig ist, daß das Unternehmen positive Kontakte zur Öffentlichkeit aufbauen und **Vertrauenswerbung** betreiben muß, denn das Unternehmen kann nur solange existieren, wie es die Öffentlichkeit erlaubt. Folgende Möglichkeiten einer wirksamen Öffentlichkeitsarbeit bestehen:

- Geschäftsberichte
- Presseinformationen, Pressekonferenzen
- Herausgabe von Fachberichten, Broschüren und Büchern,
- Aktivitäten in Schulen, Vereinen und Gemeinden
- Spendenaktionen und Hilfsleistungen
- Bildungs- und Freizeitveranstaltungen mit Diskussionen
- Betriebsbesichtigungen
- Kontakte zu Behörden und Regierungen
- Jubiläen des Unternehmens und der Mitarbeiter
- Vorstellungen neuer Produkte
- Eröffnungen und Ausstellungen

Voraussetzung ist, daß eine klare **Firmenphilosophie**, eine eindeutige **Geschäftspolitik** und ein erkennbares äußeres **Erscheinungsbild** (Corporate Identity, CI) vorliegen.

Verkaufsförderung

Hierbei sind alle Aktionen zu verstehen, die zur Förderung des Verkaufs dienen. Häufig bedient man sich dabei des Vorgehens nach AIDA:

- **A** (Attraction: Aufmerksamkeit erregen)
- **I** (Interest: Interesse an den Produkten oder Dienstleistungen erwecken)
- **D** (Desire: den Kaufwunsch wecken)
- **A** (Action: den Kaufwunsch als Kaufakt vollziehen)

Bei einer wirkungsvollen Verkaufsförderung müssen der Vertrieb sowie die Entwicklungs- und Produktionsmannschaft als ein Team zusammenarbeiten. Dies hat folgende Gründe: Die Informationen des Vertriebs helfen den Entwicklern, schneller marktnahe Innovationen zu entwickeln. Auf der anderen Seite können die Entwicklung und die Fertigung dem Vertrieb genaue Produktkenntnisse vermitteln, die für den Kunden ein wesentliches Kaufargument sein können. Auf eine harmonische Zusammenarbeit dieser Abteilungen ist deshalb zu achten.

Werbung

Bei der Werbung wird der potentielle Kunde mit zwanglosen Mitteln so beeinflußt, daß er das Produkt bzw. die Dienstleistung kaufen möchte. Das bedeutet, daß eine Werbung

- klare Ziele verfolgen muß
- eine Beeinflussung des Käufers auslösen muß

Bild W-19: Ziele und Möglichkeiten der Werbung

Die Werbebotschaft sollte mit Wohlwollen aufgenommen werden (deshalb sollten es zwanglose Mittel sein). Was Farben, Formen, Grafiken und Texte anbelangt, bietet die **Werbepsychologie** geeignete Anhaltspunkte. Wichtig ist, daß der Umworbene aus der Werbung einen konkreten Vorteil für sich erkennen kann. Ferner sind die Bedürfnisse des Menschen nach Sicherheit, Anerkennung und Unabhängigkeit zu berücksichtigen. Bild W-19 zeigt die Ziele, die Aussagen und Maßnahmen der Werbung sowie die Werbeplanung. In der folgenden Grafik (Bild W-20) sind die **Werbemittel** zusammengestellt:

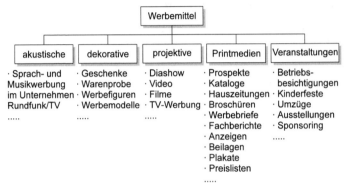

Bild W-20: Werbemittel

Die **Werbestreuung** kann durch Post, Zeitung, Austräger, Plakate, Funk, Fernsehen und Kino erfolgen. Eine besondere Form ist das **Response-(Antwort-)Marketing**. Bei dieser Methode muß sich der Kunde selbst melden, beispielsweise durch Zurücksendung von Coupons, Bestellungen, Losnummern oder ähnliches. Es meldet sich eine interessierte Käuferschaft, die man im Anschluß daran zum Kauf bewegen muß.

W 6.3.5 Kontrahierungs-Mix

Im Kontrahierungs-Mix sind die Vertragswerke zwischen Unternehmen und Kunden zu finden. Üblicherweise werden dort auch die Fragen der **Produkthaftung** und der **Qualitätssicherung** behandelt.

W 6.4 Zuteilen der Mittel

Für die einzelnen Strategien werden die Finanz-, die Sach-, die Personal- und immateriellen Mittel (z. B. das Firmenimage) festgelegt.

W 6.5 Festlegen konkreter Maßnahmen

Die einzelnen Ziele müssen in folgenden Punkten ganz konkret festgelegt sein:

- Maßnahme
- Kosten
- Endtermin
- Verantwortlicher

W 6.6   Marketing-Controlling

Alle Maßnahmen des Controlling dienen dazu, die Wettbewerbsposition des gesamten Unternehmens zu stärken. Für das Marketing-Controlling kann der allgemeine **Controlling-Regelkreis** (Bild W-21) angewendet werden, die Marketingziele, -pläne und -maßnahmen müssen dabei den Marketing-Aktivitäten des Unternehmens entsprechen.

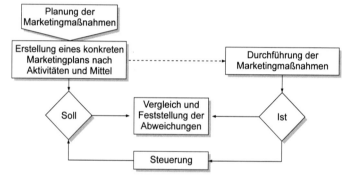

Bild W-21: Controlling-Regelkreis

Dehr, G., Biermann, Th.: Marketing-Management für Ingenieure. Leipzig: Fachbuchverlag 1998

Hering, E., Dranger W..: Führung und Management. Düsseldorf: VDI-Verlag 1995

Weissman, A.: Marketing-Strategie. Landsberg: mi-Verlag 1990

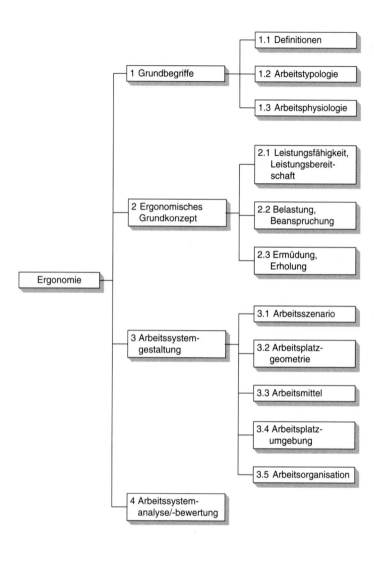

X   Ergonomie

Angesichts der enormen betriebs- und volkswirtschaftlichen Kosten im Gesundheitssektor ist es zwingend erforderlich, die betrieblichen und sozialen Wechselwirkungen des arbeitenden Menschen unter gesundheitsprophylaktischen (und sicherheitstechnischen) Gesichtspunkten zu gestalten. Die damit verbundenen Auswirkungen auf Leistungsfähigkeit und Leistungsbereitschaft verdeutlichen das enorme Rationalisierungspotential des Faktors Mensch.

> Die Ergonomie (aus ergon, nomos: Lehre, Gesetz von der Arbeit) als Teildisziplin der Arbeitswissenschaft hat als Zielsetzung das Schaffen von Bedingungen für das **Zusammenwirken** von **Mensch**, **Technik**, **Information** und **Organisation** im Arbeitssystem zur Erfüllung der Arbeitsaufgabe unter Berücksichtigung der menschlichen Eigenschaften und Bedürfnisse und der Wirtschaftlichkeit des Systems sowie der Vermeidung von Gesundheitsgefährdung.

Gesetzliche Grundlagen für die ergonomische Arbeitsgestaltung finden sich im

- Betriebsverfassungsgesetz
- Arbeitsstättenverordnung
- Arbeitssicherheitsgesetz und in der
- Gefahrstoffverordnung

Eine menschengerechte Arbeit kann durch folgende Anpassungsstrategien erreicht werden:

- Anpassung des Menschen an die Arbeit, beispielsweise durch:
  - Aus- und Weiterbildung
  - Auslese nach Eignung
  - Motivation

- Anpassung der Arbeit an den Menschen in folgenden Bereichen:
  - Arbeitsplatz
  - Arbeitsmittel
  - Arbeitsumgebung
  - Arbeitsorganisation

Während die erstgenannte Strategie den Bereichen Pädagogik, Personalmanagement und Führung zufällt, betreffen die letztgenannten Teilgebiete die Ergonomie (unter Einbeziehung rechtlicher, medizinischer, soziologischer, psychologischer Aspekte und Hintergründe). Dabei zielt Ergonomie nicht darauf ab, daß durch bestmögliche Arbeitsgestaltung den Beschäftigten ein Maximum an Leistung abverlangt werden kann, sondern daß dadurch **Leistungsfreiräume/-reserven** entstehen, die

- individuell eingesetzt werden können (**Qualitätssteigerung**)

- gesundheitsprophylaktisch wirken (**geringere Fehlzeiten**)

- von psychologischen Effekten begleitet sind (**Motivationssteigerung**)

Der Beitrag der Ergonomie für die **Wirtschaftlichkeit** von Arbeitssystemen besteht nicht nur in der Garantie für menschengerechte Arbeit hinsichtlich von

- Ausführbarkeit

- Erträglichkeit

- Zumutbarkeit

sondern des weiteren auch in

- Arbeitszufriedenheit

- Persönlichkeitsförderung

- Gesunderhaltung

Da der Mensch nur etwa 20% seiner Zeit am Arbeitsplatz verbringt (etwa 1600 h/a), muß zur **betrieblichen Verhältnisprävention** auch die **persönliche Verhaltensprävention** treten.

X 1   Grundbegriffe

X 1.1   Definitionen nach DIN 33400

- **Arbeitssystem**
  Das Arbeitssystem dient der Erfüllung einer Arbeitsaufgabe. Hierbei wirken Mensch und Arbeitsmittel im Arbeitsablauf am Arbeitsplatz in einer Arbeitsumgebung unter den Bedingungen dieses Arbeitssystems zusammen.

- **Arbeitsaufgabe**
  Die Arbeitsaufgabe kennzeichnet den Zweck des Arbeitssystems.

- **Arbeitsmittel**
  Arbeitsmittel sind z.B. Anlagen, Einrichtungen, Maschinen, Werkzeuge, Vorrichtungen, Betriebs- und Hilfsstoffe.

- **Arbeitsablauf**
  Der Arbeitsablauf im Arbeitssystem ist das räumliche und zeitliche Zusammenwirken von Mensch, Arbeitsmittel, Arbeitsgegenstand, Energie und Information.

- **Arbeitsplatz**
Der Arbeitsplatz ist der räumliche Bereich im Arbeitssystem, in dem die Arbeitsaufgabe verrichtet wird.

- **Arbeitsumgebung**
Die Arbeitsumgebung des Arbeitssystems ist das räumliche Umfeld, von dem vor allem physikalische und chemische, aber u.a. auch biologische (z.b. bakteriologische) Einflüsse auf den Menschen einwirken.

- **Arbeitsbelastung**
Die Arbeitsbelastung ist die Gesamtheit der erfaßbaren Einflüsse im Arbeitssystem, die auf den Menschen einwirken.

- **Arbeitsbeanspruchung**
Die Arbeitsbeanspruchung ist die individuelle Auswirkung der Abeitsbelastung im Menschen in Abhängigkeit von seinen Eigenschaften und Fähigkeiten.

- **Arbeitsermüdung**
Die Arbeitsermüdung ist eine aufgrund einer nach Art, Höhe und Dauer bestimmten Arbeitsbelastung und der sich daraus ergebenden Arbeitsbeanspruchung eintretende Minderung der Leistungsfähigkeit, die durch Erholung wieder ausgeglichen werden kann.

X 1.2   Arbeitstypologie

Jegliche Form menschlicher Arbeit setzt sich aus unterschiedlichen Anteilen von körperlicher sowie geistiger Arbeit zusammen.

- **körperliche, physische Arbeit**: Erzeugung von Kräften
Weitere Differenzierung nach:
  - *statische Haltearbeit*: Hebetätigkeit
  - *statische Haltungsarbeit*: Stabilisierung einer Körperhaltung
  - *einseitig dynamische Muskelarbeit*: Einsatz weniger Muskelgruppen mit meist hoher Betätigungsfrequenz
  - *schwer dynamische Muskelarbeit*: Betätigung von mehr als $1/7$ der Gesamtmuskelmasse.

- **geistige, mentale Arbeit**: Erzeugung, Verarbeitung von Informationen (Kopfarbeit)
Weitere Unterteilung nach:
  - Überwachungstätigkeit (z.B. Produktionsleitzentrale)
  - Kontrolltätigkeit (z.B. Oberflächenkontrolle)
  - Steuerungstätigkeit (z.B. Kranführer)
  - rein geistige, schöpferische Tätigkeit (z.B. Programmieren)

X 1.3   Arbeitsphysiologie

Jeder Mensch verfügt über angeborene und erworbene Grundeigenschaf-
ten, wonach Muskel- und Organleistungen beispielsweise bei Arbeit in
einem individuellen Entfaltungsbereich festgelegt sind. Welche Konsequenzen sich daraus für die Arbeitsgestaltung ableiten lassen, wird am
Beispiel der muskulären Tatigkeit erläutert. Dabei werden nur die ana-
tomisch-physiologischen Fakten berücksichtigt, die zur Argumentation
der muskulären Leistungsfähigkeit bedeutsam sind.

Muskelphysiologie

Die kleinste aktive Einheit einer Muskelzelle, das **kontraktile Element**,
besteht aus Aktiv- und Myosinfilamenten, die bei der Kontraktion inein-
andergleiten und stabile Aktomyosinbindungen bilden. Dabei reagiert
eine angeregte Muskelzelle immer nach dem Alles-oder-nichts-Gesetz,
d.h. volle oder keine Kontraktion. Eine abgestufte Bewegung wird durch
räumliche oder zeitliche Summation erreicht. Die Kontraktionsenergie
und die für die Lösung der Bindungen bei Extraktion notwendige Energie wird aus der anaeroben Spaltung von Adenosintriphosphat (ATP)
gewonnen:

ATP $\rightarrow$ ADP + Phosphorsäure + Energie

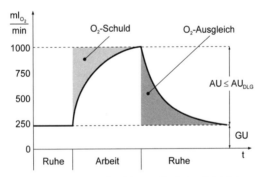

Bild X-1: Sauerstoffbedarf und Sauerstoffaufnahme bei Arbeiten unterhalb der Dauerleistungsgrenze

Um kontinuierliche Muskelarbeit erbringen zu können, muß in ausrei-
chendem Maß ATP nachgeliefert werden. Dies geschieht während eines
ersten Zeitabschnitts nach Arbeitsbeginn (ca. 2 Minuten) zunächst
anaerob, d.h. ohne Sauerstoff (**Sauerstoffschuld**), und wird anschließend durch **aerobe** ATP-Restitutionsprozesse sichergestellt. Der erhöhte
Sauerstoffbedarf bedingt gesteigerte Herz- und Atmungstätigkeit, die
auch in die Pause hinein erhöht bleiben, um die anfängliche Sauerstoff-

schuld wieder auszugleichen (Bild X-1). Bei Arbeiten bis zur Dauerleistungsgrenze stellt sich ein Fließgleichgewicht zwischen O_2-Aufnahme und -Bedarf ein, darüber muß zusätzlich ATP anaerob gebildet werden, was mit dem unangenehmen Reaktionsderivat Milchsäure (Muskelkater) einher geht.

Atmung

Durch die Atmung werden die ständige Zufuhr von Sauerstoff und die Abfuhr von Kohlendioxid sichergestellt. Charakteristischen Leistungsdaten sind Volumen- und Zeitkenngrößen (Bild X-2).

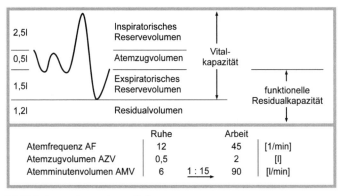

Bild X-2: Atmungskenngrößen und Leistungswerte

Herz, Kreislauf

Der inkorporale Sauerstofftransport wird durch Herz und Kreislauf als Fördersystem sowie durch das Blut als Transportmedium realisiert. Durch diese Komponenten wird folglich Transportkapazität und -leistung verschiedentlich begrenzt:

■ **Sauerstoffbindungskapazität** des Blutes, abhängig von Druck, Temperatur und Konzentration der roten Blutkörperchen

■ **Blutdurchsatz,** beeinflußt durch Kreislaufregulation, d.h. verbrauchs-, bedarfsabhängige Gefäßerweiterung/-verengung

■ **Fördermenge,** bestimmt durch Herzleistung mit etwa 70 Schlägen pro Minute und 70 ml pro Schlag entsprechend etwa 5 l/min in Ruhe, sowie ca. 200 Schläge pro Minute mit 200 ml pro Schlag folglich 40 l/min unter maximaler Beanspruchung

Fazit: Bei physischer Tätigkeit stellt das **Herz** den leistungsbegrenzenden Faktor dar.

X 2 Ergonomisches Grundkonzept

Die begriffliche Zuordnung zeigt Bild X-3. Dabei liegt folgendes Konzept zugrunde: Die von einem Arbeitssystem ausgehende **Belastung** ist ein objektiv quantifizierbarer Zustand. Durch die individuellen Gegebenheiten in Form von Leitungsfähigkeit und Leistungsbereitschaft entsteht das Belastungsresultat, die **subjektiv** empfundene **Beanspruchung**. Liegt diese über der **Dauerleistungsgrenze** (DLG), so tritt Ermüdung auf, die entsprechende Erholung bedingt. Andernfalls ist die Beanspruchung praktisch ermüdungsfrei zu ertragen.

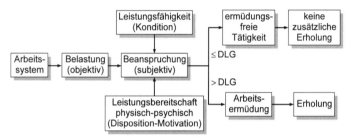

Bild X-3: Begriffliches Grundgefüge, Belastungs-Beanspruchungs-Konzept

X 2.1 Leistungsfähigkeit, Leistungsbereitschaft

Die menschliche Leistung ist zeitvariant und unterliegt inter- und intraindividuellen Einflüssen.

- Bei den Grundfähigkeiten, die sich nur langsam ändern, spricht man von der **Leistungsfähigkeit** (z. B. abhängig von Eignung, Ausbildung und körperlicher Konstitution).

- Die **Leistungsbereitschaft** ist gekennzeichnet durch kurzfristige Leistungsschwankungen durch Ermüdung, Motivation, Umgebungseinflüsse (Bild X-4).

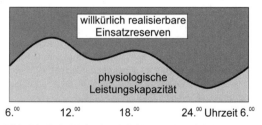

Bild X-4: Beispiel für intraindividuelle Abhängigkeit der Leistungsbereitschaft (gemittelter Tagesgang)

X 2.2   Belastung, Beanspruchung

Ergonomische Arbeitsgestaltung darf sich nicht an der absoluten Leistungsfähigkeit des Menschen orientieren, sondern muß die subjektive Inanspruchnahme bei bestimmter Leistung zugrunde legen.

- Unter **Belastung** versteht man die auf den Menschen einwirkenden objektiven Faktoren der Arbeitsaufgabe und der Randbedingungen der Arbeit (z.b. eine zu hebende Masse oder Umgebungslärm).

- **Beanspruchung** ist die Wirkung der Belastungsfaktoren auf den einzelnen Menschen (subjektives Resultat). Sie hängt von den individuellen Gegebenheiten (Kondition, Disposition, Motivation) des Menschen ab.

- Die **Dauerleistungsgrenze** kennzeichnet die Beanspruchungshöhe, bis zu der eine Tätigkeit ohne arbeitsbedingte Ermüdung ausgeführt werden kann. Andernfalls tritt Ermüdung auf, die nur durch zusätzliche Erholung kompensiert werden kann.

X 2.2.1 Belastungsmessung, Energieumsatz

Die auf den Menschen wirkende Belastung wird beschrieben durch **Belastungsart, -höhe** und **-dauer**. Dabei sind sowohl einzelne Belastungsfaktoren singulär zu quantifizieren als auch die Kumulation und Superposition aller im Arbeitssystem wirkenden Faktoren integrativ zu bewerten. Belastungsart und -dauer sind immer quantifizierbar.

Meßbar sind beispielsweise Faktoren der Arbeitsumgebung wie Lärm, Klima oder Beleuchtung. Bei körperlicher Arbeit ist in einfachen Fällen auch die Belastungshöhe meßbar (z.B. die zu hebende Masse in kg, die aufzubringende Leistung in W).

Nicht meßbar sind jedoch Belastungsfaktoren, wie beispielsweise das Arbeitsklima und Verantwortungsdruck.

Nicht direkt meßbar ist auch die Belastungshöhe bei geistiger Arbeit.

Bei **körperlicher Arbeit** mit hohem Anteil dynamischer Muskeltätigkeit lassen sich Aussagen zur Belastung über die Energiebilanz des Körpers mittels **indirekter Kalorimetrie**, d.h. Sauerstoffverbrauchsmessung, gewinnen: Um Energie bereitzustellen, wird Nahrung mit dem durch Atmung aufgenommenen Sauerstoff verbrannt. Die Menge des verbrauchten Sauerstoffes ist also ein Maß für die erzeugte Energie. Man kann den Sauerstoffgehalt der Ein- und Ausatmungsluft messen und erhält so die verbrauchte Menge O_2. Pro Liter O_2 werden ca. 20 kJ (= 4,85 kcal) freigesetzt. Diese Energie wird unterschiedlich und mit verschiedenen Wirkungsgraden genutzt (Bild X-5):

- **Grundumsatz** (GU): zum Erhalt lebensnotwendiger Funktionen (Atmung, Herz).

- **Freizeitumsatz** (FU): für alle Tätigkeiten außerhalb der beruflichen Arbeit (Körperhaltung, Verdauung). Besondere sportliche Aktivitäten während der Freizeit müssen gesondert berücksichtigt werden (Sportumsatz SU).

- **Arbeitsumsatz** (AU): diejenige Stoffwechselgröße, die zur Einbringung äußerer Arbeit aufgewendet werden muß.

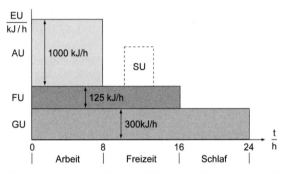

Bild X-5: Anhaltswerte und relevante Zeitbezüge der Energieumsatzanteile

Daraus läßt sich beispielsweise ermitteln:

- durchschnittlicher Energiebedarf bei Arbeiten an der Dauerleistungsgrenze: 1425 kJ/h

- durchschnittlicher Tagesenergiebedarf (Arbeitsbelastung = Dauerleistungsgrenze, ohne Sportumsatz): 17 200 kJ/d

- Grundumsatz 300 kJ/h = 83 W = 72 kcal/h bei 72 kg Körpermasse = 1 kcal/(h · kg)
  Daraus ergibt sich ein O_2-Bedarf von ca. 250 ml/min und somit bei 4% O_2-Nutzung durch die Atmung ein Luftbedarf von 6,25 l/min. Mit einem durchschnittlichen Atemzugvolumen von 0,5 l stellt sich also eine Ruheatemfrequenz von 12 bis 13 mal pro Minute ein.

- Aufgrund des schlechten Wirkungsgrades bei Muskelarbeit von etwa 20 % kann an der Dauerleistungsgrenze, d.h. bei AU_{DLG} = 1000 kJ/h = 277 W, nur etwa 55 W mechanische Leistung erbracht werden.

X 2.2.2 Beanspruchungsermittlung

In der betrieblichen Praxis werden überwiegend physiologische Methoden zur Erfassung der Beanspruchung eingesetzt. Ergänzend finden

Selbstbeurteilungsskalen und Fragebogen zur subjektiv erlebten Arbeitsbeanspruchung Anwendung.

Geeignete physiologische Indikatoren sind:

- **Pulsfrequenz:** zur Ermittlung der summarischen Ganzkörperbean-
  spruchung (nicht belastungsspezifisch)

- **Elektromyogramm** (EMG): zur Quantifizierung der Beanspruchung einzelner Muskelgruppen

- **Elektrookulogramm** (EOG): zur Ermittlung der visuellen Beanspruchung durch Messung der elektrischen Augenaktivität

- **Flimmerverschmelzungsfrequenz** (FVF): ermittelt wird die
  Schwellenfrequenz, ab der schnell aufeinanderfolgende Lichtblitze
  zu einem kontinuierlichen Lichteindruck führen, ein psychophysio-
  logischer Parameter, der auch zur Quantifizierung mentaler Beanspruchung Anwendung findet.

Im Falle **dynamischer Muskelarbeit** ist die **Pulsfrequenz** eine geeignete
Beanspruchungsgröße:

- **unterhalb der Dauerleistungsgrenze:** Die Herzfrequenz steigt
  über den Ruhewert und bleibt konstant, bis die Arbeit abgebrochen
  wird, dann folgt ein Absinken auf den Ruhewert.

- **oberhalb der Dauerleistungsgrenze:** Die Herzfrequenz steigt zunächst exponentiell, dann linear immer weiter an, bis der Mensch
  erschöpft ist. Kritische Herzfrequenz: 180 bis 200 Schläge/min.

- **Dauerleistungsgrenze:** Grenzbelastung, bei der die Herzfrequenz
  über die Zeit gerade noch konstant bleibt.

Belastung und Beanspruchung sind nicht proportional.

Bei Verdopplung der Belastungshöhe steigt die Herzfrequenz nicht auf
den doppelten, sondern auf einen viel höheren Wert an.

Bei **statischer Haltearbeit** oder **geistigen Tätigkeiten** kann nur aus
mehreren physiologischen Parametern, die sich infolge einer **Streßreak-
tion** ändern, aus dem Leistungsverhalten und aus der Befragung der Betroffenen auf die Beanspruchung geschlossen werden.

X 2.3   Ermüdung, Erholung

Je stärker und je länger die Beanspruchung oberhalb der Dauerleistungsgrenze wirkt, desto höher ist die Ermüdung. Zur Wiederherstellung der
vollen Leistungsfähigkeit sind **Erholzeiten** erforderlich, deren Erho-
lungswirksamkeit mit der Pausendauer sinkt (Bild X-6).

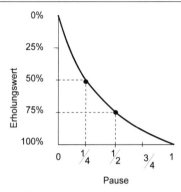

Bild X-6: Prinzipieller Erholwertverlauf in Abhängigkeit von der Pausenlänge

Durch gezielte Arbeits- und Pausengestaltung kann erreicht werden, daß Arbeiten oberhalb der Dauerleistungsgrenze erschöpfungsfrei verrichtet werden können.

X 3   Arbeitssystemgestaltung

X 3.1   Arbeitsszenario

Die fortschreitende Technisierung und Automatisierung der Arbeitsplätze führte im Verlauf der letzten Jahrzehnte zu grundlegenden Veränderungen der Arbeitssituation. Berufliche Tätigkeiten mit hohem physischen Arbeitseinsatz gehen mehr und mehr zurück zugunsten bewegungsarmer Tätigkeiten, gepaart mit einer Veränderung der hauptsächlich eingenommenen Arbeitshaltung, d.h. weg von der stehend/gehend ausgeführten Tätigkeit hin zur Körperhaltung **Sitzen**.

Die bei **stehender Arbeitsweise** ungünstigen Kreislaufbedingungen (erhöhter hydrostatischer Blutdruck und fehlende Muskelpumpe) sind die Ursache gehäufter Erkrankungen der unteren Extremitäten bei Berufen mit langdauernder unbeweglicher Arbeit im Stehen. Diese Berufe bewirken eine erhöhte Anfälligkeit für

- Erweiterung der Beinvenen (Varizen)

- Quellungen der Gewebe in Füßen und Unterschenkeln (Knöchel-Ödeme)

- Entzündungen der Beinvenen mit Bildung von Blutgerinnseln (Thrombosen)

Die Alternative ist die **sitzende Arbeitsweise** oder allenfalls eine Anordnung für den wahlweisen Wechsel von stehender und sitzender Arbeitshaltung. Aber auch die langandauernde sitzende Körperhaltung birgt Nachteile in sich:

■ Einzwängung innerer Organe

■ Beeinträchtigung des venösen Rückflusses aus den Beinen

■ Wirbelsäulenfehlhaltungen mit Bandscheibenschädigung

■ Muskelverspannung

Dieser Sachverhalt wird nachhaltig belegt durch die laufenden statistischen Bulletins des Bundesverbandes der Betriebskrankenkassen (BKK), nach denen die skeletomuskulären Erkrankungen kontinuierlich ansteigen. Zur Vermeidung dieser und anderer Problematiken hat aus arbeitswissenschaftlicher Sicht primär die am **Menschen orientierte Gestaltung des Arbeitssystems** zu gelten (Bild X-7).

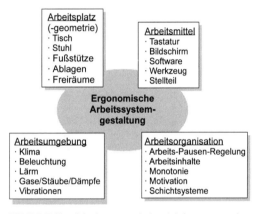

Bild X-7: Teilbereiche der ergonomischen Arbeitssystemgestaltung

X 3.2   Arbeitsplatzgeometrie

Grundlage für die Gestaltung der Arbeitsplatzgeometrie ist die **Anthropotechnik** mit den Teilbereichen

■ Anthropometrie

■ Funktionsräume

■ Biomechanik, Körperkräfte

Anthropometrie

Die Anpassung eines Arbeitsplatzes muß sich in erster Linie an den **Körpermaßen** des Menschen orientieren. Diese sind unter Zugrundelegung einer Normalverteilung mit entsprechenden statistischen Kenngrößen in DIN 33402 zusammengestellt.

Es gelten folgende Gestaltungsregeln:

- Der Benutzerkreis wird auf wenigstens 90% der entsprechenden Gruppe beschränkt, d.h., man dimensioniert von 5. bis zum 95. Perzentil.

- Für das Gesamtkollektiv Männer und Frauen wird meist vom 5. Perzentil Frau bis 95. Perzentil Mann unter Hinzunahme evtl. Bekleidungszuschläge (Absatzhöhe) gestaltet.

- In Sicherheitsbereichen sind größere Extremwerte (1. bzw. 99. Perzentil) und eventuell ein weiterer Sicherheitszuschlag anzusetzen.

- Innenmaße (Freiräume) sind am größten Benutzer, Außenmaße (Reichweiten) am kleinsten Benutzer zu orientieren.

- Da folglich Innenmaße immer größer als Außenmaße sind, ist eine Einstellbarkeit vorzusehen (Autositz).

Funktionsräume

Funktionsräume sind die Erreichbarkeitssphären von Händen, Armen, Beinen sowie Blick- und Gesichtsfelder für unterschiedliche Körperhaltungen.

- für die **Arme** sind festgelegt:
  - großer (maximaler) Greifraum: Bereich, in dem ohne Oberkörperhaltung mit ausgestrecktem Arm gegriffen werden kann
  - kleiner (optimaler) Greifraum: Bereich, in dem nur mit Unterarmbewegung gegriffen werden kann (Bild X-8)

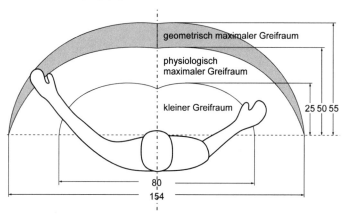

Bild X-8: Greifräume

- Für **visuelle** Funktionsräume gilt:
  - Die Bewegungsmöglichkeiten der Augen sind bei festgehaltenem Kopf begrenzt: maximal 35° nach rechts und links, 40° nach oben, 20° nach unten. Innerhalb dieses **maximalen Blickfeldes** sollte die gesamte optische Information dargestellt sein.
  - Das **optimale Blickfeld** ist mit je 15° nach allen Richtungen von der entspannten Sehachse noch kleiner. Hier soll die wesentliche Information dargestellt sein(Bild X-9).
  - Die **optimale Sehentfernung** liegt zwischen 25 und 45 cm, bei Bildschirmarbeit bei 50 bis 60 cm. Bei feineren Aufgaben ist eine geringere Sehentfernung notwendig, bei kraftbetonten, schweren Arbeiten eine größere Sehentfernung. Anzeigen sollten dabei immer senkrecht zur Sehachse angebracht sein.

Haltung	Kopf gegen die Senkrechte gebeugt (α)	Sehachse gegen die Waagrechte geneigt (β)
stehen stramm, aufrecht	0°	15°
stehen bequem	15°	30°
sitzen bequem aufrecht	25°	40°

Bild X-9: Körperhaltung und Seeachse

Biomechanik, Körperkräfte

Biomechanische Fakten bilden die zentrale Grundlage der **Sitzgestaltung**. Dabei wird heutzutage das **dynamische Sitzen** mit physiologischer Stütz- und anatomiegerechter Bewegungsfunktion gefordert. Nur dadurch ist es möglich der statischen Über- und funktionellen Unterbeanspruchung der Muskulatur sowie der Bandscheibenproblematik entgegenzuwirken. Ein ergonomischer Arbeitsstuhl muß folgende Merkmale aufweisen:

- Sitzhöheneinstellung

- Lehnenhöheneinstellung

- wirkungsvolle Polsterung

- körpergerechte Sitz- und insbesondere Lehnenkontur

- kombinierte Neigungsverstellung von Sitz- und Lehnenfläche mit körpergewichtsabhängiger Rückstellkrafteinstellung

- höhenjustierbare Armstützen (evtl. an Lehnenhöheneinstellung gekoppelt)

Neben den Bewegungsbereichen sind für die Ausführbarkeit der Arbeit die **Körperkräfte** unter den entsprechenden biomechanischen Situationen (Körperhaltung) maßgebend. Aus den verschiedenen arbeitswissenschaftlichen Zusammenstellungen (DIN 33411) lassen sich folgende Aussagen herleiten:

■ Maximalkraft der Frau etwa $^2/_3$ der Maximalkraft des Mannes

■ größte Kräfte: Tretkräfte

■ mittlere Kräfte: Armkräfte im Stehen

■ geringste Kräfte: Armkräfte im Sitzen

Hinsichtlich **Kraftrichtung** gilt:

■ Druck oder Schub: große Kräfte

■ nach oben, unten, innen: mittelgroße Kräfte

■ nach außen: kleine Kräfte

Besondere Bedeutung kommt diesem Themenbereich beim Umgang mit Lasten, d.h. **Heben und Tragen**, zu. Dabei werden meist nicht die zulässigen Muskel-Maximalkräfte überschritten, sondern es treten schon bei deutlich geringeren Hebe-/Tragegewichten Wirbelsäulenüberlastungen bzw. energetische Begrenzungen (DLG) auf.

Arbeitsplatzgeometrische Empfehlungen (Verwaltungsarbeitsplätze)

■ Arbeitsraum: Fläche 8 m²/Person (Großraumbüros: 12 m³ / Person)
                 Höhe > 2,5 m.

■ Arbeitstisch: Höhe 72 cm, einstellbar 66...75 cm, ggf. neigungsjustierbar bis 25°, Tiefe ca. 80 cm, Breite 120 cm ohne Ablagemöglichkeiten,
                 (Greifraumbreite ca. 130...165 cm ohne Schulterdrehung)
                 Fußraum (*B-H-T*) 80 - 65 - 70 cm
                 Fußstütze
                 Kantenabrundungen
                 C-Stützen
                 Reflexionsgrad ca. 50%.

■ Arbeitsstuhl: Sitzhöhe 40...54 cm, Sitztiefe ≥ 40 cm
                 Lehnenhöhe ≥ 42 (48) cm, ggf. einstellbar
                 Polsterung
                 physiologische Polsterkontur
                 kombinierte Neigungsmöglichkeit von Sitz und Lehne

■ Schränke: Höhe, Breite unbegrenzt, ggf. Aufstiegshilfen
                 Tiefe ca. 60 cm (Greiftiefe)
                 ausziehbare Ablageflächen (optimale Lastaufnahme-/
                 -absetzhöhe: 70...110 cm).

X 3.3 Arbeitsmittel

Das Arbeitsmittel stellt die operative Komponente in der Mensch-Maschine-Schnittstelle (HMI: human-machine-interface) dar. Man unterscheidet:

- **taktile Schnittstelle: Stellteile, Bedienteile, Werkzeuge** (Tastatur)
  Bei Auswahl und Gestaltung sind Vorentscheidungen hinsichtlich Greifart (Kontaktgriff, Zufaßgriff, Ein-, Zwei-, Dreifinger- bzw. Handbetätigung) und Kraftübertragung (Form- oder Reibschluß) zu treffen. Daraus ergeben sich dann Stellweg und Stellkraft (Bild X-10).

	Bezeichnung	Stellweg	Stellkraft
	Kontaktgriff (Finger)	2 - 10 mm	1 - 8 N
	Kontaktgriff (Hand)	10 -40 mm	4 - 16 N (bis 60 N bei Notschaltern)
	Zufassungsgriff (3-Finger)	> 360° (mit Nachgreifen)	0,02 - 0,3 Nm (Ø 15 - 25mm)
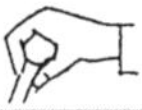	Zufassungsgriff (Hand)	20 - 300 mm	5 - 100 N
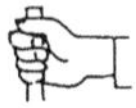	Umfassungsgriff (Hand)	100 - 400 mm	10 - 200 N
	Gesamtfußpedal	20 - 150 mm	30 - 100 N

Bild X-10: Stellwege und Stellkräfte ausgewählter Stellteile (nach DIN 33401)

- **visuelle Schnittstelle: Anzeigen, Displays** (Bildschirm)
  Zu unterscheiden sind Analog-/ Digitalanzeigen, Ist-/ Sollwertanzeigen sowie Bereichs- und Voranzeigen. Mit breiter Einführung der Bildschirmtechnik sind heute meist integrierte Anzeigeformen anzutreffen, für die jedoch im einzelnen dieselben ergonomischen Anforderungen hinsichtlich Kompatibilität, Gruppierung, Symmetrie und Positionierung wie für diskrete Anzeigekomponenten gelten.

- **Software**
  Informationsfluß und Informationsgehalt über die visuelle Mensch-Maschine-Schnittstelle werden zukünftig in hohem Maße durch die Benutzer- oder Visualisierungssoftware bestimmt.

Ausgewählte Anforderungen an Arbeitsmittel (Verwaltungsarbeitsplätze):

- Tastatur:
Tastenanordnung nach QWERTZ- System
Nummernfeld für Einhandbedienung
abgesetzte Funktionstasten
Tastenhöhe ca. 30 mm
Tastenweg < 5 mm
Betätigungskraft 0,25...1,5 N
Druckpunkt
kontrastreiche Beschriftung
reflexfrei und rutschfest

- Bildschirm:
Größe mindestens 15 Zoll
Bildwiederholfrequenz 70...90 Hz
Bildschirmhöhe, -neigung auf Blickfeld einstellbar
(5...30° zur Horizontalen)
ausreichende Zeichenhelligkeit, -kontrast (100 cd/m²,
6:1 für positive Darstellung)
Zeichenhöhe > 3 mm (Q-0, S-5, I-1-l etc. gut
unterscheidbar!)
reflexfrei, flimmerfrei
geringe Leuchtdichteunterschiede zwischen Bildschirm, Gehäuse, Beleg, Tisch, Wand
VDI/VDE/GS-Siegel, MPR II/TCO-Standard.

- Software:
befriedigende, effiziente, fehlertolerante Bedienung
direkte Manipulation vorrangig für den Bereich
Entscheidungsaufgaben
Formularvorgabe für Dateneingaben
Menütechnik zur Strukturierung unterschiedlicher
Dialogebenen
Eingaben über Tastatur, Funktionstasten und Maus
strukturierte Text- oder (semi-)grafische Ausgaben

X 3.4 Arbeitsplatzumgebung

Neben Arbeitsplatzgeometrie und Arbeitsmittel, die vordergründig als bedeutendste Faktoren zur Bewältigung der Arbeitsaufgabe eingestuft werden, wirken Klima, Beleuchtung, Lärm oder Luftreinheit entscheidend auf die Arbeitsqualität und folglich auf Arbeitserfolg/Arbeitszufriedenheit ein.

So sind die Raumklimagrößen den Behaglichkeitsbedürfnissen der Betroffenen unter Miteinbeziehung von Arbeitsschwere und Bekleidung anzupassen. Je nach Arbeitsaufgabe müssen Beleuchtung und Lärm den anerkannten Zulässigkeitsbereichen entsprechen. Andernfalls ist abgesehen von gesundheitlichen Schädigungen mit Einbußen bei Konzentration, Kommunikation, letztlich also Leistungsfähigkeit und Motivation zu rechnen. Auch Auswirkungen auf die Arbeitssicherheit sind folglich nicht auszuschließen. Ähnliches trifft für die Bereiche Luftreinheit und Vibrationen zu.

Anmerkung: Lärm ist die Berufskrankheit Nummer 1. Aufgrund des intensitätsproportionalen Schädigungsrisikos für irreversible Hörverluste sind die gesetzlichen Vorgaben für Schallintensitätspegel (nicht subjektiv empfundene Lautstärke) und Einwirkdauer vom Berufs- und Freizeitlärm zwingend einzuhalten, d.h. maximal 90 dB(A) über 8 Stunden. Andernfalls sind geeignete Lärmminderungsmaßnahmen angezeigt (Bild X-11).

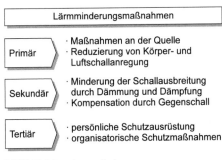

Bild X-11: Lärmschutzmaßnahmen

Ausgewählte Empfehlungen für Arbeitsumgebungsfaktoren (Verwaltungsarbeitsplätze)

- ■ Klima: Temperatur 21...23 °C
relative Feuchte 40...65 %
Luftbewegung < 0,15 m/s
Temperatur der Raumumschließungsflächen
$\leq \pm 3°$ C abweichend von der Raumtemperatur
Luftaustauschrate ca. 25 m³ pro Stunde und Person

- ■ Beleuchtung: Mischlicht (Tages-, Kunstlicht)
Beleuchtungsstärke 500...800 lux
(max. Sehleistung bei 100 cd/m² Leuchtdichte)
weiß bis Warmton
flimmerfrei.

- ■ Lärm: < 55 dB(A) (mittlerer Beurteilungspegel).

- ■ Luftreinheit: nach maximaler Arbeitsplatzkonzentration MAK

- ■ Vibration: gemäß VDI 2057.

X 3.5   Arbeitsorganisation

Maßgebend für Arbeitsablauf und -organisation sind arbeitswissenschaftliche Grundlagen über Dauerleistungsparameter, Belastungs-, Beanspruchungskonzepte, Arbeitszeit-, Pausengestaltung sowie qualifikations- und motivationssteigernde Maßnahmen (Job-Rotation, Job-Enlargement, Job-Enrichment, autonome Gruppen).

Ergonomische Organisationsempfehlungen

- kleine produktorientierte Arbeitsgruppen (Steigerung der sozialen Kontakte)

- vielfältige Arbeitsaufgaben, die eine eigenständige Arbeitsorganisation erlauben und einer Bewegungsarmut entgegenwirken

- viele kurze Erholpausen anstelle von wenigen langen (ohne Arbeitszeitverkürzung)

- ausführliche Einweisung, Schulungen

- Mitsprache und Mitgestaltung der Betroffenen bei der Einführung neuer Arbeitstechniken

X 4   Arbeitssystemanalyse, Arbeitssystembewertung

Auf der Basis arbeitswissenschaftlicher Erkenntnisse und ergonomischer Anforderungen existieren zahlreiche Arbeits- und Arbeitsplatz-Analyseverfahren.

Ziel dieser Verfahren ist es, die aus Arbeitsinhalt, -mittel, -umwelt und Arbeitsorganisation resultierenden Wirkungen am Arbeitsplatz hinsichtlich Übereinstimmungsgrad mit den physischen und mentalen Fähigkeiten sowie den psycho-sozialen Bedürfnissen des arbeitenden Menschen zu erfassen. Diesbezüglich finden in der arbeitswissenschaftlichen Praxis neben umfassenden und zum Teil aufwendigen Verfahren, z.B.:

- AET: **arbeitswissenschaftliches Erhebungsverfahren** zur Tätigkeitsanalyse nach Rohmert und

- EDS: **ergonomisches Datenbanksystem** zur Belastungsanalyse von Arbeits- und Arbeitsteilsystemen nach Schmidtke

vor allem spezifizierte **Checklisten** zu den verschiedensten Arbeitsplätzen und Arbeitsmitteln Verwendung. Diese Checklisten sollten in jedem Fall die Möglichkeit einer Bewertung enthalten. Durch die jüngst verabschiedete Bildschirmarbeitsplatzverordnung gemäß CEN 9241 wird das Erfordernis einer fundierten Analyse mit nachfolgender, auditierter Dokumentation sogar **gesetzlich** vorgeschrieben.

Bullinger, H.-J.: Ergonomie. Stuttgart: B.G. Teubner Verlag 1994
Lange,W.: Kleine ergonomische Datensammlung. Köln: Verlag TÜV
Rheinland 1985
Schmidtke, H.: Lehrbuch der Ergonomie. München, Wien: Carl Hanser
Verlag 1993

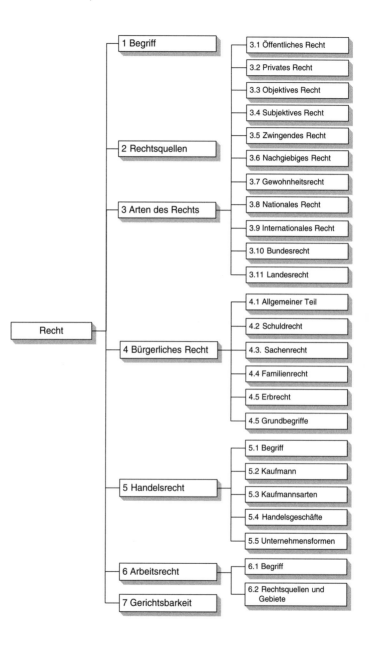

Z   Recht

Z 1   Begriff

> Recht ist die Summe von Rechtsnormen, die das menschliche Zusammenleben (zwingend) regeln.

Das Recht regelt das äußere Verhalten der Menschen insgesamt; es hat sich zwar aus Sitte und Moral entwickelt, ist aber mit den Sitten- und Moralauffassungen nicht mehr identisch. Der Begriff der **Sittenwidrigkeit** hat vielfach Eingang in das Recht gefunden (vgl. §§ 157, 242, 826 Bürgerliches Gesetzbuch). Der Begriff der **guten Sitten** entspricht dem Anstandsgefühl aller billig und gerecht Denkenden. Viele **Generalklauseln**, wie z.B. Treu und Glauben oder herrschende Verkehrssitte, ermöglichen der Rechtsprechung die Fortbildung und Weiterbildung des Rechts. Dies hat insbesondere Bedeutung im Wirtschafts-, Arbeits- und Sozialrecht.

Z 2   Rechtsquellen

Unsere Rechtsordnung kennt sehr verschiedene Rechtsquellen. Dabei ist insbesondere zwischen geschriebenem und ungeschriebenem Recht, Naturrecht, Grundrechten, Gewohnheitsrecht, sogenanntem Richterrecht, Gesetzen, Verordnungen, Aus- und Durchführungsverordnungen, Erlassen, staatlichen Hoheitsakten und sogenanntem Parteienrecht (z.B. Allgemeine Geschäfts- und Lieferbedingungen), Satzungen der juristischen Personen, öffentlich-rechtlicher Verbände und der Gemeinden sowie den sogenannten autonomen Rechtsnormen (z.B. Tarifverträge und Betriebsvereinbarungen) zu unterscheiden. Die Anzahl der Rechtsquellen in diesem Sinne ist praktisch unüberschaubar; dennoch gilt der Grundsatz, daß alle geltenden Rechtsnormen für und gegen jedermann wirken, und zwar unabhängig davon, ob er sie im Einzelfall gekannt hat.

Z 3   Arten des Rechts

Z 3.1   Öffentliches Recht

Das öffentliche Recht umfaßt alle Rechtsnormen, die das Wirken des Staates und der Gemeinden im weitesten Sinne betreffen; es beruht – im Verhältnis zum Bürger – auf dem Prinzip der Über- und Unterordnung. Wesentliche Rechtsgebiete sind Verfassungsrecht, Verwaltungsrecht, Strafrecht, Prozeßrecht, Kirchenrecht und Sozialrecht. Gegenstand des öffentlichen Rechts sind Angelegenheiten, die die Allgemeinheit betreffen oder dem Wohl aller Bürger dienen sollen. Das öffentliche Recht ist überwiegend zwingendes Recht.

Z 3.2   Privates Recht

Das private Recht befaßt sich dagegen mit den Rechtsbeziehungen der
Bürger untereinander. Es beruht auf dem Grundsatz der Gleichordnung.
Es gestattet dem einzelnen auch weitgehend, die Rechtsbeziehungen zu
anderen durch Vertrag für einen bestimmten Zweck speziell zu gestalten
(z.B. Allgemeine Geschäftsbedingungen), soweit nicht zwingende gesetzliche Vorschriften (z.B. keine Haftungsbeschränkungen des OHG-Gesell-
schafters) dem entgegenstehen. Das Privatrecht ist weitgehend nachgiebiges Recht. Wesentliche Rechtsgebiete sind das Bürgerliche Recht und
Handelsrecht, das Recht der Handelsgesellschaften, Banken und Börsen-
recht, aber auch Urheber- und Verlagsrecht sowie das Jagdrecht.

Z 3.3   Objektives Recht

Objektives Recht ist die Summe aller Rechtsnormen, also unsere Rechtsordnung, beruhend auf den Grundsätzen der Gerechtigkeit und Gleich-
heit aller Bürger vor dem Gesetz.

Z 3.4   Subjektives Recht

Das subjektive Recht gewährt dem einzelnen aus dem objektiven Recht
eine gewisse Rechtsmacht, d.h. ein rechtliches Dürfen, einen Anspruch
auf Tun oder Unterlassen mit zwangsweiser Durchsetzungsbefugnis (z.B.
Klage, Zwangsvollstreckung, Lohnpfändung, Versteigerung). Von wenigen Fällen abgesehen (z.B. Verfolgungs- oder Wegnahmeanspruch des
Besitzers) kann der einzelne diese Ansprüche jedoch nicht selbst durchsetzen; er bedarf hierzu der Hilfe des Staates, speziell der Gerichte.

Z 3.5   Zwingendes Recht

Zwingendes Recht sind Rechtsnormen, die durch Parteiabsprache (Vertrag) nicht abgeändert werden können (z.B. Staatsrecht, Strafrecht, han-
delsrechtliche Mindesthaftungsbestimmungen). Sie dienen dem Schutz
der Allgemeinheit oder bestimmter Personen (z.B. Gesellschafts- oder
Konkursgläubiger).

Z 3.6   Nachgiebiges Recht

Nachgiebiges Recht gestattet es den Parteien, ihre Rechtsbeziehungen
untereinander durch Vertrag oder Übung abweichend von der allgemeinen gesetzlichen Regelung zu gestalten (Parteienrecht). Hauptanwendungsgebiete: Handelsrecht, Recht der Kaufleute untereinander.

Z 3.7 Gewohnheitsrecht

Gewohnheitsrecht – als ungeschriebenes Recht – entsteht durch dauernde, gleichförmige, allgemeine und auf Rechtgeltungswillen beruhender Übung in der Annahme, daß diese Handlungsweise rechtens sei. Es ist mit dem geschriebenen Recht völlig gleichwertig. Daraus folgt, daß (neues) Gewohnheitsrecht (altes) Gesetzesrecht brechen kann (z.B. im Mietrecht).

Z 3.8 Nationales Recht

Nationales Recht der verschiedensten Arten ist nur für die Rechtsordnung eines bestimmten Staates festgelegtes Recht (auch staatliches Recht genannt). Es hat gegenüber anderen Staaten – mangels völkerrechtlicher Vereinbarungen – keine Wirkung. Ausländer, die sich in der Bundesrepublik Deutschland aufhalten, unterliegen jedoch voll dem Deutschen Recht.

Z 3.9 Internationales Recht

Zum internationalen Recht zählen insbesondere das Völkerrecht (Europarecht) sowie internationale Verträge und Vereinbarungen.

Z 3.10 Bundesrecht

Die Befugnisse des Bundes zur ausschließlichen Gesetzgebung (Bundesrecht) sind in Artikel 73 des Grundgesetzes enthalten. Zum Bundesrecht gehören danach insbesondere die Regelung der auswärtigen Angelegenheiten, die Staatsangehörigkeit im Bunde, das Währungs-, Geld- und Münzwesen, Maße, Gewichts-, Zeitbestimmung, das Zollwesen sowie Eisenbahn- und Luftverkehr und das Post- und Fernmeldewesen.

Z 3.11 Landesrecht

Die Befugnisse der Länder zur Gesetzgebung (Landesrecht) ergeben sich aus Artikel 74 des Grundgesetzes. Zum **Landesrecht** gehören danach insbesondere Bürgerliches Recht, Strafrecht, Vereins- und Versammlungsrecht, Arbeits- und Betriebsverfassungsrecht sowie das Recht der Wirtschaft.

Z 4 Bürgerliches Recht

Das Bürgerliche Recht, im wesentlichen enthalten im Bürgerlichen Gesetzbuch, ist nicht nur Rechts- und Anspruchsgrundlage für das Verhalten der Bürger unter- und gegeneinander, sondern auch Grundlage für das Handels-, Wirtschafts- und Arbeitsrecht.

Das **Bürgerliches Gesetzbuch (BGB)**, in Kraft getreten am 1.1.1900, ist in 5 Bücher mit 2385 Paragraphen eingeteilt.

Z 4.1   Allgemeiner Teil: § 1 - § 240

Natürliche Personen, Juristische Personen, Rechtsgeschäfte, Vertretung und Vollmacht, Fristen und Termine, Verjährung.

Z 4.2   Schuldrecht: § 241 - § 853

Begründung und Erlöschen von Schuldverhältnissen, Schuldübertragung, Schuldübernahme, einzelne Schuldverhältnisse, Kauf, Tausch, Miete, Pacht, Leihe, Schenkung, Darlehen, Dienstvertrag, Werkvertrag, Bürgschaft, unerlaubte Handlungen, Schadensersatz.

Z 4.3   Sachenrecht: § 854 - § 1296

Besitz, Eigentum, Eigentumsübertragung, Aneignung, Fund, Mieteigentum, Nutzungsrechte an beweglichen Sachen, Pfandrecht, Nießbrauch, Grundpfandrechte, Hypothek, Grundschuld, Rentenschuld.

Z 4.4   Familienrecht: § 1297 - § 1921

Verlöbnis, Ehe, Verwandtschaft, Unterhaltsrecht, Kinder, Vormundschaft.

Z 4.5   Erbrecht: § 1922 - § 2385

Gesetzliche und testamentarische Erbfolge, Rechtsstellung des Erben, Erbschein, Pflichtteil, Erbunwürdigkeit, Haftpflicht des Erben, Erbenmehrheit, Testament, Testamentsvollstrecker, Erbvertrag.

Z 4.6   Wichtige Grundbegriffe des Bürgerlichen Rechts

Z 4.6.1 Rechtsfähigkeit

Rechtsfähigkeit ist die Fähigkeit, Träger von Rechten und Pflichten zu sein. Die Rechtsfähigkeit der Menschen beginnt nach § 1 mit der Vollendung der Geburt; sie ist unabhängig von Alter, Geschlecht, Staatsangehörigkeit, Religion, Beruf und Stand und kann nicht aberkannt werden (anders: Bürgerliche Ehrenrechte). Auch noch nicht Geborene können nach Erbrecht schon Rechte haben (§§ 1923 Abs. 2 und 2101). Rechtsfähig sind nicht nur natürliche, sondern auch juristische Personen. Rechtsfähigkeit ist Voraussetzung dafür, Kläger oder Beklagter sein zu können (aktive und passive Legitimation).

Z 4.6.2 Geschäftsfähigkeit

Geschäftsfähigkeit ist die Fähigkeit, Rechtsgeschäfte aller Art selbständig vorzunehmen, vor allem, sich durch eigene Erklärung zu binden oder zu verpflichten.

Z 4.6.3 Deliktsfähigkeit

Deliktsfähigkeit ist die Fähigkeit, für widerrechtliches, zum Schadensersatz verpflichtendes Verhalten mit seinem Vermögen verantwortlich gemacht werden zu können. Wie bei der Geschäftsfähigkeit sind bei der Deliktsfähigkeit drei Gruppen von Personen zu unterscheiden, und zwar:

1. **Deliktsunfähige** (§ 828 Abs. 1),

2. **Bedingt Deliktsfähige** (§ 828 Abs. 2 und 3) und

3. **Voll Deliktsfähige** (Umkehrschluß aus § 828 Abs. 2).

Sonderfälle sind:

1. Bewußtlose oder geistesgestörte Personen (§ 827 Satz 1),

2. Personen, die sich durch geistige Getränke in den Zustand der vorübergehenden Bewußtlosigkeit gebracht haben (§ 827 S. 2, vgl. aber Strafrecht: § 323a Strafgesetzbuch, sogenannte Rauschtat) und

3. Billigkeitshaftung nach § 829.

Z 4.6.4 Vertretung

Vertretung ist rechtsgeschäftliches Handeln im Namen des Vertretenden, besser: im fremden Namen für fremde Rechnung (anders der Kommissionär nach § 383 Handelsgesetzbuch, der im eigenen Namen für fremde Rechnung handelt). Die Vertretungsmacht kann beruhen:

- ■ aufgrund von Gesetzen (z.B. die Vertretung des Geschäftsunfähigen durch die Eltern, der Aktiengesellschaft durch den Vorstand, des Vereins durch den Vorstand, der Gesellschaft mit beschränkter Haftung durch die Geschäftsführer, der Bundesrepublik völkerrechtlich durch den Bundespräsidenten – Artikel 59 Grundgesetz für die Bundesrepublik Deutschland).

- ■ aufgrund von Rechtsgeschäften (z.B. Arten der Vollmacht).

Z 4.6.5 Vollmacht

Vollmacht ist durch Rechtsgeschäft erteilte **Vertretungsmacht** (Legaldefinition § 166 Abs. 2 S. 1). Die Vollmacht ist von dem zugrunde liegenden Kausalverhältnis (Innenverhältnis) zu unterscheiden (Abstraktionsprinzip). Im **Innenverhältnis** ist das rechtliche Dürfen des Vertreters im Verhältnis zu dem Geschäftsherrn geregelt (Geschäftsführungsbefugnis). Die Vollmacht regelt das Können des Vertreters im **Außenverhältnis**, nämlich seine Rechtsmacht, Dritten gegenüber wirksam für den Geschäftsherrn zu handeln (Vertretungsmacht). Grundsätzlich sind Inhalt und Umfang der Vollmacht durch Auslegung der Bevollmächtigungserklärung des Geschäftsherrn zu ermitteln (z.b. Spezial-, Gattungs- oder Generalvollmacht). In manchen Fällen ist die Tragweite der Vollmacht aus Verkehrssicherheitsgründen gesetzlich umschrieben (z.b. Prokura §§ 49, 50 Handelsgesetzbuch). Man unterscheidet:

1. **Einzelvollmacht** (Sondervollmacht) für ein einziges Rechtsgeschäft,

2. **Artvollmacht** für bestimmte Arten von Rechtsgeschäften und

3. **Generalvollmacht**, als ständige Vollmacht für alle gewöhnlich vorkommenden Geschäfte (Achtung: Abgrenzung zur Prokura).

Die Vollmachtserteilung als einseitige empfangsbedürftige Willenserklärung ist grundsätzlich **formfrei** wirksam (§ 167 Abs. 2). Ausnahme z.B.: § 80 Abs. 1 Zivilprozeßordnung. Falls nebeneinander eine Innen- und eine Außenvollmacht erteilt wird, so gilt grundsätzlich die Außenvollmacht, wenn sie weiter geht als die Innenvollmacht.

- Das Erlöschen richtet sich zunächst nach ihrem Inhalt, wenn sie beispielsweise auflösend bedingt, befristet oder nur für bestimmte Rechtsgeschäfte erteilt worden ist.

- grundsätzlich mit Beendigung des zugrunde liegenden Kausalgeschäfts (§ 168 S. 1)

- manchmal durch Tod oder Konkurs eines der Beteiligten

- durch einseitigen Verzicht des Bevollmächtigten

- durch Anfechtung gem. § 119 ff.

Grundsätzlich kann die Vollmacht vom Geschäftsherrn jederzeit widerrufen werden. Ausnahme ist, wenn sich aus dem Kausalgeschäft etwas anderes ergibt, beispielsweise wenn die Vollmacht gerade im Interesse des Bevollmächtigten erteilt wurde.

Z 4.6.6 Prokura

1. Die Prokura ist eine rechtsgeschäftliche Vertretungsmacht mit gesetzlich umschriebenem Umfang. Sie muß von einem **Vollkaufmann** persönlich und ausdrücklich erteilt werden und ist im **Handelsregister** einzutragen. Der Widerruf der Prokura ist jederzeit zulässig. Sie ist unübertragbar.

2. Der Umfang der Prokura ist in §§ 49, 50 Handelsgesetzbuch festgelegt: Der Prokurist darf alle Geschäfte vornehmen, die der Betrieb
   eines Handelsgeschäfts mit sich bringen kann.

Es muß sich dabei nicht um branchenübliche oder gewöhnliche Geschäfte handeln. Ausgeschlossen sind folgende Tätigkeitsbereiche:

- private Angelegenheiten des Geschäftsherrn

- Einstellung und Veräußerung des Betriebes

- Veräußerung und Belastung von Grundstücken, sofern dazu die
  Prokura nicht ausdrücklich erteilt worden ist

3. Eine Beschränkung der Prokura kann jedoch im Innenverhältnis
   (**Geschäftsführungsbefugnis**) erfolgen. Im Außenverhältnis dagegen
   ist die Prokura unbeschränkbar (§ 50 Abs. 1 Handelsgesetzbuch). Daraus ergibt sich eine Einschränkung der Grundsätze des Mißbrauchs
   der Vertretungsmacht: Ein Dritter darf sich nur dann nicht auf die
   unbeschränkte Vertretungsmacht des Prokuristen berufen:

- wenn er bewußt mit dem Prokuristen zum Schaden des Geschäftsherrn zusammengearbeitet hat (**Kollusion**)

- wenn der Prokurist vorsätzlich zum Nachteil des Geschäftsherrn
  handelt und der Dritte dies erkannt hat oder hätte erkennen müssen

4. Die Prokura kann als **Gesamtprokura** (auch **Gemeinschaftsprokura**
   genannt) erteilt werden, wobei der Prokurist nur zusammen mit einem
   anderen (Prokuristen oder Geschäftsführer, wohl auch Inhaber) tätig
   werden darf. Es handelt sich hierbei um Gesamtvertretung.

Z 5   Handelsrecht

Z 5.1   Begriff

> Handelsrecht ist das Sonderrecht (Privatrecht) der Kaufleute Es enthält im
> wesentlichen nachgiebiges Recht (Ausnahmen: Gläubigerschutzbestim-
> mungen, Haftungsregelungen) und hat viel stärker als das Bürgerliches
> Gesetzbuch zum Inhalt das "Gewohnheitsrecht der Kaufleute" in Form
> von Handelsbrauch und Handelssitten.

Die Allgemeine Verkehrssitte unter Kaufleuten und das Recht der Allgemeinen Geschäfts- und Lieferbedingungen beeinflussen sehr stark die
meist dispositiven Bestimmungen der verschiedenen im Handelsrecht
geltenden Gesetze.

Z 5.2   Kaufmann

Kaufmann im Sinne des Handelsgesetzbuches ist derjenige, der ein Handelsgewerbe betreibt (§ 1 Abs. 1 Handelsgesetzbuch). Es muß also zunächst überhaupt ein Gewerbe betrieben werden. Gewerbe ist jede erlaubte, selbständige, in der Absicht der Gewinnerzielung vorgenommene Tätigkeit, die planmäßig und für eine gewisse Dauer ausgeübt wird. Kein Gewerbe sind die freien Berufe. Das Gewerbe muß ein Handelsgewerbe sein. Der Begriff des Handelsgewerbes läßt sich nicht allgemein definieren. Vielmehr ist er anhand der einzelnen gesetzlichen Tatbestände (§§ 1 - 5 und 6 Abs. 2 Handelsgesetzbuch) festzustellen.

Z 5.3   Kaufmannsarten

An Kaufmannsarten ist zu unterscheiden zwischen **Mußkaufmann** (§1 Abs. 2 Handelsgesetzbuch), **Sollkaufmann** (§2 Handelsgesetzbuch), Kannkaufmann (§3 Abs. 2 Handelsgesetzbuch), **Kaufmann kraft Eintragung** (§5 Handelsgesetzbuch), **Formkaufmann** (§6 Abs. 2 Handelsgesetzbuch), **Handelsvertreter** (§§ 84 und 1 Abs. 2 Nr. 7) und **Handelsmakler** (§§ 93 und 1 Abs. 2 Nr. 7).

Z 5.3.1 Inhalt und Bedeutung der Kaufmannseigenschaft

Mit der Kaufmannseigenschaft sind gewisse Rechtsfolgen verbunden. Die Kaufmannseigenschaft verleiht:

1. **Rechte** (z.B. auf Firmenwahl, Firmenschutz, Firmenfortführung, auf Zinsen und Provision).

2. **Pflichten** (z.B. Eintragung ins Handelsregister, Buchführung, erhöhte Sorgfalt, Bindungen an Handelsbräuche).

3. **Fähigkeiten** (z.B. Börsentermingeschäftsfähigkeit, Fähigkeit zum Handelsrichter).

4. **Möglichkeiten**, gewisse Rechtsverhältnisse besonders zu gestalten (z.B. Erteilung von Prokura und Handlungsvollmachten, mündliche Bürgschaftsübernahme, Ausstellung handelsrechtlicher Orderpapiere, Wechselfähigkeit).

Die Kaufmannseigenschaft ist keine Berufseigenschaft. Die Rechtsfolgen sind objektiv mit dem Betrieb des Gewerbes, nicht aber mit der Person als solcher verknüpft. Aus diesem Grundsatz folgt:

1. Die Kaufmannseigenschaft ist keine besondere Art der Handlungsfähigkeit. Wer Kaufmann ist, bestimmt die Rechtsordnung des Ortes, wo sich der geschäftliche Mittelpunkt der Tätigkeit befindet.

2. Die Trennung von geschäftlicher und privater Sphäre ist möglich und notwendig (vgl. die Vermutung von §344 Handelsgesetzbuch).

3. Die Kaufmannseigenschaft ist weder übertragbar noch vererblich. Der Erwerber oder Erbe des Unternehmers wird Kaufmann erst durch seine Tätigkeit.

Z 5.3.2 Beginn und Ende der Kaufmannseigenschaft

Beginn und Ende der Kaufmannseigenschaft sind abhängig von Beginn und Ende des Betriebs (in manchen Fällen verbunden mit Eintragung oder Löschung im Handelsregister).

Beginn:

- bei Mußkaufleuten mit dem ersten, zum Zwecke des Gewerbebetriebs vorgenommenen Geschäft. Die bloße Absicht oder Kundgabe nach außen genügt nicht, wohl aber Vorbereitungsgeschäfte (§§ 29, 33 Handelsgesetzbuch).

- bei Soll-, Kann- und Formkaufleuten mit der Eintragung im Handelsregister

Ende:

- wenn das Handelsgewerbe selbst aufhört (z.b. durch Aufgabe des Geschäfts), nicht aber durch Konkurseröffnung oder Beginn der Abwicklung. Löschung im Handelsregister ohne Aufhören des Handelsgewerbes oder vor völliger Beendigung der Abwicklung ist rechtlich bedeutungslos.

- wenn der Handelsgewerbebetrieb zwar bestehenbleibt, aber die Voraussetzungen der Kaufmannseigenschaft in der Person des bisherigen Trägers wegfallen (z.B. Tod des Inhabers; Veräußerung oder Verpachtung des Betriebs).

Im Handelsgesetzbuch werden weiter behandelt: **Kommissionär** (§ 383), **Spedition** (§ 407), **Lagerhalter** (§ 416), **Frachtführer** (§ 425).

Z 5.4 Handelsgeschäfte

Handelsgeschäfte sind alle Geschäfte eines Kaufmanns, die zum Betrieb seines Handelsgewerbes gehören (§ 343 Abs. 1 Handelsgesetzbuch). Zum Betrieb seines Handelsgewerbes gehören alle Geschäfte, die sachlich nach allgemeiner Verkehrsauffassung und Handelsbrauch einen Zusammenhang mit dem Handelsgewerbe aufweisen. Hierzu gehören auch sogenannte Hilfs- und Nebengeschäfte, deren Abschluß notwendig ist, um den Geschäftsbetrieb zu ermöglichen. Nach § 344 Abs. 1 Handelsgesetzbuch gelten im Zweifel alle Rechtsgeschäfte eines Kaufmanns als zum Betrieb seines Handelsgewerbes gehörig.

Z 5.5 Unternehmensformen

Rechtsformen für die Betätigung im Handelsverkehr sind insbesondere Einzelunternehmen, Stille Gesellschaft, atypisches Darlehen, Gesellschaft nach bürgerlichem Recht, Offene Handelsgesellschaft, Kommanditgesellschaft, Kommanditgesellschaft auf Aktien GmbH, GmbH & Co, GmbH und Co KG, Einmann-GmbH, Einmann-GmbH & Co KG, Aktiengesellschaft, Bergrechtliche Gewerkschaft, Versicherungen auf Gegenseitigkeit und Genossenschaft mit beschränkter und unbeschränkter Haftung (Nachschußpflicht).

Gründe für die Wahl einer bestimmten Rechtsform sind insbesondere Kapitalbedarf, Kapitalbeschaffungsmöglichkeiten, Gründungskosten, Publizitätspflichten, Geschäftsführung, Kontrollrechte, steuerrechtliche Überlegungen.

Z 6 Arbeitsrecht

Z 6.1 Begriff

> Unter Arbeitsrecht versteht man das Sonderrecht der unselbständigen Arbeitnehmer. Es wird auch als das **Recht der abhängigen Arbeit** bezeichnet, wobei unter abhängiger Arbeit diejenige zu verstehen ist, die jemand für einen anderen erbringt, zu dem er aufgrund eines Arbeitsvertrags in einem persönlichen Abhängigkeitsverhältnis steht.

Arbeitgeber ist jeder, der einen anderen als Arbeitnehmer beschäftigt und diesem für seine Tätigkeit eine Gegenleistung versprochen hat.

Arbeitnehmer ist derjenige, der aufgrund eines privatrechtlichen Vertrages im Dienste eines anderen gegen Zusage einer Gegenleistung zur Leistung fremdbestimmter Arbeit verpflichtet ist und zu dem Arbeitgeber in einem bestimmten persönlichen Abhängigkeitsverhältnis steht. Gem. § 5 Abs. 1 des Betriebsverfassungsgesetzes sind Arbeitnehmer im Sinne dieses Gesetzes Arbeiter und Angestellte einschließlich der zu ihrer Berufsausbildung Beschäftigten. § 6 Abs. 1 Betriebsverfassungsgesetz definiert, wer Arbeiter und § 6 Abs. 2 Betriebsverfassungsgesetz, wer Angestellter im Sinne des Betriebsverfassungsgesetzes ist.

Leitender Angestellter ist nach § 5 Abs. 3 Betriebsverfassungsgesetz, wer nach Arbeitsvertrag und Stellung im Unternehmen oder im Betrieb

1. zur selbständigen Einstellung und Entlassung von im Betrieb oder in der Betriebsabteilung beschäftigten Arbeitnehmern berechtigt ist oder

2. Generalvollmacht oder Prokura hat und die Prokura auch im Verhältnis zum Arbeitgeber nicht unbedeutend ist oder

3. regelmäßig sonstige Aufgaben wahrnimmt, die für den Bestand und die Entwicklung des Unternehmens oder eines Betriebs von Bedeutung sind und deren Erfüllung besondere Erfahrungen und Kenntnisse voraussetzt, wenn er dabei entweder die Entscheidungen im wesentlichen frei von Weisungen trifft oder sie maßgeblich beeinflußt; dies kann auch bei Vorgaben insbesondere auf Grund von Rechtsvorschriften, Plänen oder Richtlinien sowie bei Zusammenarbeit mit anderen leitenden Angestellten gegeben sein.

Nach §5 Abs. 4 des Betriebsverfassungsgesetzes ist weiter leitender Angestellter, wer

1. aus Anlaß der letzten Wahl des Betriebsrats, des Sprecherausschusses oder von Aufsichtsratsmitgliedern der Arbeitnehmer oder durch rechtskräftige gerichtliche Entscheidung den leitenden Angestellten zugeordnet worden ist oder

2. einer Leitungsebene angehört, auf der in dem Unternehmen überwiegend leitende Angestellte vertreten sind, oder

3. ein regelmäßiges Jahresarbeitsentgelt erhält, das für leitende Angestellte in dem Unternehmen üblich ist, oder,

4. falls auch bei der Anwendung der Nummer 3 noch Zweifel bleiben, ein regelmäßiges Jahresarbeitsentgelt erhält, das das Dreifache der Bezugsgröße nach § 18 des Vierten Buches Sozialgesetzbuch überschreitet.

Das **Arbeitsrecht** ordnet mithin die rechtliche Stellung des in fremden Diensten beschäftigten und damit persönlich abhängigen Menschen; es bildet die rechtliche Ordnung, die der in abhängiger Tätigkeit geleisteten Arbeit ihre Grundlage, ihren Inhalt und ihre Form gibt. Weil das Arbeitsrecht das Sonderrecht einer bestimmten Personengruppe ist, wie es beispielsweise das Handelsrecht für die Kaufleute, ist es nicht verwunderlich, daß im Vordergrund **Schutzbestimmungen** der verschiedensten Art zugunsten der Arbeitnehmer stehen, obgleich sich hierin keinesfalls die arbeitsrechtlichen Normen erschöpfen. Wenn vielfach gesagt wird, das Arbeitsrecht regele die Beziehungen zwischen Arbeitgeber und Arbeitnehmer und bestimme im wesentlichen Grundlage, Form und Inhalt des Arbeitsverhältnisses, so ist diese Begriffsbestimmung viel zu eng; denn auch die Rechtsverhältnisse der Tarifvertragsparteien zueinander, Rechtsverhältnisse von Arbeitnehmer zu Dritten (z.B. Haftungsfragen bei gefahrgeneigter Tätigkeit) sowie Haftungsfragen der Arbeitnehmer untereinander sind Gegenstand des Arbeitsrechts. Das gilt auch für zahlreiche öffentlich-rechtliche Regelungen, die mittelbar oder auch unmittelbar auf das Arbeitsverhältnis einwirken, wie beispielsweise Fragen der Kranken-, Renten-, Arbeitslosen- und Unfallversicherung oder der Arbeits- und Sozialgerichtsbarkeit. Aus diesen komplexen Rechtsbeziehungen ergibt sich weiter, daß das Arbeitsrecht nicht in seiner Gesamtheit dem privaten oder dem öffentlichen Recht zugeordnet werden kann. Es enthält vielmehr wesentliche Bestandteile beider Gebiete; so gehören beispielsweise zum Privatrecht vertragliche Normen, zum öffentlichen Recht die zahlreichen zum Schutz der Arbeitnehmer erlassenen und vertraglich nicht abdingbaren Schutzrechte, wie beispielsweise die meisten Beschäftigungsverbote nach Mutterschutzgesetz und Jugendarbeitsschutzgesetz sowie die Arbeitsgerichtsbarkeit. Das Arbeitsrecht in seiner Gesamtheit enthält mithin Elemente des Privatrechts und des öffentlichen Rechts. Unterteilt wird das Arbeitsrecht weiter noch in:

- Individual-Arbeitsrecht
- kollektives Arbeitsrecht
- Arbeitsgerichtsbarkeit

Zu erstem gehören insbesondere das Vertragsrecht sowie die sich aus dem Arbeitsverhältnis ergebenden gegenseitigem Rechte und Pflichten. Zum sogenannten kollektiven Arbeitsrecht gehören vorwiegend die Bereiche Tarifvertragsrecht, Betriebsvereinbarungen, Schlichtung und Arbeitskampf.

Gesetzgeberisch gesehen gehört das Arbeitsrecht zur konkurrierenden Gesetzgebung des Bundes nach Artikel 74, Nr. 12 des Grundgesetzes. Der Bund hat bei vielen grundlegenden arbeitsrechtlichen Regelungen von seinem Gesetzgebungsrecht Gebrauch gemacht. Beispiele hierfür sind beispielsweise Berufsbildungsgesetz, Schwerbehindertengesetz, Bundesurlaubsgesetz, Arbeitsgerichtsgesetze, Arbeitsplatzschutzgesetz, und Jugendarbeitsschutzgesetz. Darüber hinaus gelten viele frühere Reichsgesetze, vielfach in nicht unerheblich abgeänderter Form, als Bundesgesetz fort, wie z.B. Bürgerliches Gesetzbuch, Gewerbeordnung, Handelsgesetzbuch, Handwerksordnung und Zivilprozeßordnung.

Als Beispiele für **Landesgesetze** seien genannt: Hausarbeitstagsgesetze oder Gesetze über Zusatzurlaub für Jugendleiter. Entscheidenden Einfluß auf das Arbeitsrecht haben endlich einige im Grundgesetz niedergelegte Grundrechte, wie z.B. Artikel 3 (Gleichbehandlungsgrundsatz), Artikel 6 (Zölibatsklausel), Artikel 9 Abs. 3 (Koalitionsfreiheit), Artikel 11 (Freizügigkeit) und Artikel 12 (Freie Berufswahl und Berufsausübung). Diese Grundrechte müssen in jedem Fall bei der Anwendung und Auslegung arbeitsrechtlicher Normen berücksichtigt werden.

Außer Bundes- und Landesrecht sowie den Grundrechten haben im Arbeitsrecht die sogenannten autonomen Rechtsnormen eine erhebliche

Bedeutung. Das sind insbesondere Tarifverträge und Betriebsvereinbarungen.

Weiter ist Gewohnheitsrecht zu berücksichtigen (z.B. bei mehrfach widerrufsvorbehaltlos gewährten freiwilligen Sozialleistungen) sowie die Rechtsprechung der Arbeitsgerichte, die nicht unerheblich zur Fortentwicklung des Arbeitsrechts beigetragen und die eine Auslegung der oft mit allgemeinen Formulierungen arbeitenden Gesetzesbestimmungen an die gegenwärtigen Verhältnisse und Anschauungen vorgenommen hat. Darüber hinaus hat die Rechtsprechung der Arbeitsgerichte aber auch mehr als auf anderen Rechtsgebieten rechtsschöpferische Aufgaben, was sich daraus ergibt, daß die schnelle technische wie auch teilweise damit einhergehende gesellschaftliche und gesellschaftspolitische Entwicklung manche gesetzliche Regelung überholen und andererseits auch Tatbestände schaffen, die bisher gesetzlich nicht geregelt sind.

Z 6.2 Rechtsquellen und Gebiete

1. Recht des Arbeitsvertrages (z.B. Bürgerliches Gesetzbuch, Handelsgesetzbuch, Bundesurlaubsgesetz, Gesetz über Arbeitnehmerabfindungen).

2. Arbeitsschutzrecht (z.B. Mutterschutzgesetz, Jugendarbeitsschutzgesetz, Arbeitszeitrechtsgesetz).

Bild Z-1: Gesetzesstufen im Arbeitsrecht

3. Arbeitssicherheit (z.b. Arbeitsstättenveränderung, Gesetz über Betriebsärzte, Sicherheitsingenieure und andere Fachkräfte für Arbeitssicherheit).

4. Arbeitsvermittlung und Arbeitslosenfürsorge (z.b. Arbeitsförderungsgesetz).

5. Arbeitsgerichtsbarkeit (z.b. Arbeitsgerichtsgesetz).

6. Tarif- und Schlichtungsrecht (z.b. Tarifvertragsgesetz).

7. Betriebsverfassung (z.b. Betriebsverfassungsgesetz, Mitbestimmungsgesetz).

Wie vielschichtig arbeitsrechtliche Vorschriften sind, läßt sich an folgender Pyramide nach Bild Z-1 zeigen.

Z 7   Gerichtsbarkeit

Man unterscheidet hauptsächlich folgende Zweige: Zivil-, Straf-, Arbeits-, Sozial-, Finanz- und Verwaltungsgerichtsbarkeit. Die Gerichte sind zum Teil mit nur Berufsrichtern, wie überwiegend in der Zivilgerichtsbarkeit, zum Teil mit Berufs- und ehrenamtlichen Richtern besetzt, beispielsweise in der Arbeits- und Sozialgerichtsbarkeit. Jedes **Gerichtsverfahren** ist zwei- oder dreiinstanzlich. Grundsätzlich kann jede Entscheidung mit sogenannte **Rechtsmitteln** angefochten werden. Die wesentlichen Rechtsmittel sind Einspruch, Widerspruch, Beschwerde, sofortige Beschwerde, Revisionsbeschwerde, Berufung, Revision und Sprungrevision. In vielen Fällen besteht darüber hinaus die Möglichkeit, beim **Bundesverfassungsgericht** Verfassungsbeschwerde einzulegen. Die wesentlichen Vorschriften über die Gerichtsbarkeit sind Deutsches Richtergesetz, Gerichtsverfassungsgesetz, Zivilprozeßordnung, Strafprozeßordnung, Arbeitsgerichtsgesetz, Sozialgerichtsgesetz, Gesetz über das Bundesverfassungsgericht.

 Canaris, C.-W.: Handelsrecht. München: Beck Verlag 1995
Haberkorn, K.: Grundzüge des Zivilrechts. Renningen: Expert Verlag 1996
Haberkorn, K.: Arbeitsrecht. Renningen: Expert Verlag 1995
Klunzinger, E.: Einführung in das Bürgerliche Recht. München: Vahlen Verlag 1995

Sachwortverzeichnis